广视角·全方位·多品种

权威·前沿·原创

皮书系列为

“十二五”国家重点图书出版规划项目

新型城镇化蓝皮书

BLUE BOOK OF NEW URBANIZATION

新型城镇化发展报告（2014）

ANNUAL REPORT ON THE DEVELOPMENT OF CHINA'S NEW URBANIZATION (2014)

主 编/李 伟 宋 敏 沈体雁

社会科学文献出版社
SOCIAL SCIENCES ACADEMIC PRESS (CHINA)

图书在版编目(CIP)数据

新型城镇化发展报告. 2014/李伟，宋敏，沈体雁主编. —北京：社会科学文献出版社，2014. 11
（新型城镇化蓝皮书）
ISBN 978 – 7 – 5097 – 6600 – 2

Ⅰ. ①新… Ⅱ. ①李… ②宋… ③沈… Ⅲ. ①城市化 – 发展 – 研究报告 – 中国 – 2014 Ⅳ. ①F299. 21

中国版本图书馆 CIP 数据核字（2014）第 228741 号

新型城镇化蓝皮书
新型城镇化发展报告（2014）

主　　编 / 李　伟　宋　敏　沈体雁

出 版 人 / 谢寿光
项目统筹 / 恽　薇
责任编辑 / 陈凤玲　于　飞

出　　版 / 社会科学文献出版社 · 经济与管理出版中心（010）59367226
地址：北京市北三环中路甲 29 号院华龙大厦　邮编：100029
网址：www. ssap. com. cn
发　　行 / 市场营销中心（010）59367081　59367090
读者服务中心（010）59367028
印　　装 / 北京季蜂印刷有限公司

规　　格 / 开 本：787mm × 1092mm　1/16
印 张：25. 5　字 数：416 千字
版　　次 / 2014 年 11 月第 1 版　2014 年 11 月第 1 次印刷
书　　号 / ISBN 978 – 7 – 5097 – 6600 – 2
定　　价 / 98. 00 元

皮书序列号 / B – 2014 – 400

新型城镇化蓝皮书
编　委　会

李国平　北京大学首都发展研究院院长、中国区域科学协会副理事长

刘云中　国务院发展研究中心发展战略和区域经济研究部研究室主任、研究员

邱爱军　国家发改委城市和小城镇改革发展中心副主任

石英华　财政部财政科学研究所区域财政研究室副主任、研究员

谭善勇　首都经济贸易大学城市经济与公共管理学院副教授、城市经济管理系主任

王德起　首都经济贸易大学城市经济与公共管理学院教授

王一鸣　北京大学经济学院金融系教授、副主任

温锋华　中央财经大学公共管理学院副教授、中国区域科学协会副秘书长

吴克宁　中国地质大学（北京）土地科学技术学院分党委书记、教授、博士生导师

姚永玲　中国人民大学经济学院副教授、美国富布莱特学者

叶一剑　凤凰城市与旅游研究院院长、凤凰网城市事业部总经理

张耀军　中国人民大学社会与人口学院副教授、人口资源环境经济学研究室主任

张占斌　国家行政学院经济学教研部主任、教授

赵作权　中国科学院科技政策与管理研究所研究员、中国区域科学协会副理事长

主编简介

李　伟　北京荣邦瑞明投资管理有限责任公司创始人、董事长、合伙人，中国系统工程学会常务理事，中国区域科学协会常务理事，投融资规划方法的创始人。长期致力于区域经济发展、城市开发建设、城市公共服务、政府投融资、城市营销以及政府投资类企业管理等领域的研究及实践，带领其团队在总结各地城镇化的经验和教训的基础上，创造性地提出“投融资规划”方法，填补了将系统工程方法与整合性技术运用于城市建设管理领域的空白，在多个城市进行实践应用，有效解决了地方政府在城镇化建设中遇到的棘手问题，并打造了在国内有广泛影响力的新城发展模式——“长阳模式”，得到了理论和实践界的广泛认同。先后出版《投融资规划——架起城市规划与建设的桥梁》、《破解城市建设困局——长阳模式解读》、《破解城投公司困局——探索中国经济发展基因》和《政企合作——新型城镇化模式的本质》等著作，并在凤凰网城市频道开辟专栏，记录对城镇化的实践经验和理论思考。

宋　敏　北京大学经济学院教授、金融系主任、金融创新与发展研究中心主任，香港大学中国金融研究中心创始主任。（曾）兼任中国证券会博士后导师，上交所及深交所博士后导师，香港政府中央政策组（CPU）顾问，香港政府金融人力资源发展委员会成员，深圳前海试验区咨询委员，中国投资公司（CIC）咨询顾问等多项社会职务。出版多部经济及金融学专著并在国内外一流期刊发表论文数十篇。

沈体雁　男，1971 年 3 月生，湖北天门人，博士，北京大学政府管理学院教授，博士生导师，中国区域经济研究中心常务副主任，首都发展研究院副院长，国家住房与城乡建设部智慧城市专家委员会委员，国土资源部国土资源信息化专家咨询委员会委员，中国区域科学协会秘书长，美国哈佛大学、加州伯克利大学、伊利诺斯大学高级访问学者，世界银行城市发展战略培训专家，*Environmental Planning*（B）和 *Annals of the Association of American Geographers* 审稿人。主要从事城市复杂动力学、城市与区域规划、空间计量、城市计算、空间综合人文学与社会科学等方面的研究，倡导城市产业集群管理与协同式规划，发表学术论文和著作50余篇（部）。

摘　要

党的十八大把推进城镇化作为解决制约我国经济持续健康发展结构性问题的一个重大举措，强调坚持走中国特色新型城镇化道路，这就要求我们准确把握城镇化规律，确立科学的推进新型城镇化的行动框架。本书以服务于政府决策和企业投资为出发点，从城市消费者的视角重新审视城市管理和投资，并总结和提炼新型城镇化过程中的一些创新实践和创新思想，为新型城镇化的政策制定与顶层设计提供一定的借鉴。全书由总报告和专题篇、区域篇和实践篇组成。

总报告包括两篇文章，第一篇《城市消费者——新型城镇化的新视角》，在总结各地新型城镇化实践的基础上，从经济学角度解读人与城市发展之间的关系，创造性地提出城市消费者的概念，系统地阐述城市消费者的内涵及其理论和实践基础，指出城市消费者概念有助于重塑城市管理和投资理念，为解读和落实“人的城镇化”提供了一种新的视角和抓手。第二篇《基于城市消费者的城市发展评价》，借助公开统计数据对城市消费者的数量和质量进行测度，以衡量城市的影响力和辐射力，以及城市消费者对于城市的贡献能力和贡献的价值；同时基于城市消费者构建指标体系，对城市的发展阶段做出评价，为城市管理和投资提供参考。

专题篇包括十二篇文章，分别对新型城镇化所涉及的集体建设用地、房地产、投融资、产业转型、智慧城市等领域的问题进行专题论述，深入总结该领域的政策环境、发展现状、主要存在的问题，提出符合新型城镇化要求的具有针对性的解决路径。本部分内容有很多亮点，如《城市、土地及住房问题分析》一文，分析了地方治理结构与分税制对城市土地财政和地方融资平台行为的影响，阐述城市土地供应模式与土地财政的运作机制，并预判城市规划、土地政策、房地产税、金融体系等领域的改革前景。又如《新型城镇化背景下的城市投融资转变》，指出未来城市融资中政府将向独立的信用主体转变、平台公司将向市场化企业转变、企业将向城市综合运营商转变，对政府和企业有重要的启示意义。

区域篇以区域为研究对象，包括《基于三大城市群比较的京津冀发展策略初探》、《浦东新区城镇化发展报告》和《基于新型城镇化的武汉城市圈城乡文化时空整合分析》三篇文章，从不同角度分析了三个区域的发展状况，并提出优化建议。

实践篇包括三篇文章，选取各地在新型城镇化过程中具有示范作用的案例，总结各地在土地二次开发、政企合作以及智慧城市等方面的经验和举措，为其他城市提供借鉴和启示。

目 录

B Ⅰ 总报告

B Ⅱ 专题篇

B Ⅲ 区域篇

B Ⅳ 实践篇

总 报 告

General Reports

B.1

城市消费者

——新型城镇化的新视角

史小辉 肖 锷*

摘 要：

《国家新型城镇化规划（2014—2020年）》强调以人为本。本文在总结各地新型城镇化以人为本的实践之后，将人的经济属性同城市发展联系起来，基于城市营销理论和税收结构的演变过程提出城市消费者概念，并系统阐述了城市消费者概念的内涵和对于新型城镇化的意义。在此基础上，进一步提出核心城市消费者概念，并创建核心城市消费者识别模型，对核心城市消费者进行分析和识别，为政府经营城市和企业投资提供新的思路和视角。

* 史小辉，中国人民大学公共管理硕士学位，北京荣邦瑞明投资管理有限责任公司合伙人，荣邦瑞明城市中国研究院地政与产业促进研究所副所长，专注于城市开发投融资、集体土地制度改革与文化产业研究；肖锷，北京荣邦瑞明投资管理有限责任公司咨询经理，主要咨询和研究方向为区域开发投融资、公共基础设施投融资、项目概念策划。

关键词：

新型城镇化　城市消费者　以人为本　城市营销

一　新型城镇化的解读

2014年3月《国家新型城镇化规划（2014—2020年）》（下称《新型城镇化规划》）发布，它是指导未来8年全国城镇化健康发展的宏观性、战略性、基础性规划。政府把新型城镇化定位为扩内需、稳增长、转方式的最大潜力。

《新型城镇化规划》的发布有着严峻的现实背景：经过三十多年高速发展的中国经济和社会遇到了发展瓶颈，主要表现在以下几个方面。

（1）2012年GDP的增速首次低于8%以来，这一增速逐年下降，2014年上半年GDP增速降至7.4%的新低。国际依然低迷的经济形势使得出口形势不够乐观，加上经济结构调整的阵痛使当前中国经济承受着巨大的压力。

（2）人口红利期结束。农业富余劳动力减少和人口老龄化程度提高，依靠劳动力廉价供给推动城镇化快速发展的力量在衰减。

（3）土地、环境等制约因素日益严峻。传统的城镇化模式造成了大量的土地资源浪费和环境污染问题，急需转变发展思路。

（4）工业化、信息化、城镇化和农业现代化发展不同步导致农业根基不稳、城乡区域差距过大、产业结构不合理等突出问题。

（5）城乡二元矛盾依然存在的同时城市内部二元矛盾日益突出，给经济、社会发展带来诸多风险隐患。

《新型城镇化规划》从统筹全局的战略高度，将未来城镇化本身的过程与解决过去城镇化过程中出现的问题的纠偏方案结合起来，从提高城镇化质量和转变城镇化发展方式的角度对未来城镇化做出了指导。它具有以下几个特点。

（1）新型城镇化是以人的城镇化为核心，有序推进农业转移人口市民化；

（2）以城市群为主体形态，推动大中小城市和小城镇协调发展；

（3）以综合承载能力为支撑，提升城市可持续发展水平；

（4）以体制机制创新为保障，通过改革释放城镇化发展潜力；

（5）它具有以人为本、四化同步、优化布局、生态文明、文化传承的鲜明特色。

二 各地方的新型城镇化实践

新型城镇化理念的提出，并不是突然出现的，而是与我国经济发展改革领域的一贯做法一致，在多个地区和城市试点的经验基础上，逐渐整合提升而来。因此，理解和推行新型城镇化，各地方的试点是非常重要的借鉴对象。下面，我们将简单梳理近些年具有代表性的地区实践。

（一）成都城乡统筹改革的实践

成都是西南地区的中心城市，在城乡统筹改革之初，同中国大部分不发达地区城市类似：城区面积小、农村面积大且分散，工业化、城镇化水平低，城乡二元矛盾和“三农问题”突出等。为了破解城乡发展失衡的问题，早在2003年成都市就着手进行城乡一体化的改革，2007年6月，成都被批准为全国统筹城乡综合改革试验区。之后，成都市进一步推出深化改革措施，取得了良好的效果。

成都城乡统筹改革以规划、土地、产业、农村金融、基础设施、公共服务、城乡管理等为重点，配套系列综合改革措施。通过此举，破除城乡隔阂，使资本、土地、劳动力在城乡之间自由流动，缩小城乡差距，实现统筹协调发展的目的（见图1）。

（1）在规划方面，打破以往重技术轻公共政策、重城市轻农村、条块分割的城市规划，形成城乡一体化的全域规划体系。

（2）在产业方面，在全域成都理念下，由过去“村村点火，户户冒烟”地分散发展产业，转变为“一区一主业”的工业集中发展思路。

（3）在土地方面，以农村产权制度改革为核心，还权赋能，确权发证，推进农村土地、房屋等资产化。创立农村产权交易所，促进农村资源向资本转变。开展农村土地综合整治，试行建设用地指标和耕地占补平衡指标交易。

（4）在农村金融方面，创新制度和融资政策，缓解县域中小企业融资；创新投融资载体，突破农村发展瓶颈；推进农村产权抵押融资改革；开展政策

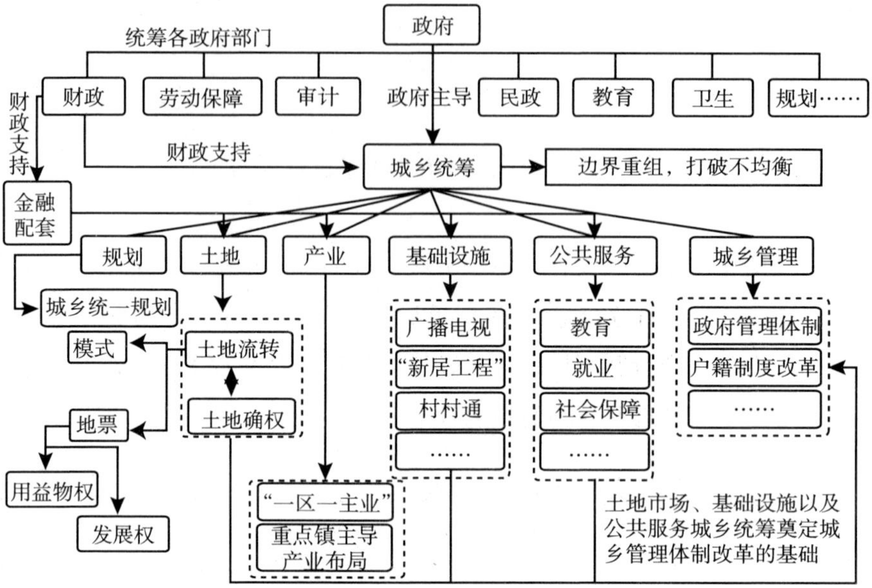

图1　成都城乡统筹架构

性农业保险。

（5）在公共服务方面，从教育、就业、医疗和社会保障几大领域入手，推动体制机制变革，建立城乡一体的公共服务制度。

（6）在城乡管理方面，实施大部门管理体制改革，成立“成都市委统筹城乡工作委员会”整合政府各部门的职能。成都全域城乡统一户籍，实现居民自由迁徙。

成都城乡统筹改革最大的突破是农民进城将不以牺牲承包地、宅基地等财产权为代价，而且农民即使不进城，政府也同样提供基本的公共服务、社会保障和社会福利。《新型城镇化规划》“第六篇——推动城乡发展一体化”“第七篇——改革完善城镇化发展体制机制”中的许多举措都暗含了成都城乡统筹的一些实践。

（二）长株潭“两型社会”改革的实践

长株潭城市群位于我国中部地区，是重要的老工业基地，工业基础良好。改革之初同大多数老工业基地类似，面临着环境与工业矛盾突出、人居环境恶化、工业结构单一、产业有待转型升级、城市之间不协调等问题。为了探索一条有别于传统模式的工业化、城市化发展新路，为推动全国体制改革、实现科学发展和社会和谐发挥示范带头作用，2007 年，长株潭城市群与“武汉城市圈”一起，获批“全国资源节约型和环境友好型社会建设综合改革配套试验区”。

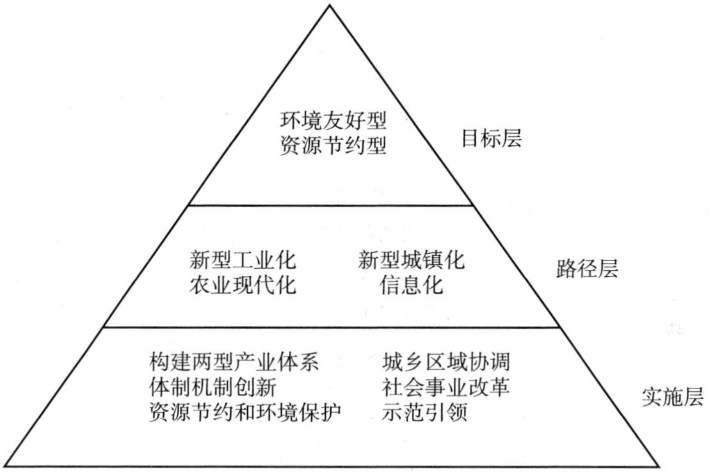

图 2　湖南省“四化两型”发展战略结构

湖南在“四化两型”大的改革战略（见图 2）方向上又细分出不同的改革措施，在具体实践中大胆尝试、不断创新，总结出了一系列行之有效的宝贵经验（见表 1）。

表 1　湖南“四化两型”战略的改革方向、措施和具体实践

改革方向	改革措施	具体实践
构建两型产业体系	培育新兴产业	753 战略
	升级传统优势产业	两计划一工程
	淘汰落后产能	从税收、信贷、审批等方面引导企业，协助企业进行债务重组、职工安置等
	优化产业发展布局	工业向园区集中、产业向园区集聚、政策向园区倾斜
体制机制创新	资源环境管理	排污权交易、生态补偿、环境风险责任保险等
	土地管理	工业用地预申请制、五种节地模式、农村土地流转交易、土地征转分离等
	财税与投融资	财政“省直管县”、横向转移支付、环保税、两型产业基金、绿色信贷等
	行政管理	精简审批事项、缩短审批环节、信息公开、行政听证制度等
	对外开放和合作	产业承接、人才引进、境外投资、公私合营等

续表

改革方向	改革措施	具体实践
资源节约和环境保护	资源节约	节地模式、矿产资源开采考核体系、水权交易、循环经济等
	节能减排	节能建筑、节能交通、能源审计、合同能源管理等
	环境保护	完善污水处理体系、空气治理、餐厨垃圾收集和处理系统、农村垃圾分类处理模式
	生态建设	“一心、一脉、一肾”保护工程，全流域综合治理，水域湖泊保护立法
城乡区域协调	区域协调	制定区域总体规划、完善跨区基础设施、跨区域要素市场搭建等
	城乡统筹	制定城乡规划、乡基础设施对接、统筹城乡居民医疗保险、“万企联村”
	基础设施	综合交通一体化工程、能源水利建设、三网融合、数字湖南
社会事业改革	深化社会事业改革	创业型城市建设、医疗改革、保障房体系、“9＋2”免费教育培训制度、农民工安居乐业工程
	优化社会管理格局	引导社会组织、人民团体参与社会管理，“社区管理社会化”，社会稳定风险评估机制
示范引领	实施两型示范创建工程	两型示范工程建设、两型示范单位推广、两型技术产品推广等
	建设两型评价指标体系	绿色 GDP 评价体系，两型产业、两型企业、两型家庭等标准，干部资源环境离任审计等

两型社会实践是探索人、城镇与自然和谐共处及可持续发展之道，与《新型城镇化规划》“第五篇——提高城市可持续发展能力”中的改革方向相契合。

（三）智慧城市的实践

对于经济较发达、城镇化水平较高的一类城市，它们面临的是如何使城市管理更加规范、城市运行更加高效、城市生活更加美好的问题。智慧城市的出发点就是通过综合运用现代科学技术、整合信息资源、统筹业务应用系统，加强城市规划、建设和管理，使城市更加智慧。2012 年 12 月，国家住房和城乡建设部正式发布了《关于开展国家智慧城市试点工作的通知》，并印发了《国家智慧城市试点暂行管理办法》和《国家智慧城市（区、镇）试点指标体系

（试行）》两个文件，目前国家智慧城市试点总数已达 193 个。

我们以北京作为智慧城市的实践为例做一个探讨。北京市通过城市智能运行行动计划、市民数字生活行动计划、企业网络运营行动计划和政府整合服务行动计划等四大计划，推进智慧应用的发展。

（1）城市智能运行方面，加强人口精确管理，寓管理于服务；实现交通智能管控，居民可以随时获取出行信息；完善资源环境与城市安全智能监控，智能电表、智能热力表占 95% 以上。

（2）市民数字生活方面，实现人人享有医疗、教育等便捷的电子民生服务，电子健康档案覆盖 90% 以上，居民形成数字消费习惯，八成以上居民通过网络进行购物消费，建设 2000 个智慧社区（村）。

（3）企业网络运营方面，实现 80% 企业有业务系统，50% 企业应用电子商务，信息技术成为企业创新的驱动力，形成 8 ~ 10 个世界一流的智慧企业。

（4）政府整合服务方面，提供以市民为中心的集成化电子公共服务，90% 服务在线办理；所有部门互联协同共享，80% 共享需求得到满足；全面感知支撑智能化决策。

此外，上海、宁波、杭州等城市也进行了大量的实践，取得了不错的效果。《新型城镇化规划》也明确提出“推动智慧城市建设”，并给出了六个智慧城市建设方向。

（四）长三角城市群一体化发展的实践

《新型城镇化规划》第四篇——指导思想中提出：“以城市群为主体形态，推动大中小城市和小城镇协调发展。”城市群的出现是生产力发展、生产要素逐步优化组合的产物。从国外发达国家城市化历程来看，这也是城市化的一个普遍趋势。发展城市群可以在人口聚集力和资源承载力之间取得好的平衡，在更大范围内实现资源优化配置，增强辐射带动作用，同时促进城市群内部各城市自身的发展。

长三角城市群一体化起步较早、稳步推进，目前已在多个领域一体化方面取得了具体的实践经验，成为国内研究城市群发展的重要研究对象之一。长三角城市群一体化，概括来讲主要有以下五个阶段（见图 3）。

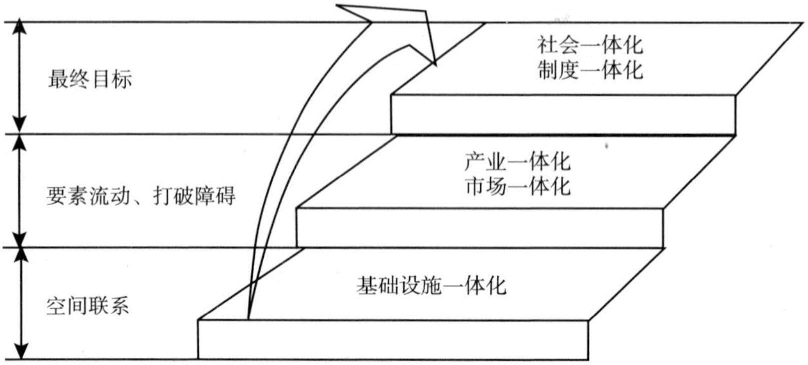

图 3　长三角城市群一体化阶段

（1）基础设施一体化。长三角一体化，首先是基础设施的一体化，目前已完成城市之间的快速交通网络体系建设，为区域内的经济要素高效流动提供必要的支撑。

（2）市场一体化。统一市场准入，促进生产要素在地区间的自由流通；推动资本跨区域融通，形成区域金融联动发展的格局；建立市场平等竞争机制，消除地方保护主义；建设长三角信用体系，实现区域信息资源共享，构建人才市场等。

（3）产业一体化。编制区域产业规划，合理规划产业布局，形成有机分工的产业群落及分和有序的产业链，整体产业竞争能力得到提升。

（4）制度一体化。已在制度层面形成一套协作机制，包括长三角两省一市省市长会议、沪苏浙经济合作与发展座谈会、长江三角洲 16 城市经济协调会、各职能部门行政首长联席会议等制度。

（5）社会一体化。目前已实现环保规划、环境治理一体化，交通一卡通，三省诚信体系建设，技术资格证书互认等。未来将推动包括科技、教育、医疗、卫生、社保在内的各类公共产品和社会文化产品空间上的无差异化供给以及人才等高端要素的跨行政区域共享。

（五）实践的总结

以上几类实践代表着不同城市类型和发展阶段的新型城镇化路径选择，体现了一些共同的特征。

(1) 都是从过去单一考虑经济增长的视角，转向社会、经济、环境、人文等协调发展的综合目标。

(2) 都是从发展理念和制度上进行突破和创新，以自身的实际情况为新型城镇化的实践提供了转型的方向。

(3) 在具体的实践上还是需要通过经济手段去解决实际的问题。例如，成都通过地票交易解决农村基础投资，湖南通过财税政策引导市场成本结构的变化来推动产业转型，北京通过自身财政支出进行智能化建设，长三角通过打破行政壁垒依靠市场的力量进行资源的优化配置。

三 城市消费者的内涵及提出

通过对以上几类改革实践的分析，我们发现这些实践背后都隐含了以人为本、更好地服务于人的假设。随之而来的，人口问题也成为研究我国城镇化的一个热点方向。但是，人口传统上主要还是一个社会学概念，目前的人口学研究主要方向还是在如控制人口数量、提高人口素质、优化人口结构和人口合理分布，以及人口与生产，人口与社会，人口与环境、资源可持续发展的关系问题等方面。人口与城市的经济发展之间是什么关系，新的城市发展理念与人如何结合，如何转化成经济发展模式，还没有研究得很清楚。因此，我们希望站在人与城市发展的经济关系角度，做出新的阐释。

（一）城市消费者的内涵

城市作为一个经济主体，与人之间的关系可以借鉴企业逻辑，转化成一种“消费”关系，“消费”城市功能的人，实际上就是这个城市的消费者，有持续的消费者群体，有持续的消费行为，城市的投资和功能才有了存在的价值和可持续发展的经济动力。消费是经济发展的目的和动力，这是马克思早已阐明的理论。中央党校副校长李君如认为：“以人的消费为目的和动力的生产以及与此相联系的投资，即是以生产人为目的和动力的生产、投资，是以人为本的生产、投资。”①

新型城镇化的核心是人的城镇化，吸引人的是城市经济活力，保持城市繁荣发展的是充沛的资金流动。资金的流动是通过投资、消费来带动的，一个好的投资项目必定有明确的消费者来消费。“居住在城市里生活和就业的人是城市的消费者；到这座城市来旅游、购物、开展商务活动的人是这座城市的消费者；这座城市里的企业生产的产品、提供的服务在别的城市里被购买、使用，购买、使用这座城市产品的这些人群也是这座城市的消费者，我们将这些消费者统称为城市消费者。一座城市服务消费者的能力和规模，决定了这座城市真正的边界。”② 从城市消费者的角度来看，城镇化的过程就是城市消费者不断累加的过程，也是城市消费半径不断扩大的过程。

（二）城市消费者的提出

从人的消费的视角去研究城市的发展问题在国内还是一个大胆的设想，我们从已经完成城市化和工业化国家的城市发展过程中去发现一些可资参考的规律。下面我们将从国外城市营销理论的产生、发展及城市税收体制变迁两个方面去探寻城市发展视角由企业向人的回归。

1. 从商品营销到城市营销

消费者概念来源于营销学，目前营销学不仅限于商品市场领域，而且延伸到城市管理领域。工业化创造了更多的社会财富和个人财富，同时大量人口从自给自足的农村生活方式转变成外部依赖型的城市生活方式，产生了巨大的消费需求。在工业化早期阶段市场长期处于卖方市场状态，企业产品价值相对比较容易。在这一状态下，企业集中力量发展生产，主要任务是扩大生产经营规模、增加供给并努力降低成本和售价。

随着两次工业革命的完成，特别是第二次世界大战之后，发展成为各国主要任务，世界经济得到了巨大的发展，企业数量不断攀升，技术得到飞速发

① 李君如：《树立“消费也是生产”的科学观念》，《中国报道》2009 年 1 月 12 日。

② 李伟：《三四线城市没有投资机会了吗?》，凤凰网城市频道李伟专栏。

展，设备得到极速更新，活跃的经济极大地促进了社会的全面繁荣。然而，急速发展的高潮过后，随之而来的却是发展的瓶颈——同质化。为了适应日趋激烈的市场竞争，企业转而去研究消费者的需求，进而去指导生产。市场营销学因此得到蓬勃的发展，并在实践中成功地指导着企业的经营。它首先进入生产领域，后来被引入服务业、专业团体、政治竞选等方面。

20 世纪 80 年代，以菲利普·科特勒为代表的一些西方学者将市场营销学理论引入城市发展中，提出了城市营销理论。该理论将城市作为一个企业来经营，多从城市经济发展的角度出发，侧重于研究可执行的城市营销战略构建和推广过程，将经济发展视为城市发展的终极目标。城市营销理论在实际操作中强调“需求导向”的规划方式，即首先要考虑现有或潜在顾客及目标群体的需求，且在物质规划之前先进行相应的价值衡量并确定城市的价值定位，在此基础上拟定城市未来的发展目标，以确保目标符合城市顾客的需求，符合利益相关者的利益。

2. 征税主体从企业向个人的转变

已完成城镇化和工业化的发达国家税收体制演变过程表明，征税主体将从企业逐渐转变为个人。城镇化的发展过程中不仅人口向城镇集聚，而且产业不断向城镇集聚，这就使得税源、税基、课税对象和纳税人都向城镇集中。除了税收总额随经济规模增加而增加外，税收结构也会发生深刻的变化。下面以美国税收结构（主体税种）的演变来揭示税收背后的城市主角。

美国税收实行的是由联邦、州和地方（县、市）分别立法和征管的方式，联邦政府的主要税收收入来源是个人所得税、社会保障税、企业所得税、消费税及其他税等，州政府的主要税收来源是销售税、个人所得税，而地方政府主要依靠财产税。① 从税收收入结构上看，2011 年，州和地方税收收入占全国税收总收入的 36.3%，联邦税收收入占总收入的 63.7%。

1900 ~ 2010 年美国联邦政府各税种收入结构演变见图 4。

---

① 张友斗、苗杨、张帆：《美国税制结构特点分析及对我国的启示》，《国际税收》2013 年第 11 期。

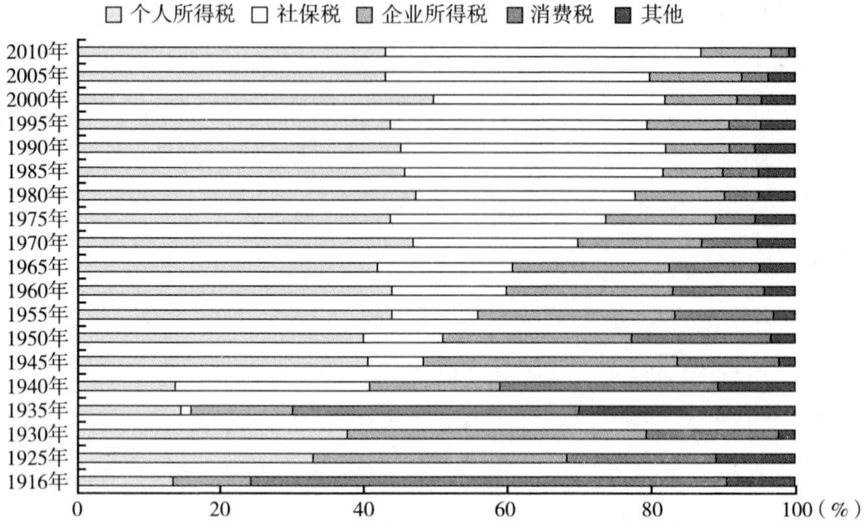

图4　1900～2010年美国联邦政府各税种收入结构演变

注：1920年附近数据资料不全。

资料来源：《涉外税务》1996年第8期；美国行政管理与预算局、美国财政部网站。

1980～2010年美国财政税收入占地方财政收入的比重情况见表2。

表2　1980～2010年美国财产税收入占地方财政收入的比重情况

年　份		1980	1990	1995	2000	2005	2006	2007	2008	2009	2010
财产税	收入:十亿美元	77.9	180.3	226.8	295.2	383.3	409.7	434.6	449.3	452.1	457.7
	比重(%)	90.1	84.4	83.8	83.6	79.5	79.2	79.2	80.7	80.5	79.2
其中：房产税	收入:十亿美元	68.5	164.5	206.8	259.5	353.1	376.6	402.8	415.3	427.1	438.2
	比重(%)	79.2	77.0	76.4	73.5	73.2	72.8	73.4	74.6	76.0	75.9

资料来源：张友斗、苗杨、张帆：《美国税制结构特点分析及对我国的启示》，《国际税收》2013年第11期。

从表2中可以看出，联邦税逐渐从以消费税和企业所得税为主体税种逐步调整到以个人所得税和社保税（以个人工资为基础向企业和个人征税）为主体税种。从图5中可以看出：地方财政收入中财产税占据着绝对的主体地位。无论是个人所得税、社保税还是财产税，这三者的征税对象都是个人而不是企业。

此外，世界主要经济体的税收结构也以个人所得税和社保税为主。

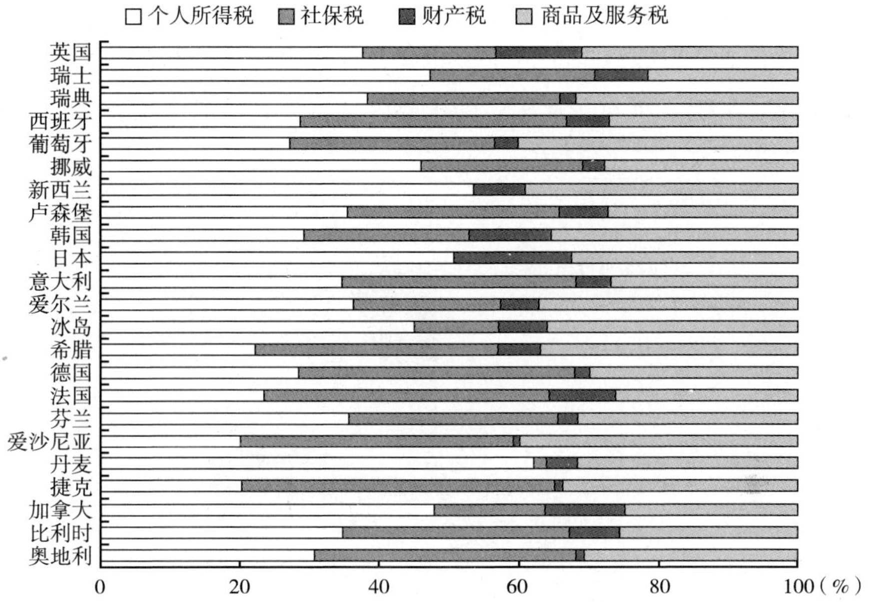

图 5　2010 年 OECD 主要国家税收结构

资料来源：OECD Revenue Statistics 2011（1965－2010）。

2010 年 OECD 国家个人所得税占税收收入的比重平均达到了 24%，欧洲很多国家达到了 30% 以上，[①] 同时从图 5 中可以看出，德国、法国、希腊、捷克、比利时、奥地利、西班牙、意大利等高度福利化的国家社保税比例普遍都在 30% 以上，财产税作为重要的补充。

征税体制的转变是随着生产要素、产业结构、纳税主体的变化而变化的。在工业化带动城镇化的阶段，征税对象主要是企业，征税环节主要是企业生产和商品流通环节。这一阶段，经济发展水平较低，西方国家也都是以易于征管的商品税作为主体税种。在城市化率达到 50% 以后，第三产业的比重逐渐提高，城市将经历一个“去工业化”的过程，同时个人收入的普遍提高及职工就业公司化，为征税对象从企业向个人，主体税种从商品税向个人税（包括个人所得税、社保税、财产税）转变提供了基础。

当前我国正处于工业化推动城镇化阶段，纳税主体以企业为主。数据显

① 蔺红：《推进税制改革　发挥税收调节收入分配作用》，《中国税务报》2012 年 12 月 17 日。

示：2013 年，我国全部税收收入中来自流转税（主体包括增值税、营业税、消费税、关税等）的收入占比为 60% 以上，而来自所得税和其他税种的收入合计占比不足 40%。通过企业征收的税收收入占比更是高达 88%，而直接向居民征收的税收收入占比仅 12%。

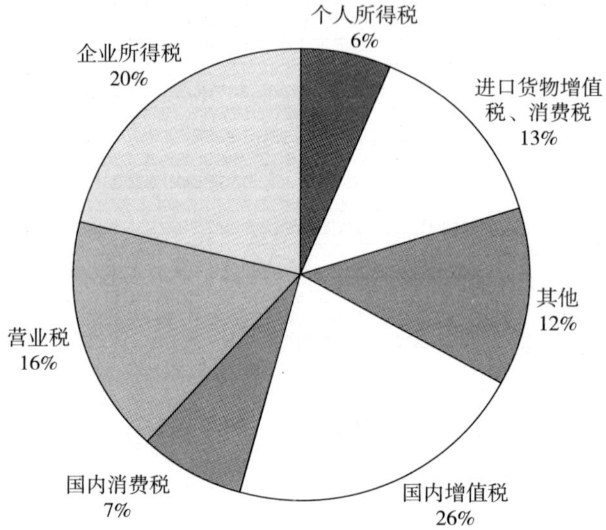

图 6　2013 年我国税收收入结构

资料来源：财政部税政司。

中国社会科学院财政与贸易经济研究所所长高培勇认为：这种高比例、大规模的税收收入集中来源于各类企业，会普遍加重各类企业的税收负担，加之不同规模企业之间竞争能力的差异，小微企业会承受更重的事实税收负担。此外，以所得税和财产税（主要包括房产税、契税、土地增值税、城镇土地使用税）为代表的直接税比例过小，也不利于调节收入分配、缩小收入差距等税收功能的发挥。

从政府管理者的角度看，地方政府明显偏好投资型、工业型企业，因为那是税收的主要来源，而忽略为本地居民的服务，更不用说吸引外地人口的流入了。人口增加，尤其是非本地户籍人口增加，并不能直接带来税收的明显增长，反而会明显加大本地政府公共服务的压力。但是随着个人财富的积累，富人和有产阶层不断增多，而企业面临着日益激烈的外部竞争及内部成本压力，原来的税制结构就不那么合适了，应当进行相应的改革和调整。

十八届三中全会通过的《中共中央关于全面深化改革若干重大问题的决定》中，关于税收制度改革明确提出“逐步提高直接税比重；逐步建立综合与分类相结合的个人所得税制；加快房地产税立法并适时推进改革”。短期来看，我国以间接税为主的税收结构和以企业为主要征税对象不会变。而着眼于长期，无论是西方发达国家的经验还是我国自身发展的实际要求，减少向企业征税，增加向个人直接征税将是未来我国税收制度调整的方向，未来城市谁拥有更多的城市消费者，谁就有更大的发展权。

四　城市消费者对于新型城镇化的意义

随着30年来工业化和城镇化的快速发展，我国目前正处于经济结构和社会结构转型时期，许多制度、政策需要从国家层面进行调整。这种调整存在着许多不可预见性，且牵一发而动全身。城市消费者理论实际上是融入未来制度、大的政策调整方向，为城市管理者和市场投资人提供了一个基于市场逻辑去推动、参与新型城镇化的新视角。通过分析城市消费者与城市发展的内在经济联系，探索以人为本新型城镇化的落地途径，以及为城市管理者和投资人带来新的城市投资、管理理念。

（一）促进城市管理者管理理念从生产导向向消费导向转变

城市分化及竞争的加剧要求城市管理者根据城市消费者的需求来提供城市功能产品。由于我国特殊的历史背景和国情体制，我们的城市管理者长期保持着一种生产导向的管理理念，生产导向的管理理念只关注生产效果和价值增长，而没有考虑城市生产、建设的目的性。城市在持续不断地建设，如果不考虑消费者的实际需求，无法吸引人口的集聚，投资也无法回收。城市经济失血，影响公共服务质量和城市运营，会导致已有的城市消费者的不满。这实际上是一种本末倒置，一个城市有能力服务多少人口，才会形成多少消费，才决定企业和资本的投资力度以及土地的供应问题。所以城市消费者的管理思路是将城镇化的焦点集聚到人身上，一切投资都必须以集聚城市消费者、满足城市消费者的需求、增强城市消费者的消费能力为目的。

城市管理者应该时刻关注城市消费者的需求变化，才能保持城市的吸引力。城镇化水平不高的城市，应该着眼于提高城市消费者的数量和质量；城镇化水平较高的城市，已经在发展的过程中形成了较为稳定的城市消费者，除了城市消费者数量和质量外，应同时关注城市消费者需求的变化。如果在未来的发展中城市管理者不站在城市消费者的角度去研究这些城市消费者需求的变化，而是依然保持生产者的角色，继续为城市消费者提供过时的城市产品或服务，一旦外部的市场环境和消费者诉求发生变化，必将被城市消费者抛弃，城市陷入衰退危机。

2013 年的典型事件就是美国汽车之城底特律宣布破产，这对中国城市政府不能说不是一种震撼。底特律是典型的重工业城市，城市财政收入的 80% 来自于汽车产业，汽车年产量约占全国的 1/4；从业人员近 20 万，约占全市职工总数的 40% 以上。按照城市消费者的理论，底特律的城市消费者主要是城内的居民及购买底特律生产的汽车的全球消费者。美国车一度在国际市场上风光无限，但是随着日系、欧系汽车的崛起，特别是 20 世纪 70 年代石油危机的发生，美国汽车业的竞争力不断下降，大量工作岗位蒸发。高素质人口的流失让治安恶化，人口的质量也由过去以中产阶级为主，变成现在以低收入人群为主。人口数量从巅峰时期的一百八十多万降到现在的七十多万，这说明底特律的城市消费者在逐渐抛弃它，这个城市趋于衰退。

而在衰落苗头出现之前甚至出现之后，底特律政府长期沉醉于繁荣之中，兴建了大量的“形象工程”，如梦幻般的旅客捷运系统、文艺复兴中心，连巨大的火车站都被设计成古典式城堡。这些公建项目一定程度上服务了本地的城市消费者，但是对主要的城市消费者——全世界购买底特律所产汽车的人却没有多少实际价值。政府没有将投资用于扩大城市消费者群体或者引导协助企业做好城市消费者需求变化分析和产业引导，导致城市消费者的流失，最终引发了城市的衰落。

有了城市消费者这个明确的目标受众，城市管理者将更加明确除了公共管理和公共服务之外还需要做的事，那就是协助企业做好产业引导，不断集聚城市消费者或者在大的经济转型形势下寻找新的城市消费者。唯有这样，才能在面对日益激烈的城市竞争时，持续保持城市的经济活力。

（二）研究城市消费者做好产业引导和公共服务

如果一个城市对自己的消费者没有认知，制定的城市战略导向必然是错误的。城市发展最终还是要落实在地区的产业上，许多地方仍把“工业化”作为“城镇化”的主要路径，没有准确研判资源条件、环境容量、产业状况、文化形态等。目前中国大部分城市在面对如何发展、向什么方向发展的选择上出现了一窝蜂的现象。通过对长三角城市群 16 个城市“十二五”规划的梳理发现，12 个城市将电子信息产业确立为主导产业，11 个城市鼓励发展汽车产业，8 个城市重点打造重化工集群，这种产业结构、产业政策同质化为新一轮产能过剩埋下隐忧，同时势必加重无序竞争和资源浪费。

城市消费者为城市确定战略发展方向提供了一个新的视角，通过度量本城市城市消费者数量、质量、类别、分布及主要城市消费者等关键指标，同时挖掘潜在城市消费者，研究他们的消费习惯、喜爱偏好、需求变化等，以此为依据制定城市各类规划和政策。在城市的历史发展中，有些城市已经形成了较为明确的城市消费者，如资源性城市、工业型城市、商贸城市、旅游城市等，大部分城市除了自身的城市居民之外没有明显的外部消费者，这类城市往往面临发展方向选择的难题。对于这样的城市不妨借助营销学中的市场定位理论，找到城市消费者需求的缺口，通过代入式的概念定位，建立城市品牌，从规划编制、城市建设、产业构建、空间布局等方面去丰富城市定位，继而达到吸引城市消费者不断集聚的目的。下面用一个例证加以说明。

一部《舌尖上的中国》，将全国最大的“高考镇”——毛坦厂镇变成了全国的焦点。本文不对这种高考复读社会现象进行评价，仅从城市消费者的角度将其作为典型案例加以分析。毛坦厂镇位于合肥市西南 80 多公里，总面积 59.6 平方公里，集镇建成区面积 3.5 平方公里，户籍人口 6000 多人。它同全国千千万万的乡镇一样，没有出色的自然资源和旅游资源，工业基础十分薄弱。2005 年之前毛坦厂镇的经济还是以采茶和卖竹子为主的“山口经济”，2005 年毛坦厂中学与当地一家私立学校联合成立股份制的金安中学，接纳“补习生”和应届高中生。由于其本科升学率一直保持在 80% 以上，吸引越来越多的学生前来复读。大量学生及陪读父母的涌入，给当地经济结构和社会结构带来了巨大的变化。

当地镇政府敏锐地调整了管理方向和政策，从“山口经济”向“教育经济”转变。首先加强对流动人口的服务管理，加强治安、食品安全、医疗卫生、消防管理，以及市场规范管理。其次完善基础设施，毛坦厂镇近几年修建了3.5千伏的变电站、50亩的垃圾填埋场和日处理量5000吨的污水处理厂。未来要建一个专门供陪读家长们娱乐休闲的文化广场。最后加强产业指导，禁止网吧、咖啡馆、KTV等任何可能会让学生“分心”的娱乐场所，适当引入一些门槛低的劳动密集型产业为陪读家长提供一份收入。

如今，毛坦厂镇3.5平方公里的集镇建成区集中了将近3万学生和家长。这成为该镇最主要、最核心的城市消费者，他们的需求成为指导当地发展的新导向。“教育经济”带火了当地的“房地产经济”和“消费经济”，当地财政收入和居民收入也因此得到了极大的提高，反过来更加刺激政府和居民围绕学生及家长的需求提供更多更好的服务。毛坦厂镇城市消费者的形成是市场行为引发的，具有一定的偶然性。市场对需求的缺口有着先天的敏锐性，政府借助市场行为所引发的社会、经济结构变化，及时介入并加以调整和引导，顺势而为，推动了城市消费者的集聚和城市的发展。

（三）提供了城市营销的新视角

城市管理者应该从生产资料和城市硬件营销向城市消费者营销转变。李克强总理几乎每次出访都会介绍中国的高铁，被媒体赞誉为“第一推销员”。高铁只是一个最终的载体，其背后代表的是一个国家的经济实力、工业基础、科研实力、生产理念等综合国力，高铁营销实际上是国家营销。在国内，我们时常能看到城市的宣传广告、招商推介会等，城市营销已深入人心。然而目前国内城市主要是通过宣传提供廉价的劳动力和土地资源以及优惠的财税政策来吸引投资，这依旧是从生产的角度进行营销。而现代企业管理者普遍站在市场经济的角度去经营，围绕消费者的需求去研发相应的产品或提供相应的服务，从而扩大消费者群体，提高消费者消费等级；政府招商引资的思路与企业经营管理的思路发生了错位甚至是背离。除了生产资料和城市硬件外，在新型城镇化背景下，城市消费者应作为城市的另一核心资源，在城市营销中发挥更大的作用。

山东省某县级市开发新区，在向房地产商做新区推介时，开发商根据当地常住人口数量，普遍认为该市未来房地产市场容量有限，没有投资愿望。后引入专业咨询机构，调整营销思路，采用城市消费者的指标来替代传统的常住人口指标进行房地产市场需求分析。该市经济实力较周边市县强，有明确的支柱产业，经济对外辐射半径较广，对周边人口的吸附力较强。根据城市消费者理论，一座城市服务消费者的能力和规模，决定了这座城市真正的边界。该市的城市边界远远大于自身的行政区划边界，其房地产市场的影响对象不能仅仅局限于自身的常住人口范围。在此基础上完成的房地产需求定量分析，获得了投资者的认可，最终成功地引入了新区开发商。在城市消费者理论中，城市拥有核心的城市消费者将是吸引投资人的关键指标之一。城市管理者在做城市营销时要将人口附带的经济属性和市场属性体现出来，将城市消费者作为城市资源加以宣传和推介，吸引投资者投资。

五　核心城市消费者分析

（一）核心城市消费者

人的生死在于气血是否流动，城市也有气血。一个城市流动最快并且能够与外界进行频繁交换的就是气血，从这个角度来说，城市的气血就是城市的资金。[①] 如果一个城市对外资本和资金交换不断增强，就说明这个城市的活力很强，城市处于成长过程；如果一个城市对外资本和资金交换不断减弱，说明城市在逐渐失去活力，城市出了问题；如果一个城市的资金只出不进，说明城市消费者在抛弃这个城市，城市趋于死亡，最终将变成空城、鬼城。

前文已经论述，资金的流动是通过投资、消费来带动的，投资最终也需要由相应的消费者承担。所以城市资金的流动归根结底是由城市消费者来带动的。与人体有许多血管类似，城市也有动脉和毛细血管。抓住了城市的动脉也就抓住了城市发展的命门，体现在城市消费者层面就是“核心

① 李伟：《探寻城镇化模式的本质》，凤凰网城市频道李伟专栏。

城市消费者”。

什么是“核心城市消费者”，如何判断一个城市的“核心城市消费者”，是城市消费者理论的重要落脚点之一。前文我们将一个城市的城市消费者分为三类：第一类，在本城市生活和就业的人；第二类，到本城市来旅游、购物、开展商务活动的人；第三类，外地购买本城市里的企业生产的产品、提供的服务的人。

城市资源的差异性和有限性决定了每个城市会根据自身的条件去定位各自的战略发展方向和支柱产业。城市支柱产业提供的商品或服务所满足的那一部分城市消费者就是核心城市消费者。对于经济结构单一、资源特色鲜明的城市，它的核心城市消费者也许只有一类。比如，旅游城市都江堰的核心城市消费者就是来旅游的人群。对于经济结构复杂、资源复合型的城市，它的核心城市消费者就有多类。例如，首都北京的核心城市消费者有旅游人群、公务商务人群、教育医疗服务消费者、金融行业消费者等。

（二）核心城市消费者的特点

核心城市消费者具有对城市经济贡献度高、消费者规模增长快、关联产业带动能力强、体现城市优势和特色等特点。

（1）对城市经济贡献度高。核心城市消费者消费的产品或者服务必须是城市的支柱产业所对应的产品和服务，支柱产业在城市经济中占有主导地位，是城市的气血命脉所在。

（2）消费者规模增长快。核心城市消费者所对应的产业必须具有巨大的市场需求空间，且处于上升期。倘若一个城市的核心城市消费者数量增长停滞且处于与其他城市激烈竞争中，就预示着其所对应的行业即将步入衰退期，城市管理者在产业选择上应当规避即将步入衰退期的行业。

（3）关联产业带动能力强。核心城市消费者所对应的产业必须关联度高，有较强的前向、后向和旁侧关联效应，能够向各方向渗透，带动相关产业和地区经济的全面发展。例如，旅游业能够带动餐饮、住宿、交通、小商品、娱乐甚至房地产等领域消费需求的释放。

（4）体现城市优势和特色。城市的同质化一方面导致了城市间竞争的加剧，另一方面导致城市消费者对城市辨识度的下降，不利于城市品牌的打造。一个城市必须拥有具有绝对优势和相对优势的产业，形成鲜明的城市特色，才会具有较强的市场竞争力和发展空间，才会获得城市消费者的认可和集聚，最终形成核心的城市消费者群体。

（三）核心城市消费者识别模型

市场营销学在企业消费者领域建立了多种多样的模型，用于对消费者进行精细化的分析、研究、管理、引导、培养等，以保持企业产品对消费者的吸引力和企业自身的竞争力。城市消费者领域分析模型的搭建在世界范围尚属首次，模型的目的主要用于辨识核心城市消费者，及核心城市消费者与大众城市消费者之间的关系，以此作为政府管理和企业投资的重要决策依据之一。

分析核心城市消费者过程的实质是对城市核心实力的挖掘过程，我们由表及里将一个城市的实力分为表现层、影响层、核心层三个层次（见图7）。

表现层：表现层是对城市内部复杂的运转过程的外在整体反映。它通常包括这个城市的历史、地理、人文、习俗等社会属性，也包含城市GDP、财政收入、人均消费力、产业结构、知名企业等经济属性。一般情况下，通过口耳相传、城市历史文献、各类政府报告、统计年鉴、领导讲话、宣传材料等可对某个城市整体上有一个大致的了解，可以基本判断一个城市的类型。表现层中最重要、最经典的表现形式往往会在消费者、企业心中留下最直观、最牢固的印象。

影响层：影响层是城市表现层赖以形成的最有直接影响力的内在因素，包括城市的区位、人口、资源、基础设施、公共服务、政府管理、制度政策、产业类别及规模等。这些因素共同作用，相互影响，进而形成一个城市发展的格局。

核心层：通过对目标城市影响层各类相关因素的分析，并且结合全国范围内所有城市发展影响因素数据库，通过不同城市间的横向比较和本城市的纵向分析，找出本城市的优势产业及主导产业。通过各个产业之间的关联性分析，最终可以得出核心资源进而确定城市的核心消费者。

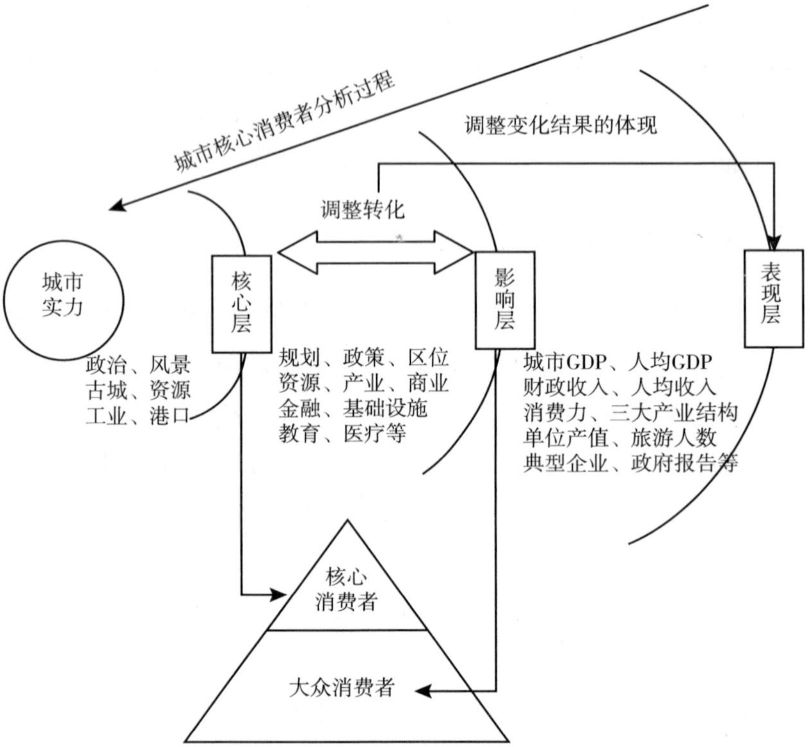

图 7　核心城市消费者分析模型

影响层的各种因素为核心层提供支撑和配套，两者之间会根据资源状况、社会需求、经济形势、政策导向等原因相互转化。例如，对于矿产资源型城市，其核心层就是矿产资源；交通物流、基础设施、初加工行业、劳动力人口、产业政策等成为主要影响因素；而商业、餐饮、住宿、房地产、娱乐、教育、医疗等属于基础影响因素。随着资源的枯竭和环境污染的加重，城市面临转型的选择，矿产资源作为核心层因素的地位将逐渐消失。如果选择旅游业，以发展工矿主题旅游作为转型的方向，那么工矿文化和矿山、矿坑、厂房等将成为核心资源，原来的商业、餐饮、住宿、房地产、娱乐等基础影响因素将转化为主要影响因素，物流、初加工行业等的影响力将降低。转化的过程及结果最终将在表现层得到直观的体现。

以下以京津冀主要城市部分数据分析为例，找出一些城市的核心消费者（见表3）。

表 3　2012 年京津冀城市群主要城市行业增加值比例数据

单位：%

指标	北京	唐山	天津	石家庄	秦皇岛
地区生产总值	100	100	100	100	100
第一产业	1	9	1	10	13
第二产业	23	59	52	50	39
工业	19	55	47	44	33
建筑业	4	4	4	5	6
第三产业	76	32	47	40	48
交通运输、仓储和邮政业	4	13	5	9	12
信息传输、计算机服务和软件业	9	1	1	1	2
批发和零售业	13	7	13	9	9
住宿和餐饮业	2	1	2	2	3
金融业	15	2	8	5	5
房地产业	7	2	3	4	5
租赁与商务服务业	7	1	3	1	2
科学研究、技术服务与地质勘查	7	0	3	1	1
水利、环境和公共设施管理业	1	0	1	0	1
居民服务和其他服务业	1	1	2	1	2
教育	4	1	2	2	3
卫生、社会保障和社会福利业	2	1	1	2	1
文化、体育与娱乐业	2	0	1	1	1
公共管理与社会组织	3	2	2	3	3

资料来源：上述城市 2012 年统计年鉴。

从三大产业结构来看，北京第三产业比重明显比其他城市高，从表现层来讲北京是一个消费型城市；唐山、天津、石家庄的第二产业比重均高于或等于50%，从表现层来讲这三个城市属于生产型城市。

在第三产业细分上，唐山的“交通运输、仓储和邮政业”这一项占比最高，说明交通物流和仓储行业是它的重要行业。结合唐山的地理位置（港口城市）、矿产资源、典型企业等，基本可以判断唐山是典型的钢铁、煤炭城市。

北京在“信息传输、计算机服务和软件业”上优势明显，表明软件和信息技术服务业在北京的第三产业中占有重要地位，这一数据的背后是北京众多高校、科研院所、高新技术企业、产业孵化机构、产权交易平台等企事业单位对软件和信息技术服务业的强大需求，体现了北京辐射全世界的影响力。

北京的“金融业”优势也相当明显，一是说明北京市内集聚了众多金融机构；二是说明北京市经济繁荣金融活动频繁；三是说明北京作为区域乃至全国的金融核心城市为全国提供金融服务。

北京市的“房地产业”、“批发和零售业”、“租赁与商务服务业”和“文化、体育与娱乐业”优势也比较明显，表明北京市有很强的产业支撑和众多的就业机会，商业氛围浓厚、消费力较强。

“科学研究、技术服务与地质勘查”优势明显，表明北京集聚了大批的科研院所、专业研究机构及科技中介服务机构。

通过分析这几类行业的关联度，可以发现北京的核心资源是：政治资源、古城资源、教育资源。政治资源带来了行政机构、军事部门、企事业总部、科研、医疗等机构的集聚，从而产生了公务人群、商务人群、科研人群、医疗人群，这些人群均属于精英人群，有大量的消费需求；古城资源吸引着旅游人群的集聚；教育资源吸引着求学、培训及陪读人群。这几类人群的集聚带动着其他配套产业（交通物流、餐饮住宿、娱乐、商业、金融、房地产等）的发展。

限于统计数据的不全面，以上只是提供分析思路。随着大数据时代的来临及智慧城市建设的推进，我们将对城市消费者的构成、需求等内容进行更深入和细致的研究，为城市管理和投资提供更有价值和针对性的参考。

B.2 基于城市消费者的城市发展评价

韩珊珊　陈锐松*

摘　要：

城市消费者是城市营销领域的一个全新概念，是指一个城市所直接服务和间接服务的所有消费者的总和。为使城市消费者概念更好地指导实践，本文借助公开统计数据对城市消费者数量和质量进行度量，并构建指标体系对城市发展阶段做出研判。本文的主要价值在于为新型城镇化背景下的城市发展评价提供了一个新的视角，对城市管理以及政府和企业投资具有一定的参考意义。

关键词：

城市消费者　城市发展　消费型城市

在上篇报告中，详细介绍了城市消费者的内涵、提出背景以及对于新型城镇化的主要价值，属于理念层面的内容。为使城市消费者的概念更好地指导实践，我们进一步借助公开统计数据对城市消费者的数量和质量进行度量，以衡量城市的影响力和辐射力、城市消费者对于城市的贡献能力以及贡献的价值；并构建基于城市消费者的指标体系，对城市的发展阶段做出评价，为政府城市管理以及企业投资提供参考。

基于城市消费者的城市发展评价包括三部分：城市消费者数量、城市消费

---

* 韩珊珊，北京荣邦瑞明投资管理有限责任公司，高级经理，多年专注于城市基础设施投融资的研究和咨询；陈锐松，北京荣邦瑞明投资管理有限责任公司合伙人，荣邦瑞明城市中国研究院数据与模型研究所副所长，主要研究方向包括城市建设投融资机制体制创新、城市数据挖掘以及城市解决方案的应用模型研究。

者质量以及基于城市消费者的城市发展阶段评价。评价内容及其主要价值如下。

城市消费者数量评价：城市消费者包括三类人口，分别是常住人口，到该城市旅游、购物、探亲及从事商务等活动的人口（旅游人口），以及其他城市购买本市企业产品的人口（外地人口）。我们将城市消费者视作城市发展的驱动力和城市的一种经济资源，关注的是人的经济属性，即常住人口、旅游人口和外地人口通过消费城市功能、消费城市的产品对城市经济增长的贡献。由于不同类别的城市消费者对于城市贡献的价值有所差别，如旅游人口在城市的消费额一般情况下远远低于该城市的常住人口，因此，这三类人口在数量上简单累加没有意义，需要采取适当的折算方法对各类城市消费者进行折算，使之具有同样的经济属性，这样相加后即可度量出各个城市的城市消费者的数量。我们希望从中发现除常住人口外，其他两类城市消费者的数量，借以衡量城市的外部影响力和辐射力，同时政府可以据此制定城市消费者的分类管理和服务政策，这将是非常有意义的结果。虽然由于公开统计数据的不全面，很难对全部样本城市进行如上评价，但是对具备相关统计数据的城市，可以运用上述方法对该城市的城市消费者进行度量，并对城市管理和城市投资提出建议。在这一部分，重点介绍城市消费者度量方法，以及该度量方法的主要价值，并对城市消费者数量进行度量。

城市消费者质量评价：城市的经济增长，除了城市消费者数量外，更得益于城市消费者的消费能力，以及由此为城市带来的财富，这两方面构成了城市消费者的质量。城市消费者质量越高，其消费能力越强，给城市带来的财富和贡献就越多。在这一部分中，通过选取若干因子，构建指标体系，对样本城市的城市消费者的质量进行评价，并利用 GIS 工具在地图上直观呈现出样本城市城市消费者的质量分布情况。此外，文中还分析了城市消费者质量与第三产业、消费、投资等相关因素的关系，以期发现拥有高质量的城市消费者的城市所具有的一些特征。

基于城市消费者的城市发展阶段评价：拉动内需是新型城镇化的主要目的之一。在新型城镇化的背景下，国内城市的经济增长模式面临投资导向向消费导向的转型。这一部分首先以马克斯·韦伯的城市类型学说为基础，参照同类研究成果，从城市消费者的视角，对现代消费型城市和生产型城市的内涵和特征做出新的诠释；其次，构建基于城市消费者的指标体系，对城市所处的发展阶段（消费型城市/生产型城市）进行评价；最后，对城市发展模式转型和消费型城市、生产型城市的城市管理提出一些建议。目前，国内关于城市发展阶段的评价尚处于探索阶段，我们的研究在当前国家新型城镇化的宏观政策环境下具有重要的意义。

基于数据的可得性，本次评价分析选取《全国主体功能区规划》中确定的20个城市群覆盖的近90个地级市以上城市作为样本。数据来源为各省市统计年鉴、《中国城市统计年鉴》、《中国城市建设统计年鉴》、各城市统计公报、《国民经济和社会发展第十一个五个规划纲要》（以下简称“十一五”规划）和《国民经济和社会发展第十二个五年规划纲要》（以下简称“十二五”规划）等。

一 城市消费者度量

（一）城市消费者度量方法

城市消费者包括三类人口：常住人口，到该城市旅游、购物、探亲及从事商务等活动的人口（旅游人口），以及其他城市购买本市企业产品的人口（外地人口）。前两类统称为城市的直接消费者，后一类称为城市的间接消费者。

上述三类人口构成了直接和间接在该城市消费的人口，也就是城市直接或者间接服务的人口。城市消费者主要关注的是人口的经济属性，这三类人口直接或者间接消费该城市提供的产品、服务和城市功能，因而对城市有着不同程度的贡献。同时，也正是由于三类人口对城市的贡献存在差异，因此在度量城市消费者时，不宜对三类人口的数量进行简单相加。如北京市2012年的旅游人次为23134.6万人次，将按照人均旅游次数估算得出的旅游人数与2000多万的常住人口数直接相加没有意义，这是因为通过计算可以得到人均旅游消费约为1550.73元，而常住人口的人均年消费额达到29977.77元，二者对北京的贡献有很大的差距；对于在其他城市生活的人口，购买北京生产的产品或提供的服务的金额与北京常住人口的年消费额也存在差异，把这类庞大的人口数量直接与常住人口数相加也没有意义。正确的方法是，从城市消费者的经济属性出发，将各类城市消费者按照常住人口的消费水平进行折算，则可以得到相当于该城市常住人口消费水平的城市消费者的数量：

城市消费者数量 = 常住人口 + 来自于外地旅游人口的旅游收入 / 人均居民消费 + 货物和服务的出口额用于消费的部分 / 人均居民消费

（公式 1）

然而，我国大多数城市的公开统计数据中并不单独统计货物和服务的出口额（在我们的样本范围内，只有宁波、长治等少数城市对地区生产总值支出法中货物和服务的出口额进行单独核算），来自于外地人口的旅游收入在很多城市也很难从全部旅游收入中单独分离出来，因此，按照该公式度量城市消费者存在障碍。下文从城市消费者贡献的价值入手，为城市消费者度量提供一种有效的解决思路。

从根本上讲，城市消费者是常住在本地、到本地旅游以及居住在外地的购买本地生产或提供的产品和服务的人口。这三类人口购买的产品或服务的总价值，简称城市消费者总价值，也是本地企业生产或提供的用于这三类城市消费者消费的最终产品或者服务的总价值。

城市消费者总价值 = 本地生产或提供的用于城市消费者消费的产品或服务的总价值 = 本地生产或提供的由本地居民购买的产品或服务 + 本地生产或提供的由外地居民购买的产品或服务 +（外地生产的由本地居民购买的产品或服务 – 外地生产的由本地居民购买的产品或服务）= 居民消费 + 用于居民消费的货物及服务的净出口

（公式 2）

在得到城市消费者总价值后，需按照人均消费的总价值进一步计算出城市消费者数量。城市消费者总价值是一个净值概念，人均消费的总价值也属于净值范畴，是城市消费者人均消费的全部最终产品或服务的价值中扣除各中间环节投入的全部中间产品或服务的价值后的增加值，在零和该城市人均居民消费的区间之内。具体数值由于统计数据的局限很难得到，此处取区间最大值，即城市人均居民消费。

城市消费者数量 = 城市消费者总价值 / 人均居民消费 = 常住人口 + 用于居民消费的货物及服务的净出口 / 人均居民消费　（公式 3）

其中，用于居民消费的货物及服务的净出口，按照支出法地区生产总值中“货物及服务的净出口”的一定比例估算。

（二）城市消费者度量的价值

上述方法在目前公开统计数据存在一定局限性的情况下，为度量城市消费者提供了一种有效的解决方法。目前已经有部分城市如长治、宁波单独统计支出法中的货物及服务的出口和进口数据，可见，上述两个数据在统计上具有可实现性。随着公开统计数据的进一步完善，可以进一步度量出三类城市消费者贡献的总价值比重以及城市消费者中三类人口的构成。在现阶段，对某一特定城市，如果该城市已经将上述数据纳入统计范畴（包括公开发布和不公开发布两种情况），可以按照上述方法得到城市消费者的构成情况。其主要价值如下。

1. 构建城市外向度指标，从“人”的角度大致反映城市经济的外向性，①并为政府和企业投资提供参考

一般我们出于直觉会得到北京、上海等城市对其他城市的影响和辐射程度高于其他中小规模城市的结论。作为一个有着悠久历史的古城，北京每年吸引很多人来此旅游、购物；北京的金融服务业和信息业提供的服务覆盖全国大部分城市；北京的各种商务活动往来频繁，首都机场每年有近七千万人次的客运量。从城市消费者的角度看，在北京的经济增长中，常住人口只贡献了其中的一部分，有相当一部分来自于其他城市的居民的消费。常住人口、旅游人口和外地人口共同支撑了北京的庞大消费，带动了北京的经济发展，北京的经济活跃度和外向性很高。制造业城市东莞也是如此，其生产的衣服鞋帽、电子产品销往全国各地以及世界其他国家和地区。相反，有些西部城市，经济相对封闭，与其他城市的经济往来比较少，产品和服务的覆盖面比较狭窄，主要以本地或者本区域的人群为主，本地人口的消费是经济增长的主要动力，这些城市

① 这里借用外贸领域的经济外向度概念，以衡量城市与其他城市经济和贸易的往来。外贸领域的经济外向度，也叫对外贸易系数、外贸依存度或外贸依存率，是指一个国家或地区的进出口贸易额占国内（地区）生产总值（GDP）的比重，它反映一个国家或地区的经济与国际经济联系的紧密程度，是衡量一个国家或地区开放型经济发展规模和发展水平的宏观指标之一。

的经济外向性比较低。

现在，可以根据城市消费者的构成构建城市外向度指标，从城市消费者角度衡量城市经济的辐射力和影响力。度量方法如下：

城市外向度 = 城市消费者/有效常住人口

其中，有效常住人口是以常住人口价值贡献率（常住人口平均贡献价值/人均居民消费）对常住人口数量进行折算后得到的数值。城市外向度指标衡量旅游人口和外地人口对城市经济贡献的程度，从城市消费者视角反映城市的辐射力和影响力。外向度数值越大，说明相对于常住人口，来旅游、购物以及从事商务等活动的人数越多，其他城市购买该城市产品的人数越多，也就是外部的城市消费者的贡献越大，城市经济的对外辐射力和影响力越强。

外向度指标可以为政府投资和企业投资提供参考。如前文《城市消费者——新型城镇化的新视角》所述，从城市营销的角度，如同城市的其他资源禀赋一样，城市消费者也可以被看作一种城市经济资源，是城市综合竞争力的组成部分。因此可以说，在同等情况下，外向度比较高的城市，更具投资价值。

2. 基于城市消费者结构，制定城市消费者的分类管理和服务政策

新型城镇化提出以人为本、更好地服务于人，从城市消费者的视角出发，由于支撑和推动城市发展的不仅仅是常住人口的消费需求，还有一部分是旅游消费和来自其他城市的购买需求，因此，以人为本的提法不仅应该涵盖常住人口的公共服务，而且应将服务对象覆盖旅游人口以及对本市产品和服务有消费需求的人口，同时扩大公共服务的外延，不仅包含传统的基础设施和公共服务设施的提供，而且应包括能够为城市消费者提供更好的服务而进行的行业研究和对产业发展的外部性较强的关键环节进行的投入。如一些旅游城市，旅游人口对当地经济的贡献占据相当的比重，在这种情况下，城市政府应对旅游人口给予更多的关注，包括了解旅游人口的消费需求，做好旅游规划，加强旅游基础设施的建设，提升服务水平，提高城市旅游竞争力，吸引更多人到城市旅游。另一些城市，城市生产的产品销售范围比较广，外地人口的购买需求对城市的经济贡献比较大，则政府应该在企业对消费者需求变化分析的基础上，做好产业规划和产业升级，不断扩大城市消费群体和消费者质量。如底特律的衰败，一个重要的原因是石油危机以来，以全世界各地汽车购买者为主的城市消费者的消费需求发生了改变，而企业和城市政府没有因这种变化及时做出相应的转变，导致了城市消费者的流失，并最终引发了城市衰败。

目前，很多城市政府对三类城市消费者的分类服务尚未形成清晰的认知。我们在得到城市消费者总价值的构成后，可以清晰地看到三类城市消费者对于城市的贡献，有助于城市政府形成城市消费者分类服务的认知，并进一步对各类城市消费者提供更有针对性的服务。

（三）城市消费者度量结果

公式3所示的城市消费者度量方法，需要支出法地区生产总值的统计数据。在20多个城市群地级以上城市公布的2012年统计数据中，仅有87个城市具备这一条件。我们以这些城市为评价对象，度量其城市消费者数量。另外，虽然由于无法得到常住人口价值贡献率从而计算出外向度指标，但是城市消费者/常住人口的比值仍然在一定程度上反映出城市经济在多大程度上依赖于旅游人口和外地人口的消费需求，或者城市居民在多大程度上在消费其他城市生产或提供的产品和服务，为其他城市的发展做贡献。

样本城市的城市消费者数量和城市消费者/常住人口的比值见本报告附件1。

制造业优势比较突出的城市，如深圳、东莞、宁波，城市消费者与常住人口的比值比较高，这些城市生产或提供的产品和服务中的相当一部分由外地人口购买和消费，外地人口的消费需求为城市提供了强大的发展动力。

北京、南京等经济发达的城市，居民消费能力很强，而制造业随着经济的发展逐渐让位于第三产业，生产的产品难以满足居民强大的消费需求，向其他城市或者国家进口成为这类城市的选择；这些城市同时向其他城市提供信息服务、金融服务，其城市消费者与常住人口的比值接近1。

第三类城市，如梅州、赣州，属于经济欠发达城市，居民消费能力比较弱，但是由于生产能力相对不足，居民消费需要从其他城市购买，其城市消费者与常住人口的比值低于1。

二　城市消费者质量评价

（一）城市消费者质量指标体系

城市发展不仅依赖于城市消费者的数量，同时也依赖于城市消费者的质量。提高城市对城市消费者的服务层级和服务水平，吸收更高质量的城市消费者消费城市提供的产品、服务以及城市功能，能够为城市带来更多的财富增长。基于城市消费者的内涵，考虑到数据的可得性，我们从城市消费者自身的消费水平、城市消费者对城市的贡献两个方面，构建城市消费者质量指数，通过该指数对各城市的城市消费者的质量进行评价。

数据的标准化处理方法如下：正向指标，标准化值 = 实际值/目标参考值，当实际值大于目标参考值时，令标准化值 = 1。逆向指标，标准化值 = 目标参考值/实际值，当实际值小于目标参考值时，令标准化值 = 1。对于适中型指标，采用阶段阈值法。其中，目标参考值的选择方法为：正向指标取样本最大值，逆向指标取样本最小值，适中指标根据国际经验和国家相关规定选择标准值。样本最值的选择先考察该指标前十名的整体分布情况，如果分布相对集中，则直接取最值；如果分布比较分散，则视具体情况进行调整。

各指标的权重依据专家打分法确定。城市消费者质量指标体系见表 1。

表 1　城市消费者质量指标体系

指标名称	指标说明	权重(%)	指标类型
城市消费者自身消费能力	城市消费者人均消费水平	40	正向
城市消费者贡献	城市消费者人均财政收入	30	正向
	城市消费者人均金融机构存款余额	30	正向

基于数据可得性，我们难以根据城市消费者的构成最终估算出城市消费者可支配收入、消费倾向等方面的数据，因此，城市消费者质量指标体系包含的指标相对较少，权重分配对最终评价结果的影响比较大，随着公开统计数据的完善，可以增加相应的指标，逐渐使城市消费者质量评价体系趋于合理。

（二）各城市城市消费者质量评价结果

根据城市消费者质量指标体系，对 87 个样本城市的城市消费者质量进行评价。

根据各城市的城市消费者质量指数排序及其特征，可以将城市划分为四个梯队，这四个梯队的城市消费者质量分别为：优等、良好、一般、较低。优等 5 个，良好 14 个，一般 16 个，较低 52 个（见表 2）。为简化表现，此处不详细列出这些城市的城市消费者质量指数得分及排名，详情可参见本报告附件 2。

表 2　城市消费者质量评价结果

城市消费者质量	城市
优等	北京、上海、天津、深圳、广州
良好	珠海、南京、济南、无锡、武汉、成都、沈阳、青岛、南昌、西安、佛山、太原、长沙、中山
一般	保定、郑州、昆明、宁波、沧州、东莞、东营、福州、秦皇岛、廊坊、惠州、唐山、新余、重庆、泉州、石家庄
较低	江门、长治、南宁、景德镇、大庆、哈尔滨、株洲、湘潭、鹰潭、衡水、张家口、焦作、肇庆、洛阳、常德、黄石、承德、萍乡、南平、鄂州、潮州、岳阳、衡阳、九江、许昌、玉溪、平顶山、汕头、新乡、宜春、梅州、临汾、忻州、自贡、开封、漯河、益阳、咸宁、揭阳、娄底、齐齐哈尔、吉安、曲靖、赣州、上饶、抚州、孝感、黄冈、潜江、天门、楚雄、仙桃

运用 GIS 工具可以将拥有各等级城市消费者的城市在空间上的分布直观地呈现出来，如图 1 所示。

从城市群发展水平[①]视角看，三大成熟型城市群——长三角城市群、珠三角城市群和京津冀城市群集中了全部拥有优等级别城市消费者的城市，北京、上海、天津、深圳、广州。位于成熟型城市群的样本城市共 24 个，其中拥有

① 本文参照张学良主编的《中国区域经济发展报告（2013）——中国城市群的崛起与协调发展》对城市群发展水平进行划分。其中，成熟型城市群包括长三角城市群、珠三角城市群、京津冀城市群；发展型城市群包括山东半岛城市群、辽中南城市群、海峡西岸城市群、武汉城市群、长株潭城市群、成渝城市群、关中－天水城市群、中原城市群、哈长城市群、江淮城市群、太原城市群、东陇海城市群；形成型城市群包括鄱阳湖城市群、天山北坡城市群、北部湾城市群、兰西城市群、滇中城市群、黔中城市群、呼包鄂榆城市群、宁夏沿黄城市群等。

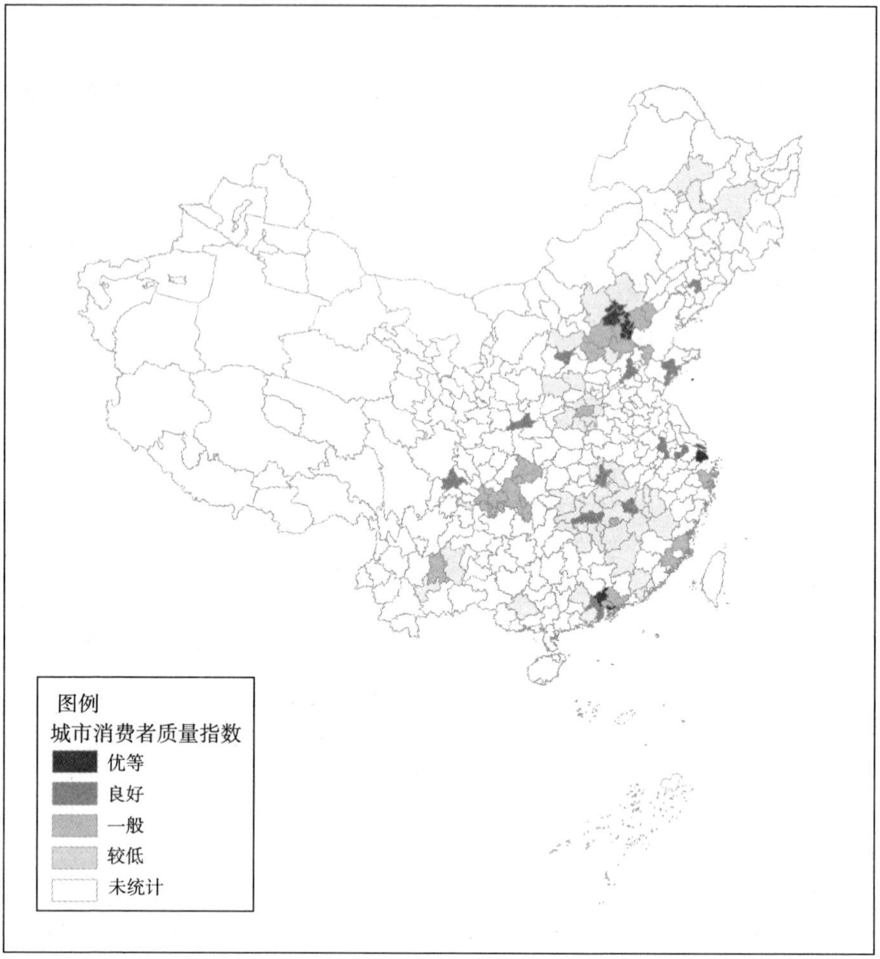

图 1　城市消费者质量分布情况

优等和良好级别城市消费者的城市 10 个，一般级别城市消费者的城市 9 个，较低级别城市消费者的城市 5 个。发展型城市群共 51 个样本城市，其中良好级别城市消费者的城市 8 个，一般级别城市消费者的城市 4 个，较低级别城市消费者的城市 39 个。形成型城市群共 12 个城市，其中良好级别城市消费者的城市 1 个，一般级别城市消费者的城市 3 个，较低级别城市消费者的城市 8 个。从城市消费者的视角，发展型城市群和形成型城市群发育水平较低，与成熟型城市群有较大的差距。

（三）城市消费者质量指数的相关因素分析

如前所述，经济处于领先地位的城市，其城市消费者质量相对比较高。城市消费者质量与第三产业、消费、投资等相关因素必然存在着一定的关系。这一部分中，运用定量研究方法，分析城市消费者质量与相关因素之间的关系，以期发现拥有高质量的城市消费者的城市所具有的一些特征。

1. 城市消费者质量指数与第二、第三产业增加值比重的关系

以 87 个样本城市的城市消费者质量指数和第二产业、第三产业增加值占地区生产总值的比重分别作图，分析城市消费者质量指数与第二、第三产业增加值比重的相关性，如图 2 所示。

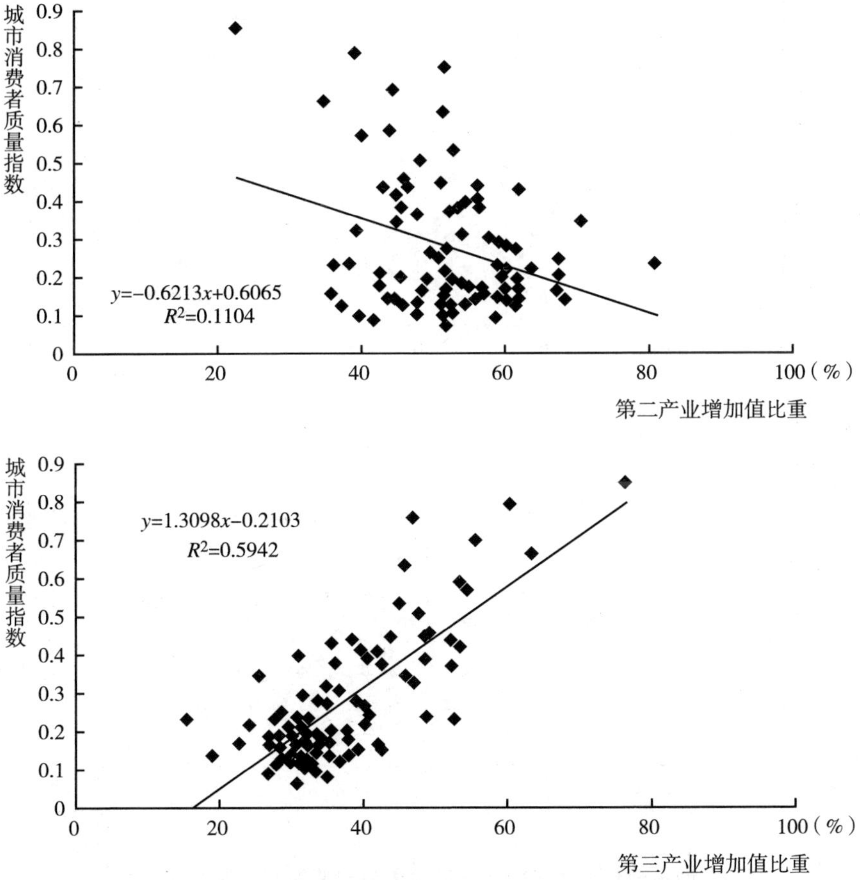

图 2　城市消费者质量指数与第二、第三产业增加值比重的关系

相比第二产业增加值占地区生产总值的比重，第三产业增加值比重与消费者质量指数呈现更为明显的正相关关系。消费者质量指数大的城市，其第三产业增加值比重相对更大。消费者质量指数比较大的城市，消费能力强，对财政收入的贡献更多，经济更发达；而根据城市的一般发展历程，随着经济的发展，城市会逐渐出现产业转型、迁出生产性企业、加快服务业的发展方向。

2. 城市消费者质量与城市消费者消费率、投资率

分析 87 个样本城市的城市消费者质量指数与城市消费者消费率、投资率的关系，如图 3 所示。

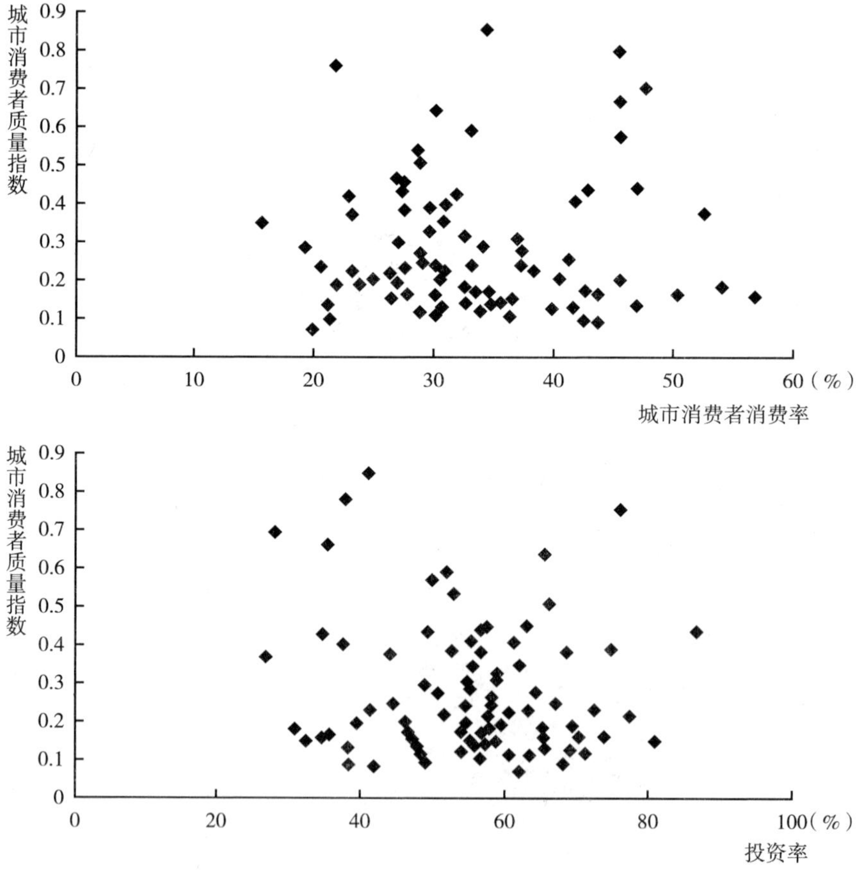

图 3 城市消费者质量指数与城市消费者消费率、投资率的关系

城市消费者质量与城市消费者消费率、投资率并没有表现出明显的相关性。也就是说城市消费者总的消费规模在总产出中占比较大的城市，其城市消费者质量不一定高；城市消费者投资率比较大的城市，其城市消费者质量也不一定高。因此，仅仅依靠提高消费率和投资率并不能提高城市消费者质量。

3. 城市消费者质量与城市消费者总价值

如前文所述，城市消费者总价值由两部分构成，居民消费以及货物和服务的净出口中用于居民消费的部分。城市消费者总价值指数是将城市消费者总价值标准化的结果。

城市消费者总价值指数 = 实际值 / 城市消费者总价值的最大值

该指标反映样本城市的城市消费者总价值的相对大小。城市消费者总价值最大的城市是上海，该项指标数值为1；其他三个一线城市广州、深圳、北京分居第2~4名。从城市消费者总价值分析，国内城市分化严重。北上广深四个一线城市的城市消费者的消费规模远远高于其他城市，几乎占到全部87个样本城市消费者总价值的30%。

城市消费者质量与城市消费者消费的总规模之间必然存在着正相关关系，作图分析城市消费者质量指数与城市消费者总价值指数的关系，如图4所示。

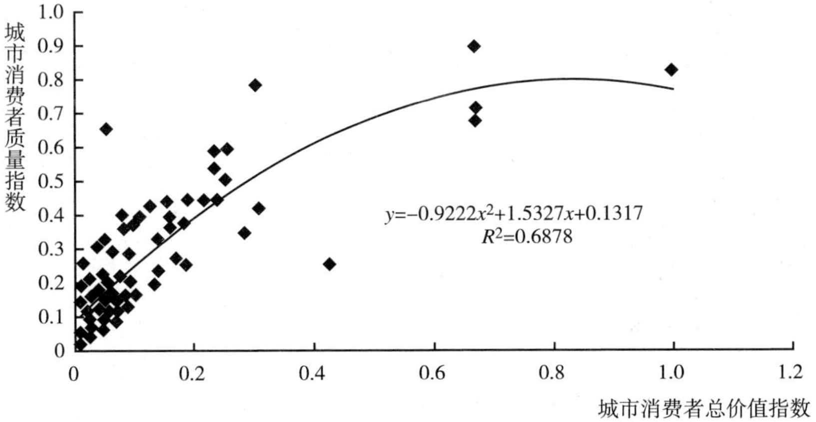

图4　城市消费者质量指数与总价值指数的关系

如图4所示，城市消费者总价值指数与城市消费者质量指数呈倒U型关系。即城市消费者总价值处于中下水平的城市，城市消费总规模大的城市往往消费者质量也比较高；但是随着城市规模和消费规模的增大，城市消费者质量提升幅度会有所趋缓。也就是说，城市消费规模扩张到一定程度后，城市消费者的消费能力和消费水平提升幅度有限，城市消费规模的持续扩大主要依赖于人口聚集，依赖于吸引更多的外部城市消费者，新增的城市消费者为城市提供了源源不断的发展动力。

三　基于城市消费者的城市发展阶段评价

近年来我国经济增长模式呈现出高投资、高出口、低消费的特征，经济增长主要靠投资和出口拉动。而国际经济危机进一步放大了我国的生产力过剩问题，我国经济增长方式必须由投资向消费导向转变。十八大报告提出："要牢牢把握扩大内需这一战略基点，加快建立扩大消费需求长效机制。"而2014年3月发布的新型城镇化重点强调推进劳动力城镇化向人口城镇化转型，通过人口城镇化与城乡一体化建立农民持续增收机制，以基本公共服务均等化为重点推进中小城镇公共资源配置均等化。可以看出，尽管新型城镇化仍然布局了很多投资项目，但城镇化的主要目的之一在于对内需的拉动。新型城镇化是消费升级的主要载体和途径。抚顺、大庆等部分工业城市和资源型城市已经明确提出将由生产型城市向消费型城市转型。在新一轮城镇化进程中，必然有更多城市向消费型城市转型。这一转变将深刻影响城市的发展模式、产业结构和空间结构。

在这一部分中，首先基于城市消费者视角，概括总结消费型城市的特征；然后以城市消费者的相关指标为基础，分析样本城市近十年来所采取的发展模式和目前所处的发展阶段，进而对处于转型期的城市发展和城市管理提出建议。

（一）消费型城市

古典经济学家亚当·斯密认为经济发展的唯一目标是消费。消费型城市的概念最早由马克斯·韦伯于1920年提出。韦伯将城市分为三类：商人城市、生产型城市、消费型城市。商人城市中消费者的购买力主要来自于国内和海外商品贸易所获得的差价，以出口需求拉动发展；生产型城市的消费能力取决于当地的工厂、制造业和家庭工厂的发达程度，以生产投资为主要发展动力；消费型城市主要依赖于官僚、坐食者等大消费者的购买力，以内部需求为主要发展动力。

随着社会的进步和城市的发展，韦伯的城市类型学说已经逐渐发生了演变，应该以城市发展的主要动力而不是大消费者的类型作为区分生产型城市和消费型城市的主要特征。基于城市消费者视角，并参照相关学者的研究，① 消费型城市的特征可以概括如下。

（1）生产型城市以提供丰富的工业品和强大的工业企业支撑城市的经济基础；而消费型城市主要以提供丰富的消费产品和强大的消费需求支撑城市的经济基础。

（2）消费型城市不仅通过消费拉动本城市的经济发展，而且辐射周边，对于区域和国家的经济发展都具有重要作用。

（3）消费型城市主要通过发展消费型产业促进经济增长。消费型产业包括的范围很广，凡是为了满足个人日常生活所需而购买、使用商品或接受服务的行为，都属于消费型产业的范畴。具体包括服务业（生产型服务业和消费型服务业）和与最终消费品的生产、销售相关的行业。

（4）消费型城市的消费分为内部性消费和外部性消费。国际上通常将一个城市内部性消费占总消费的比重称为内部消费率，50%的内部消费率为消费型城市的底线。

纽约、巴黎等大城市，已经凭借当代最新的科技成果从生产型城市率先进入消费型城市发展阶段。可以说，生产型城市和消费型城市是城市发展的不同阶段，消费型城市是现代城市发展的方向。

目前国内针对消费型城市和生产型城市的系统研究还比较少，更是缺乏基于城市发展动力对城市发展阶段进行评价的研究。有学者针对依据国内统计数据难以得出内部消费率的问题，提出国内消费型城市定量研究指标，② 但是该

① 赵宇、张京祥：《消费型城市的增长方式及其影响研究——以北京市为例》，《城市发展研究》2009年第4期。

② 赵宇、张京祥：《中国城市消费型转型研究》，《现代城市研究》2010年第4期。

研究也存在一定的缺陷。一方面，该指标延续了传统上以城市行政区内的最终消费（包括居民消费和政府消费）为计算依据的做法，难以反映生活在城市内外通过消费城市的产品和服务以及城市功能对该城市经济发展做出贡献的“人”的因素；另一方面，该研究并没有依据其提出的指标体系采用统计数据对我国各城市是属于生产型城市还是消费型城市的发展阶段进行系统评价。

基于同类研究存在的不足，我们以城市消费者视角构建指标体系，判定城市目前所处的发展阶段是消费型城市还是生产型城市，并对该阶段下产业结构、空间规划和城市管理提出一些建议。

（二）基于城市消费者的城市发展阶段评价

1. 评价指标

关于城市是属于生产型城市还是消费型城市的研判，一方面应考虑城市多年来的经济增长模式，另一方面应考虑城市在经过多年发展之后，城市消费者消费的总价值在总产出中所占的比例。动态指标结合静态指标，构成城市发展阶段的评价指标体系。选取城市消费者消费率和城市消费者消费拉动率两个指标：

$$\text{城市消费者消费率} = \text{城市消费者总价值} / \text{地区生产总值}$$

$$\text{城市消费者消费拉动率} = \frac{\Delta\,\text{城市消费者总价值}}{\Delta\,\text{地区生产总值}} \times 100\%$$

其中，城市消费者消费率是静态指标，城市消费者消费率拉动率是动态指标。城市消费者消费拉动率采用如下方法得到：对 2000～2011 年的数据进行分析，以各年的地区生产总值为横坐标，城市消费者总价值为纵坐标，做出散点图，可以拟合出一条直线，而且大多数城市直线的可决系数高于 0.9，拟合效果很好。这反映了城市十年来所遵循的发展逻辑。这条直线的斜率可以综合衡量 2000～2011 年该城市的城市消费者因消费城市的产品和服务对城市经济的拉动情况，称之为城市消费者平均消费拉动率。该指标由于综合平衡了十多年的情况，比单一年度的指标更能说明城市的发展模式。该指标数值越大，说明消费对经济拉动的程度越高。

由于该研究需要样本城市十余年的支出法数据，且行政区划应相对稳定，从数据可得性和合理性角度出发，这一部分的研究样本剔除了 14 个城市，以 87 个样本城市中的 73 个城市为研究样本。[①] 因篇幅所限，无法完整呈现全部样本城市的城市消费者总价值和地区生产总值的拟合情况，仅列举几个城市的作图拟合情况，见本报告附件 3。

根据国内的具体情况，以城市消费者平均消费拉动率的数值 30% 为界，可以将全部样本城市做如下区分，高于 30% 反映该城市十年来采取了以城市消费者消费导向为主的发展模式，低于 30% 反映该城市采取以生产导向为主的发展模式。样本城市的发展模式及其城市消费者平均消费拉动率见本报告附件 4。

资源型城市，如大庆、东营，城市的支柱产业是资源型产业，消费型产业在总产出中所占比例比较小，消费对经济的拉动作用比较小，仅在 15% 左右，在所有样本城市中，城市消费者消费对经济的拉动处于最低水平；工业和制造业城市，如天津、唐山，城市的支柱产业是重工业和制造业，产业发展需要大规模的投资，经济增长以生产投资拉动为主，消费对经济的拉动作用相对较弱；现代服务业城市，如北京、上海，第三产业在经济增长中的比重呈持续上涨趋势，消费对经济的拉动作用明显。

2. 城市发展阶段评价

根据国内具体情况，参照相关标准，我们将城市消费者消费率、平均消费拉动率均大于 30% 的城市称为消费型城市，其他城市均称为生产型城市。需要说明的是，国内消费率普遍低于国外发达城市（由于城市消费者消费率没有可比指标，以居民消费率为近似指标与国外发达国家对比。1978 ~ 2008 年，国外发达国家的年均居民消费率为 60. 3%，而上海、广州、深圳、北京等经济发达城市 2012 年的居民消费率仅达到 43%、38%、33%、34%），以 30% 作为区分两类城市的标准，是根据国内具体情况对城市所做的一个相对划分。按照该标准得出的消费型城市距离国际标准还有比较大的差距。

按照上述标准，北京、上海、深圳、广州等城市为消费型城市，天津、沈

① 87 个样本城市中，抚州市、鹰潭市、忻州市、临汾市、自贡市、南宁市、西安市、新余市、孝感市、黄冈市、咸宁市、仙桃市、玉溪市、楚雄市共 14 个城市没有包括在第三部分研究样本中。

阳、武汉、珠海等城市为生产型城市。73 个样本城市的发展阶段评价结果如表 3 所示。

表 3　城市发展阶段评价结果

城市发展阶段		城市名称
消费型城市（36 个）	高端消费型城市	上海、广州、深圳、北京
	中级消费型城市	重庆、佛山、东莞、南京
	初级消费型城市	泉州、郑州、南昌、中山、常德
	低端消费型城市	惠州、衡阳、保定、上饶、江门、揭阳、岳阳、汕头、肇庆、廊坊、曲靖、宜春、梅州、九江、齐齐哈尔、开封、赣州、衡水、潮州、益阳、漯河、景德镇、天门
生产型城市（37 个）		昆明、济南、福州、太原、株洲、南平、新乡、珠海、湘潭、张家口、娄底、吉安、黄石、天津、武汉、成都、无锡、青岛、沈阳、唐山、宁波、长沙、石家庄、哈尔滨、大庆、沧州、洛阳、东营、许昌、平顶山、焦作、长治、秦皇岛、承德、萍乡、鄂州、潜江

样本城市的城市消费者消费率和平均消费拉动率及所处的发展阶段见本报告附件 5。

对消费型城市和生产型城市及其特征的分析如下。

（1）城市消费者总价值视角

从消费者贡献的总价值的视角看，总价值处于前列的九个城市，除天津外，其他八个城市，包括上海、广州、深圳、北京、重庆、佛山、东莞、南京，均属于消费型城市；天津以及总价值排名 10 ~ 14 的五个城市，属于生产型城市；总价值排名靠后的其他城市分属于消费型城市和生产型城市。消费规模领先的城市，其消费对城市经济的拉动作用明显。

从城市消费者总价值指数的角度，可以按照消费规模划分消费型城市的层级。高端消费型城市有 4 个，包括上海、广州、深圳、北京；中级消费型城市，包括重庆、佛山、东莞、南京 4 个城市；初级消费型城市包括泉州、郑州、南昌、中山、常德 5 个城市；低端消费型城市，包括惠州、衡阳、保定、上饶等 23 个城市。

（2）消费率变化视角

从消费率近年变化趋势看，总价值居于前列的 8 个消费型城市，除重庆外，城市消费者消费率在经历了若干年的下降后，已经逐渐呈现出较为明确的上升趋势。这些城市在国内属于经济发达的城市，城市内外的总消费规模比较大，凭借发达的服务业或者消费产品为居住在城市内或者其他城市的消费者提供了丰富的产品和服务。它们大多已经完成了初步的工业积累，投资需求逐步下降，城市消费者的消费对经济的贡献持续增大。

其他城市，无论是生产型城市还是消费型城市，绝大多数城市的消费率呈现逐年下降的趋势。这与我国近年来城镇化进程中投资需求比较大有关，投资性支出持续压缩消费品的产出。

对于消费规模和消费层级已经在国内达到相对较高水平的城市，如武汉、青岛、成都等，在样本城市中消费者总价值排名 10、11、14，城市消费者质量排名 10、11、13，这类城市近年来采取生产投资导向的发展模式，且城市消费者消费费率持续下降，在 2012 年已低于 30%，这类城市应及时转变发展模式，调整产业结构，合理配置生产要素，向消费型城市转型。

（3）产业结构变化视角

如前文所述，城市消费者总价值居于前列的 8 个消费型城市，除重庆外，其消费率已经呈现较为明确的上升趋势。与此同时，第三产业增加值的比重呈现上涨趋势。2012 年，在高端消费型城市中第三产业增加值比重最低的为深圳，也达到 55%，其余三个都超过 60%，北京更是高达 76%。上海、广州、深圳、北京、佛山、南京等 6 城市的第三产业增加值比重和消费率的趋势如图 5 所示。①

73 个样本城市第三产业增加值占地区生产总值的比重平均为 46%，其中消费型城市该比值为 50%，生产型城市该比值为 41%。消费与第三产业之间存在着较强的相关性，其他学者对此已经有系统研究，此处不再赘述。

① 由于数据可得性，东莞未能获得准确数据，没有作图；深圳数据以 2004 年为起点。

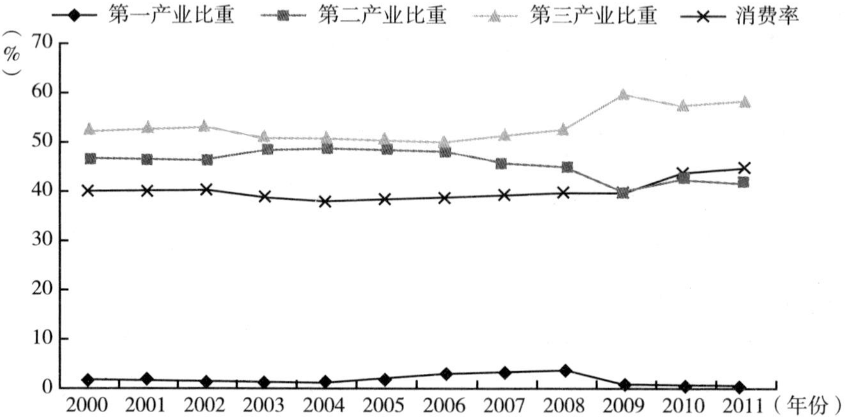

（a）上海市

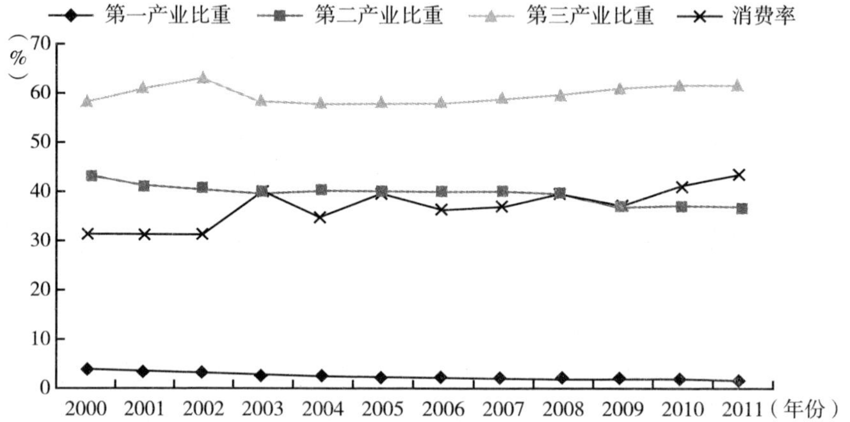

（b）广州市

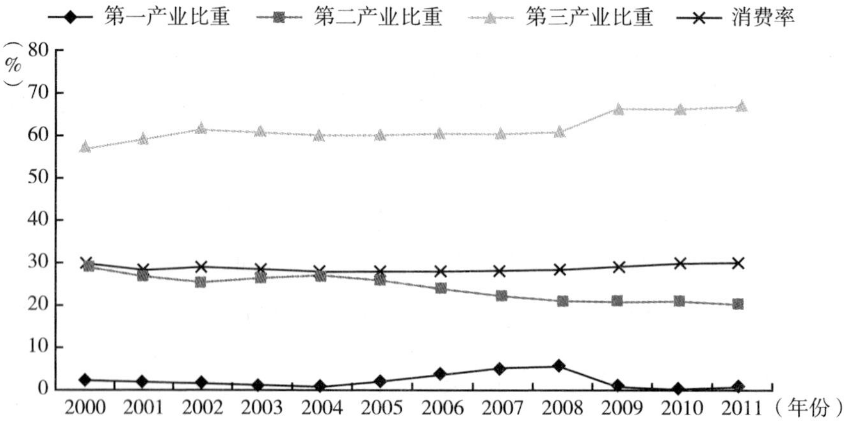

（c）北京市

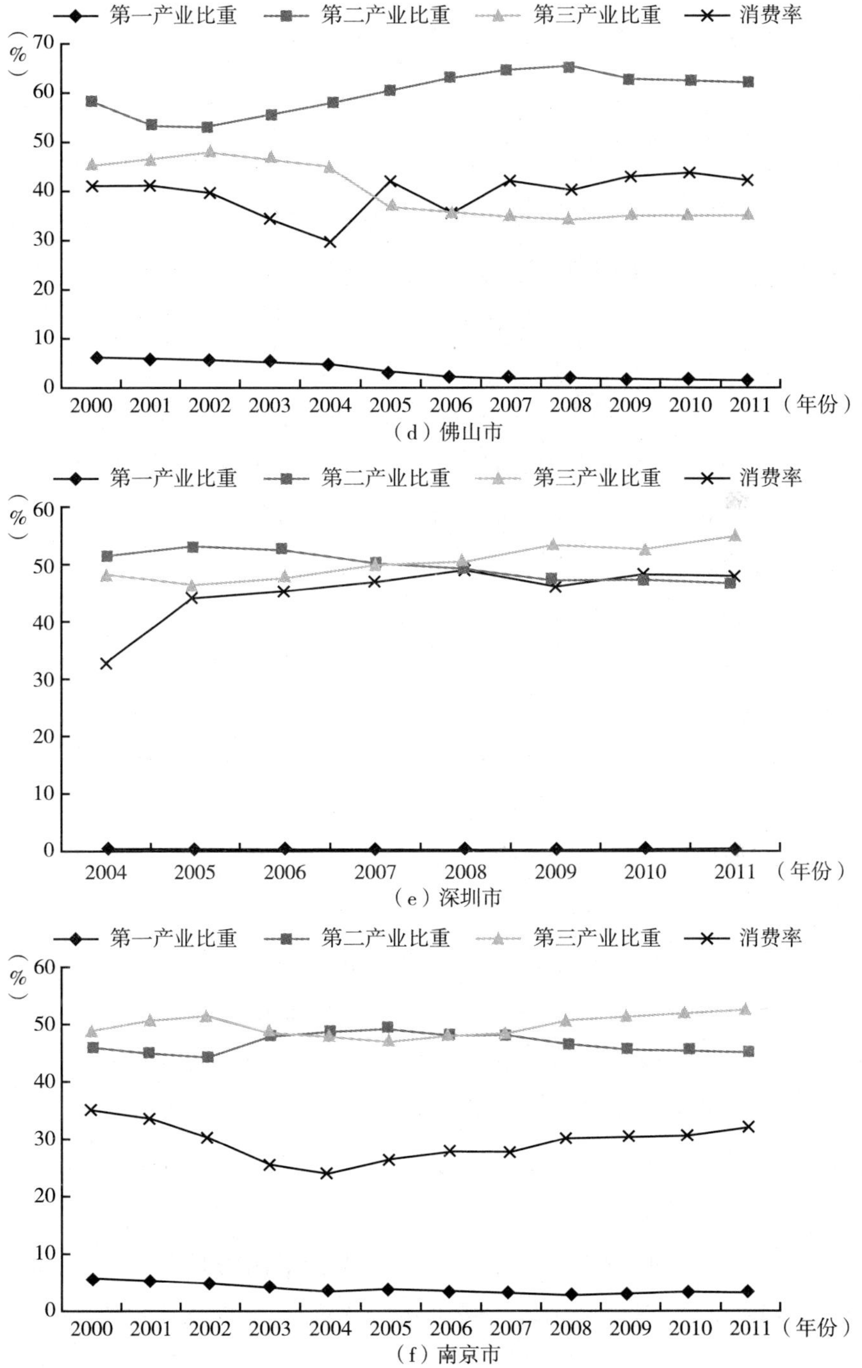

（d）佛山市

（e）深圳市

（f）南京市

图 5　主要城市产业结构和消费率变化趋势

（三）城市转型和城市管理建议

对生产型城市的转型和城市管理提出以下建议。

1. 城市产业结构和空间布局

城市由生产型向消费型转型将深刻影响城市的产业结构和空间布局。以欧美发达国家为例，随着城市化的进程，消费需求不断扩大，城市向消费型城市转变，以制造业为代表的传统产业不断萎缩，传统消费服务业持续升温，同时更具创新性和高附加值的信息技术产业、金融业、文化产业等高端服务业逐渐开始主导城市的经济。产业结构的转型，造成大量生产、运输及仓储用地的闲置，投资重心由生产空间向消费空间转移，消费空间的生产成为城市建设的重点。现在，在欧美国家，除居住和工作外，用于其他功能的场所在数量上无法与消费空间的数量相比。同时，消费需求、消费层次的每一次转变和提升在城市空间上都会有所反映。①

在上文的城市发展阶段评价中，几个高端消费型城市，第三产业对经济的贡献在逐步提高，取代第二产业成为城市的主导产业，北京的第三产业增加值占地区生产总值的比重已经超过 70%。在产业结构的调整过程中，城市的空间布局也在悄然发生变化。近几年，随着产业转型的需求，北京迁出很多生产型企业，增加信息服务业、金融业、文化创意产业的布局，首钢、毛纺厂等工业用地也变性为商业、文化产业等第三产业用地。

消费比重与产业产出之间不是简单的决定与被决定的关系，而是在一个经济体中互为因果、相互联动。现今，我国宏观经济政策引导城市从投资导向向消费导向转型，很多城市已经提出向消费型城市转型的发展目标。在推进城乡一体化，加强社会保障等措施，扩大消费需求的同时，应适时调整产业结构，推动产业转型，并根据产业发展的需求合理规划土地用途和空间结构。

根据发达国家的经验，城市在向消费型城市转型的过程中，一方面会逐步以消费型产业替代生产型产业，一方面也要注意到，过度强调消费拉动，必然

① 季松：《消费与当代城市空间发展——以欧美城市为例》，《规划师》2009 年第 5 期。

的结果是产业空心化、失业率上升、城市抗风险能力下降。消费型产业和生产型产业均衡发展，消费率和投资率保持合理的比例，才是城市可持续发展之道。

2. 城市管理

虽然消费型城市是现代城市发展的方向，但生产型城市是工业化进程中城市发展的必经阶段。对我国的大多数城市，工业化远未完成，经济总量仍然比较低，城市基础设施和公共服务设施的建设还有很大空间，必然会在相当一段时间内维持生产型城市的发展阶段。无论是生产型城市还是消费型城市，均应围绕城市消费者的需求，做好城市管理和城市营销。

对于生产型城市，尤其是经济总量比较落后的生产型城市，在相当长一段时间内，投资和生产必然在经济增长中占据主导地位，为防止产品过剩、城市功能过剩，政府应改变以往“重生产、轻消费”的城市管理理念，从建设和生产的最终目的出发，以城市消费者的角度审视投资决策和产业规划，以是否能够增加城市消费者、是否能够提升城市消费者的质量、是否能够符合城市消费者的需求决定政府投资项目和产业项目的取舍。只有持续增长的城市消费者、持续的消费行为，城市的道路、高楼、厂矿才有存在的价值。

对于消费型城市应分类看待。高端消费型城市，城市管理的重点是产业升级，为城市消费者提供更好的服务，为消费升级提供支撑。中低端消费型城市，城市管理的重点还是要解决供给不足的问题，以城市消费者的需求为导向提高城市基础设施和公益设施的覆盖面，合理进行相关产业布局，提高城市的经济实力，满足城市消费者的消费需求。

四　结语

城市消费者是北京荣邦瑞明投资管理有限责任公司将企业营销理论应用于城市营销提出的一个全新概念。为更好地服务于政府和企业投资，服务于服务型政府的构建，本文在城市消费者理念的基础上，借助公开统计数据对城市消费者的数量、质量进行测度，并基于城市消费者提出城市发展阶段的评价指标，对城市的发展阶段做出研判。囿于公开统计数据和研究者水平的局限，本次分析评价还有很多值得商榷之处。随着公开统计数据的完善和研究的深入，将进一步对三类城市消费者的构成、城市消费者细分、核心城市消费者等方面的内容进行研究，以对城市管理和投资提供更有价值的参考。

参考文献

［1］李伟、陈民、彭松：《政企合作——新型城镇化模式的本质》，社会科学文献出版社，2013。

［2］赵宇、张京祥：《中国城市消费型转型研究》，《现代城市研究》2010 年第 4 期。

附件 1

城市消费者数量

城市群名称	城市名称	常住人口（万人）	城市消费者（万人）	城市消费者/常住人口
京津冀城市群	北　京	2069	2048	0.9897
京津冀城市群	天　津	1075	941	0.8755
京津冀城市群	石家庄	843	865	1.0260
京津冀城市群	承　德	289	267	0.9228
京津冀城市群	张家口	304	308	1.0132
京津冀城市群	秦皇岛	197	201	1.0198
京津冀城市群	唐　山	613	826	1.3478
京津冀城市群	廊　坊	336	337	1.0037
京津冀城市群	保　定	418	346	0.8266
京津冀城市群	沧　州	291	318	1.0929
京津冀城市群	衡　水	258	266	1.0310
长三角城市群	上　海	2380	2501	1.0509
长三角城市群	南　京	816	813	0.9956

续表

城市群名称	城市名称	常住人口（万人）	城市消费者（万人）	城市消费者/常住人口
长三角城市群	无　锡	647	743	1.1493
长三角城市群	宁　波	763	945	1.2378
珠三角城市群	广　州	1284	1523	1.1862
珠三角城市群	深　圳	1055	1498	1.4204
珠三角城市群	珠　海	158	149	0.9406
珠三角城市群	佛　山	726	957	1.3174
珠三角城市群	惠　州	467	451	0.9639
珠三角城市群	东　莞	829	1013	1.2221
珠三角城市群	中　山	316	389	1.2338
珠三角城市群	江　门	448	480	1.0711
珠三角城市群	肇　庆	398	421	1.0569
山东半岛城市群	青　岛	770	852	1.1075
山东半岛城市群	济　南	692	615	0.8891
山东半岛城市群	东　营	206	259	1.2547
辽中南城市群	沈　阳	823	825	1.0022
哈长城市群	哈尔滨市	993	991	0.9980
哈长城市群	齐齐哈尔	559	505	0.9027
哈长城市群	大　庆	282	505	1.7917
海峡西岸城市群	福　州	655	718	1.0951
海峡西岸城市群	泉　州	829	925	1.1152
海峡西岸城市群	南　平	263	266	1.0128
海峡西岸城市群	潮　州	270	274	1.0138
海峡西岸城市群	揭　阳	596	630	1.0575
海峡西岸城市群	汕　头	545	558	1.0238
海峡西岸城市群	梅　州	429	371	0.8636
海峡西岸城市群	抚　州	395	399	1.0100
海峡西岸城市群	上　饶	664	635	0.9564
海峡西岸城市群	鹰　潭	114	106	0.9355
海峡西岸城市群	赣　州	845	700	0.8278
太原城市群	太　原	425	424	0.9982

续表

城市群名称	城市名称	常住人口（万人）	城市消费者（万人）	城市消费者/常住人口
太原城市群	长　治	336	296	0.8812
太原城市群	忻　州	309	238	0.7685
太原城市群	临　汾	436	427	0.9808
川渝城市群	重　庆	2945	2863	0.9723
川渝城市群	成　都	1173	1107	0.9433
川渝城市群	自　贡	271	273	1.0072
北部湾城市群	南　宁	714	675	0.9462
关中城市群	西　安	855	636	0.7430
中原城市群	郑　州	894	896	1.0020
中原城市群	开　封	466	413	0.8862
中原城市群	洛　阳	658	648	0.9852
中原城市群	平顶山	492	422	0.8564
中原城市群	新　乡	566	476	0.8397
中原城市群	焦　作	352	292	0.8291
中原城市群	许　昌	430	411	0.9566
中原城市群	漯　河	255	259	1.0129
长株潭城市群	长　沙	661	712	1.0780
长株潭城市群	株　洲	391	374	0.9569
长株潭城市群	湘　潭	278	273	0.9824
长株潭城市群	衡　阳	720	679	0.9426
长株潭城市群	岳　阳	552	550	0.9954
长株潭城市群	常　德	576	595	1.0335
长株潭城市群	益　阳	434	354	0.8156
长株潭城市群	娄　底	381	383	1.0034
环鄱阳湖城市群	南　昌	513	504	0.9814
环鄱阳湖城市群	景德镇	161	161	0.9991
环鄱阳湖城市群	萍　乡	187	192	1.0268
环鄱阳湖城市群	九　江	477	481	1.0069
环鄱阳湖城市群	新　余	115	119	1.0301
环鄱阳湖城市群	吉　安	485	482	0.9924

续表

城市群名称	城市名称	常住人口（万人）	城市消费者（万人）	城市消费者/常住人口
环鄱阳湖城市群	宜　春	546	539	0.9872
武汉城市群	武　汉	1012	912	0.9009
武汉城市群	黄　石	244	254	1.0389
武汉城市群	鄂　州	105	110	1.0473
武汉城市群	孝　感	483	488	1.0103
武汉城市群	黄　冈	623	623	1.0000
武汉城市群	咸　宁	248	251	1.0136
武汉城市群	仙　桃	118	136	1.1504
武汉城市群	潜　江	95	97	1.0178
武汉城市群	天　门	134	141	1.0521
滇中城市群	昆　明	653	572	0.8756
滇中城市群	曲　靖	594	657	1.1060
滇中城市群	玉　溪	233	334	1.4335
滇中城市群	楚　雄	272	277	1.0200

备注：由于数据可得性，有部分城市按照一定方法比例估算居民消费和政府消费，包括广东省、太原城市群、武汉城市群的城市。

附件 2

城市消费者质量评价结果

城市群名称	城市名称	质量指数	质量指数排名
京津冀城市群	北　京	0.8520	1
长三角城市群	上　海	0.7863	2
京津冀城市群	天　津	0.7534	3
珠三角城市群	深　圳	0.6950	4
珠三角城市群	广　州	0.6614	5
珠三角城市群	珠　海	0.6376	6
长三角城市群	南　京	0.5842	7
山东半岛城市群	济　南	0.5700	8
长三角城市群	无　锡	0.5331	9
武汉城市群	武　汉	0.5054	10
川渝城市群	成　都	0.4521	11

续表

城市群名称	城市名称	质量指数	质量指数排名
辽中南城市群	沈阳	0.4487	12
山东半岛城市群	青岛	0.4445	13
环鄱阳湖城市群	南昌	0.4386	14
关中城市群	西安	0.4345	15
珠三角城市群	佛山	0.4318	16
太原城市群	太原	0.4154	17
长株潭城市群	长沙	0.4102	18
珠三角城市群	中山	0.4045	19
京津冀城市群	保定	0.3948	20
中原城市群	郑州	0.3876	21
滇中城市群	昆明	0.3810	22
长三角城市群	宁波	0.3766	23
京津冀城市群	沧州	0.3760	24
珠三角城市群	东莞	0.3676	25
山东半岛城市群	东营	0.3463	26
海峡西岸城市群	福州	0.3462	27
京津冀城市群	秦皇岛	0.3246	28
京津冀城市群	廊坊	0.3124	29
珠三角城市群	惠州	0.3047	30
京津冀城市群	唐山	0.2964	31
环鄱阳湖城市群	新余	0.2832	32
川渝城市群	重庆	0.2802	33
海峡西岸城市群	泉州	0.2738	34
京津冀城市群	石家庄	0.2663	35
珠三角城市群	江门	0.2484	36
太原城市群	长治	0.2452	37
北部湾城市群	南宁	0.2398	38
环鄱阳湖城市群	景德镇	0.2372	39
哈长城市群	大庆	0.2341	40
哈长城市群	哈尔滨市	0.2314	41
长株潭城市群	株洲	0.2301	42
长株潭城市群	湘潭	0.2228	43
海峡西岸城市群	鹰潭	0.2220	44
京津冀城市群	衡水	0.2189	45
京津冀城市群	张家口	0.2185	46
中原城市群	焦作	0.2110	47
珠三角城市群	肇庆	0.2007	48
中原城市群	洛阳	0.1982	49
长株潭城市群	常德	0.1982	50

续表

城市群名称	城市名称	质量指数	质量指数排名
武汉城市群	黄　石	0.1944	51
京津冀城市群	承　德	0.1931	52
环鄱阳湖城市群	萍　乡	0.1846	53
海峡西岸城市群	南　平	0.1831	54
武汉城市群	鄂　州	0.1825	55
海峡西岸城市群	潮　州	0.1782	56
长株潭城市群	岳　阳	0.1728	57
长株潭城市群	衡　阳	0.1728	58
环鄱阳湖城市群	九　江	0.1705	59
中原城市群	许　昌	0.1677	60
滇中城市群	玉　溪	0.1656	61
中原城市群	平顶山	0.1641	62
海峡西岸城市群	汕　头	0.1640	63
中原城市群	新　乡	0.1608	64
环鄱阳湖城市群	宜　春	0.1588	65
海峡西岸城市群	梅　州	0.1574	66
太原城市群	临　汾	0.1555	67
太原城市群	忻　州	0.1552	68
川渝城市群	自　贡	0.1462	69
中原城市群	开　封	0.1461	70
中原城市群	漯　河	0.1422	71
长株潭城市群	益　阳	0.1392	72
武汉城市群	咸　宁	0.1366	73
海峡西岸城市群	揭　阳	0.1313	74
长株潭城市群	娄　底	0.1294	75
哈长城市群	齐齐哈尔	0.1293	76
环鄱阳湖城市群	吉　安	0.1256	77
滇中城市群	曲　靖	0.1247	78
海峡西岸城市群	赣　州	0.1223	79
海峡西岸城市群	上　饶	0.1172	80
海峡西岸城市群	抚　州	0.1122	81
武汉城市群	孝　感	0.1089	82
武汉城市群	黄　冈	0.1021	83
武汉城市群	潜　江	0.0955	84
武汉城市群	天　门	0.0914	85
滇中城市群	楚　雄	0.0866	86
武汉城市群	仙　桃	0.0640	87

附件 3　城市消费者总价值和地区生产总值的拟合情况

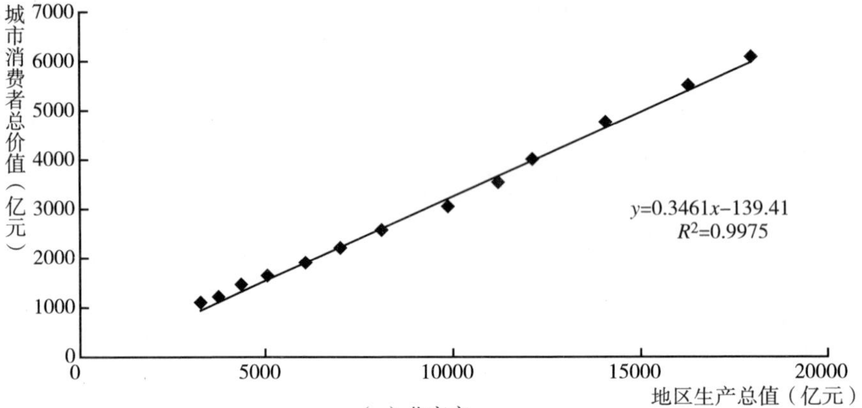

（a）北京市

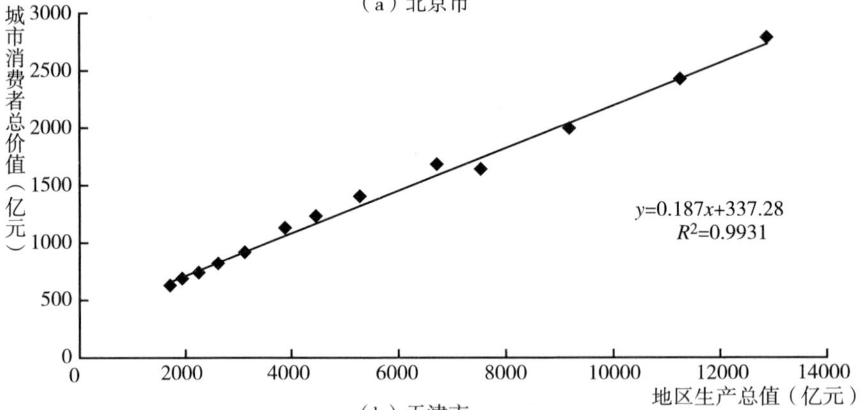

（b）天津市

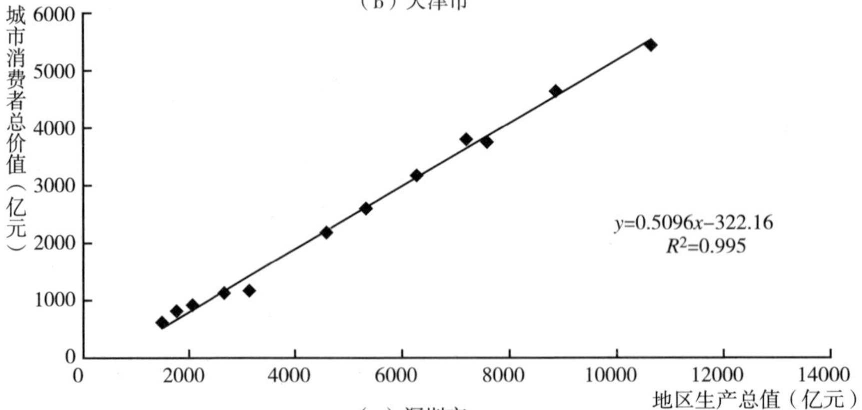

（c）深圳市

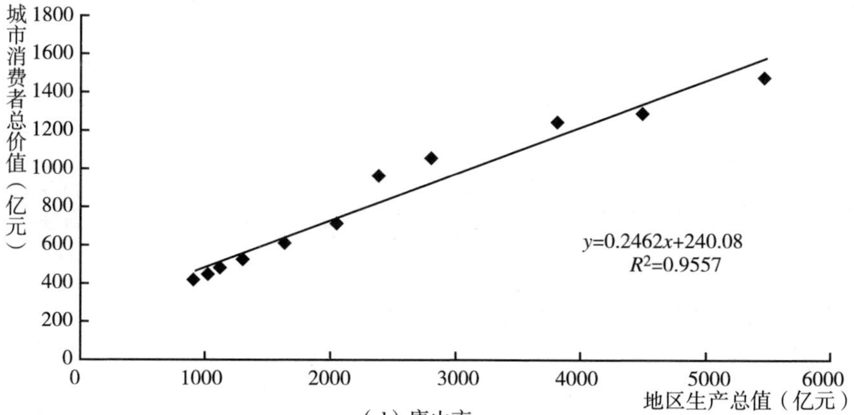

（d）唐山市

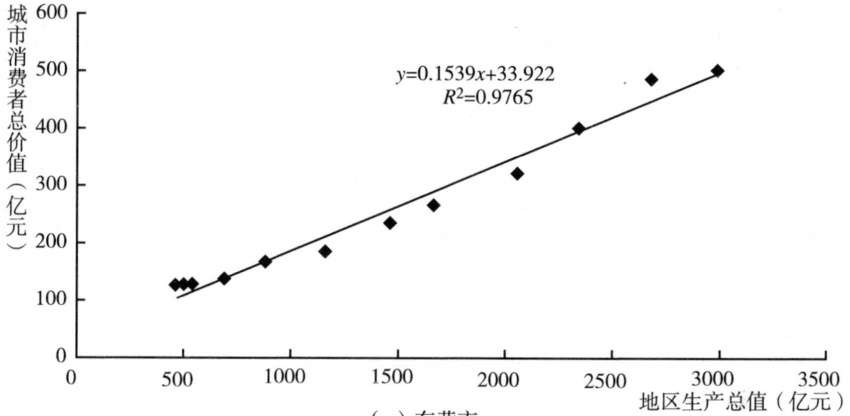

（e）东营市

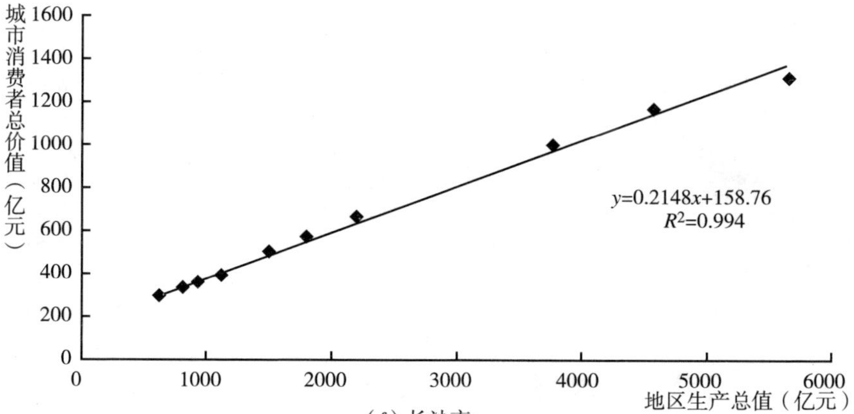

（f）长沙市

城市消费者总价值和地区生产总值（GDP）的拟合情况

注：由于部分城市数据查找存在一定的难度，北京市、天津市用的数据时间段为2000～2012年，唐山市、深圳市用的数据时间段为2000～2011年。

附件 4

以城市消费者平均消费拉动率为标准划分的样本城市发展模式

消费导向型城市			生产导向型城市		
编号	城市名称	城市消费者消费拉动率(%)	编号	城市名称	城市消费者消费拉动率(%)
1	东莞	58.48	1	大庆	14.73
2	潮州	58.14	2	东营	15.75
3	汕头	53.48	3	鄂州	16.03
4	深圳	51.28	4	潜江	16.89
5	中山	51.02	5	承德	17.18
6	梅州	50.51	6	天津	18.83
7	揭阳	48.78	7	洛阳	19.96
8	江门	47.17	8	沈阳	20.49
9	上海	46.51	9	焦作	20.70
10	天门	45.45	10	宁波	20.83
11	佛山	44.64	11	成都	21.55
12	广州	44.44	12	长沙	21.65
13	齐齐哈尔	44.44	13	哈尔滨市	22.47
14	常德	44.25	14	黄石	22.83
15	宜春	43.10	15	武汉	23.31
16	衡阳	40.82	16	沧州	23.98
17	岳阳	39.84	17	萍乡	24.75
18	泉州	38.91	18	娄底	24.94
19	景德镇	36.50	19	珠海	25.19
20	南昌	36.36	20	平顶山	25.19
21	惠州	36.10	21	唐山	25.77
22	衡水	35.84	22	无锡	25.91
23	南京	35.71	23	许昌	26.53
24	曲靖	35.59	24	新乡	26.74
25	北京	34.72	25	青岛	27.40
26	九江	32.79	26	张家口	27.86
27	漯河	32.57	27	秦皇岛	27.93
28	重庆	32.36	28	长治	27.93
29	肇庆	31.55	29	吉安	28.41
30	廊坊	31.15	30	石家庄	28.49
31	保定	30.86	31	福州	28.57
32	开封	30.86	32	济南	28.90
33	昆明	30.67	33	株洲	29.07
34	赣州	30.58	34	太原	29.15
35	益阳	30.58	35	南平	29.41
36	郑州	30.40	36	湘潭	29.59
37	上饶	30.12			

附件 5

城市发展阶段评价结果

消费型城市					
编号	城市名称	城市消费者消费拉动率(%)	城市消费者消费率(%)	城市消费者总价值	备注
1	上　海	46.51	45.42	1	高端消费型城市
2	广　州	44.44	45.54	0.6733	高端消费型城市
3	深　圳	51.28	47.45	0.6706	高端消费型城市
4	北　京	34.72	34.34	0.6699	高端消费型城市
5	重　庆	32.36	34.12	0.4247	中级消费型城市
6	佛　山	44.64	42.54	0.3068	中级消费型城市
7	东　莞	58.48	52.56	0.2872	中级消费型城市
8	南　京	35.71	32.73	0.2571	中级消费型城市
9	泉　州	38.91	37.17	0.2077	中级消费型城市
10	郑　州	30.40	30.97	0.1874	初级消费型城市
11	南　昌	36.36	46.90	0.1535	初级消费型城市
12	中　山	51.02	41.86	0.1117	初级消费型城市
13	常　德	44.25	45.21	0.1006	初级消费型城市
14	惠　州	36.10	36.94	0.0953	低端消费型城市
15	衡　阳	40.82	42.64	0.0911	低端消费型城市
16	保　定	30.86	30.57	0.0908	低端消费型城市
17	上　饶	30.12	33.90	0.0890	低端消费型城市
18	江　门	47.17	41.17	0.0844	低端消费型城市
19	揭　阳	48.78	46.52	0.0811	低端消费型城市
20	岳　阳	39.84	33.34	0.0800	低端消费型城市
21	汕　头	53.48	50.26	0.0737	低端消费型城市
22	肇　庆	31.55	40.25	0.0642	低端消费型城市
23	廊　坊	31.15	32.36	0.0634	低端消费型城市
24	曲　靖	35.59	39.63	0.0606	低端消费型城市
25	宜　春	43.10	43.56	0.0592	低端消费型城市
26	梅　州	50.51	56.45	0.0563	低端消费型城市
27	九　江	32.79	34.22	0.0530	低端消费型城市
28	齐齐哈尔	44.44	41.26	0.0529	低端消费型城市
29	开　封	30.86	36.33	0.0479	低端消费型城市
30	赣　州	30.58	30.59	0.0459	低端消费型城市
31	衡　水	35.84	38.24	0.0422	低端消费型城市
32	潮　州	58.14	53.86	0.0406	低端消费型城市
33	益　阳	30.58	35.55	0.0396	低端消费型城市
34	漯　河	32.57	32.72	0.0284	低端消费型城市
35	景德镇	36.50	37.34	0.0256	低端消费型城市
36	天　门	45.45	41.11	0.0144	低端消费型城市

续表

生产型城市					
编号	城市名称	城市消费者消费拉动率(%)	城市消费者消费率(%)	城市消费者总价值	备注
1	昆　明	30.67	29.80	0.0979	
2	济　南	28.90	45.30	0.2375	
3	福　州	28.57	30.77	0.1413	
4	太　原	29.15	31.61	0.0798	
5	株　洲	29.07	30.14	0.0580	
6	南　平	29.41	32.41	0.0549	
7	新　乡	26.74	30.05	0.0531	
8	珠　海	25.19	30.18	0.0494	
9	湘　潭	29.59	30.72	0.0430	
10	张家口	27.86	30.77	0.0414	
11	娄　底	24.94	34.82	0.0381	
12	吉　安	28.41	34.43	0.0378	
13	黄　石	22.83	30.47	0.0346	
14	天　津	18.83	21.60	0.3038	
15	武　汉	23.31	28.74	0.2510	
16	成　都	21.55	27.03	0.2400	
17	无　锡	25.91	28.37	0.2345	
18	青　岛	27.40	27.66	0.2205	
19	沈　阳	20.49	27.06	0.1950	
20	唐　山	25.77	26.90	0.1720	
21	宁　波	20.83	23.05	0.1655	
22	长　沙	21.65	23.16	0.1618	
23	石家庄	28.49	28.81	0.1414	
24	哈尔滨市	22.47	25.80	0.1280	
25	大　庆	14.73	20.53	0.0897	
26	沧　州	23.98	27.52	0.0845	
27	洛　阳	19.96	24.98	0.0813	
28	东　营	15.75	15.62	0.0510	
29	许　昌	26.53	26.93	0.0505	
30	平顶山	25.19	27.75	0.0453	
31	焦　作	20.70	26.45	0.0447	
32	长　治	27.93	29.03	0.0421	
33	秦皇岛	27.93	29.67	0.0369	
34	承　德	17.18	23.90	0.0308	
35	萍　乡	24.75	27.11	0.0216	
36	鄂　州	16.03	22.13	0.0135	
37	潜　江	16.89	21.45	0.0103	

专 题 篇

Special Reports

B.3

城市、土地及住房问题分析

刘 志 王劲轲*

摘 要：

本文回顾中国近三十多年的城市化历程及其所存在的扭曲现象，分析城市经济发展模式、地方治理结构与分税制对城市土地财政和地方融资平台行为的影响，阐述城市土地供应模式与土地财政的运作机制，探讨土地财政以及其他经济因素对城市新建商品房的价格及需求的影响，并在此基础上展望未来城市规划、土地政策、房地产税、金融体系等领域改革的挑战和前景。

关键词：

土地财政 地方债务 住房价格 房地产税 金融体系改革

---

* 刘志，博士，北京大学－林肯研究院城市发展与土地政策研究中心主任，研究方向为城市经济、城市规划、基础设施投融资、交通经济、投资项目评估；王劲轲，北京大学城市与环境学院，北京大学－林肯研究院城市发展与土地政策研究中心硕士研究生。

鸣谢：作者感谢北京大学－林肯研究院城市发展与土地政策研究中心陈天鸣女士在数据收集和整理上的帮助。

一　成就与问题简述

改革开放以来，中国城市发展迅猛，取得了一系列举世瞩目的成就。城市化水平从 1978 年的 18% 上升到 2014 年的 54%，各级规模的城市数量大幅度增加（见表 1），城镇体系分布、城市人口规模与城市景观面貌都发生了巨大的变化与升级。北京、上海、广州、深圳等城市发展成为世界性的特大城市，东南沿海的城市经济引领着国民经济的发展，吸引了大批的高素质人才以及众多的一般打工者。以这些城市为中心形成的城市群或都市连绵区，带动了所在地一省乃至数省的经济发展，影响着整个中国的人口及就业分布。同时，内地大中型城市也蓬勃发展，并在地区性的中心城市出现了较大规模的人口及产业集聚，50 万人口以下的小城市数量增加了约两倍，建制镇的数量增加了约八倍。

表 1　城市和建制镇数量和规模变化情况

分　类	1978 年	2010 年
城市	193	658
1000 万以上人口城市	1	6
500 万 ~ 1000 万人口城市	2	10
300 万 ~ 500 万人口城市	2	21
100 万 ~ 300 万人口城市	25	103
50 万 ~ 100 万人口城市	35	138
50 万以下人口城市	129	380
建制镇	2173	19410

资料来源：《国家新型城镇化规划（2014—2020 年）》。

然而，巨大的成就也伴随着一系列城市经济和社会问题，而且有些问题日益严重。以下这些问题受到普遍的关注。

第一，快速城市化带来用地和基础设施投资的巨大需求。在土地财政的激励下，许多城市为获取建设资金而过度征收和出让土地，导致耕地快速流失，并因补偿不公平与程序不合理而导致越来越多的群体抗议事件。同时，城市土地利用结构扭曲，居住用地比例偏小，工业用地比例偏大且使用效率低下。

第二，地方政府大力主导城市建设投资，通过地方融资平台借债发债，导致近年地方债务快速增长。根据国家审计局公布的审计结果，全国地方政府性债务规模从 2010 年的 10.7 万亿元（占 GDP 的 27%）增长到 2013 年的 17.9 万亿元（占 GDP 的 32%），快速的增长加剧了地方债务风险。

第三，城市房地产市场持续过热，一、二线城市的房价上涨过快使得家庭住房可支付能力大为下降，在住房均价最高的一线城市，房价与家庭年收入之比已超过 15，意味着一般收入家庭要拿出至少 15 年的收入才能购置一套住房。高房价也直接推高住房租金，导致大量“蜗居”现象。同时，一些三、四线城市出现了“空城”和“鬼城”现象。根据一项调研，全国城镇住房空置率达 22.4%。[①] 为满足广大低收入家庭的住房问题，各地政府花大力气提供保障性住房，而城市边缘农村建设的“小产权房”也应运而生。

第四，虽然近二十年城乡居民人均收入大幅度增加，但收入差距也在拉大。尽管近几年农村居民家庭人均纯收入年均增长率已略高于城市居民家庭人均可支配收入年均增长率，城乡收入差距绝对值仍在上升。2012 年，城市居民家庭人均可支配收入是农村居民家庭人均纯收入的约三倍，差距绝对值达 16500 元，高于以往各年的差异绝对值（见图 1）。

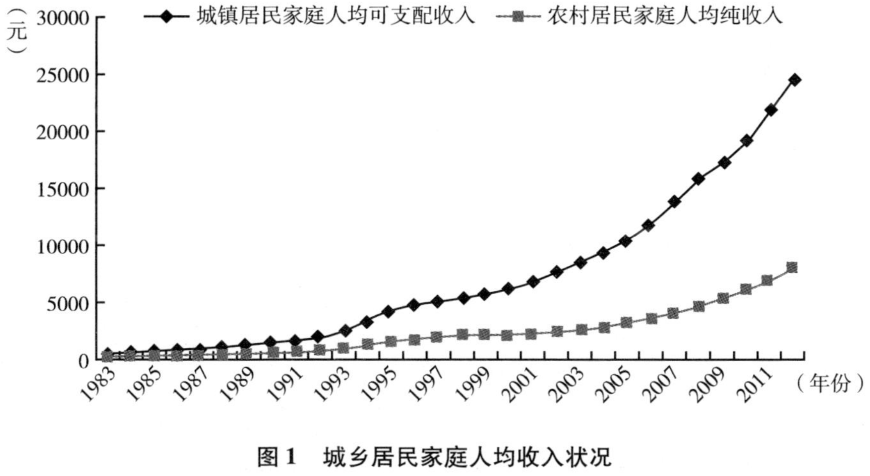

图 1　城乡居民家庭人均收入状况

资料来源：历年《中国统计年鉴》。

① 西南财经大学中国家庭金融调查与研究中心：《城镇家庭住房空置率及住房市场发展趋势（2014）》，2014 年 6 月。

上述问题不是孤立的，它们相互关联，都是中国独特的经济发展模式和城市化动态过程的结果。本文从历史的视角出发，回顾中国的城市化历程，分析当前问题的复杂成因，并在此基础上展望未来城市化政策改革的前景。采用的分析方法是“结构—激励—行为—结果”，即从体制与发展模式的结构入手，分析激励、行为和结果，然后展望体制改革路线图。

二　中国城市化的轨迹和扭曲

如图 2 所示，1980 ~ 2012 年，城市化率与非农业产值占 GDP 的比例曲线大致平行，反映了中国城市化进程与国民经济部门结构的转变基本同步。城市制造业和服务业的快速发展，吸引了一大批因农业生产力水平提高而释放出来的剩余劳动力，导致城市化水平的提高。从图 2 中还可看出，1995 年之后的城市化速度明显加快。快速的城市化，给城市发展、规划、建设和管理带来的挑战是巨大的，人们对很多快速来临的问题难有足够的眼光事先预见、难有足够的时间来应对解决，以致各种问题积累、纠结和爆发。

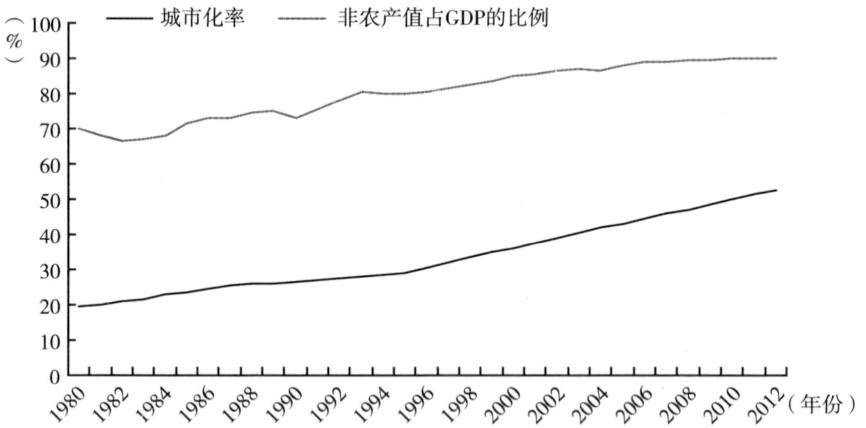

图 2　1980 ~ 2012 年中国城市化率与非农业产值占 GDP 的比例

资料来源：《中国统计年鉴》。

前述问题的复杂性，与中国城乡发展和管理的一些独特政策有关。尽管从数据上看，中国的城市化水平逐年稳步提高，但事实上，中国的城市化过程存在两个主要方面的政策扭曲。

第一是户口登记制度。图 3 反映出常住人口城市化率和城市户籍人口城市化率的差距，在 2012 年高达 17.3 个百分点。由于城市户口实质上与城市社会福利和公共服务挂钩，没有城市户口就难以享受到城市提供的社会福利和公共服务。大多数从农村来城市的打工者难以获得城市户籍，无法像城市户籍居民那样享受同等的教育、就业、医疗、保障性住房等方面的公共服务。他们聚居在城中村和城市边缘的农村，有的聚居点过度拥挤，缺乏基本的基础设施服务。许多农民工把儿童、妇女和老人留在农村，自己每年在城市与农村之间做候鸟式的流动。因此，在户口制度的扭曲作用下，中国的人口城市化是很不完全的。

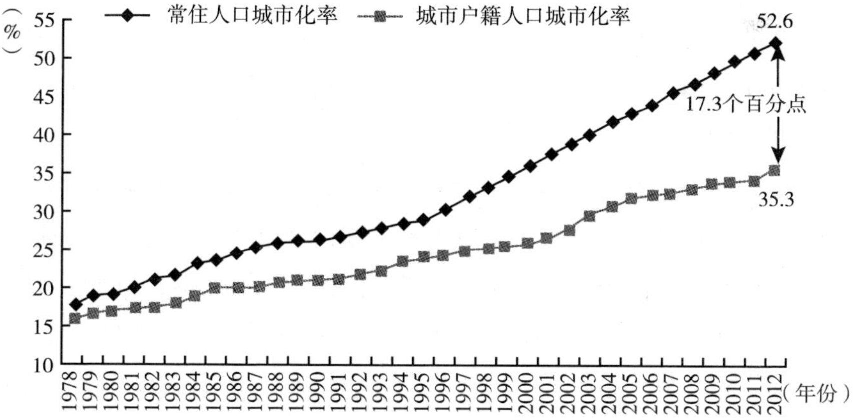

图 3　常住人口城市化率和城市户籍人口城市化率的差距

资料来源：《国家新型城镇化规划（2014—2020 年）》。

第二是城市土地与农村土地的二元管理体系政策。城市土地国有，农村土地集体所有，只有地方政府才有权力把农村土地转化为城市建设用地。这样的制度安排，无意中给城市政府推行土地财政提供了有利条件。当征地的补偿以农地产值（而非土地市场价值）计价时，征地成本低，激励地方政府为获取资金而征地，使土地的征收脱离了城市发展的真实需求预期，导致征地过度、耕地过多过早流失、农民补偿不足、新征土地利用低效等问题。今天，令人担忧的土地城市化远快于人口城市化问题，其实是这个政策扭曲的结果。

三　地方治理结构与城市财政问题

中国地方政府通过土地财政获取城市发展资金，与中国独特的地方治理结构相关。首先，中国的层级政府结构包含中央、省、地区（市）、县（区）、乡镇（街道）等五级。在行政上，中央政府决定地方政府治理结构，任命各省主要领导官员，省级领导任命地级领导，依此类推。在财政上，中央政府决定中央和地方的税种和税率，地方政府实质上不具有税权。在这样的构架中，国家经济目标的实现，比如国家层面拟定的年度 GDP 增长目标，一般通过层级政府逐级下达，由各级地方政府在政策框架中设法达到。分析表明，地方领导干部的提拔，往往与他们完成上级下达的政绩指标密切相关。在这种激励之下，地方各级政府在同级政府之间竞争 GDP 增长率和外来投资，并试图达到地方税收最大化。①

1994 年开始实行的分税制规范了政府间的收入范围，划分了中央与省政府间的事权，试图使中国的央地财政关系更加适合市场经济发展。但是，地方政府一直抱怨分税制在财政收入和支出责任的设计上不对称，导致了地方政府的支出缺口。2012 年，中央政府支出 1.9 万亿元，占全国政府支出总额的 14.9%，地方政府支出 10.7 万亿元，占支出总额的 85.1%。同年，全国税收总额达 11.7 万亿元；其中，中央税收占 47.9%，地方税收占 52.1%。中央对地方转移支付总额达 4 万亿元，其中一般性转移支付 2.1 万亿元，占转移支付总额的 53.3%；专项转移支付 1.9 万亿元，占转移支付总额的 46.7%。由于限定用途，且在设计上难以满足各地专项资金的供需平衡，许多专项转移支付的使用效率并不高，一些地方政府不把专项转移支付看作地方收入。

地方政府还受到两方面财政政策的约束：一是没有税权；二是难以直接借贷。为筹集地方发展所需资金，地方政府采取各种间接手段。比如，通过出让土地获取出让金收入，即土地财政；成立城市发展投资公司，作为政府的间接融资平台借贷或发债；通过推动当地房地产业的发展来增加地方税收；征收名

① 周黎安：《中国地方官员的晋升锦标赛模式研究》，《经济研究》2007 年第 7 期。

目繁多的手续费和附加费。

如表2所示，2003～2012年，地方政府土地出让金收入绝对值逐年上升，其占地方财政收入的比例虽有所波动，但总体上处于不断上升的趋势。尤其是2008年金融危机之后，中央政府出台“四万亿计划”刺激经济，导致城市基础设施建设加快，促使土地出让金收入占地方财政收入的比例突破60%，直至2012年才有所下降。

表2　近十年中国地方政府土地出让金收入

单位：亿元

年份	全国财政收入	中央财政收入	地方财政收入	土地出让金收入	土地出让金收入占地方财政收入的比例(%)
2003	21715	11865	9850	5421	55.0
2004	26396	14503	11893	6412	53.9
2005	31650	16549	15101	5884	39.0
2006	38761	20457	18304	8078	44.1
2007	51322	27749	23573	12217	51.8
2008	61331	32681	28650	10260	35.8
2009	68519	35916	32603	17180	52.7
2010	83101	42488	40613	27465	67.6
2011	103874	51327	52547	32126	61.1
2012	117253	56175	61078	26900	44.0

资料来源：国家统计局数据库及历年《中国国土资源统计年鉴》。

通过设立地方融资平台为地方政府借债发债，已经成为一种普遍现象。2008年以来，地方融资平台的数量迅速增长，2010年年底已超过一万家。后经整顿，至2013年仍有七千多家，据国家审计署公布的审计结果，2013年地方政府负有偿还责任的债务10.89亿元，负有担保责任的债务2.67亿元，可能需承担一定救助责任的债务4.34亿元，[①] 总计17.9亿元，占GDP的32%。中国地方政府的债务比率虽然低于国际常见的债务违约警戒线，但由于债务总体规模增长势头仍在持续，债务违约风险不低。

① 国家审计署：《全国政府性债务审计结果》，2013年12月30日公告。

此外，许多地方政府利用土地作为地方融资平台借债的抵押，或利用土地出让金偿还地方融资平台债务。由于土地的需求和价格波动大，以土地出让收入来偿债的做法风险是很高的。而且，由于土地有限，土地财政可持续性低，这加大了地方融资平台的风险。

四　城市土地供应模式与土地财政的运作机制

中国城市的土地供应模式与改革开放初期的招商引资密不可分。在全球化的背景下，招商引资不仅给沿海城市带来经济发展契机，而且影响着城市工业土地的开发和基础设施的建设。早在20世纪80年代，深圳、珠海、汕头、厦门四个经济特区城市学习新加坡和中国台湾的经验，大力改善城市基础设施，建立经济开发区和工业园区，以便宜的工业用地和廉价的劳动力，吸引外资建厂。在资金筹集方面，特区城市既利用外资，又使用便宜的国家银行信贷，而且打破了原计划经济时代的土地无偿使用，收取土地使用费，以地生财。可以说，土地资源的开发利用，从改革开放初期就成为中国经济发展战略的有机组成部分。

随后，中国各地逐步开放，许多城市纷纷仿效经济特区的成功之道。然而，在地方政府招商引资的激烈竞争中，廉价的工业用地、良好的基础设施和地方税收的优惠政策成为地方竞争的筹码，导致各地大力投资改善基础设施，竞相采用工业低地价、零地价甚至负地价的做法吸引外资。虽然这种做法成功地帮助中国城市抓住了全球化带来的各种商机，引进了大量的外资，但它也直接导致了延续至今难以破解的城市土地利用问题。

在城市用地发展中，中国城市面临严格的国家耕地保护政策的约束，即十八亿亩基本农田的保护政策。尽管实施中有许多漏洞，该政策还是在一定程度上约束了城市用地的扩张。由于总用地指标的约束，如果一个城市工业用地供给大，其商住用地的供给则少。由于部分商住用地是通过市场竞争（即招、拍、挂）而出让给开发商的，而且供地规模有限，价格往往拍得很高。此外，协议出让的商住用地价格也不菲。城市政府便利用商住用地的出让收入或工业带来的地方税收为工业用地的低地价、零地价甚至负地价买单。当房地产市场兴旺时，许多城市的土地出让收入不仅覆盖了供地成本，而且还能弥补地方财政收入。

城市住房改革和房地产业的发展为这种土地供给模式提供了有利条件。1998 年，中国启动了新一轮的住房改革，将原本由单位分配住房的模式改为通过市场供应商品房。2003 年，房地产业被列为国民经济支柱产业来发展，房地产业进入了一段黄金发展阶段，支撑着商住用地的强劲需求。

地方政府在拟定城市土地的供给计划时，都紧密围绕着地方经济的发展目标，把大量的城市土地增量用于工业与基础设施。北京市近三年的供地计划（见表 3）中，商品住宅用地占总供地计划的 20% 不到；2012 年和 2013 年约 15%，但这种情形并不影响城市政府的土地出让收入，因为政府是城市用地（包括商住用地）的唯一供给者，当商住用地供给稀缺时，其竞争价格也升高。

表 3　城市政府按照用途控制土地供应：以北京市为例

	2011		2012		2013	
	公顷	占比（%）	公顷	占比（%）	公顷	占比（%）
合计	6500	100	5700		5650	
交通运输	1000	15.4	1100	19.3	1200	21.2
水域及水利设施用地	100	1.5	80	1.4	100	1.8
特殊用地	100	1.5	170	3.0	100	1.8
公共管理与公共服务用地	1200	18.5	1200	21.1	1300	23.0
工矿仓储用地	1000	15.4	1100	19.3	900	15.9
商服用地	550	8.5	350	6.1	400	7.1
住宅用地	2550	39.2	1700	29.8	1650	29.2
其中						
公租房（含廉租房）用地	300		160		155	
经济适用房用地（含中央单位）	130		140		65	
限价房用地	200		100		135	
定向安置房用地	700		450		445	
商品住宅用地	1220		850		850	

资料来源：2011 ~2013 年北京市土地供应计划。

从土地需求上看，地方政府通过工业用地低地价、零地价甚至负地价来吸引外部投资，创造就业，促进地方经济发展和增加地方税收，吸引人口向城市集聚，提高城市家庭收入，从而增加了对城市商住用地和房地产的需求，推高房地产价格。而房地产价格的升高带动了房地产投资建设，又促进了就业和税收，形成了正向的反馈效应并使整个过程得以持续。其结果是，即使商住用地的供给不足，城市政府仍可以获得足够的收入来补贴工业用地。此外，城市政府通过组建城投公司进行征地安置和土地一级开发的操作，并以城投公司的名义和土地收益为担保向商业银行申请贷款进行城市建设，如图 4 所示。

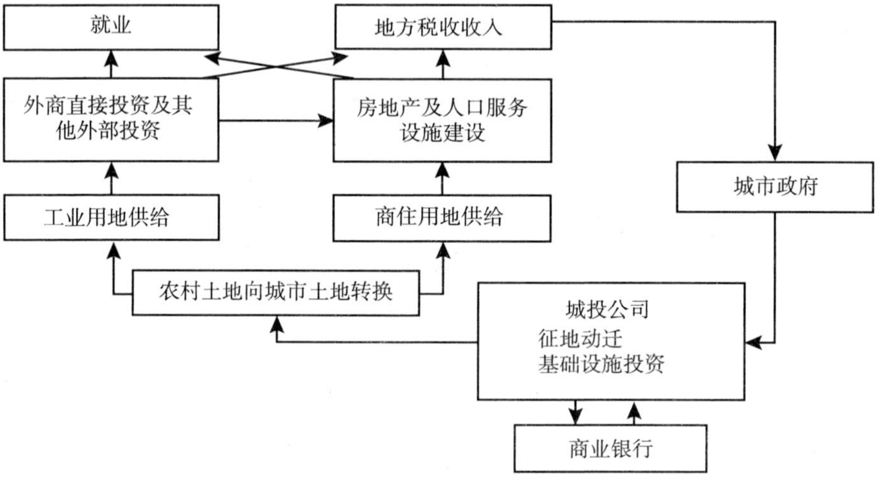

图 4　土地财政的运作过程

从上述土地财政的运作过程可以看出，工业用地低地价、商业用地供应不足、城投公司借债、大规模征地和基础设施建设，都是围绕着地方 GDP 增长和地方财政收入最大化这两个目标。这种经营城市模式的一个严重后果就是最终推高商住用地的价格。

图 5 为 2013 年全国 70 个城市的工业和居住用地价格情况。可见，不同城市住宅用地之间的价格差别明显，其中北京、上海、广州、深圳等四个城市的住宅用地价格最高，而其他城市的住宅用地价格则相对低些。总体上，人均可支配收入越高的城市，居住用地价格也高。而与之形成鲜明

对比的是，工业用地出让价格并无明显差别，基本集中在每平方米1000元左右的水平。

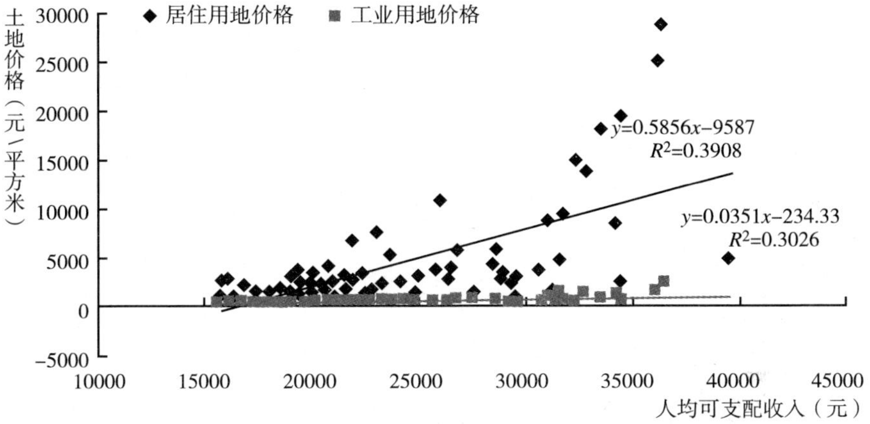

图5　中国城市工业用地价格与居住用地价格之间的差异

资料来源：《中国城市统计年鉴》；中国城市地价动态监测网（www. landvalue. com. cn）2013年10月发布的数据。

五　新房的价格构成及需求

为了探讨城市土地价格与住房价格的关系，我们分析新建住房的价格构成，这是因为新建住房的价格比二手房的价格与城市政府的供地价格有更直接的关系。虽然目前没有系统性收集的数据反映新建住房价格的构成，但普遍认为，土地成本约占新房价格的30%。国土资源部2009年随机抽取了全国620个住房项目进行调查，结果表明，新房最终售价中的土地成本占23%（其中，东部最高，达27%，中部达21%，西部达18%），建设成本占30%，各项税费占12%～15%，利润占30%～35%。必须指出，近年房地产业是盈利最高的行业。

本文收集了2013年全国新建住宅价格排名前70的城市的相关数据进行分析。图6显示了这70个城市的新房价格与居住用地价格，尽管地价与房价数据出处不一，仍能看出两者呈显著正相关。用图6数据估算简单回归方程，地价的系数是 0.75。如果容积率为多层建筑小区常见的 2.0（即一平方米用地上建设 2 平方米住宅），则地价占房价的 37.5%。如果容积率为高层建筑小区常见的 4.0，则地价占房价的 18.8%。

如图 7 所示，城市常住人口与城市居住用地价格之间也呈显著正相关。人口越多的城市，往往人均收入也越高，居住用地的需求量越大，从而居住用地价格越

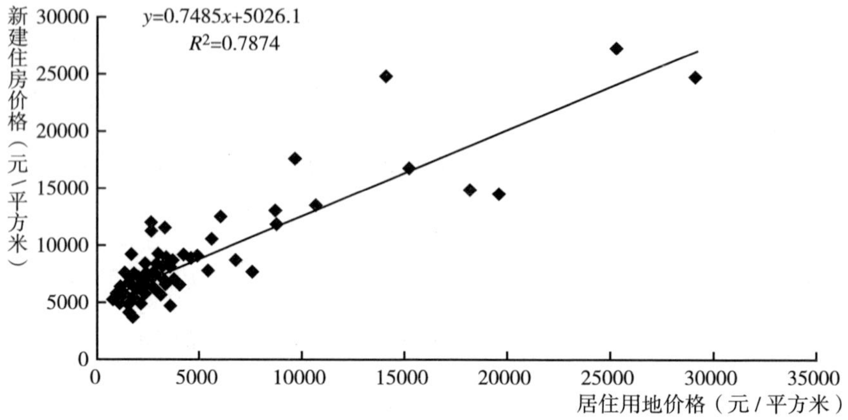

图 6　新房价格与居住用地价格

资料来源：中国房地产指数系统（CREIS）2013 年 10 月发布的各城市新建住宅平均价格；中国城市地价动态监测网 2013 年 10 月发布的数据。

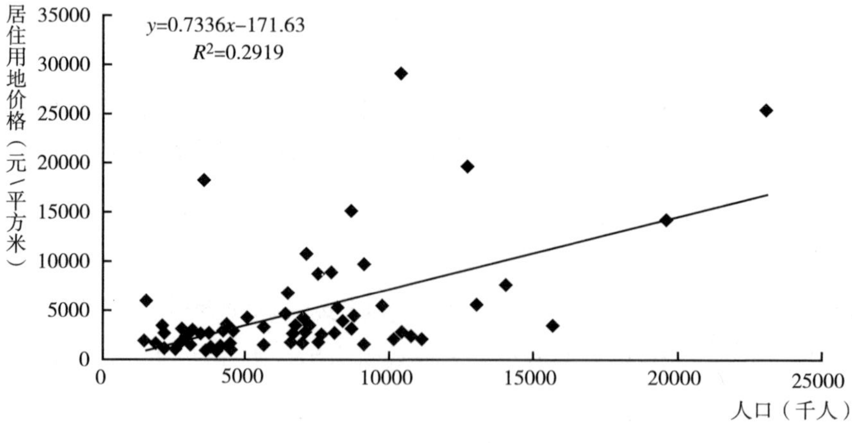

图 7　居住用地价格与城市常住人口

资料来源：人口数据来自中国统计年鉴；居住用地价格数据来自中国城市地价动态监测网 2013 年 10 月发布的数据。

高。图 8 显示了新建住房价格与综合建设成本之间的关系，[①] 二者呈不很显著的正相关，而且离散程度高，说明综合建设成本对新房价格有影响，但影响力并不明显。

建材价格是建设成本中的一项重要组成部分。但在近十年来，建材价格指数的变化幅度不大（见图 9），不超过 10%，而且于 2012 年回落到 2005 年的水平。这一结果表明，新房价格快速升高与建设成本的变动关系不大。

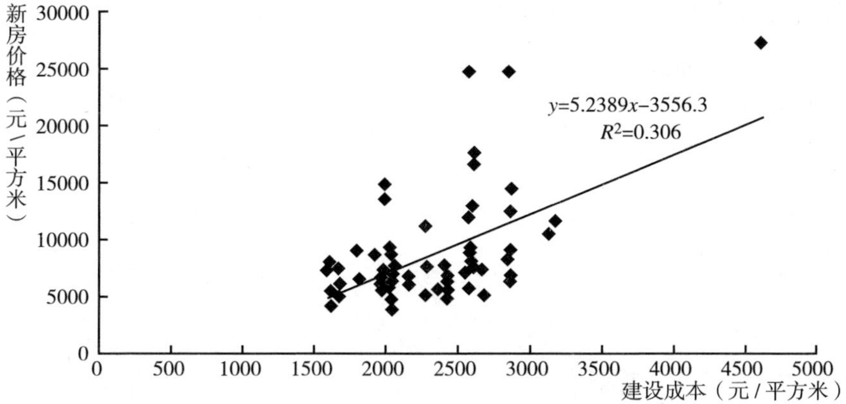

图 8 新房价格与综合建设成本

资料来源：居住用地价格数据来自中国城市地价动态监测网 2013 年 10 月发布的数据；综合建设成本数据来自《中国建筑业统计年鉴》。

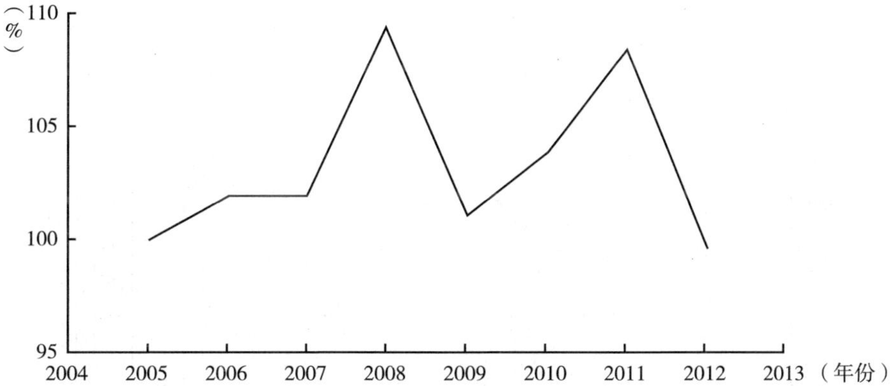

图 9 建材价格指数

资料来源：《中国统计年鉴》。

---

① 各城市综合建设成本用《中国城市统计年鉴》中各城市房地产投资完成额除以同年的房地产开发完成面积而得到。

图 10 显示了十多年来的全国住房价格指数不断上涨的趋势。与不断升高的房价相对应的是房地产投资开发额的逐年走高。图 11 显示了 2003～2012 年全国房地产开发投资额、房地产开发住宅投资额及各自增幅，即使在 2008 年受金融危机影响的情况下，当年投资额依旧没有出现负增长，只是涨幅有所下降；而在其余年份，房地产开发投资额绝对数量逐年稳步上升。这从经济学看不难理解，价格上涨，供给也增加。

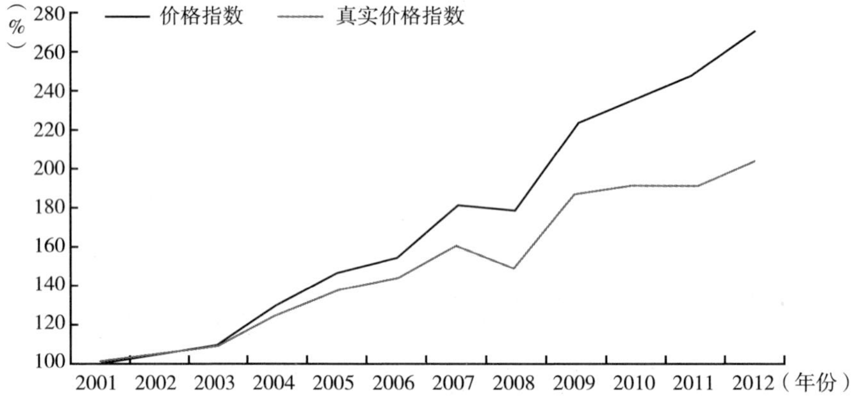

图 10　全国住房价格指数

资料来源：国家统计局数据库。

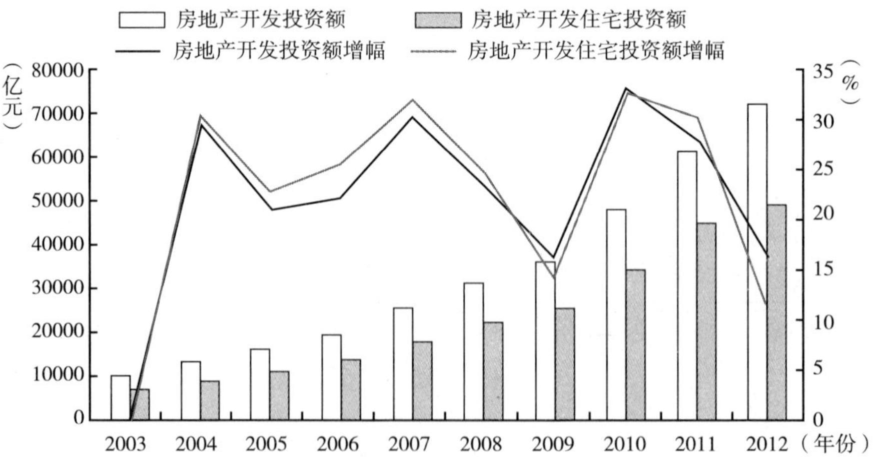

图 11　2003～2012 年房地产开发投资额、房地产开发住宅投资额及其增幅

资料来源：国家统计局数据库。

商品房销售额在一定程度上反映了需求。与房地产投资额对应的，是逐年走高的商品房销售额，如图 12 所示。除 2008 年因金融危机影响出现负增长之外，其余年份的销售额均处于不断增长的状态。

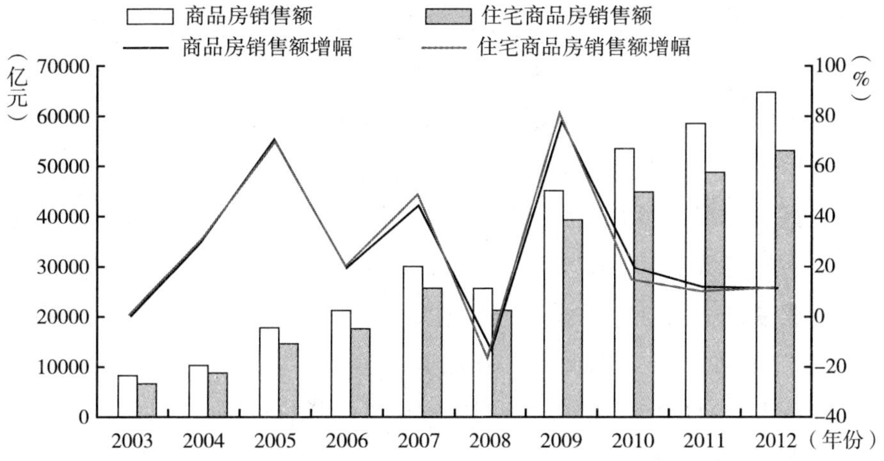

图 12　2003 ~ 2012 年商品房销售额、住宅商品房销售额及其增幅

资料来源：国家统计局数据库。

然而，与此同时，北、上、广、深等一线城市的商品住宅变得越来越不可支付。国际上一般采用房价收入比来衡量商品房的可支付性，房价收入比指的是房价与家庭年收入之比。一般认为，房价收入比在 3 ~ 5 时，住房价格是合理的、可支付的，这意味着一个家庭需要用 3 ~ 5 年的收入就能购买到住房。表 4 给出了中国六个城市 2010 年的房价收入比，① 均高于国际标准。而北京市 2014 年房价收入比已高达 20。

表 4　2010 年六城市房价收入比

城　市	北京	上海	宁波	杭州	深圳	广州
住房收入比	9. 33	9. 81	8. 33	8. 67	9. 58	5. 16

① 任荣荣、满燕云：《中国城市住房的可支付性评价》，《北大 - 林肯研究简报》第一期，2010 年 3 月。

根据经济学原理，商品价格提高会导致商品供给量增加，但这同时会导致需求量下降，最终达到供需均衡。但是，为何近年在房价高企的情况下住房需求同样旺盛呢？要回答这个问题，需要从住房既可作为消费品又可作为投资品的双重属性来考虑。我们认为，旺盛的需求有如下原因。

第一是住房刚性需求。目前我国正处于快速经济发展和快速城市化时期，城市家庭收入增长和城市人口增多是住房需求的主要驱动力。拥有属于自己的住房，几乎是每一个中国城市家庭的追求，绝大多数家庭利用家庭积蓄与银行按揭贷款形成住房购买力。

第二是有的学者提出的“丈母娘”因素。由于目前年轻人群里男多女少，拥有住房的年轻男子更容易竞争得到新娘，所以父母愿意拿出积蓄为儿子提前购房，形成一股中国独特的超前住房需求。①

第三，中国的养老、社保和医疗保险体系很不完善，许多城市居民通过节俭和高积蓄来为自己构建保障。但目前投资保值增值的渠道少，只能选择房地产投资，尤其是在房价上涨阶段。

第四，由改革开放延续下来的经济发展方式包括政策性压低银行个人储蓄的利率。受到管制的利率甚至一度低于通货膨胀率，投资者的资金存放在银行不仅不能增值，相反可能还要贬值，这必然促使资金流入市场，寻找可靠的投资品，房地产即是其中较好的选择。

第五，是近几年人民币量化带来的高流动性和通货膨胀。有分析表明，中国历年房价涨幅与广义货币供给的统计相关性高达71%，高于与其他宏观指标的相关性。② 由于人民币国际化刚起步，其市场主要集中于国内，如此大量且流动性高的人民币要寻找投资渠道，房地产自然成为居民投资保值的重点。

第六，中国资本市场狭小，大部分金融资产集中在商业银行，这种情形与金融市场发达的美国很不一样（见表5）。中国股票证券市场的发展极不健全，缺乏监管，导致普通投资者信心不足。近五年，上证指数和深证指数基本在下行，与经济增长趋势背道而驰。2011 年，西南财经大学针对中国家庭的金融

① Wei Shangjin and Zhang Xiaobo, “The Competitive Saving Motive: Evidence from Rising Sex Ratios and Saving Rates in China”, National Bureau of Economic Research, Working Paper 15093, June 2009.

② 陈龙：《钱都去哪儿了?》,《财经》2014 年第 17 期。

调查发现，中国仅有不到10%的家庭投资股市，而这其中又只有22%赢利。[①]从这一角度看，有能力的家庭将多余资金用于购买住房，也是当前的最佳投资策略。

表5　2012年中国和美国资本市场结构比较

	中国		中国		美国	
	人民币(万亿)	% of GDP	美元(万亿)	% of GDP	美元(万亿)	% of GDP
银行信用	66.3	128	10.7	128	7.8	48
股票市场	22.9	44	3.7	44	18.7	118
固定收益	21.8	41	3.4	41	38	240
保　　险	7.4	14	1.2	14	4.8	32
资产管理	2.5	5	0.4	5	36	230
总　计	120.9	—	19.4	—	105.3	—

资料来源：Douglas J. Elliott and Kai Yan, "The Chinese Financial System: An Introduction and Overview", John L. Thornton China Center at Brookings, 2013。

中国城市化与家庭收入增长空间仍然很大，住房刚性需求将会长期存在。随着银行存款利率市场化、人民币国际化和股票市场健康运作，城市家庭投资渠道增多，会大大缓解人们过度投资房地产的倾向。然而，家庭投资渠道多样化不太可能在短期内实现。因此，在经济发展稳健的前提下，估计旺盛的住房需求会持续下去，但这种趋势并不合理。当务之急，是要通过金融体系改革使家庭理财投资渠道多样化，让城市住房需求回归理性。

六　改革的前景

本文的分析表明，中国城市发展遇到的土地、债务、房价问题，与中国城市近三十多年利用经济全球化带来的商机追求GDP快速增长的经济发展模式密切相关。目前，国际经济环境已变，发达国家的需求疲软，中国的劳动力、资源和环境成本在上升，因此，发展模式也必须转变，从而也为土地、债务、房价问题带来解决的契机。然而，发展模式转变是一个漫长的过程，这些问题

① 甘犁等：《中国家庭金融调查报告》，西南财经大学出版社，2012。

难以一时得到解决。

城市政府要面对的第一个挑战是如何摆脱盲目乐观的城市发展预期。这种乐观明显反映在城市规划中，有研究者对1990年审批通过的城市总体规划进行了研究，将这些城市预测的规划年限（即2010年）人口数进行加总，得出2010年城市人口预测总数是20亿。① 这个例子说明了三个问题：第一，许多地方政府总是想得很大，以致规划的人口规模过于乐观，由于人口规模决定用地规模，导致城市用地规模偏大。第二，有的地方政府在城市规划中故意抬高GDP增长速度和人口规模的预测，以图获得更多的建设用地指标。第三，中国的整体规划和实施体系还非常不完善，国家层面缺乏对地方层面的有效宏观约束。目前，在新的经济环境里，中央已务实地降低了全国GDP增长率目标，强调GDP的质量与环境可持续性，这将有助于抑制城市发展的乐观主义。

中共中央十八届三中全会确立了新的改革方向。在土地方面，要建立城乡统一的建设用地市场，给予农民更多的财产权利。在地方政府财政方面，要培育地方政府主体税种（如房地产税和消费税等），让城市摆脱对土地财政的依赖，并减少地方政府的支出责任。在人口流动方面，逐步废除户口制度。在政府与市场的角色上，要建立服务型的政府，并让市场在资源配置中起决定性作用。可见，政策制定者已经注意到了本文前述的诸多问题，并指出了政策改革方向。

建立城乡统一的建设用地市场，赋予农民更多的权益，可提高征地动迁的交易成本，有助于抑制土地财政的滥用。从概念来讲，土地财政并不是一件坏事。土地是一种资源，盘活土地，是让它为城镇发展充分发挥潜在的价值。土地开发由两个部分构成，一部分是房地产，这是由市场承担的；另一部分是公共服务设施，比如街道、照明设施、垃圾处理设施、排水设施、学校、公园等，往往由地方政府来提供。这些公共服务，是城市土地价值中的一部分。严格意义上的土地财政，就是把公共服务带来的土地收益预期，转化为政府运作的资金，来提供这些公共服务，从而让土地的价值能够充分体现出来，做法有

① 王军、唐敏：《规划编制的“三国演义”》，《瞭望》新闻周刊2005年11月。

土地出让金、房地产税等。中国的土地财政其实是向香港学的，香港政府和中国内地的城市政府一样，也做供地计划，也进行土地拍卖，拍卖所得也进入政府的财政体系。但是香港的供地计划是严格按照城市发展的用地需求做出来的。内地许多城市政府的土地开发，除了满足城市用地发展需求外，还带有获取资金补充地方财政的目的，这就导致土地过度开发。目前最重要的就是扭转这种不良激励。

实现城乡统一的建设用地市场的一条途径是赋予农民农村建设用地的开发权，在城市规划许可下，让农地入市。许多地方政府担心失去土地开发权则失去了通过土地融资建设城市基础设施和提供城市公共服务的渠道。然而，这种担心是不必要的。国际和国内的经验表明，土地拥有者或土地使用权拥有者可与开发商合作，在满足城市规划要求的前提下，不需政府资金投入，通过“土地再整理”（Land Re-adjustment）的做法，把低密度、低价值的农村用地开发成高密度的、高价值、带有基础设施服务的城市用地，并分享开发收益。德国、日本和中国台湾（称为“区段征收”）有许多成功的例子。在中国颇受争议的北京郊区郑各庄的开发和正在实施的深圳城中村大冲村的改造，其实也是土地再整理的成功尝试。

建立以房地产税和消费税为地方主体税种的地方财政，是城市政府摆脱土地财政的一条途径，但这是一条漫长的道路。广义而言，房地产税包括一切与房地产业直接相关的税种，目前我国在房地产业征收的税包括营业税、印花税、土地增值税、耕地占用税等。这些都是在生产和流通环节收取的，而不是在保有环节征收的。现在国内对个人住房征收房地产税的讨论很热烈，但公众对房地产税的认识还不够全面，不少人把房地产税看成房价调控的工具。这种看法是片面的，尽管房地产税具有影响房价的作用，但本质上它不是房价调控的工具。也有人认为地方政府缺钱，征收房地产税是要从房地产业寻求新的财源，这一看法也是片面的。我们要把房地产税放在一个公共财政的框架中去审视。世界上有一百多个国家在保有环节征收房地产税，因为城市房地产价值中包括了配套的公共服务所带来的价值。房地产税是政府在房产保有环节征税，用于提供公共服务。由于这种做法能使房地产保值增值，房地产税实质是利益税，所谓“羊毛出在羊身上”。从整个地方财政体系来看，个人住房房地产税的开征，并不是简单地增加一个地方税种。在技术上，应该调整房地产生产、流通和保有环节的税种和税率，以便在尽量不增加总体税负的前提下，让新的房地产税体系更有效和公平地为城市社区服务。目前房地产税改革，立法要先行。但房地产税要成为地方主体税种，还有相当长的路要走。

城市发展将会继续受到耕地保护政策的约束，用地怎么解决？本文认为，地方政府的供地计划中，工业用地比例偏大，在20%以上，甚至达到30%。中国虽然是一个制造业大国，但是北、上、广、深这样的一线城市的产业，在价值链中的位置正在上升，第三产业将会不断壮大，制造业逐渐外移。类似的国外大都市，比如纽约、巴黎和伦敦，其工业用地所占的比例很低，一般在5%以下。中国目前的城市用地结构中，工业用地和仓储用地的比例已经相当高了，而增量仍然很高，这是相当不合理的，这也间接导致了土地浪费和商住用地的不足，推高房地产价格。地方政府应首先取消工业用地低地价、零地价和负地价的做法，应该多关注城市土地再开发的潜力，国际上有许多好的经验可以学习，随着工业的转移，许多废弃的工业用地进行环保处理后，可以再次利用。随着经济的发展，中国越来越多的城市到了产业更新交替的时期，城市土地的再开发必须提到日程上来。上海已率先调整用地结构。如果城市政府不注重挖掘城市中的潜力，眼光仍然盯着农民的地，运作空间会越来越小。

中国金融市场改革至关重要。商业银行改革要促进竞争，让市场而不是政策决定个人存款利率。政府要大力整顿股票市场，建立信息披露机制，提高监管能力。在此基础上大力发展资本市场，让老百姓有更多的投资机会。随着国民收入的增长，机构投资者（即管理长期储蓄的专业化的金融机构，如养老金和人寿保险）掌握的资本会不断扩大，这些资本的特点是在资本市场上寻求长期保值、低风险的投资机会。而城市基础设施有很长的收益期，需求稳定，符合机构投资者长期投资保值的需要。美国的地方政府债券市场发展较成熟，各州和地方政府通过发行地方债券为大批公共项目融资，截至2011年年底，共有44000个州及地方发行主体，累计本金超过3.7万亿美元，近十年每年新增地方债券发行量大约为5000亿美元。近年，一些发展中国家开始学习美国经验，试图发展地方债券市场。中国的经济和城镇化仍有较大的发展空间，地方政府债券的发展前景应该很可观。

参考文献

[1] Douglas J. Elliott and Kai Yan, "The Chinese Financial System: An Introduction and Overview", John L. Thornton China Center at Brookings, 2013.

[2] Wei Shangjin and Zhang Xiaobo, "The Competitive Saving Motive: Evidence from Rising Sex Ratios and Saving Rates in China", National Bureau of Economic Research, Working Paper 15093, June 2009.

[3] 陈龙:《钱都去哪儿了?》,《财经》2014 年第 17 期。

[4] 国家发展改革委员会:《国家新型城镇化规划(2014—2020 年)》。

[5] 任荣荣、满燕云:《中国城市住房的可支付性评价》,《北大 - 林肯研究简报》第一期,2010 年 3 月。

[6] 王军、唐敏:《规划编制的"三国演义"》,《瞭望》新闻周刊 2005 年 11 月。

[7] 甘犁等:《中国家庭金融调查报告》,西南财经大学出版社,2012。

[8] 西南财经大学中国家庭金融调查与研究中心:《城镇家庭住房空置率及住房市场发展趋势(2014)》,2014 年 6 月。

[9] 周黎安:《中国地方官员的晋升锦标赛模式研究》,《经济研究》2007 年第 7 期。

B.4

集体建设用地制度改革探索及创新设计

王德起　刘海楠*

摘　要：

集体建设用地是我国建设用地的一个重要组成部分。我国长期的土地二元制度体系，使得集体建设用地难以得到优化配置和节约集约利用，同时也使得集体建设用地产生权益贬损等一系列问题。各地就集体建设用地制度改革进行了一些有益的探索，形成了具有创新性的经验，但仍然存在许多问题，需进一步明确农村集体建设用地制度改革的目标及原则，并就集体建设用地制度改革进行创新设计，以更有效地促进新型城镇化发展。

关键词：

集体建设用地制度　改革探索　创新设计

土地不仅是城镇化发展的基本物质支撑，而且是促进新型城镇化、实现城乡一体化发展的重要经济要素。截至 2013 年年末，我国城镇化率已达 53.73%，按照国际经验，尚处于快速城镇化阶段，未来仍需要大量的建设用地。目前，我国集体建设用地在建设用地总量中占有相当大的比例，统计数据显示，全国集体建设用地总量为 1700 万公顷，相当于全部城市建设用地的 2.4 倍，而使用的集体建设用地一半以上是通过土地流转的方式得到的。农村集体建设用地显然已经成为支撑新型城镇化健康协调发展的重要存

* 王德起，博士，首都经济贸易大学城市经济与公共管理学院教授、博士生导师，主要研究方向为区域/城市经济、土地利用及管理，曾主持或参与国家自然科学基金、国家社会科学基金等项目多项，出版《土地资产管理论》等专著多部；刘海楠，博士，山东建筑大学教师。

量空间。

十八届三中全会通过的《中共中央关于全面深化改革若干重大问题的决定》（以下简称《决定》），提出了市场在资源配置中起决定性作用，其中，涉及土地制度改革方面的，主要包括建立城乡统一的建设用地市场、推进城乡要素平等交换和公共资源均衡配置、赋予农民更多财产权利等主要内容，这预示着推进集体建设用地制度必须要改革创新，才能成为新型城镇化建设和现代化建设的重要支撑。

一　我国集体建设用地制度的主要特征及问题

所谓土地制度，指那些影响土地利用的制度因素的总和。具体而言，则指人们在一定社会制度下占有土地的形式，包括土地的所有、占有、支配和使用诸方面的关系。土地产权制度主要涉及土地如何利用和有效使用问题，主要包括土地使用制度及土地流转制度，它决定着土地使用过程中各利益主体之间的权利、责任、利益关系。只有将土地所有权纳入产权序列中统筹考虑，才有实际意义，因此可以将土地所有权称为土地所有者产权。

土地制度体系中最根本的是土地所有制，它决定土地所有权归属。土地所有权是土地所有制的法律体现形式，土地所有权是土地所有者拥有的、受到国家法律保护的排他性专有权利，属于上层建筑；而反映一定社会中人们对作为生产资料和重要社会财富的土地占有关系的土地所有制，则属于经济基础范畴。在社会分工已极其深化的今天，土地所有者已不可能完全独立地行使土地所有权所有职能，社会也越来越重视土地在实际利用或土地资产运营过程当中的效率以及对社会环境的效益问题。因此，确立和设定土地使用者产权，以及规范土地管理权便成为建立我国土地产权制度的核心。

（一）农村集体建设用地制度的内涵

1. 农村集体建设用地及其流转的含义

农村集体建设用地是农民从事第二、第三产业生产及其居住的空间承载地，包括村及乡镇办的企业、商业服务业、工业小区及仓储、农村居住用地，农村公共服务及其基础设施用地等，土地产权为农村集体所有。其中，具有生产经营性质的农村建设用地，如乡镇办的企业、商业服务业、工业小区及仓储等用地，属于农村集体经营性建设用地。

农村集体建设用地流转则是指农村集体经济组织或其他集体建设用地使用者通过出让、出租、转让、转租等形式，将集体建设用地使用权有偿转让给其他经济主体使用的行为。允许集体土地进行流转，赋予了农村集体经营性建设用地与国有建设用地平等的地位和相同的权能，为农民获得合理的土地权益提供了前提。

2. 农村集体建设用地制度内涵

集体建设用地制度是关于农村集体建设用地权利归属、取得、流转、权益分配以及处分的一系列制度规范，它由权益主体、客体以及保障主体有效作用于客体的环境体系。其中，权益主体包括法人和自然人，权益客体是指农村集体建设用地实物及附着其上的权利，环境体系则是指基本技术信息系统、法律法规体系。

按照我国现行法律法规，集体建设用地的所有权归农民集体所有，由乡、镇、村、村民小组等农业集体经济组织负责经营和管理。

（二）我国集体建设用地制度的建立

20 世纪中叶的土地改革，结束了数千年的奴隶社会和封建社会的土地私有制，随后逐步建立了城市土地国有、农村土地集体所有的土地公有制。

新中国成立初期（1950～1952 年），没收或征收地主土地，分配给农民的土地，“由政府发给土地所有证”，明晰农民对土地的产权，经历了短暂的农村土地私有制阶段。随后，通过互助组、合作社（1953～1957 年）以及人民公社（1958～1978 年）生产关系及农村经营体系的变迁，形成了城乡土地二元主体结构以及农村集体土地“三级所有，队为基础”的土地所有制格局。21 世纪初，这一土地制度格局进一步固化。

我国《宪法》（2004 年 3 月 14 日第十届全国人民代表大会第二次会议

通过）规定：土地产权归属方面，“城市的土地属于国家所有”，“农村和城市郊区的土地，除由法律规定属于国家所有的以外，属于集体所有；宅基地和自留地、自留山，也属于集体所有”。在土地取得方面，“国家为了公共利益的需要，可以依照法律规定对土地实行征收或者征用并给予补偿”。在土地流转方面，“任何组织或者个人不得侵占、买卖或者以其他形式非法转让土地”；“土地的使用权可以依照法律的规定转让”。在土地利用方面，“一切使用土地的组织和个人必须合理地利用土地”。随后修订的《土地管理法》、出台的《物权法》，以及国务院《关于深化改革严格土地管理的决定》（国发〔2004〕28 号），也只是提出“村庄、集镇、建制镇中的农民集体所有建设用地使用权可以依法流转”，或者说是“有条件的转让”。

（三）集体建设用地制度的基本特征及主要问题

1. 城乡土地制度的二元性持续，地方政府过度依赖土地出让收入

按照我国的土地法律框架，城市土地和农村土地的法律规制和管理体制是分割的，农村土地集体所有制和城市土地国有的所有制长期并存；但二者的法律地位极不平等，较之于农村集体建设用地，城镇土地（国有建设用地）拥有更完整的权利制度，享有更完善的权能，可见存在着对农村集体建设用地的“地权歧视”。

地方政府过度依赖土地出让收入及与土地相关的融资。2013 年，全国土地出让收入已经超过了 4 万亿元，按照此前业界较为认可的 40% 纯收益比例计算，地方政府从土地上获得的纯收益可能达到了 1.6 万亿元；2014 年上半年，国有土地使用权出让收入 21129 亿元，同比增长 26.3%。同时，快速城镇化依靠土地扩张和土地资本化推动，一次性收入的做法缺乏透明度与责任，可能会导致金融部门的风险。例如，2000 ~ 2012 年，城市建成区面积扩增了一倍多，土地出让收入增加了 45 倍多；2012 年，84 个重点城市的土地抵押融资贷款达到 5.95 万亿元，成为城市基础设施建设的重要资金来源。

2. 集体建设用地所有权主体具有复合性，产权主体虚置、产权关系模糊

我国现行法律规定，农村集体土地归农村集体经济组织所有，但集体建设用地产权主体模糊，农民土地权利弱化，法律赋予农民的土地物权如同虚设，严重侵害了农民通过土地物权分享城镇化和工业化成果的权利；同时集体建设用地抵押融资功能弱化，也制约着农民以土地作为资本品获得更大利益的机会。

3. 集体建设用地具有限定性及不稳定性，产权功能残缺、农民权益受损

在现行法律法规框架下，农村集体经济组织成员（或农民）缺乏对土地的处置权以及对土地利用的充分决策权，农用地转变为建设用地有着极其严格的限制。而农村土地（包括农用地和农村建设用地），往往是先通过政府征收，继而经过招标、挂牌、拍卖等方式由政府出让给土地开发者及使用者，农民失去但仅获得极少的土地增值收益，由此往往引发许多尖锐的社会矛盾。

二　近年来我国集体建设用地制度改革的有益探索

国土资源部2009年对江苏、浙江、广东等13省（市）集体建设用地流转较活跃的23个县（市、区）开展了集体建设用地流转状况调研，总的情况是：2005年以来，21个县（市、区）共流转集体建设用地99380宗，面积4136.7公顷，占集体建设用地总面积的1.3%。其中，乡（镇）农民集体为主流转1029宗，面积769.8公顷，占流转总面积的18.6%；村农民集体为主体流转6175宗，面积3219.4公顷，占流转总面积的77.8%；村民小组为主体流转288宗，面积114.8公顷，占流转总面积的2.8%；其他主体流转91888宗，面积32.6公顷，占流转总面积的0.8%。

（一）集体土地流转试点情况归纳

多年来，通过不断探索，尤其是以统筹城乡发展和节约集约用地为目标、以试点实践为路径、以制度建设为保障的农村集体建设用地管理制度改革创新取得了明显的进展，有利于及早破解农村集体建设用地管理制度改革中的难点和问题。我国部分省（市）集体建设用地流转试点情况如表1所示。

表1　部分省（市）集体建设用地流转试点情况

地区	模式	年份	文件	内容	突出特点
广东省	“自下而上驱动”型	2003	《广东省人民政府关于试行农村集体建设用地使用权流转的通知》	①非常强调土地收益向农民倾斜；②明确提出农村集体建设用地使用权在一定条件下可上市流转	强调增加农民收益
天津滨海新区	“宅基地换房”模式	2006	《国务院推进天津滨海新区开发开放有关问题的意见》	①城乡建设用地增减挂钩政策；②宅基地换房；③集体建设用地使用权入股；④土地股份合作	丰富土地流转方式
成都市	“拆院并院”模式	2007	《成都市集体建设用地使用权流转管理办法（试行）》	①城乡建设用地增减挂钩政策；②“拆院并院”项目管理；③“双放弃一退出”；④以招拍挂方式出让集体建设用地使用权	城乡统筹综合管理
重庆市	地票模式	2008	《重庆农村土地交易所管理暂行办法》	①设立“地票”指标；②城乡建设用地增减挂钩政策	土地“票据化”
嘉兴市	“两分两换”模式	2008	《嘉兴市关于开展节约集约用地试点　加快农村新社区建设的若干意见》	①“两分两换”：以宅基地置换城镇房产，以土地承包经营权置换社会保障；②土地置换后，不改变土地所有权性质和土地用途	丰富补偿过程和形式
海南省	土改模式	2013	《海南省农民集体建设用地管理办法》	允许农村集体经济组织或者村民自主开发经营，或者由农村集体经济组织以转让、租赁、联营合作、作价入股等方式进行流转	农村自主流转
温州市	产权交易模式	2013	《温州市农村产权交易管理暂行办法》	①允许交易农村土地承包经营权、林地使用权、农村房屋所有权、农村集体经营性建设用地使用权；②农屋从村级交易扩展到县域交易，同时允许宅基地在非城镇户籍中流转	扩大交易对象范围，宅基地适当流转

注：部分参考夏方舟博士的相关研究成果。

（二）集体建设用地制度改革的几种典型模式及简评

为解决现行集体土地制度弊端和深化改革从而提高人民福祉，国务院自1999年开始在广东省试点允许集体建设用地流转，此后山东、江苏芜湖等地也相继展开集体建设用地使用权流转试点。至今，全国集体土地流转试点地区已有几十个，包括广东、海南、成都、重庆、上海浦东新区、天津滨海新区、武汉等地，涵盖东部沿海和西部内陆地区。在试点过程中，各地摸索出了大量流转办法，主要有以下几种类型。

1. 重庆市“地票”模式

重庆市于2008年12月4日成立了农村土地交易所，创新“地票”（即“农村建设用地指标”）工具，将购得的地票作为交易标的，纳入城市的新增建设用地计划，实现城乡建设用地远距离、大范围的增减挂钩，以便缓解城市建设用地紧张的情况；同时也将城乡级差地租的价值化，转化为城市反哺农村的重要资金来源，从而实现城乡统筹发展。

重庆市的“地票”模式，有一定的积极作用。一是尊重了农民对土地的“发言权”，体现了土地开发利用上的“民主”；二是解决了城市建设用地紧张问题，降低了拆迁成本、减少了拆迁矛盾；三是可以实现价格统一，有利于进一步激活城乡要素市场，使固化的土地资源转化为可流动的资产，完善城乡市场体系。

2. 成都市“拆院并院”模式

成都市“拆院并院”（或称城乡建设用地增减挂钩），其实施典型是温江区的“两放弃、三保障”。“两放弃”是指：农民自愿放弃土地承包经营权和宅基地使用权，在城区集中安排居住，并享受与城镇职工同等的社会待遇。“三保障”是指：能够在城市的第二、第三产业就业；在城市拥有自己的住宅，家属能够在城市居住；能够享受与城市居民同样的社会公共服务。

该模式赋予了集体土地应有的占有、使用、收益、处分的权能，逐步实现城乡土地“同地同权”；鼓励农民打破区域界限，跨区域向城镇集中；推动土地资源的集约利用，释放出更多的级差土地收益。

3. 嘉兴市“两分两换”模式

嘉兴市“两分两换”模式中“两分”，即将宅基地与承包地分开、搬迁与土地流转分开；“两换”则是以宅基地置换城镇房产和以土地承包经营权置换社会保障。在这里，土地置换后，不改变土地所有权性质和土地用途。简单说，就是以承包地换股、换租、换保障，推进集约经营，转换生产方式；以宅基地换钱、换房、换地方，推进集中居住，转换生活方式。土地置换后，不改变土地所有权性质和土地用途。采用该模式的意义表现为：促进土地向规模化、集约化经营；促进城市化进程；增加农民财产性收入；政府增加的财政收入可用于农民养老保障和前期基础设施投入等。

4. 海南省土改模式

海南省于2013年颁布《海南省农民集体建设用地管理办法》（以下简称《办法》），启动农村集体建设用地制度改革试点。该《办法》对农村集体建设用地规划与计划、宅基地、公共设施与公益事业用地、开发经营与流转等做出明确规定。对经批准纳入流转试点的农村集体建设用地，允许农村集体经济组织或者村民自主开发经营，或者由农村集体经济组织以转让、租赁、联营合作、作价入股等方式进行流转；可用于旅游、农贸市场、标准厂房等非农业建设，发展集体经济，保障农民的发展权。这种允许农村集体经济组织或村民将土地用于非农业建设的制度规范，无疑会为未来土地的市场化流转奠定坚实的法制基础。

5. 天津市“宅基地换房”模式

天津农村建设用地流转模式表现为农民宅基地换房和土地置换的形式。这种流转模式的成功实现在于解决好资金和土地问题。天津市采取的解决措施是：一方面，农民以其宅基地按照规定的置换标准换取小城镇的住宅，实现土地置换；另一方面，以土地升值预期作为担保，由政府成立融资公司向开发银行贷款。

华明示范镇是天津市实施土地流转的重要试点单位，该镇在“宅基地换房”的过程中，除了很好地解决了农民的生计问题以外，还通过国有化的土地流转促进了区域产业的发展，从而也为农民的市民化提供了就业保障。

6. 温州市集体建设用地流转模式

温州市早在2001年就在全国率先颁布相关办法，规定凡集体建设用地上的建筑物、构筑物等依法转让时，其土地使用权可以相应转让，事实上是促进了农村集体建设用地的流转。转让方式则包括：出售、赠予、交换、作价入股，等等。但城市（镇）规划区内农村集体土地使用权转让时，应先由市、县政府转为国有，再参照国有土地转让办法办理相关手续；规划区外的农民宅基地的转让，其范围由原来的同村调剂扩大到同县转让，受让方把原来的宅基地交还给村集体后，其新受让来的土地所有权照样保持集体性质不变，并不需要再缴纳土地转让金，非宅基地的集体建设用地转让，则视其不同用途采用不同方法，并缴纳相应的税费。

2013年，温州市又颁布《温州市农村产权交易管理暂行办法》，规定农宅从村级内交易扩展到可以在本县域内交易，同时允许宅基地在非城镇户籍中流转。

7. 广东省集体建设用地流转模式

广东省政府于2003年6月发布《广东省人民政府关于试行农村集体建设用地使用权流转的通知》（以下简称《通知》），明确了农村集体建设用地使用权可上市流转，其方式可以是出让、转让、出租和抵押等。但该《通知》提出了四个前提条件：一是经批准使用或取得的建设用地；二是符合土地利用总体规划和城市、城镇建设规划；三是依法办理土地登记，领取土地权属证书；四是界限清楚、没有权属纠纷。《通知》特别强调，在土地收益分配上应该更加倾向于农民。规定：农村集体建设用地使用权流转收益中的一半左右应当用于农民的社会保障安排；除了留给集体发展村集体经济外，剩余的大部分仍应分配给农民。

广东省所实施的农村集体建设用地流转，在盘活了存量集体非农建设用地的同时，还实现了集体建设用地资产保值增值，同时增加了农民收入，促进了农村社会经济发展。

（三）我国集体建设用地制度改革探索的基本评价

早在1999～2002年，国土资源部就在芜湖市、苏州市、湖州市、顺德市等地开展了农村集体建设用地流转试点，但由于土地改革政策不配套，这些早期集体建设用地流转的试点也都基本无果而终。但我国农村集体建设用地制度改革的探索却始终没有停止，反而进行得如火如荼，并且获得了十分宝贵的经验。

1. 经济发达地区成为我国集体建设用地制度改革的主要探索者

随着城镇化进程的不断加速，农村集体建设用地的资产属性愈益突显，农村集体经济组织或农民个人自发地以出让、转让、出租和抵押等形式流转其土地使用权的现象日益严重，特别是在经济较为发达的珠江三角洲地区，私自转让农村集体建设用地使用权的现象尤为突出。据统计，在珠江三角洲地区，通过流转的方式使用农村集体建设用地实际超过集体建设用地的50%，而在粤东、粤西及粤北等地，这一比例也超过了20%。

2. “确权—流转—配套”是集体建设用地制度改革探索的基本路径

成都在新一轮农村产权改革中提出，“确权”是基础，“流转”是核心，“配套”是保障，这样的改革赢得了农民的支持，但在取得经验的同时，确权、监管、收益和小产权房等棘手问题也暴露无遗。产权是市场经济的前提，农村集体建设用地只有清晰界定产权归属、明晰产权关系，才能利用市场机制实现优化配置、保障权益主体合法利益；流转是市场机制的基本方式，它是土地资产优化重组、实现土地增值及合理分配的根本路径；同时，政府积极创设市场环境，并进行有效监管及调控，才能保障市场机制发挥积极作用。

3. “集体建设用地使用权交换企业经营权”的改革路径

由各地集体建设用地流转的实践来看，目前，我国集体建设用地流转的主要形式包括出让、转让、出租和入股。具体来说，主要包括以下五种方式：第一，集体建设用地所有者或使用者以转让、出租土地或房产等形式，将土地使用权让渡给土地需求方，按年收取租金；第二，集体土地所有者将一定年期的集体建设用地使用权，直接转让、出租给受让者开办企业；第三，市乡（镇）、村集体组织将一定年限的集体建设用地使用权以作价入股、联营等形式来兴办各种企业；第四，经济纠纷或企业破产、兼并等由法院裁定和判决，从而促使集体建设用地流转；第五，集体企业通过拍卖、租赁、联营、承包等形式实施重组改制，相应的集体建设用地也随之流转，即所谓“集体建设用地使用权交换企业经营权”的模式。

总体来看，到目前为止我国集体土地流转试点对一些问题进行了制度上的探索和突破，在改革时强调土地的合理化利用、农民的持续性保障以及市场工具的运用。一些地方建立了跨县域的土地产权交易市场、城乡一体化的土地市场等突破性制度。但政府在集体土地流转的过程中处于主体地位，市场化程度仍然很低，其他参与者的议价、定价能力不足等问题依然普遍存在，这使得集体土地市场化流转试点的改革步伐存在较大的提升空间。

三　集体建设用地制度创新的必然性及紧迫性

（一）快速城镇化需要大量建设用地，土地供需矛盾尖锐

我国正处于快速城镇化阶段，近年来城镇化率平均增速已超过1%，到2013年年底，我国城镇化率已达到53.73%，如果按照2020年全国人口14.5亿人，城镇化率达到60%（即城镇人口8.7亿人），城镇人口中每万人平均占有70公顷城市建设用地测算，至少需要新增126万公顷城镇建设用地。如果达到中等发达国家水平，城镇化率达到80%，至少还需要533.3公顷土地，因而土地供需缺口较大。我国近年来建设用地整体上呈明显上升趋势，如表2所示。

表2　2008～2013年中国建设用地数量变化

单位：万公顷

年份	省级政府批准	国务院批准
2008	26.9	12.9
2009	28.6	30.2
2010	33.5	20.4
2011	33.6	27.6
2012	37.3	24.2
2013	21.3	32.1

1996～2010年，全国建设用地从4.38亿亩增至5.12亿亩，增幅达17%，年均增加529万亩（2008年金融危机，供地下降，GDP增长率也出现下降）。土地成为维系传统发展方式的工具。中国经济增长依赖于土地的宽供应，全国

国有建设用地供应总量从2003年的28.64万公顷增加到2012年的69.04万公顷，年均增长10.27%，2013年全国国有建设用地供应量达到73万公顷，同比增长5.8%。

（二）建设用地规模扩张迅速、用地效率低下

稀缺土地资源的节约集约利用程度低。一是城市外延扩张和蔓延迅速。2000～2010年，城市市区人口平均增速为35.31%，建成区土地面积增速为99.29%，可见，土地城镇化速度大大快于人口城镇化速度。二是土地利用粗放。全国工矿仓储用地占建设用地供应的比重连续多年超过40%，挤占居住和生活用地，工业项目用地容积率仅0.3～0.6。三是城市用地非市场配置带来大广场、大马路、大办公楼等形象工程。四是不同类型城市的城乡接合部占用大量土地，但被低端低效利用。五是农村建设用地占地过多，村庄居民点用地达17万平方公里。

（三）农村“人走地不动”，大量土地空废化

在过去10余年的快速城镇化阶段，大量农民工进入城市务工。但他们一方面仍在其家乡保有住宅，长时间空置，另一方面，在城市他们也需占用一定的居住空间。1996年以来，约4亿农村人口离乡进城，而建设用地“不减反增”。建新不拆旧、新房无人住，“生不增、死不减”，空心村整治潜力达1.14亿亩。

（四）失地农民问题严重，城乡居民收入差距大

随着我国城镇化进程的快速推进，农村集体土地被征收的规模及速度也随之迅速扩增，从而带来日益严重的“失地农民”问题。

根据国土资源部资料，1996～2010年，全国建设用地增加7410万亩，已造成3000多万农民失去土地；2010～2020年，全国还需要安排新增建设用地5250万亩，其中占用耕地约3000万亩。按照当前全国人均耕地水平以及现阶段每征收一亩耕地大约造成0.78个农民失地测算，该阶段将有2340万农民失去土地。与此同时，在快速城镇化过程中，城乡差距却在不断加大。根据2012年《中国家庭金融调查报告》的资料，城乡居民家庭收入差距为2.5，

城市家庭平均资产为247.60万元，而农村家庭仅为37.70万元。如此巨大的城乡差距，已经成为制约我国经济可持续发展和现代化最棘手的问题之一，甚至可能将我国带入中等收入陷阱。

总之，新型城镇化将开启农村新一轮改革，土地流转乃大势所趋。早在2008年，中共中央就颁布了《关于推进农村改革发展若干重大问题的决定》，提出“搞好农村土地确权、登记、颁证工作”。根据国土资源部统计，截至2012年10月底，全国农村集体土地所有权确权登记颁证率为86%，其中，安徽等省份的确权颁证覆盖率已经超过95%；这为土地市场化流转构建了坚实稳定的土地产权基础。

四　农村集体建设用地制度创新的总体设计

改革开放三十多年以来，农村集体建设用地制度改革取得了重大进展，从而为建立和完善土地财产及土地市场的现代法律制度体系奠定了坚实的基础。但现行法律法规以及制度政策尚存在诸多不足，远远不能满足我国深化改革的各种需求。因此，亟须构建起高效合理的农村集体建设用地制度及机制体系。

（一）农村集体建设用地制度创新的总体目标与基本原则

1. 农村集体建设用地制度创新的总体目标

新型城镇化是现代化的必由之路，是解决“三农”问题的重要途径，是推动区域协调发展的有力支撑，是扩大内需和促进产业升级的重要抓手。农村集体建设用地制度是新型城镇化建设的必然要求，其改革创新目标是促进新型城镇化建设及相关方面的发展，最终完成全面建成小康社会、实现社会主义现代化的宏伟目标。

2. 农村集体建设用地制度创新的基本原则

农村集体建设用地制度改革创新，其出发点和落脚点应当遵循“五个有利于”原则：一是有利于在坚持土地公有制即农村集体建设用地集体经济组织所有的前提下，实现权益匹配的最佳形式；二是有利于使广大农民群众真正受益，保证农民增收；三是有利于城乡统筹、一体化发展，促进新型城镇化与新农村建设的有机融合及协调；四是有利于城乡统一土地市场的培育和发展；五是有利于促进土地节约集约利用，以及耕地和生态环境保护。

（二）集体建设用地制度创新的内容与机制设计

1. 构建现代集体建设用地产权制度

土地产权是土地所有制的核心，是土地市场体制的基础。只有农村建设用地产权明晰，才有利于降低土地要素流动和分配成本，提高农村集体建设用地市场化配置的效率。而若要“市场”在“集体建设用地配置中起决定性作用”，必须深化产权制度改革，构建起集体建设用地“归属清晰、权责明确、保护严格、流转顺畅”的现代产权制度。土地产权改革不仅涉及分配问题，而且涉及土地流转。只有在产权明晰的基础上实现土地的自由流转，才能提升农村集体土地要素价值，实现效率与公平的兼容。

2. 农村集体建设用地直接参与城镇化建设

中央城镇化工作会议明确了各类城市的城镇化路径，即“全面放开建制镇和小城市落户限制，有序开放中等城市落户限制，合理确定大城市落户条件，严格控制特大城市人口规模”。事实上，早在1984年，中共中央就第一次提出小城镇发展，党的“十五大”“十六大”都对小城镇发展提出了要求，“十七大”更是明确指出，“要走中国特色城镇化道路，按照统筹城乡、布局合理、节约土地、功能完善、以大带小的原则，促进大中小城市和小城镇协调发展”。近些年来，在全国先后出现过各种新型城镇化的改革尝试。例如，以大城市带大郊区的“成都模式”，其主要做法是，对土地确权颁证，建立农村土地产权交易市场，设立建设用地增减指标挂钩机制，以发展较好的区域作为起步点，确立优势产业，形成以市场为导向的产业集群。

在具体操作上，农村集体建设用地直接入市参与城镇化，要考虑区域差异性，城中村、城市郊区、经济发达地区、山区等特殊地区，可以尝试该种模式。在入市土地上（客体），要考虑：一是只有集体经营性建设用地才能入市，这里的农村集体经营性建设用地，是指具有生产经营性质的农村建设用地，农村集体经济组织使用乡（镇）土地利用总体规划确定的建设用地兴办企业或者与其他单位，个人以土地使用权入股、联营等形式共同举办企业所使用的农村集体建设用地，如过去的乡镇企业用地。二是要符合规划，即使取得土地使用权，建设也要符合规划。三是用途必须符合规划和用途管制，才可将农村集体经营性建设用地出让、租赁、入股。另外，集体的经营性建设用地入市，首先也要确权、确地，不能无证转让。

3. 建立统一的城乡建设用地市场

按照十八届三中全会《决定》的要求，在符合土地利用总体规划以及用途管制前提下，允许农村集体经营性建设用地以出让、租赁、入股等方式进行流转，实行与城镇国有建设用地同权同价、同等入市、权益公平。适当缩小征地范围、规范征地程序，构建并完善对失地农民的多元保障机制，给被征地农民以充分、合理的经济补偿；进一步扩大国有土地有偿使用范围，减少非公益性用地划拨的土地规模；进一步完善土地租赁、转让、抵押二级市场，健全土地市场体系；建立兼顾国家、集体、个人的土地增值收益分配机制，合理提高个人收益。

4. 完善土地征用及储备制度

一是缩小征地范围，将征地缩小至《宪法》规定的公共利益需要的范围之内；二是提高征地补偿费，按照市场经济等价交换的原则来规定补偿费；三是修改征地程序，现在的征地程序一切都是从政府利益出发，征地由政府决定，征地补偿费由政府决定，有了争议由政府裁决。减少政府土地收购储备规模，明确政府收购储备土地主要是为了公益目的，或仅为了政府宏观调控的需要。

（三）集体建设用地制度创新的环境完善及配套措施

集体建设用地制度创新是一项事关全局的复杂系统工程，涉及重大利益格局调整，政策性强，因此，必须切实加强组织领导，政府积极有为，有效监管及调控。

1. 加快推进相关法律法规修订及完善，为集体建设用地制度创新创设法制环境

在全面总结各地集体建设用地制度改革经验以及对相关重大问题进行深入研讨的基础上，尽快修订阻碍集体土地流转的相关法律法规，如《土地管理法》《物权法》《担保法》《城市房地产管理法》等，构建起促进集体建设用地法律框架体系；加快研究出台《不动产统一登记条例》《农村集体土地征收补偿安置条例》《农村集体经营性建设用地流转条例》，建立促进农村集体建设用地流转的法规及制度体系。此外，应对财税制度、土地（或不动产）税制加以完善，合理调节农村集体建设用地的流转收益，促进城乡建设用地市场的繁荣发展；同时加快推进户籍制度改革，建立城乡统一的社会保障制度，创设集体建设用地制度改革创新的“软”环境。

2. 加强基础信息及基础设施建设，为集体建设用地制度创新创建基本物质环境

按照国家相关规定以及技术标准，扎实做好农村地籍调查以及集体建设用地制度确权登记发证工作。农村集体建设用地的确权登记发证要与城镇国有建设用地的确权登记发证工作充分衔接，按照标准化管理的要求，完善土地登记信息化制度，加强城乡统一建设用地地籍管理；同时，建设城乡统一的土地市场交易有形市场，优化集体建设用地制度改革创新的“硬”环境。

3. 严格用途管制基本制度，确保耕地红线及粮食安全与生态安全

采用先进的3S技术手段，以第二次全国土地调查和年度土地利用变更调查数据为技术基础，在“多规一体”的前提下，以土地利用总体规划为依托，综合参照各类相关规划，依据《国家新型城镇化规划（2014－2020年）》和《全国主体功能区规划》的要求，建立起完善的国土空间规划体系，明确城乡“三生”（即生产、生活、生态）功能区范围，充分考虑新农村建设、农村第二、第三产业发展以及现代农业发展对建设用地的合理需求，为城乡统一的建设用地市场的构建提供用途管制及规划安排。

4. 落实节约集约用地制度，切实提高集体建设用地土地利用效率

深化“农地转用”的计划及审批管理制度改革，严格控制“农地转用”的计划指标，建立科学合理的农村集体建设用地节约集约评价标准体系；加强城乡建设用地供应及利用的统计监测工作，并对影响农村集体建设用地合理流转和高效利用的因素进行科学分析，切实发挥土地储备对建设用地市场的调控功能；加强新形势下对城乡建设用地违法违规行为的执法监察以及基层国土资源管理机构和能力建设，对既存违法违规的城乡建设用地开展全面清查，并研究制定处理对策及措施，保证土地市场的健康发展。

5. 完善社会治理体系结构，协力构建集体建设用地制度创新共同责任机制

农村集体建设用地入市工作由中央统一布置。目前，相关部门正在讨论制定《关于开展农村集体经营性建设用地使用权流转试点工作的指导意见》，将对经营性集体建设用地的有偿出让、交易方式、收益分配方式等做出具体规定。充分发挥各方面的积极性、主动性和创造性，形成强大的合力。首先，要坚持加强党委领导，促使人大、政府、政协等各负其责，加强部门联动、协调推进；其次，完善乡（镇）村治理体系，着力发挥农村集体经济组织的主体作用，加强其在履行农村集体土地所有者职责和维护农民土地权益等方面的能力；最后，充分依靠群众，让村民享有充分的知情权和决策权，真正使农民成为决策主体，唯有如此，才能真正使农民的土地权益得到充分有效的保障。

参考文献

[1]《中共中央关于全面深化改革若干重大问题的决定》，2013 年 11 月 12 日。
[2] 姜大明：《建立城乡统一的建设用地市场》，《人民日报》2013 年 12 月 19 日。
[3] 李倩：《江苏省宜兴市“集体建设用地年租制”调查》，《中国国土资源报》2014 年 7 月 3 日。
[4] 徐汉明：《中国农民土地持有产权制度研究》，社会科学文献出版社，2004。
[5] 华生：《城市化转型与土地陷阱》，社会科学文献出版社，2013。
[6] 宋涛等：《农地流转模式与机制创新研究》，《农村经济》2012 年第 8 期。

B.5

深圳集体建设用地管理制度创新分析

张 宇　钟凯文　蔡玉军*

摘　要：

本文相对系统地分析了深圳集体建设用地管理问题。通过总结深圳集体建设用地管理制度演进历程，从半城市化、集体土地所有权认知差异及新“二元”结构、违法建筑、政府主导下的产业布局与农村集体发展诉求存在冲突等四个方面剖析了集体建设用地管理困境，认为应结合十八届三中全会总体要求，坚持尊重历史、面向发展的基本立场，进一步加大集体建设用地管理制度改革力度，优化集体土地资源配置，完善土地治理结构，强化土地制度建设，构建科学合理的集体建设用地管理制度体系。

关键词：

集体建设用地　利益重构　制度创新

一　深圳集体建设用地管理制度创新背景

（一）国家顶层制度设计提供了集体建设用地管理制度创新方向

我国长期实行城乡二元土地所有结构和管理体制。随着经济社会的发展，

* 张宇，南京农业大学土地资源管理专业博士研究生，深圳市宝安区土地整备中心助理研究员，主要从事土地利用管理及土地政策研究；钟凯文，北京大学法律硕士，北京德恒（深圳）律师事务所团队合伙人律师，主要执业领域为公司证券、私募融资、泛资产管理，土地房产及基础设施等不动产，不动产金融等；蔡玉军，武汉大学土地资源管理专业硕士，深圳市宝安区土地整备中心中级经济师、土地估价师、房地产估价师，主要从事土地房产政策研究。

传统二元土地管理制度及配套的土地利用管理模式对经济支撑和城市建设的推进效用不断递减。2008 年中央《关于推进农村改革发展若干重大问题的决定》首次提出逐步建立城乡统一的建设用地市场，集体建设用地在符合规划的前提下与国有土地享有平等权益。党的十八届三中全会以后，中央《关于全面深化改革若干重大问题的决定》再次明确提出建立城乡统一的建设用地市场。2014 年 3 月，《国家新型城镇化规划（2014—2020 年）》的公布将城市化和城乡统筹发展结合起来。从目前趋势看，国家顶层制度设计的原则性框架响应了集体土地产权保护和资产经营的现实诉求，为集体建设用地管理制度创新明确了着力点和方向。

（二）各地集体建设用地流转实践提供了丰富的经验参考

农村集体土地入市问题一直是学术界研究的热点，国内部分地区在中央授权下陆续开展了实践探索，比较典型的有广东省（2005）、安徽芜湖（1999）、浙江湖州（2001）、四川成都（2010）、重庆市（2008）等，基本做法是在坚持同地同价同权的原则下，允许集体建设用地参照国有建设用地进行交易，但禁止商业经营性开发。不同城市试点集体建设用地流转的侧重点存在差异，主要有两种模式：[①] 一是“保权分利”模式，是指集体土地所有权性质不变，集体经济组织仍作为土地所有者获取收益，土地按照“两种产权，同一市场”的原则实施管理，产生的收益由集体经济组织、乡镇以及县、市政府按比例分配。安徽芜湖“三个集中模式”，山东临沂、河南安阳、江苏苏州“两种产权，统一管理”模式等均属此类。二是“保权保利”模式，指集体建设用地通过使用权转让、作价入股、租赁、联营、联建等方式入市，国家不再直接参与对土地流转收益的分配，主要代表是广东省。广东省早在 2003 年就颁布了《广东省人民政府关于试行农村集体建设用地使用权流转的通知》，之后于 2005 年颁布了《广东省集体建设用地使用权流转管理办法》，允许集体土地“同地、同价、同权”进入统一的土地交易市场。

① 王延强、陈利根：《基于农民权益保护的宅基地权益分析》，《农村经济》2008 年第 3 期。

（三）集体建设用地管理制度创新是深圳新一轮土地制度改革的重要内容

深圳自特区成立以来，土地管理制度创新主要围绕国有土地有偿使用及市场化配置，并通过征转地解决城市国有建设用地供应和城市空间外拓问题。随着经济发展，城市发展空间平台产生了质的变化，通过外延式扩张新增建设用地已逼近极限。尽管2004年的城市化转地使深圳名义上实现了行政辖区内所有土地国有化，但事实上大量原集体土地（包括已建和未建用地）仍掌控在原村民或继受单位手中。效益低、利用成本高，是深圳新一轮土地制度改革必须面对和迫切需要解决的问题。2012年2月，国土资源部和广东省《关于深圳市土地管理制度改革总体方案的批复》要求深圳围绕土地产权、用途管制和有偿使用制度改革以及土地二次开发利用等进行创新研究，探索建立高度城市化地区土地利用和管理新模式。能否处理好原农村集体建设用地管理问题，关系到制度改革的成败。

二 深圳集体建设用地管理制度演进历程

（一）特区设立阶段（1992年之前）

特区设立之初的土地制度顶层设计旨在盘活土地资产，使之资本化，以解决城市建设资金不足问题。1981年11月《深圳经济特区土地管理暂行规定》指出：特区范围内已开发和待开发的矿藏、水流、荒地、耕地、山林等，由政府统一管理；政府根据需要，依法实行征购、征用或者收归国有。1988年1月，《深圳经济特区土地管理条例》规定特区国有土地实行有偿使用和有偿转让制度。1991年5月，《广东省经济特区土地管理条例》规定特区土地实行统一规划，统一征用，统一出让，统一管理。但上述文件主要是针对国有土地。1992年7月，深圳出台了《关于深圳经济特区农村城市化的暂行规定》，对特区内农村土地采取以下两种途径国有化：一是对集体所有尚未被征用的土地实行一次性征收；二是已划给原农村集体工业企业的用地和私人宅基地，使用权仍属原使用者。该时期在原特区内出现了大量违规用地的现象，但特区外区域由于经济发展尚处于起步阶段，对建设用地需求小，违建行为也较少。

（二）特区内统征及撤县建区阶段（1992～2004年）

1992年11月，国务院批准宝安撤县建区，成立宝安、龙岗两区。随后，深圳市政府出台《深圳市宝安龙岗区规划国土管理暂行办法》，对两区土地实行统一规划、征用、开发、出让和管理，这是深圳第一次出台涉及农村集体土地利用和管理的系统性、规范性文件。尽管从制度上实现了统一管理，但后续细化政策并未及时跟进，农村集体土地仍长期游离在政府管控之外。政府对农村集体土地掌控力度仍十分有限，实施效果低于预期。政府试图在二元条件下，将特区外的土地实施一个标准统一管制，但忽略了城乡二元体制的实际存在及特区外农村发展的现实。农村集体土地管理的长期缺失和被动，成为后来“三来一补”经济快速发展过程中大量无序建设违法建筑的制度根源。

（三）城市化转地阶段（2004～2010年）

2004年，深圳市出台了《深圳市宝安龙岗两区城市化土地管理办法》及补偿标准、实施程序、土地储备管理以及户籍管理等配套文件，规定将两区所有土地转为国有，但对已建成区、坡度25度以上山林地等四类地不予补偿。政府试图通过自上而下的强制性制度推进实现两区集体所有土地国有化，以此解决城市建设所需用地和土地管理二元化问题。至2004年年底，宝安、龙岗两区18个镇218个自然村的27万村民全部转为城市居民。为保障原村民发展，政府按“工商用地100平方米/人、居住用地100平方米/户、公共设施用地200平方米/户”的标准划定非农建设用地。但长期积累的大量违法建筑占用了较大规模用地，无法完全按该指标核定用地规模并落地，导致部分非农建设用地停留在指标层面。2010年6月历史遗留违法建筑普查统计显示，全市违法建筑为35.7万栋，建筑面积为3.92亿平方米，用地面积为131平方公里。除此之外，还有大量村集体掌控的未建土地。这部分土地在政策上没有出路，农民或农民集体往往通过违法抢建折现增值收益。此外，部分非农建设用地、征地返还用地未落实，造成了诸多历史遗留问题，也影响了后续土地管理。

（四）城市土地二次开发阶段（2010 年至今）

一般认为，城市化水平大于 70% 即为后城市化阶段。目前深圳城市化率已达 100%，在全国率先进入高度城市化阶段，粗放型外拓已无可能，土地问题成为制约经济转型的瓶颈。与此同时，大量低效、粗放用地广泛集中在原农村广大区域，原村民在折现土地增值收益的同时，因城中村负外部性产生的大量公共治理成本由政府乃至社会承担。上述背景下，政府再次推动土地改革，通过城市更新和土地整备等二次开发实现用地增长模式由增量扩张向存量释放的根本性转变，以政府和市场双重力量解决发展困境及城中村土地管理顽疾。其中，前者侧重由市场主导解决经营性用地的更新改造问题，后者由政府主导解决市政及公共设施用地需求，并扩大土地储备来源。由于二次开发发生在城市化转地后，实施范围主要在已建成区，实施方式是补偿后签订出让合同，用于公共设施或经营性项目建设，对原农村区域而言，可认为二次开发实际上是对城市化转地的补充和遗留问题的处理，其实施思路基本延续既定处理逻辑，具有典型的路径依赖特征。

三　深圳集体建设用地管理困境分析

纵观深圳土地管理发展历程，深圳集体建设用地管理先后表现出城乡二元化、“城乡 + 特区内外”双二元化、“原特区内外一体化 + 新二元化”几个不同的阶段性特征。政府关于集体建设用地管理的理念由刚开始较为理想的“统一”管理逐步向面向规划落实和产业环境提升的务实型管理模式转变。原农村集体经济组织参与土地增值收益分配不再限于以往的体制外折现，但受长期土地制度供应滞后于经济发展、部分制度设计脱离现实、既有管理模式路径依赖等多种因素影响，目前深圳集体建设用地管理仍面临诸多问题。

（一）半城市化问题

McGee 在研究亚洲发展中国家城市化时，发现了一类分布在大城市之间的交通走廊地带，该区域与城市相互作用强烈，非农产业增长迅速。许多亚洲国家由乡村逐步向这种区域转化，非农人口和非农经济就地转换，实现以区域为基础的城市化过程，他称之为半城市化。[①] 半城市化属于城乡土地利用混杂交错、社会经济结构急剧变化、“似城非城”的过渡性类型。深圳特区设立之初侧重发展“三来一补”经济，以土地为载体，建立了庞大的低端产业体系，对厂房、宿舍及其他配套设施的需求不断增加。在经济发展导向下，除部分核心区域外，大部分特区外区域缺乏科学合理的规划指引和规范开发建设行为的管理制度，土地处于多头管理、多头经营状态，以追求经济效益为目标的土地资源配置由区、镇政府甚至村委会实施，土地用途是基于双方协商或由土地权益人自行主张建设，来自城市的内在扩张力和农村区域自发顺应经济发展需要的非农化动力共同作用，导致大部分建设低端、重复、无序、抗市场风险能力差，土地经济关系复杂，基础设施建设严重不足。尽管深圳半城市化问题随着城市化转地的深度推进及二次开发措施的落实有所淡化，但想彻底解决仍需要包括集体建设用地管理制度在内的一系列制度改进与重构。

（二）集体土地所有权认知差异及新“二元”结构

深圳2004年完成宝安、龙岗两区城市化转地后，从法律上实现了全市土地国有化管理。但自转地之初开始，因转地导致的集体土地所有权变更路径的合法性、合理性和可推广性问题一直为学术界所关注。有学者认为根据《宪法》，土地所有权的转化只有通过征地实现，农民户籍的变化并不能引致土地所有权性质的变化。还有人认为，深圳城市化转地是一场城市化“跃进”行为，完成“实质城市化”还需要更长时间。[②] 宋志红（2010）则认为，集体土

① McGee T. G, “Urbanisasi or Kotadesasi? Evolving Patterns of Urbanization in Asia” in Costa et al. (eds) *Urbanization in Asia: Spatial Dimensions and Policy Issues* (University of Hawaii Press, 1989), pp. 93 – 108.

② 赵灵敏：《深圳城市化中的土地博弈》，《南风窗》2004年第10期。

地整体转权是我国所独有的土地所有权变动形式，对于完善我国土地制度、保护农民权益有重要意义，应予以规范。[①] 国务院法制办、国土资源部于2005年3月4号联合发布《关于对〈中华人民共和国土地管理法实施条例〉第2条第（五）项的解释意见》，将该条规定解释为“农村集体经济组织土地被依法征收后，其成员随土地征收已经全部转为城镇居民，该农村集体经济组织剩余的少量集体土地可以依法征收为国家所有”。可以看出，国家并不鼓励实施大规模的城市化转地。由于大量原农村区域用地仍掌控在村集体经济组织手中，转地本身的定性不明确，政府及原村集体对未予补偿的四类地均存在土地所有权诉求，导致部分土地政策无所适从，客观上在消除了城乡二元土地管理结构后，形成了新的二元结构。

（三）违法建筑屡禁不止

深圳大量存在的违法建筑是长期积累的结果，且陷入积重难返的局面。为处理违法建筑，深圳早在1999年3月5日就出台了专门的地方性法规，并逐步建立了相对完善的违法建筑处理机制，成立了违法建筑处理常设机构，先后出台10余项市级违法建筑处理政策（见表1），但违法建筑问题一直难以得到有效处理。究其原因，大概有三个方面：一是经济原因。早期“三来一补”的经济刺激吸引了大量的投资者和务工者，产生了对厂房和宿舍的大量需求，后随着产业层次的提升和土地比较价值的提高，违法建筑预期收益不断提高。二是制度原因。制度供给滞后于经济发展，规划未实现全覆盖，建设审批及农村集体土地流转等制度供给迟缓，在正常报建渠道难以畅通的情况下，各类违法建筑应运而生。同时，制度设计脱离现实管理需要，与实施环境契合度较低，如1993年实施的“五统一”制度及“房地一体”的房地产登记条例，在

① 按照宋志红（2010）的解释，集体土地整体转权是指国家在城市化推进的过程中，将发展到具有一定城市化水平的区域内的某一个或某几个农民集体的全部土地，在不改变原使用现状的基础上一次性整体转变为国有土地，同时将相应集体组织内的农民全部转变为城镇居民并享受居民同等福利待遇的措施。集体土地整体转权是一种不以具体的建设项目为依托、不以所涉土地的公共利益用途为前提、转权之时大多维持土地原使用现状的行政性的土地所有权变动方式。详见宋志红《城市化进程中集体土地的整体转权》，《国家行政学院学报》2010年第4期。

农村土地管理制度方面均有很大创新，但未充分考虑农村集体建设用地实际情况，导致实施结果低于预期。三是社会原因。表现为羊群效应及法不责众心理，随着违法用地者数量增多，违法用地者似乎更多了一层对抗政府的屏障。① 显然，大量不同类型、不同用地来源的违法建筑增加了集体建设用地管理制度的创新成本和实施难度。

表 1　深圳市历年来主要违法建筑处理政策

序号	文件名称	实施时间	制定层次
1	《深圳市人民代表大会常务委员会关于坚决查处违法建筑的决定》	1999	人大决定
2	《深圳经济特区处理历史遗留违法私房若干规定》	2001	地方性法规
3	《深圳经济特区处理历史遗留生产经营性违法建筑若干规定》	2001	地方性法规
4	《〈深圳经济特区处理历史遗留违法私房若干决定〉实施细则》	2002	政府规章
5	《〈深圳经济特区处理历史遗留生产经营性违法建筑若干规定〉实施细则》	2002	政府规章
6	《关于印发〈深圳市宝安区处理历史遗留违法私房实施办法〉和〈深圳市宝安区处理历史遗留生产经营性违法建筑实施办法〉的通知》	2002	政府规范性文件
7	《关于坚决查处违法建筑和违法用地的决定》	2004	政府规范性文件
8	《深圳市人民代表大会常务委员会关于农村城市化历史遗留违法建筑的处理决定》	2009	人大决定
9	《〈深圳市人民代表大会常务委员会关于农村城市化历史遗留违法建筑的处理决定〉试点实施办法》	2014	政府规章

（四）政府主导下的产业布局与农村集体发展诉求存在冲突

深圳目前表现出经济总量大、产业亟待转型升级、财政对土地依赖性降低、建成区面积大、土地利用效率低等后城市化特点。统计显示，深圳建设用

① 李曦等：《半城市化区域违法用地的成因分析与治理对策》，《华中农业大学学报》（社会科学版）2008 年第 1 期。

地比例已高达45%，其中原农村集体建设用地占16.4%，大部分位于原特区外地区，且各区地均产出差异较大，且原农村集体建设用地利用集约度和产出效益较低，各区土地利用集约水平见表2。目前深圳正着力实施创新驱动发展战略，实现有质量的稳定增长和全面可持续发展。政府试图通过腾挪土地资源，充分挖掘原农村区域的土地潜力，将土地规划、城市规划和产业规划相结合，实施去低端化的产业战略布局，强化内涵式发展。但对广大原农村集体经济组织及其成员来说，作为集体范围内土地的实际掌控者，他们更倾向于通过经营土地获得持续收入，这是参与城市建设和发展的底线。因此，双方冲突的焦点是土地增值收益分配问题，如何确定合理的分配区间是改革成功的关键。

表2 深圳市部分区土地利用集约水平对比

单位：平方公里，亿元

指标 \ 区域	福田	罗湖	南山	宝安	龙华新区	光明新区	龙岗	坪山新区
辖区面积(a)	78.66	78.36	188.3	392.14	175	156.13	387	168
GDP(b)	2700.29	1488.43	3206.57	2033.09	1309.1	580.56	2143.48	385.12
税收(c)	705.30	314.93	501.00	342.08	247.4	62.52	352.09	52.03
地均 GDP(b/a)	34.33	18.99	17.03	5.18	7.48	3.72	5.54	2.29
地均税收(c/a)	8.97	4.02	2.66	0.87	1.41	0.40	0.91	0.31

说明：根据深圳市各区2013年《国民经济和社会发展统计公报》及其他相关资料整理。原特区外区域指宝安、龙岗、龙华新区、光明新区及坪山新区。

四 深圳集体建设用地管理制度创新思路

十八届三中全会后中央再次强调允许农村集体经营性建设用地出让、租赁、入股，与国有土地同等入市、同权同价。国家和地方关于农村集体建设用地流转的文件指引和成功经验进一步强化了深圳原农村经济组织保护和经营集体土地的愿望和诉求。结合深圳土地利用现状及城市深度发展对土地的需求，用足、用好原农村集体土地政策对促进产业升级、提升城区面貌、改善投资环境具有重要意义，但在当前土地价值不断攀升、农地入市思路日趋明朗的背景下，如何平衡原农村集体经济组织及其成员对土地的诉求及由此延伸的土地增值收益分配问题成为开发利用此类土地的关键。针对目前情况，深圳集体建设用地管理制度创新的出发点应是在既定事实下寻找双方利益诉求的平衡点，其中，政府不应将注意力仅仅局限在攫取土地增值收益的狭小范围内，而应回归公共治理角色，通过优化土地利用格局改善发展环境、保障规划落实、扩大就业、增加税收，并采取措施保障农村集体经济组织通过落实规划合法获取土地增值收益或以经营土地长期获利的权益，提高违规利用土地成本，以逐步消除违规开发和交易的顽疾。

《〈深圳市土地管理制度改革总体方案〉近期实施方案（2012～2015年）》明确提出，探索原农村集体土地收益分配问题，并先行试点原农村集体经济组织符合规划的工业用地进入全市统一土地市场。2013年，深圳出台了《关于优化空间资源配置促进产业转型升级的意见》等“1+6”文件，鼓励社区企业以资金、土地、厂房入股等多种形式参与产业项目建设，提高社区土地资源利用水平。作为破冰之举，深圳市宝安区凤凰村于同年12月21日挂牌出让了一块面积为14568.29平方米的原农村集体工业用地，土地使用期限为30年，成交价为人民币1.16亿元，凤凰村获得30%，并无偿取得13980平方米商品房性质配套物业。此举对后续集体建设用地管理制度创新具有示范意义。

（一）基本导向

1. 尊重历史，实事求是

目前深圳原农村集体建设用地管理面临的困难主要有三点：一是大量历史遗留违法建筑及违法用地的处理问题。二是实施城市化转地后法律上集体土地所有权国有化与原农村集体经济组织实际控制土地之间矛盾的协调问题。该问题在一定程度上导致现行原集体土地政策陷入适用困难的尴尬局面，必须通过制度创新与重构予以修复和调整。三是按原有政策应落实但未落实的非农建设用地和征地返还用地落实，以及因制度依赖导致的现行房屋征收过程中原农村集体经济组织要求返还用地诉求的处理问题。以上问题从根本上讲仍是原农村集体用地权益分割及折现问题。对此，应正视既定的原农村集体土地管理困局，承认大量历史遗留违法建筑产生的综合性历史原因，既要维护政府决策权威，又要利于解决问题，采取措施将政府与原农村集体经济组织谈判的外部成本内化为村集体谋求发展的动力。

2. 着力发展，保障落实

深圳对农村集体建设用地的管理从20世纪90年代的特区内统征到2004年的城市化转地以及至今的征地或房屋征收，一直惯用的操作模式均为单向实现土地所有权国有化。即使是完成城市化转地后实施的城市更新和土地整备等二次开发模式，核心环节仍是土地所有权的彻底国有化。不同的是，前者基于市场谈判，补偿标准略高，而后者基于公共利益，名义上以房屋收回为主，在具体补偿时，则采用房地分开的补偿方式，对土地的补偿基本延续城市化转地的补偿及返还用地标准，实际上仍是承认了农村集体经济组织的土地所有权。但无论是经营性用地还是公共利益用地，均须首先完成所有权的彻底国有化的做法仍存在“与民争利”的嫌疑。在当前形势下，基于政府宏观管理诉求和原农村集体经济组织以土地为对象的利益诉求的差异，政府应强化公共治理角色，由拿地向落地转变，只要符合规划布局，有利于产业升级及项目落地，就达到了政府的公共治理目标。以此为指引，改进土地二次开发做法，创建基于规划落实的开发模式，在城市更新及土地整备等二次开发模式改进上，应视为规划落实、产业落地开展前期的基础性工作，形成与之相契合的开发利用平台。

（二）创新思路

根据《〈深圳市土地管理制度改革总体方案〉近期实施方案（2012～2015年）》，涉及原农村集体建设用地管理的改革主要有两点：一是结合二次开发，探索原农村土地依改造确权路径；二是探索原农村土地依现状确权路径，建立高效实施的土地二次开发利益分配机制，合理确定政府、权利主体和开发主体的利益空间，推动开展土地权益重构。可以看出，深圳新一轮土地管制制度改革中关于原农村集体建设用地管理的制度设计主要围绕产权制度改革和土地增值收益分配开展。但鉴于农村集体土地管理制度与其他相关制度的高度关联性，必须将原农村集体建设用地管理问题作为土地制度改革体系的重要组成部分进行统筹考虑，并辅以其他相关制度建设，确保新的制度设计达到预期效果。

1. 优化资源配置，创建满足紧凑型城市发展要求的空间布局结构

深圳的土地利用现状及未来发展对土地的需求迫使深圳必须实施内涵式土地利用模式，通过优化土地资源空间配置，实现地尽其用，有效协调经济、社会、生态关系，创造面向未来的可持续土地利用模式。

（1）完善规划体系，改善规划编制路径。在宏观上统筹考虑，编制产业发展、土地利用和空间布局相结合的综合性规划，以此为指引，逐层完善各层次规划体系和各专项规划。在编制方法上，尊重社区等基层诉求，强化社区在基层规划编制中的作用，调动社区落实规划的积极性和主动性，将规划对原集体建设行为的约束转为面向综合价值提升的指引性措施。

（2）发挥市场在土地资源配置中的作用。市场价值取向与片区区位优势的提升高度关联。一些老旧厂房因商业价值提升而自行改为商业设施的案例并不少见，并由此倒逼规划调整，较为典型的案例有深圳华强北商圈、八卦路商圈等。反过来，规划确定的土地用途也需要通过市场力量进行资源配置才能实现。农村集体建设用地长期体制外流转客观上构成了庞大且隐蔽的土地市场，但即使如此，体制外交易的双方仍关注规划的空间功能定位，符合规划即意味着多了一层安全保障。为提高规划实施率，需通过产权等多种措施规范集体建设用地市场。

2. 完善治理结构，构建满足统筹发展要求的管制规则

土地利用社会治理结构是依据土地利用社会基础和制度环境等非正式或正式制度所确立的具体竞争和实施规则，如土地交易规则、土地登记及地籍管理规则、土地规划计划等。集体建设用地社会治理结构包括产权、交易、用途及利用过程等内容，基于城市化转地后土地所有权名义上一元化的实施基础，总体治理结构可在遵循既定治理框架基础上，尊重原集体建设用地管理的特殊性。

（1）无论是依现状确权还是依改造确权，首先要解决的是产权功能问题，产权内涵应明确。对此，较为妥善的方案是淡化所有权，从法律上赋予原农村集体经济组织长期且可分割的土地使用权，并参照国有土地出让制度细化集体建设用地使用权处分规则。

（2）规范原农村集体建设用地交易，实施统一的交易方式、平台、操作规则，保障其权益的有效实现，发挥政府在土地交易中的公共管理职能，但应避免过多干预，以免影响实施效率。

（3）实施基于用途差异化的管理措施。在完善原农村建设用地规划功能的基础上，将开发建设时序、产业布局等因素作为制定差异化管理措施的依据。

（4）将原集体建设用地开发报建等纳入一体化管理，具体包括报建规则、手续、过程监管、竣工验收、产权登记等各环节，并将原集体闲置土地纳入统一处理轨道。

3. 强化制度建设，打造科学合理的集体建设用地管理制度体系

反观深圳集体建设用地管理制度演进历程可以发现，经济高速发展在短时间内诱发了大量的建设需求。深圳长期的集体建设用地管理制度不健全、不完善且与经济发展速度严重脱节是导致大量历史遗留违法建筑存在的根本原因。目前情况下，原集体建设用地管理制度优化和改进的客观推力仍是经济驱动因素，主观力量则是制度设计者基于制度和社会经济协调发展的综合考量。当前集体建设用地管理制度创新的主要任务是要建立满足发展要求的制度体系，并通过制度重构解决过去因制度不足形成的历史遗留问题，逐步将体制外土地收益分配调整到合法渠道。

（1）完善内核制度，制定针对原农村集体建设用地管理的框架文件。深圳经济特区创建之初曾制定《深圳经济特区土地管理条例》，为当时国有土地有偿使用等问题提供依据，但作为专门的地方性土地管理法规，该条例并未涵盖农村集体土地管理。考虑到目前深圳正在推进新一轮土地使用制度改革，可以此为契机，研究制定关于深圳土地管理的专门地方性法规，具体包括历史遗留问题处理、产权确认、产权交易、土地权益重构及增值收益分配、规划体系及规划编制、相关管理措施等。

（2）充实保障制度，注重集体土地管理制度与其他配套制度的衔接。实践证明，一旦内核制度脱离制度实施环境，势必降低制度实施预期。对此，基本思路是将集体建设用地管理制度设计与产业布局与结构调整、片区发展定位、环境提升、社区股份公司发展衔接起来，确保制度的可操作性和配套性。

（3）制度设计与现实环境需要有效契合。土地管理制度的演进体现了政府不断变换行为的重点和焦点的动态过程，而重点和焦点的确定来源于对土地利用形势和经济社会发展目标的调整与判断。反观深圳以往的部分土地制度设计，尽管具有较强的前瞻性和创新性，但因脱离了当时的实施环境，实施结果往往大打折扣。因此，在进行集体建设用地制度设计时，必须充分尊重基层诉求，从实际出发进行制度创新。

4. 夯实社会基础，培育符合高度城市化要求的集体土地管理认知意识

社会基础包括文化、规范、习惯、道德、传统以及宗教等非正式约束，这些非正式约束为社会所广泛接受，并成为人行为的基本约束框架。土地利用制度实施的社会基础作为制度实施环境外化于制度之外，主要包括人们利用土地制度的习惯、风俗、道德文化等软约束。农民对土地的依赖除了因自身生存保障的基本需求外，还源于传统习俗及习惯行为的传承，而相对集中的土地在一定程度上成为维系宗族意识和群体精神的载体，一旦脱离这个载体，宗族群体可能面临解散。因此，土地存续状态在潜意识中影响农民的生活行为。即使农民通过强制性制度变迁短期内改变了生活状态，但由守土向用土转变、集中向分散转变、传统向现代转念、因循守旧向技术创新转变仍需要较长的过程。在这个过程中，需要政府通过一系列持续不断的活动进行引导和矫正，如通过宣传培训提高农民文化水平，尽快适应城市生活方式，逐渐培养其资源可持续利用意识；扩大就业机会，改变其传统生活状态；建立针对城市化农民的社会保障机制，替代土地保障等。

五　结论

在新一轮土地利用制度改革思路下，深圳原农村集体经济组织将在建设用地经营上逐步摆脱长期以来的出租、租赁模式，开始在政府引导下进行土地资产化经营，而政府在此过程中更多地获取投资环境提升、城区面貌改善、项目落地、规划落实、增加就业和税收等宏观收益，此举可以看作对城市化转地后原农村区域新二元经济结构的反思和矫正，政府试图探索一种政府、社区和用地单位多赢的土地经营模式。同时也对土地整备、城市更新等二次开发模式产生影响，推动其改进既定实施路径，进一步完善操作机制，探索社区参与的开发模式。因此，可以认为深圳集体建设用地管理制度改革代表了高度城市化区域解决集体土地收益分配问题的一种探索。随着越来越多的城市在经历了外拓式发展后，逐步步入高度城市化阶段，深圳实践无疑具有一定的借鉴意义。

参考文献

［1］McGee T. G，“Urbanisasi or Kotadesasi? Evolving Patterns of Urbanization in Asia” in Costa etal.（eds）*Urbanization in Asia*：*Spatial Dimensions and Policy Issues*（University of Hawaii Press，1989），pp. 93－108.

［2］王延强、陈利根：《基于农民权益保护的宅基地权益分析》，《农村经济》2008 年第 3 期。

［3］赵灵敏：《深圳城市化中的土地博弈》，《南风窗》2004 年第 10 期。

［4］宋志红：《城市化进程中集体土地的整体转权》，《国家行政学院学报》2010 年第 4 期。

［5］李曦等：《半城市化区域违法用地的成因分析与治理对策》，《华中农业大学学报》（社会科学版）2008 年第 1 期。

B.6

新型城镇化与中国住房供应制度创新

陈　杰*

摘　要：

本文从中国住房供应制度的历史演变出发，介绍了中国住房供应制度因经济发展模式转变而演变的几个阶段及推动这些演变背后的历史逻辑，继而分析了当前中国住房供应制度存在的主要问题与挑战。本文的贡献在于，基于住房供应制度创新的理论基础，提出“保障住房、社会住房、市场住房”三位一体的住房供应体系，尤其对“社会住房”的内涵和功能定位进行了全面阐述。在此基础上，本文提出一系列针对性的政策建议，对完善我国住房供应体系有一定的思想启示意义和政策实用价值。

基金：作者感谢国家自然科学基金项目“快速城市化进程与住房公共政策：交互性与协调性发展研究”（项目批准号：NSF71173045）、教育部哲学社会科学研究重大攻关项目“我国城镇住房保障体系及运行机制研究”（13JZD009）、上海市曙光学者计划“房地产业与经济社会发展和谐共生研究”（13SG35）的资助。

关键词：

城镇化　新型城镇化　住房供应制度　制度创新

一　问题的提出

21世纪以来，借助全球化浪潮的推力，我国工业化、城镇化和经济市场

* 陈杰，教授、博士生导师，上海财经大学不动产研究所执行所长，上海财经大学公共政策与治理研究院首席专家，上海金融学院特聘教授。

化快速推进。在实现经济高速增长的同时，我国城市房价也在持续快速攀升，城市普通居民住房可支付能力与市场房价之间的差距不断拉大，既成为诸多经济与社会矛盾聚集的焦点，又给新型城镇化战略带来了重重阻力。正如习近平在 2013 年 10 月 29 日中共中央政治局住房问题专题集体学习会议上的讲话所指出的，“住房问题既是民生问题也是发展问题……关系经济社会发展全局，关系社会和谐稳定”。2013 年 11 月 15 日公布的《中共中央关于全面深化改革若干重大问题的决定》也明确指出，“健全符合国情的住房保障和供应体系”是全面深化改革的重要一环。还特别指出，“把进城落户农民完全纳入城镇住房和社会保障体系”，是完善城镇化健康发展体制机制的重要组成部分。

著名福利经济学、诺贝尔经济学获得者阿玛蒂尔·森曾经指出，所谓贫困，本质是对发展机会的功能性丧失（Sen，2005）。联合国人居组织（UN-HABITAT）发表过多篇宣言，指出住房贫困不仅是收入和财富贫困的结果，更可能是贫困的原因。同时还指出，改善住房条件是摆脱贫困的重要工具（UN-HABITAT，2010）。很多社会经济协调性较好的国家，在其从中等收入国家向发达国家转型中，都把住房供应体系建设当作一项基本国策来慎重对待，如新加坡。知名学者郑永年曾指出：“新加坡的住房政策，从一开始就是其国家建设的一项基本政策，是新加坡国家建设核心中的核心。”（郑永年，2009）。

本文试图解答四个问题：中国当前住房供应制度的历史由来和决定机制是什么，这个制度出了哪些问题，问题背后的根源是什么，如何治理这些问题。在此基础上，本文提出，中国住房供应制度需要顺应新型城镇化发展战略的时代要求，实现“经得起实践、人民、历史检验”的历史性重构。从国际经验和中国国情出发，本文提出以“三位一体”（保障住房、社会住房和市场住房）为核心的住房供应制度重构整体思路。

二　中国住房供应制度演变的历史逻辑

我们把住房模式定义为包括住房供应体系、住房消费体系、公共政策对住房供需政策调节体系三个子体系构成的整体。理解住房供应体系，不能离开住房消费体系，更不能离开公共政策对住房供需双方的调节，三者相互内生，合为一体。

在住房模式的整体视角下，我们发现，在每一个历史发展阶段，住房模式的选择都体现了经济和社会发展战略的时代要求，但住房模式又会对经济和社会发展进程发挥反作用。住房模式在经济和社会发展中的作用，很多时候重要的超乎我们的想象。

（一）中国住房供应所扮演的城市融资功能

改革开放后的三十多年，以 1994 年、1998 年和 2004 年为三个重要时间节点，中国城镇住房供应体系与经济社会发展的互动关系发生了根本性转折。

1979～1998 年，在计划经济模式逐步被市场经济模式取代之后，城镇住房供应体系从封闭走向开放、从无偿走向商品、从实物分配走向货币化、从计划分配走向市场化。这不仅满足了让城市居民住房条件得到尽快改善的经济与社会发展需求，而且满足了市场经济对劳动力流动和企业独立运营的必然要求。

1978～1998 年中国经济发展的基本逻辑是“工业化⇒城市化”，住房与经济社会发展的基本关系是：经济发展通过劳动力增加和原有居民收入增长刺激住房需求上升，带动住房存量扩张，从而促进城市化。但 1994 年以分税制为触发点，中国的工业化进程注入“以地引资”的概念和机制，使 1994 年之后的中国工业化与城市化的互动关系开始发生逆转。

1994 年～20 世纪末，在分税制的刺激诱导下，中国地方政府的“GDP 锦标赛”在经济发展中的作用越来越大（周黎安，2007）。一个流行模式是，地方政府先以低价甚至免费工业用地出让和基础配套设施补贴等吸引外来投资，带动城市经济发展，再用城市经济发展之后的住宅与商用土地增值来对冲低价工业土地出让的损失，只要运作良好，则可以形成一个正循环（陶然等，2009）。这种模式可称为基于“以地引资”的工业化。

1998 年基于单位福利分房的住房供应体系被打破，城镇住房供应体系中商品货币化交换和市场机制占据了主导。这个时期城镇居民的住房消费开始活跃，但主要还是取决于居民收入，城镇住房还远没有成为投资品。尽管这段时间政府文件中不断有房地产业要成为支柱性产业的说法，住房产业总体上仍仅被看作经济领域的一个小产业部门。但后来连续发生的两件大事，根本性地改变了住房在中国经济社会发展中的作用。

第一件大事是 2000 年“入世”，由此中国庞大的工业制造能力找到了出路，并迅速积累了极其庞大的外汇储备，同时外商直接投资进入更加容易，地方经济发展所需要的资金不再匮乏。

第二件大事则是 2004 年国有土地制度改革，国有建设土地指标变得稀缺，住宅用地昂贵起来。由此，住房不再仅仅是消费品，而成为居民最主要的投资品。更重要的是，依托商品住房的土地出让金制度成为城市基建和经济发展最重要的融资工具之一，之后又衍生发展了土地抵押信贷融资。

2004 年以后，外部经济环境和中央政策的巨大变化，导致地方政府经营城市的战略也发生了重大调整（王媛，2013）。一方面，土地管理权收归中央和农地实际征收价格的提高，意味着“以地引资”的难度与成本日益上升；另一方面，1998 年房改后，住宅全面商品化、市场化，加上高速经济增长背景，商品住宅的投资功能迅速凸显，寻求资产升值日益成为居民们购房的主导动机。这不仅意味着土地出让金的大幅上升，同时土地的潜在抵押价值也迅速提高，成为城市建设资金的重要来源之一。再加上中国银行信贷体系在 20 世纪 90 年代改革重生后快速膨胀，地方政府经营城市的融资来源更为广阔，融资成本也更低了。

（二）“以城市化带动工业化”中的中国住房供应模式

预算约束的改变导致地方政府的行为在 2004 年之后显示出新特点，围绕“以房融资”展开城市基础设施投融资再循环，地方经济发展模式开始具有“以城市化带动工业化”的明显特征。

在一般的市场化经济中，城市扩张理应是经济发展的结果，一般都是“工业化带动城市化”。而本文提出，中国 21 世纪以来的城市化进程颇具自己的特色，在特殊的经济与政治等国情背景下，出现了一种特殊的城市化－工业化模式：“以城市化带动工业化”。具体可细分为三步骤：土地城市化⇒工业化⇒人的城市化⇒土地和人在城市中的结合。

这种模式的核心是“以房融资”。地方政府，一方面以土地抵押及其金融衍生品为初始投入资金来源，同时以将福利与购房紧密捆绑在一起的配置方式和预期操作来推动房地产市场的发展，本质就是土地资产的证券化，充分地发挥了杠杆作用，缓解了启动阶段的融资约束，再通过地方融资平台操作为城市扩张注入后续资金，有力地促进了城市扩张和经济增长。重金打造之下，一举突破城市更新和扩张的“启动瓶颈”，先期形成“土地的城市化”；另一方面期望能够通过提升城市形象而“筑巢引凤”，吸引外来投资，形成产业集聚和人口集聚，依靠企业集聚和居民消费带来的财税收入来提供运营性质的公共服务，产生“人的城市化”，夯实城市发展后劲，使得先期形成的“土地的城市化”不至于落空。

我国的土地出让金，经常出现“面粉高于面包”、地价直接比周边房价还高的现象，但购房者也纷纷乐意为此买单，甚至不惜买的是期房，交房后也要等上好几年之后才入住。这里购房者所支付的价格，显然不是基于当前市政和城市基础设施所提供的公共服务价值，而带有明显的预期投机色彩。正如厦门市规划局局长赵燕菁指出的，“中国土地收益的本质，就是通过出售土地未来的增值（70 年），为城市公共服务的一次性投资融资”（赵燕菁，2013）。

从这个角度而言，卖房就是卖股票，买房就是买股票。通过商品住宅土地的竞价出让，地方政府获得了城市建设的初始融资，开发商相当于股票的承销中介，一次性认购后再向购房者分散销售，以承担包销的风险成本来获取中间的差价利润。在这个过程中，地方政府、开发商和购房者形成了利益同盟。地方政府作为“股票”的发行者，也实质上背负了向购房者的隐性承诺，不得不以不间断的大规模城市建设投资来实现城市的持续增值，同时为讨好自己的“股东”，还将教育、医疗、养老等福利都与住房捆绑在一起，以更加巩固购房者住房资产的快速增值。

从这个角度而言，有必要澄清，中国这种以土地抵押和土地出让金收益来获取城市发展融资的模式，其实不应该叫土地财政。因为所谓财政是对已经实现的收入进行征税。美国等西方发达国家所盛行的房产税，对资产已经实现的增值进行征税，才是确确实实的土地财政。而中国情景下，无论是土地抵押融资还是土地出让金，都是政府对未来不确定可征税资产性增值收入的提前预支，居民以风险投资入股性质提供这种资金来源，是一种城市建设的风险融资机制。

（三）中国住房供应模式的长处

不可否认，基于“以房融资”的城市发展模式有一定的优势，在实践中有明显效果，才会让地方政府竞相模仿和复制。具体而言，“以房融资”有几个优势：

（1）能有效突破“启动瓶颈”。一般工业化和经济发展所带来的税收，往往只够吃饭和维护，难以启动城市更新扩张的初始投资。

（2）资金来源广。住房是生活必需品，政府操纵人们购房需求的空间大。

（3）周期短。城市更新扩张直接通过预期推动房价和地价的增长，不一定需要等到实体经济有相应成长即可实现；土地增值后又可以再做抵押或出售，以换取更多土地出让金。

（4）见效快。短时间内就能募集大额城市建设的投入资金，发展业绩显著。

（5）有自我循环和自我成长机制。如果顺利，能形成正循环而不断成长。

（6）构造利益同盟。如果居民都有能力买房，“以房融资”这种模式还有利于政府与居民结成利益同盟，风险同担、利益分享，共进共退。这点尤为重要。

某种程度上，很多国家都是通过收买“有房者阶级”而成为执政的主要基石。如美国梦的核心要素就是拥有自己的住房，富兰克林·罗斯福曾说过，“一个人人有房的国度是不可征服的”。老布什时期的住房和城市发展部（HUD）部长杰克·康普也曾说过，房主能够拯救孩童、家庭以及美国。克林顿1992年总统竞选口号是“住房所有权和体面住房是美国梦的一部分”（Green and White，1997）。更加典型的是新加坡，从立国之初就致力于实现人人有房，李光耀曾多次引用孟子“有恒产者有恒心”的话来强调促进居民拥有自有住房产权是新加坡的立国之本（郑永年，2009）。

三　当前中国住房供应制度的问题及根源所在

然而，这种模式下，住房供应体系过多承载城市发展融资功能，对经济建设和社会发展具有多方面的潜在危害，而且注定是不可持续的。在新型城镇化背景下，这种思路需要重新审视，甚至放弃。

（一）当前中国住房供应制度存在的问题

“以房融资”在经济增长层面的最大问题是，首先，城市经济建立在泡沫化的房地产市场上，发展的可持续性和系统风险都被放大了；其次，城市运营成本过高，缺乏发展后劲，中坚技术人才容易流失，制造业和实体经济难以立足，容易出现产业空心化；最后，靠地方政府财政补贴和城市硬件环境吸引力所集聚的产业在发展中，过度依靠政府注资扶持和通过基础设施优势来节约制造与物流成本，但依靠创新驱动的活力却受到了抑制，难以实现地方经济的产业升级转型。“以房融资”在社会发展层面的最大问题是，把民生必需品异化为投资品，不可避免造成“住房权”和“财产权”的内在矛盾冲突，阻碍“人的城市化”。再加上房改遗留的历史遗产，进一步造成贫富差距分化和财富极化，由此激化社会矛盾冲突。

1. 过度依赖房地产市场，系统风险大

“以房融资”模式下，城市扩张与房地产市场捆绑在一起，一方面推高了房地产泡沫，另一方面城市经济建立在泡沫化的房地产市场上，发展的可持续性和系统风险都被放大了。一旦房地产业产生震荡，将引起一系列连锁反应，城市经济将有大厦将倾之势。房地产市场波动造成地方经济发展困难、债务风险激增的案例时常见诸报端，如鄂尔多斯新城、大同的“名城复兴”等都相继出现需求不足、地方财力透支、房地产泡沫风险提高等问题。近年来，地方政府偿债压力不断加大，债务危机问题浮出水面。

住房供应成为城市融资工具的本质是土地及其衍生品的证券化。如有学者指出，所谓证券化的实质是通过资产池和分级两个机制，将那些本来对信息敏感的资产变成对信息不敏感的资产，好处是可以以此来加快市场的流动性和交易量，但代价是降低了金融体系的透明度，使得人们不再关心作为抵押品的资产的质量（王永钦，2013）。这在一定程度上反而大大增加了金融体系的系统性风险。

2. 脱离经济基本面，基础不牢，后劲不足

“以房融资”本质上是脱离实体经济基本面而制造的虚拟经济幻象。在“以房融资”模式下，在长官意志和政府非经常预算软约束的双重驱使下，盲目规划，确定不切实际的目标，城市扩张不仅非常容易脱离实体经济当前能力，而且超越未来远期可能潜力，成为沙滩上的大厦。从温州、鄂尔多斯到天津临港，大批人造新城，最终沦为“鬼城”“死城”。即使勉强度过初创投资的窗口期，成功获得外来产业集聚，也会因为城市运营成本过高而缺乏发展后劲。高地价高房价城市中，占用土地资源多、土地利用效率注定不高的制造业和实体经济就难以立足，企业中坚技术人才容易流失，难以避免产业空心化。另外，靠地方政府财政补贴和城市硬件环境吸引力所集聚的产业往往不是技术创新型产业。这些产业在后续发展中，过度依靠政府注资扶持和通过基础设施优势来节约制造与物流成本，但依靠创新驱动的活力却受到了抑制，难以实现地方经济所期望的产业升级转型。

3. 住房异化，住房权得不到保障，社会矛盾激烈

“以房融资”模式下，地方政府刻意把本来应该是民生消费品的住房打造成投资工具，不断放大其投资功能，其消费属性反而被压制。于是商品住宅市场投机炒作风气旺盛，有钱人大量囤积，越买越多，越贵越买，其购房动机完全为升值预期所驱使。而低收入人群望房兴叹，住房条件困难，却无人问津。即使中间收入人群，也大多无法进入购房市场，难以参与“认购新房——参与城市分红”的财富游戏，发展权角度的住房权受到压制。加上政府对租房市场的歧视性政策，他们的基本住房权可能都得不到保障，住房不安定，引发大量社会问题，持续性成为社会矛盾焦点。

4. 利益集团绑架，形成陷阱

地方政府不愿意抑制房价、轻视住房保障的根本原因在于，地方政府需要房价能持续维持高增长率的预期来引诱购房人“入股”，也需要高房价来稳定高地价，以取得更多的土地抵押贷款融资。为此不惜运用各种公共政策手段，包括与市场预期博弈制定居住用地出让计划、压缩住房保障覆盖面、将优质教育等公共福利与产权房紧密捆绑、故意轻视租赁市场等。由于地方政府、开发商和房产拥有者在驱使住房资产不断增值这方面形成了利益联盟的“铁三角”，而房产拥有者又是社会主流，以上这些公共政策有很大的社会支持力度，难以破除。一旦这个利益同盟形成，就成为一个发展陷阱，欲罢不能。为此，地方政府既没有积极性又没有实质外在压力来真正降低房价。从这个意义上讲，“房地产绑架中国”确实存在。

5. 加剧贫富分化，激化阶层矛盾

在收入分配趋向两极分化的社会经济大环境下，过度强调住房的投资功能，必然带来住房拥有量和住房资产价值上的两极分化，而这就成为社会贫富分化的一个非常重要的“助推器”。从现实中看，只要存在收入差距，住房的投资化发展就会造成住房拥有的不平等。而只要有住房不平等，又会造成富者越富，穷者越穷。更进一步，在住房投资化过程中，住房金融市场在操作上“嫌贫爱富”的贷款机制也起到了进一步扩大财富差距的作用。最后，在“以房融资”模式下，劳动工资增速持续性低于房价增速，造成阶层固化。“晚买几年房，多辛苦几十年。”对于依靠劳动收入为主的就业者来说，一旦进入就业市场初期买不起房，那么后面无论如何努力工作，大多数都被排斥在购房市场之外，无法插队加入城市财富再分配中。

（二）问题根源与方案

“以房融资”问题的直接根源在于地方政府官员的晋升选拔制度和政绩考核标准，基础背景是中国土地国有化和政府垄断出让，核心驱动力是中国财政税收制度的缺陷，最终根源在中国居民的基本权利保障制度不健全，缺乏法律保障。

客观而言，住房供应体系在“以房融资”模式所引导的城市经济发展路径中，对中国工业化和城镇化进程有其作用和效果，但危害也是巨大的，对经济发展和社会和谐都带来了很多负面影响。这需要不断放大需求来刺激供给，但最终因为供给过剩带来泡沫，甚至面临崩溃的境地。而且这种模式适用于城镇化扩张早期，长期看注定是不可持续的，因此对很多城市，尤其是东部大城市而言，亟须转型和替代。中国大城市的规模经济效应，还没有得到有效释放（陆铭，2011），但靠土地财政和粗放型增长模式来推动城市集聚，已经陷入死胡同。大城市规模扩张，需要基于包容性就业机会的有效增长（陆铭等，2012），而不妥善解决城市住房可支付性问题，则很难实现包容性就业机会的有效供给。

我们提出，重构中国住房保障和供应体系，需要有一整套配套政策，包括：改变官员晋升选拔和绩效考核机制、重塑中央地方财税体制、规范地方融资体系、加快土地制度改革、在法律框架下实施住房保障、加强住房需求调节、实现住房供应体系多元化整体重构、加强租赁市场建设、多元化保障性住房融资等。限于篇幅，本文重点讨论住房供应体系的重构本身。

四　住房供应制度创新的理论基础

如十八届三中全会公报所指出的那样，全面深化改革的“核心问题是处理好政府和市场的关系”。

（一）以产权理论引领住房供应制度创新

对政府和市场的边界界定离不开对权力的理解。政府代表具体或抽象的公共意志驱使下的公权力及公权力对公共意志的实现过程（卢梭语），市场代表私权——个人及个人集合起来的组织对自身利益最大化的追求权利及这种权利的实现过程所带来的“自发的社会秩序”（哈耶克语）。经济生活中最重要的权利就是对物品产权的实施权利。所谓市场，本质上就是个人对物品产权的自由使用。但产权不是单独一体的，而是可以分割为所有权、占有权、支配权、使用权、收益权和处置权。政府和市场的边界就在于对物品的产权如何进行分割。

在整体经济体系方面，计划经济已经以惨败的结局退出历史舞台，而政府干预越少市场效率就越高的想法，也已经被证明是一种幻想。在住房供应体系方面，这两方面的负面教训举不胜举。

但世界上其实还存在一种社会市场型（Social Market）经济模式，介于过度政府干预和极端市场化之间，即所谓“第三条道路”。这种模式强调以平衡社会目标的方式构建市场，“政府通过市场来保护社会”，市场竞争是“受控制和被管理的”；同时，政府通过良好的制度设计，以符合市场原则的方式干预市场，实现“匹配性的国家干预”（勒普克语）。这样可以较好地融合政府与市场各自的长处，缓和两者的负面作用。这种模式以德国、荷兰、法国和北欧国家为典型代表，德国尤其是这个模式的范本，不仅做到了社会和谐稳定，而且具有居世界前列的经济活力。

因袭社会市场主义的经济社会哲学理念，在住房供应领域，德国、荷兰和北欧国家的体系显著区别于英美自由主义的市场化主导的住房供应体系，建立起了一套社会市场型住房供应体系。但这几个国家的表现形式又有所不同，具体而言，德国的社会住房形态主要表现为政府对私人租赁住房市场的严格管制以及相当比重的社会租赁部门，荷兰主要表现为大规模针对中低收入家庭的社会租赁公司，瑞典则主要是大规模的对社会全体开放的公共租赁公司。但这几个国家社会住房部门的共同特点是不追求盈利，强调住房组织的社会责任和住房服务的民生性。

（二）以“住房权”理论引领住房供应体系重构

“住房权”，被1948年《世界人权宣言》、1966年《经济、社会、文化权利国际公约》等众多国际人权公约规定为一项基本人权。我国是《经济、社会、文化权利国际公约》签约国，充分调动国家资源来保障每个公民都享有住房权是政府责无旁贷的责任与义务。

但住房权理论不能简单被看作舶来品，它在中国有深厚的历史传统根基，与千百年来众多先哲呼吁“居者有其屋”“安居乐业”的思想一脉相承，在中国当代也有着深刻的政治根基。2007年10月中国共产党十七大报告中提出，“努力让全体人民…住有所居”，既是执政党对全体居民普遍实现住房权的庄重政治承诺，又是住房权的重要理论表述。特别还要指出，虽然住房权已经被公认为一项基本人权，但不应仅仅看作生存权，还应是发展权。如十七大报告所表述的那样，“住有所居”是实现人的全面发展的重要组成部分。

有研究者发现，住房保障是具有中国特色的词汇，在国外并没有可以直接对应的词汇。但从国内对住房保障的理论和实践操作的本质来看，住房保障就是政府对个体居民住房权的落实，就是确认每个公民都有获得适足住房的权利。

进一步，住房权保障，其本质是住房“权利层面”的保障，而不是住房“物质层面”的保障。所以，保障房是政府代表公共利益直接保障居民住房权的工具与手段，但住房保障的范畴和内涵要远远高于保障房，需要更多从法律权利视角来审视住房保障。

（三）从住房权角度理解政府、社会和市场的边界

从住房权角度，政府、社会和市场都有保障个体居民住房权的责任。住房权视角中的住房保障，强调政府对生存权角度的住房权负有无可推卸，并可以诉讼的法律责任与义务，但这当然也不是要求政府对居民住房需求承担无限责任。联合国乃至全世界的所有人权文书都没有这样的要求。

从这个角度看，政府代表公共利益对公民住房权的实现工作，可以分三个层面：救济保障、支持扶助和交易规范。这三个层面分别涉及住房权的生存权、发展权和财产（收益）权的不同内涵，第一个具体表现为住房保障供应体系，第二个具体表现为社会住房供应体系，第三个则是住房市场供应体系。

对于生存权范畴的住房权，政府承担的是救济责任。在个人无法依靠自身力量从市场解决基本住房问题时，政府需要出面干预和提供救济保障；而当个人依靠自身力量就可以从市场满足基本住房需要时，市场就足够有效，无须政府出面。这样也就划清了政府与市场的边界。

对于财产权角度的住房权，政府的责任是保障市场秩序合理。当个人依靠自身力量无法从市场满足基本住房需要时，除了经济能力不足之外，还有很大可能是市场秩序崩溃无序或者存在歧视，这时政府的责任就是恢复合理的市场秩序。

对于发展权范畴的住房权，政府承担的是支持扶助责任。从社会发展角度，不能满足于仅仅保障生存权范畴的住房权，必须通过科学有效和公平公正的制度设计，尽最大可能协助社会力量运用市场机制来保障有一定经济能力的居民对合理住房的使用权和占有权。

正是从这个角度而言，社会住房供应体系所起到的作用就是提供连接政府和市场的“第三方”过渡形态的住房供应。从权利角度是保障住房权中生存权和财产权之间过渡形态的发展权，从消费角度是扶持介于基本居住需求和高端住房需求之间的改善型需求，从产权角度是确保“夹心层”群体在保障房可享有的使用权基础上增加了占有权和支配权，但资产收益权仍然受到最大程度的抑制。

五　政策建议

我们建议，依据中国现阶段的时代背景和国家发展战略需求，建立介于政府主导的住房保障供应体系和市场主导的商品住房两者之间，处于中间过渡形态的住房供应体系。这种过渡形态的住房，我们命名为社会住房。

（一）“三位一体”的住房供应体系

本文认为，我国住房供应体系重构的核心是，在政府主导的保障房供应体系与市场主导的商品房供应体系之间，创造一个过渡形态——社会住房供应体系（见表1），具体包括：租赁型的公共租赁房（社会租赁房）和出售型的自住型商品房，以此填补当前住房供应体系的空缺，使得只想购房解决居住问题的“夹心层”群体不会被胁迫裹挟被逼去买房、炒房，分流住房需求，化解社会矛盾。社会住房，让住房真正回归消费属性。

表1　中国住房供应体系重构的整体构想

类型	保障住房	社会住房	市场住房
形式	实物:廉租房 货币:租赁补贴	租赁:公共租赁房 出售:自住型住房	商品房
对象	中低收入住房困难家庭——参照“住房权”理论,定义为依据自身经济能力无法实现基本住房需求的群体	“夹心层”群体——能满足基本住房需求,但不能从市场购买商品房	具有独立自主从市场购买商品房经济能力的中高收入家庭

续表

类型	保障住房	社会住房	市场住房
产权	占有权和使用权	所有权、占有权、支配权、使用权	所有权、占有权、支配权、使用权、收益权和处置权
功能	满足基本居住需求;满足对所有权的需求	满足高端居住需求;满足对所有权的需求	满足高端居住需求;满足对收益权的需求(投资需求)
提供者	政府主导	政府制定规则,社会和市场力量主导提供	市场力量主导;以开发商为核心或个人集资

构建住房供应体系的三维视角如图 1 所示。

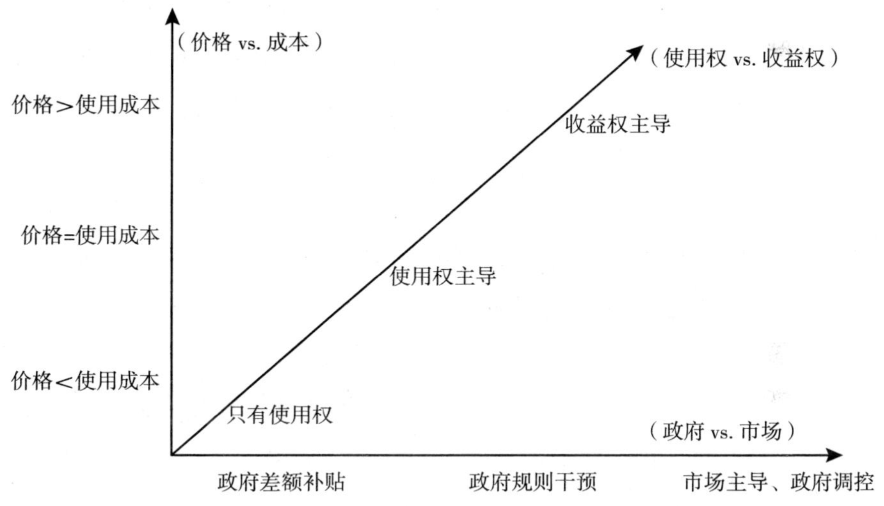

图 1　构建住房供应体系的三维视角

这样，中国的住房供应体系，将表现出“三位一体”的特征：保障住房、社会住房和市场住房，分别定位服务于不同人群，主导对象不同，提供途径和形态不同，功能不同，满足不同的住房需求，各司其职，各得其所（陈杰，2014a）。具体情况如下。

（1）保障住房明确定位为保障中低收入住房困难家庭的，由政府主导提供，功能是满足基本居住需求，提供形式可以是实物形态——只租不售的廉租房，也可以是货币形态——货币化租赁补贴。

（2）市场住房则是通过市场由谋利驱动的开发商提供的商品房，满足高收入家庭的高端居住需求和投资需求，提供形式具有多样性。

（3）处于保障住房和市场住房两者之间的社会住房，则是在政府所制定约束性规则下由社会力量提供的自住型住房，功能是满足基本居住需求和高端居住需求之间的过渡、改善型居住需求，定位为服务既纳入不了保障房体系又无法进入住房市场的所谓“夹心层”群体，提供形式是可租可售。

（二）社会住房的内涵与定位

社会住房的服务对象、目标、定位和产权性质很明确。服务对象就是，既不能纳入住房保障体系又进入不了住房市场的“夹心层”；其目标是，只提供居住功能，不提供或最大限度抑制商品住房特有的投资功能和保值增值功能；其定位是，不限于满足基本住房需求，而属于改善型的住房消费，但不属于高端住房消费；其产权特征是，租赁型的住房具有使用权，出售型的社会住房还可以具有所有权、占有权和支配权，但（禁售期内）不具有收益权和（收益）处置权。相比而言，商品房拥有对财产的全部产权，保障房则只有有限使用权。

需要特别说明，在本文的框架中，租赁型的社会住房就是我们现在所说的公共租赁房，出售型的社会住房则还是一个概念设计，可以命名为“自住型商品住房”。

但必须注意，我们对公共租赁住房在整个住房供应体系中作用的理解具有更高的视野，我们所提出的“自住型商品住房”概念内涵也与北京最近推出的“自住型商品住房”的概念内涵有本质的区别。

我们认为北京版本的自住型商品住房，“只得其名，不得其实”，其本质就是曾饱受非议的“限价房”的扩大版，其在当前推出的动机是短期化、功利化地降低北京市场房价，是一项临时救急措施，并没有借此丰富完整住房供应体系的长期打算，因此存在很多缺陷。但我们还是借了“自住型商品住房”这个名头，借鉴上海共有产权房的构建思想，对自住型商品住房概念做了重新定义和注入了富有生命力的内容。

（三）社会住房的具体操作模式

社会住房包括租赁式和出售式两种，租赁式的社会住房即公共租赁房，只需从政府提供转为社会组织来提供即可。出售式的社会住房，其模式雏形可以参考当前的共有产权房。但共有产权房现有模式具有多个问题，具体包括：存在寻租空间，政府监督成本大，存在负面激励，还有引导政府合资炒房和托市之嫌（陈杰，2014b）。

针对以上问题，笔者提出，对出售式社会住房，应该在共有产权房现有模式基础上进行改进，具体建议如下。

（1）增加社会住房上市交易限制期限，如将禁售期延长到十年。这样可更大幅度抑制社会住房的投资价值。只有严格限制社会住房上市交易，禁售期内由政府回购，才能最大限度地杜绝购房者借机谋利的空间，节约监管的社会成本，同时也遏制政府乐见高房价的内在激励。

（2）逐步放宽购房准入标准，让社会住房面向大多数夹心层，释放真正的楼市购房刚需。在剥离社会住房的投资价值且需承担一定使用成本之后，仍然申请购买社会住房者，才是真正的“刚需”。在这个意义上，社会住房提供的已经不再是狭义的住房保障，而是广义的住房保障，面向所有无房的“夹心层”开放，覆盖到主流工薪阶层。这个发展方向，是丰富住房供应体系非常必要的探索。

（3）严格限制社会住房面积和建造标准，保证社会住房的社会保障属性。虽然我们建议社会住房不再严格设定准入门槛，但应限制房屋面积和建筑标准，以此来筛选需求者，同时与完全产权的商品房市场区分开来。在地段选址上也做一定的限制，并有意识地以此引导市中心人口向市郊疏散。

（4）供应方式尽量充分利用市场机制，减少政府一切不必要的介入。遵循十八届三中全会决定所提出的“尽可能让市场机制起决定性作用”的精神，政府只需要对社会住房制定不可转让或十年之内不可转让的限制之后，同时制定社会住房在面积、建造标准、地段和无房的要求，政府无须再有介入。

如果以上改造设想得以实施，政府不再以地价折算的股份来与购房人直接共有，而是以政策干预来与购房人间接虚拟地共有，实际上是起到了培育自住型住房市场的作用。

六　总结

尖锐的住房矛盾、快速推进的新型城镇化进程和艰巨的国家发展战略要求，正在不断倒逼我国住房供应体系必须进行重构，迫使其向前发展。但住房供应体系本身就需要在与经济社会发展要求协调中不断完善和改进，因而其改革和重构既不可能一蹴而就，又不可能一劳永逸，要不断与时俱进。

政策制定者应该认识到，我国现阶段住房供应体系建设最大的任务有两个。第一个任务是要顺应新型城镇化和经济社会转型进程，为新型城镇化和经济社会转型提供最大支撑，顺利完成城市外来人口的导入和“市民化”。具体表现在，从保障住房权角度，保障弱势群体的基本生存权和维护“夹心层”的发展权。从这个视角，住房供应政策首先要发挥好社会政策的功能。第二个任务是仍然要对经济发展有正面贡献，尤其要防止住房市场过度波动对国民经济和金融体系的影响。从这个角度出发，住房供应体系建设，不能就供应谈供应，要主动去调节住房需求，抑制不合理的住房需求，打击投机性住房需求，维护住房市场的健康可持续发展。

我国住房供应体系重构的核心是，在政府主导的保障房供应体系与市场主导的商品房供应体系之间，创造一个过渡形态——社会住房供应体系，具体包括：租赁型的公共租赁房（社会租赁房）和出售型的自住型商品房，以此填补当前住房供应体系的空缺，使得只想购房解决居住问题的“夹心层”群体不会被胁迫裹挟被逼去买房、炒房，分流住房需求，化解社会矛盾。社会住房，让住房真正回归消费属性。

参考文献

［1］陈杰：《制度经济学视角下的中国住房制度变迁分析》，《社会科学辑刊》2010 年

第 6 期，第 104 ~ 108 页。
[2] 陈杰：《中国住房模式选择向何处去》，《探索与争鸣》2012 年第 1 期，第 61 ~ 64 页。
[3] 陈杰 a：《我国住房供应模式整体改革建言》，《改革内参》2014 年 2 月 25 日（第 985 期），第 2 ~ 46 页。
[4] 陈杰 b：《从改革大视野看共有产权房》，《解放日报》2014 年 4 月 11 日，第 11 版。
[5] 陆铭：《建设用地使用权跨区域再配置：中国经济增长的新动力》，《世界经济》2011 年第 1 期，第 107 ~ 125 页。
[6] 陆铭、高虹、佐藤宏：《城市规模与包容性就业》，《中国社会科学》2012 年第 10 期，第 47 ~ 66 页。
[7] 陶然等：《地区竞争格局演变下的中国转轨：财政激励和发展模式反思——对改革 30 年高增长的政治经济学再考察和来自“土地财政”视角的证据》，《经济研究》2009 年第 7 期，第 21 ~ 33 页。
[8] 王永钦：《地方政府融资平台改革与退出方案》，《东方早报 · 上海经济评论》2013 年 11 月 12 日。
[9]《房产“美国梦”正变成“白日梦”》，美国《时代》2010 年 9 月 6 日；After Housing Bubble, the Dark Side of Homeowner Dreams；http：//content. time. com/time/magazine/article/0, 9171, 2013850, 00. html。
[10] 王媛：《我国地方政府经营城市的战略转变——基于地级市面板数据的经验证据》，《经济学家》2013 年第 11 期，第 76 ~ 85 页。
[11] 赵燕菁：《土地财政：历史、逻辑与抉择》，2013 年 5 月 14 日中宏特稿，http：//www. macrochina. com. cn/zhtg/20130514105358. shtml。
[12] 郑永年：《住房政策是新加坡基本国策》，中国广播网，2009 年 9 月 21 日。
[13] 周黎安：《中国地方官员的晋升锦标赛模式研究》，《经济研究》2007 年第 7 期，第 36 ~ 50 页。
[14] Sen, A. , “Human Rights and Capabilities”, *Journal of Human Development* 6 (2), 2005, 151 - 166.
[15] UN-HABITAT, “Housing as a Strategy for Poverty Reduction in Ghana”, (United Nations Human Settlements Programme, 2010), Nairobi, Kenya.
[16] Green, R. K. , & White, M. , “Measuring the Benefits of Homeowning: Effects on Children”, *Journal of Urban Economics* 41 (3), 1997, 441 - 461.

B.7

新型城镇化下的房地产业发展趋势

赵秀池 *

摘　要：

本报告在分析了房地产业在国民经济中的作用的基础上，分析了新型城镇化与房地产业的关系，即新型城镇化为房地产业带来了新机遇，房地产业是新型城镇化的重要推动力量。然后，对房地产业目前的发展形势做出了判断，即房地产市场整体呈平稳发展态势；各地房地产发展水平差异较大；房地产多元创新不断涌现等。最后提出了房地产业健康发展的对策建议，主要有：各地房地产业发展一定要因地制宜；要从产城融合、城市运营角度，为城镇化提供相应的产业支撑；着力通过住房供给帮助城镇居民实现"住有所居"；为"三个1亿人"、为区域均衡发展服务。

关键词：

房地产业　"三个1亿人"问题　房地产发展趋势

新型城镇化是拉动内需、改善民生、实现经济增长的重要推动力量。《国家新型城镇化规划（2014—2020年）》指出，要有序推进农业转移人口市民化。以农业转移人口为重点，统筹推进户籍制度改革和基本公共服务均等化。李克强总理在政府工作报告中也指出，要推进以人为核心的新型城镇化。今后

* 赵秀池，首都经济贸易大学城市经济与公共管理学院教授。从事城市经济、房地产经济的研究与教学近30年。主持北京市社科联重点课题"加快推进优质公共资源均衡配置，促进城市中心区人口和功能疏解"，得到时任市长郭金龙同志的亲笔批示。邮箱：zhaoxiuchi@163.com；新浪微博：@赵秀池。

一个时期，着重解决好现有“三个1亿人”问题，促进约1亿农业转移人口落户城镇，改造约1亿人居住的城镇棚户区和城中村，引导约1亿人在中西部地区就近城镇化。目前各地新型城镇化在如火如荼地进行着。新型城镇化与房地产的关系经常引起争议，那么新型城镇化到底与房地产是什么关系？在新型城镇化背景下，未来的房地产业将如何发展？本文试图对新型城镇化下的房地产业发展趋势做出判断，并提出相应的对策建议。

一 房地产业在国民经济中的作用

房地产业作为国民经济的基础性、先导性与支柱性产业，其作用主要表现为以下三个方面。

（一）提高居民的居住水平

自1998年取消福利分房之后，随着住房制度改革的不断深化，以及我国房地产业的不断发展，居民的居住水平不断提高。根据国家统计局统计，1978年我国城镇新建住宅面积为0.38亿平方米，2012年为10亿平方米；城镇居民的人均住房建筑面积也由2002年的24.5平方米，增加到2012年的32.9平方米（见图1）。

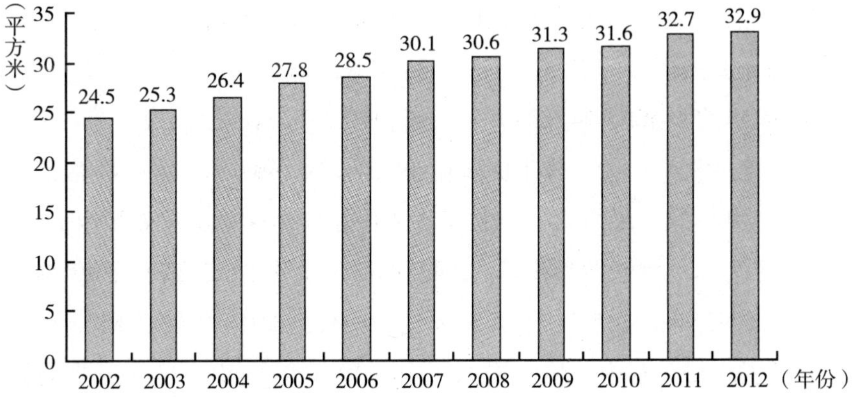

图1 2002～2012年我国城镇居民人均住房建筑面积

（二）优化产业结构，促进经济增长

产业结构的优化是指产业结构合理化和产业结构高级化发展的过程。产业结构优化将实现使用最少的资源和能源，获得最大经济效益的目的，即获得最大的产出投入比。产业结构优化的一个主要内容是产业结构高级化或高度化。产业结构高级化表现在整个产业结构中，是由第一次产业占优势比重逐级向第二次、第三次产业占优势比重演进。房地产业本身是第三产业，既属于生产性服务业，又属于生活性服务业，既涉及金融服务业，又涉及商务服务业、旅游服务业、家庭服务业等，因此，房地产业的发展，对于优化产业结构有着非常重要的意义。根据国家统计局的数据，我国第三产业占国内生产总值的比重由1978 年的23.9%，已经增长为2012 年的44.6%，其中房地产业占第三产业的比重也从9.2%增加到了12.5%。

房地产业对于经济增长的拉动作用也是毋庸置疑的。早在1996 年7 月，朱镕基就提出了“当前最有可能形成消费热点的是住宅。发展住宅建设，使之成为国民经济新的消费热点和新的经济增长点”。据推算，我国房地产业投资和销售对GDP 的贡献率，1993 年最高时为41.9%。在当年GDP 增长的13.5 个百分点中，约有5.7 个百分点是由房地产投资和销售带动的。

（三）创造社会财富，吸收大量社会就业

房地产业在拉动经济增长的同时，也创造了社会财富。目前房屋是重要的社会财富与家庭最值钱的财富之一。根据国家统计局的数据，全社会房屋施工面积由1995 年的215084.6 万平方米，增长到2012 年的1167238.4 万平方米，增长了4.4 倍。其中，住宅施工面积由1995 年的140451.9 万平方米，增长到2012 年的614990.6 万平方米，增长了3.4 倍；商品住宅施工面积由1995 年的32902.3 万平方米，增长到2012 年的428964.1 万平方米，增长了12 倍。房屋竣工面积由1995 年的145600.1 万平方米，增长到2012 年的335503.6 万平方米，增长了1.3 倍。其中，住宅竣工面积由1995 年的107433.1 万平方米，增长到2012 年的195102.9 万平方米，增长了0.8 倍；商品住宅竣工面积由1995 年的11951.3 万平方米，增长到2012 年的79043.2 万平方米，增长了5.6 倍。

房屋竣工价值由1999年的9498.7亿元，增长到2012年的55196.0亿元，增长了4.8倍。其中，住宅竣工价值由1995年的3622.7亿元，增长到2012年的29493.7亿元，增长了7.1倍；商品住宅竣工价值由1995年的995.4亿元，增长到2012年的19147.4亿元，增长了18.2倍。

房地产业增加值在国内生产总值中的比重不断增加。根据国家统计局的数据，1978年我国国内生产总值为3645.2亿元，房地产业产值为79.9亿元，只占国内生产总值的2.19%；到2012年我国的国内生产总值为518942.1亿元，房地产业产值为29005.5亿元，占国内生产总值的5.59%。

房地产企业在为社会服务、取得盈利的同时，也吸收了大量就业人口。根据2009年我国第二次全国经济普查数据，2008年年末，全国共有房地产业企业214397家。其中，房地产开发业87881家，物业管理企业58406家，中介服务业33890家，其他房地产企业34220家。房地产业企业的从业人员合计552.2万人。其中，房地产开发业207.7万人，物业管理企业250.1万人，中介服务业37.4万人，其他房地产企业为56.9万人。

二　新型城镇化与房地产业的关系

城镇化不等于发展房地产业，但是城镇化与房地产业的发展是相辅相成的，新型城镇化为房地产业带来了新机遇，房地产业是城镇化的重要载体，也是城镇化的重要推动力量。

（一）新型城镇化为房地产业带来了新机遇

根据诺瑟姆的城市化发展S形曲线规律，当城市化率超过30%，进入城市化中期阶段时，城市化会加速。由于农业劳动生产率的提高，大量农业剩余劳动力离开农村进入城市，特别是进入大城市的工厂、各类服务业就业，工业化进入起飞阶段。2013年我国城市化率已达到53.7%，正好处于城市化中期阶段。到城市化完成时期，按照过去我国的城市化率保守估计，每年城市化率平均增加1%左右，则每年有1300万人口进城。实际上，如果按“户籍城镇化率”计算，我国的城镇化率仅为35.7%左右，要达到《国家新型城镇化规划（2014—2020年）》中2020年城镇化率实现60%的目标，我国房地产市场的发展潜力更是非常巨大。这其中既有大量的城镇存量人口的自住型与改善性住房需求的存在，又有城镇增量人口的刚性住房需求存在，还需要相应的商业、工业、旅游、养老等房地产的开发建设。

（二）房地产业是新型城镇化的重要推动力量

城镇化的过程是城镇人口不断集聚的过程，除了为原来的城镇化存量人口提供住宅、工业、商业、养老、医疗、教育、园区地产外，还为新增人口提供与之相适应的生活、生产等基础设施，社会设施等各种服务。其中既包括建设大量的商品房与保障房来满足城镇居民居住的需要；又包括发展各类工商业的产业地产满足其就业的需要；还需要同步建设学校、医院、公园等，以满足居民对教育、医疗、养老、休闲旅游等的需要。根据权威部门研究，每增加1亿元住宅建设投资，将创造1.7亿~2.2亿元的需求；每销售1亿元资金的住房，将带动1.3亿~1.5亿元其他商品的销售。另据世界发达国家和地区的统计，房地产业的产值每增加“1”，就能使相关产业的产值增加“1.5~2”。

1. 房地产业的发展改善了城镇环境，加速了城市化进程

房地产是城镇基础设施、社会设施的重要载体，房地产开发投资、房屋建设使城市基础设施、社会设施都得到了改善，为城市人口提供了良好的工作与生活环境；房地产开发的产品如独具特色的高楼大厦等建筑物往往成为城市的地标性建筑，美化了城市；物业管理服务为人们的工作生活带来了便利，也使物业环境变得整洁有序；不仅如此，房地产业还通过提供住宅地产、商业地产、工业地产、旅游地产、文化地产、养老地产等，为城市规模的不断扩大提供了居业联动、产城融合的生活、生产空间与产业支撑，促使城市化进程不断加快。我国城镇化率从1949年10.6%发展到2013年的53.7%（见图2），房地产业起的作用是毋庸置疑的。

2. 增加了财政收入，促进了城镇建设

房地产业税收是政府财政收入的重要来源。广义的房地产税收涉及房地产开发环节、流通环节和持有环节。目前房地产业征收的税种共11种税（费），有5种是仅针对房地产的税种，即房产税（暂未开征）、城镇土地使用税、土

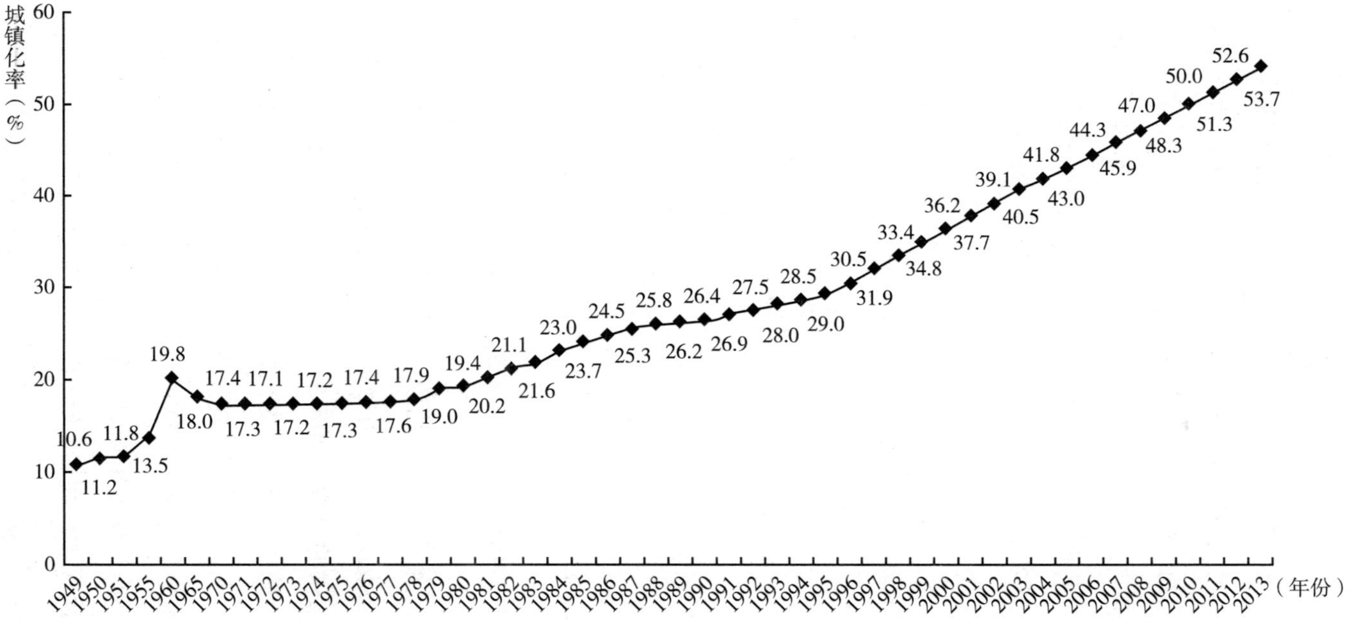

图 2　1949 ~ 2013 年全国城镇化率

资料来源：历年《中国统计年鉴》。

地增值税、耕地占用税和契税。另外 6 种是普遍性的税种但含房地产业，分别是营业税、企业所得税、个人所得税、城市维护建设税、印花税、教育费附加。

房地产业对地方财政的贡献是很大的。据财政部公布的数据，2003 年全国税收收入为 2 万亿元，2012 年为 10.06 万亿元，10 年间增长了 4 倍。而来自房地产业税收收入的增速，远远超过税收总收入的增速（见图 3）。仅针对房地产的五个税种而言，其税收收入合计占税收收入的比重，从 2003 年的 4.5%，提高至 2012 年的 10.1%。其中，增长最快的是土地增值税，从 2003 年的 37.3 亿元飙升至 2012 年的 2718.8 亿元，增长了 71.9 倍，占全国税收收入的比重也由 0.19% 上升至 2.7%。

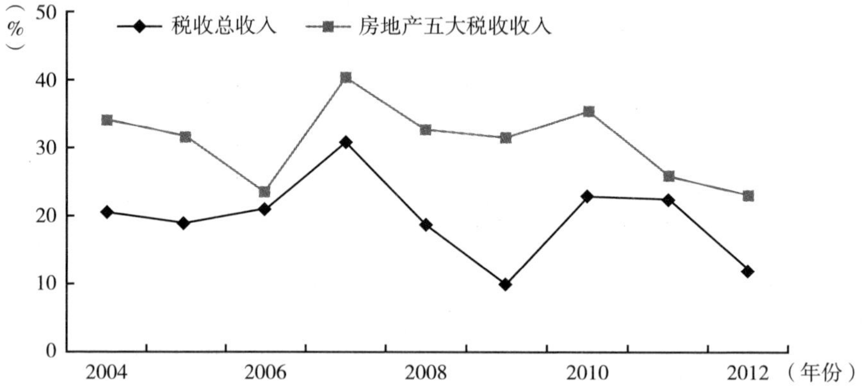

图 3　2004～2012 年我国税收总收入和房地产五大税收收入增速

2008～2012 年，地方政府土地收入分别为 1.04 万亿元、1.40 万亿元、2.91 万亿元、3.32 万亿元、2.85 万亿元。近三年来，土地出让收入已相当于地方本级公共财政收入的 50%～60%。

根据规定，各地的土地出让金支出，必须包含国有土地使用功能的配套设施建设及基础设施的支出、土地开发的支出。这些支出，随着土地出让，项目开始运作，土地由生地变熟地等工作的推行，不仅使开发区域的城镇基础设施水平有了很大提高，而且使整个城市的基础设施水平迅速得到改善。

3. 提高了城镇居民生活质量，吸纳了大量就业人口

“人民安居乐业”是党的十六大提出的全面建设小康社会的奋斗目标之一。安居乐业是社会经济稳定、发展的基础。全面建设小康社会的实质就是不断改善"民生"，普遍提高人民生活水平与生活质量。而拥有宽敞、舒适的住房是"民生"之本，是人民安居乐业的基本条件。十七大报告中就指出，要确保到2020年实现全面建成小康社会的奋斗目标，"必须在经济发展的基础上，更加注重社会建设，着力保障和改善民生，推进社会体制改革，扩大公共服务，完善社会管理，促进社会公平正义，努力使全体人民学有所教、劳有所得、病有所医、老有所养、住有所居，推动建设和谐社会"。十八大报告又指出，"必须以保障和改善民生为重点。提高人民物质文化生活水平，是改革开放和社会主义现代化建设的根本目的。要多谋民生之利，多解民生之忧，解决好人民最关心最直接最现实的利益问题，在学有所教、劳有所得、病有所医、老有所养、住有所居上持续取得新进展，努力让人民过上更好生活"。

房地产业的发展，不仅使人民群众住有所居的梦想得以实现，而且提高了城镇公共服务水平，促进了城镇居民生活质量的提高。根据国家统计数据，城镇居民用水普及率由2000年的63.9%，提高到2012年的97.2%；燃气普及率由45.4%提高到93.2%，这些在很大程度上得益于房地产项目"三通一平"和"七通一平"的实施。

根据《廉租住房保障资金管理办法》《关于进一步加大财政教育投入的意见》等规定，目前各地要将土地出让净收益中不低于10%的比例用于廉租房建设；地方政府还从当年土地出让收入中，按照扣除征地和拆迁补偿、土地开发等支出后余额10%的比例，计提教育资金。所以，房地产业的发展不仅增加了财政收入，而且促进了城镇建设，改善了民生。

房地产企业在为社会服务，取得盈利的同时，也吸收了大量就业人口。根据国家统计局的数据，房地产业城镇单位就业人数从2003年的120.2万人，增加到2012年的273.7万人。

三　房地产业目前发展形势判断

（一）房地产市场整体呈平稳发展态势

根据国家统计局近五个月发布的70个大中城市新建商品住宅销售价格统

计数据，总体来看，房地产市场目前呈平稳发展态势，房价涨幅不断收低，上涨最快的上海近五个月房价的同比涨幅从 20.9% 回落至 11.3%。房价下降的城市只有温州一个，房价上涨的城市有 69 个，如表 1、表 2 所示。

表 1　2014 年 1 月 70 个大中城市新建商品住宅价格指数

单位：%

城市	新建商品住宅价格指数			城市	新建商品住宅价格指数		
	环比	同比	定基		环比	同比	定基
	上月 =100	去年同月 =100	2010 年 =100		上月 =100	去年同月 =100	2010 年 =100
北　京	100.5	118.8	127.8	唐　山	100.4	102.2	103.9
天　津	100.5	108.3	114.0	秦皇岛	100.4	107.9	117.1
石家庄	100.6	109.9	121.0	包　头	99.9	108.5	114.6
太　原	100.7	112.7	116.2	丹　东	100.4	109.3	118.2
呼和浩特	100.4	109.8	115.8	锦　州	100.3	110.7	116.8
沈　阳	100.3	111.9	120.8	吉　林	100.4	108.5	116.0
大　连	100.3	109.8	118.1	牡丹江	100.0	106.2	113.5
长　春	100.4	109.5	114.1	无　锡	100.4	106.4	108.3
哈尔滨	99.9	109.3	115.2	扬　州	100.7	108.2	112.3
上　海	100.5	120.9	125.0	徐　州	100.0	110.1	114.1
南　京	100.4	114.7	117.4	温　州	98.5	95.7	78.7
杭　州	99.9	110.4	102.5	金　华	100.3	106.9	104.4
宁　波	100.4	107.5	100.3	蚌　埠	100.5	104.9	109.0
合　肥	100.6	110.7	114.5	安　庆	100.4	106.5	110.1
福　州	100.8	113.3	120.3	泉　州	100.5	108.4	109.1
厦　门	101.2	116.4	125.9	九　江	100.3	106.9	110.6
南　昌	100.2	110.4	119.0	赣　州	100.6	108.9	115.0
济　南	100.4	109.0	113.5	烟　台	100.4	109.3	112.7
青　岛	100.6	110.4	110.9	济　宁	99.9	109.6	114.0
郑　州	100.6	111.2	121.2	洛　阳	100.6	109.3	116.9
武　汉	100.5	110.1	117.2	平顶山	100.8	110.2	115.3
长　沙	100.5	111.8	122.9	宜　昌	100.2	109.5	115.6
广　州	100.7	118.9	129.2	襄　阳	100.4	108.5	115.6
深　圳	100.4	118.2	126.1	岳　阳	100.5	111.1	119.9
南　宁	100.5	111.2	112.9	常　德	100.7	107.1	113.1
海　口	100.5	103.2	104.1	惠　州	100.6	109.1	114.7
重　庆	100.4	108.8	114.7	湛　江	100.5	109.2	118.1

续表

城市	新建商品住宅价格指数			城市	新建商品住宅价格指数		
	环比	同比	定基		环比	同比	定基
	上月 =100	去年同月 =100	2010 年 =100		上月 =100	去年同月 =100	2010 年 =100
成　都	100.6	109.3	114.0	韶　关	99.8	105.8	114.1
贵　阳	100.2	107.2	114.8	桂　林	100.6	112.8	119.5
昆　明	100.7	107.2	116.4	北　海	100.7	110.7	112.4
西　安	100.5	110.7	117.8	三　亚	100.4	105.4	106.8
兰　州	100.1	107.7	116.3	泸　州	100.6	109.3	114.1
西　宁	101.0	110.7	121.4	南　充	100.5	109.9	112.7
银　川	100.4	109.3	115.8	遵　义	100.3	106.6	115.2
乌鲁木齐	100.1	109.7	124.4	大　理	100.2	106.3	107.9

资料来源：国家统计局网站。

表 2　2014 年 5 月 70 个大中城市新建商品住宅价格指数

单位：%

城市	新建商品住宅价格指数			城市	新建商品住宅价格指数		
	环比	同比	定基		环比	同比	定基
	上月 =100	去年同月 =100	2010 年 =100		上月 =100	去年同月 =100	2010 年 =100
北　京	100.2	109.7	129.2	唐　山	99.5	100.9	103.5
天　津	100.0	104.6	115.0	秦皇岛	99.7	104.2	117.3
石家庄	99.3	106.3	121.2	包　头	99.6	103.1	114.6
太　原	100.1	107.8	117.2	丹　东	100.0	105.7	118.4
呼和浩特	100.0	107.4	116.5	锦　州	99.4	107.2	116.8
沈　阳	99.6	105.6	121.5	吉　林	99.5	104.7	115.7
大　连	100.0	105.6	119.1	牡丹江	100.0	102.7	113.6
长　春	100.0	106.3	115.3	无　锡	99.2	102.0	107.5
哈尔滨	100.0	105.7	115.5	扬　州	99.8	105.6	113.0
上　海	99.7	111.3	126.0	徐　州	99.3	104.9	113.9
南　京	100.2	108.6	119.2	温　州	100.0	95.2	78.3
杭　州	98.6	103.5	100.3	金　华	99.5	103.8	103.9
宁　波	99.4	104.0	99.8	蚌　埠	99.6	103.1	109.0
合　肥	100.0	107.5	115.4	安　庆	99.8	103.1	109.5
福　州	99.9	108.5	121.2	泉　州	99.9	105.9	109.8
厦　门	100.2	111.0	128.3	九　江	99.8	103.5	110.7
南　昌	99.8	105.2	119.2	赣　州	99.8	104.9	114.9
济　南	99.6	105.9	114.2	烟　台	100.0	106.5	113.6

续表

城市	新建商品住宅价格指数			城市	新建商品住宅价格指数		
	环比	同比	定基		环比	同比	定基
	上月 = 100	去年同月 = 100	2010 年 = 100		上月 = 100	去年同月 = 100	2010 年 = 100
青岛	99.9	106.4	111.5	济宁	100.1	105.9	114.2
郑州	100.3	106.1	122.7	洛阳	100.1	106.5	117.8
武汉	100.0	106.6	118.2	平顶山	100.0	106.6	115.9
长沙	99.6	106.7	123.4	宜昌	99.9	105.0	115.6
广州	100.0	109.6	130.5	襄阳	99.6	104.1	116.0
深圳	99.8	108.9	126.6	岳阳	100.1	106.4	121.1
南宁	100.1	106.5	113.9	常德	99.6	105.1	113.7
海口	99.8	102.0	103.7	惠州	99.9	106.5	114.9
重庆	100.0	105.5	115.4	湛江	100.1	106.7	119.2
成都	99.7	105.2	114.7	韶关	99.5	101.5	113.5
贵阳	100.2	104.4	115.8	桂林	100.1	108.8	120.2
昆明	100.0	105.3	117.1	北海	100.0	107.4	113.1
西安	99.7	106.9	118.6	三亚	100.1	104.7	107.7
兰州	99.8	104.4	116.6	泸州	100.1	107.3	115.3
西宁	100.0	107.4	122.3	南充	100.0	105.9	113.8
银川	100.0	107.1	116.9	遵义	100.0	104.8	115.9
乌鲁木齐	99.9	105.9	125.5	大理	100.1	104.6	108.1

资料来源：国家统计局网站。

（二）各地房地产业发展水平差异较大

由于城市发展的差异，各城市对人口的吸引力、经济发展潜力、拥有的优质公共资源均有所不同，所以，为各城市服务的房地产业发展也呈现较大差异。拥有较多优质公共资源的特大城市、一线城市，尤其是北上广深的房地产市场一直处于供不应求状态，房价涨幅一直在全国名列前茅。而一些三、四线城市则由于过度开发房地产，供过于求而导致房价回落。温州、杭州、宁波等地都有不同程度的表现，只不过温州持续的时间较长。根据国家统计局对 70 个大中城市房价的监测，温州房价在 2012 年 8 月份达到最大降幅 16.9%，目前为 4.2%。

不同地区的房地产开发投资也因区域发展的差异而不同。以 2013 年为例，我国房地产开发投资额为86013亿元，同比增长19.8%。东部则为47972亿元，增长18.3%；中部为19045亿元，增长20.8%；西部为18997亿元，增长22.6%，见表3。

表3　2013年我国东中西部地区房地产开发投资情况

地　区	房地产投资额（亿元）	房地产投资额比上年增长(%)	住宅投资额（亿元）	住宅投资额比上年增长(%)
全国总计	86013	19.8	58951	19.4
东部地区	47972	18.3	32697	18.3
中部地区	19045	20.8	13265	19.9
西部地区	18997	22.6	12989	21.8

资料来源：国家统计局网站：《2013年全国房地产开发和销售情况》，http：//www.stats.gov.cn/tjsj/zxfb/201401/t20140120_502096.html。

同年，我国东部地区商品房销售面积为63476万平方米，比上年增长19.3%；销售额为49327亿元，增长28.4%。中部地区商品房销售面积为35191万平方米，增长16.8%；销售额为16524亿元，增长26.9%。西部地区商品房销售面积为31883万平方米，增长14.1%；销售额为15576亿元，增长19.6%，见表4。

表4　2013年东中西部地区房地产销售情况

地　区	商品房销售面积		商品房销售额	
	绝对数(万平方米)	比上年增长(%)	绝对数(亿元)	比上年增长(%)
全国总计	130551	17.3	81428	26.3
东部地区	63476	19.3	49327	28.4
中部地区	35191	16.8	16524	26.9
西部地区	31883	14.1	15576	19.6

资料来源：国家统计局网站，《2013年全国房地产开发和销售情况》，http：//www.stats.gov.cn/tjsj/zxfb/201401/t20140120_502096.html。

（三）商品房与保障房建设有并驾齐驱之势

自2010年开始，我国加大保障房的建设力度，保障房的数量与商品房有并驾齐驱之势。2010～2013年共计新开工建设城镇保障性安居工程住房3080万套，基本建成1957万套。同期，商品住房新开工面积为434413万平方米，竣工290792万平方米。若保障房面积平均以60平方米计算，则同期新开工保障房为184800万平方米，为商品住房的42.54%，基本建成保障房为117240万平方米，为竣工商品住房的40.32%，见表5、表6。

表5　2010～2013年商品住房开发主要指标完成情况

年份	新开工面积		施工面积		竣工面积	
	绝对数（万平方米）	比上年增长(%)	绝对数（万平方米）	比上年增长(%)	绝对数（万平方米）	比上年增长(%)
2010	129468	38.8	314943	25.3	61216	2.7
2011	146035	12.8	388439	23.3	71792	17.3
2012	130695	-10.5	428964	10.4	79043	10.1
2013	145845	11.6	486347	13.4	78741	-0.4
总　计	552043	—	1618693	—	290792	—

表6　2010～2013年我国城镇保障性安居工程住房建设情况

年份	新开工建设(万套)	基本建成(万套)
2010	590	370
2011	1043	432
2012	781	601
2013	666	554
总　计	3080	1957

资料来源：根据2010～2013年《国民经济和社会发展统计公报》整理。

（四）房地产多元创新不断涌现

根据城镇化建设的需要，开发商不断提供除住宅之外的物业，积极开发办公楼、商业营业用房等，并不断创新养老、旅游、物流等地产。根据《国民经济和社会发展统计公报》，在2010～2013年，房地产开发投资额为261760亿元，其中商品住宅为186671亿元，占房地产开发投资的71.31%；办公楼投资为12370亿元，占房地产开发投资的4.73%；商业营业用房投资为34226亿元，占房地产开发投资的13.08%（见表7）。

表 7　2010～2013 年房地产多元开发完成情况

年份	房地产开发投资完成额		商品住宅投资完成额		办公楼投资完成额		商业营业用房投资完成额	
	绝对数（亿元）	比上年增长（%）	绝对数（亿元）	比上年增长（%）	绝对数（亿元）	比上年增长（%）	绝对数（亿元）	比上年增长（%）
2010	42167	33.2	34038	32.9	1807	31.2	5599	33.9
2011	61740	46.4	44308	30.2	2544	40.8	7370	31.6
2012	71840	16.4	49374	11.4	3367	32.4	9312	26.4
2013	86013	19.8	58951	19.4	4652	38.2	11945	28.3
总　计	261760	—	186671	—	12370	—	34226	—

资料来源：根据国家统计局网站发布数据整理。

多元化创新不仅体现在多元地产的提供上，而且体现在围绕物业提供的高质量的配套设施、便捷的基础设施及相关服务上，让业主们住得舒心、安心、开心。自 2010 年万科便推出“第五食堂”，为业主和居民提供便捷、经济、安全的餐饮服务与就餐环境，完善了社区配套，提升了业主满意度和忠诚度，深受广大业主和居民的欢迎，既赢得了一定的利润，又成为品牌营销的一个利器。

（五）房地产互联网时代到来

随着互联网特别是移动互联网的普及，房地产业通过互联网便捷的服务平台实现线上线下互动，使购房者、经纪人、销售代表得到及时沟通，便利了房地产销售，为跨区域联动扫清了障碍。因此，各房地产公司正在主动实现网络化、电子商务化，利用微信、微博等网上交流工具，开辟新的房地产销售渠道，提供更广阔的增值服务。2014 年 3 月，建业集团电商旗舰店上线，推出了全国首家全盘电商。

不仅如此，互联网与房地产的结合还体现在房地产的规划、设计、建材采购、销售、社区服务、商业运营的各个环节。如绿城“网络商城 + 实体体验”的网络建材采供模式、万通自由筑屋的虚拟开发商平台、新鸿基用苹果 iBeacon 进行精准营销、花样年试水社区互联网商业模式、万科“百度迁徙”塑造下的商业新生态等。

以万科为例，与百度正式展开合作，未来将在万科旗下的社区商业、生活广场、购物中心系列业态中，尝试引入百度的 LBS 技术服务（基于位置的服务），打造“消费者、商户、运营商”的商业生态系统，以实现因人而异、因群而筹、因景制谋、因图定略的优质服务，以期在房地产上下游产业链上获取更为广阔的增值收益或附加值收益。

（六）海外投资不断升温

在近几年我国实施限购之后，房地产的开发建设受到了一些限制，一批开发企业纷纷进军海外市场，如绿地集团 2013 年实现海外投资额超过 600 亿元人民币。2014 年第一季度绿地的海外投资额已超过 50 亿美元，保守估算今年总投资额将超过 100 亿美元，销售收入将超过 200 亿美元。绿地在韩国济州岛的旅游健康城项目，集旅游度假酒店、商业购物、住宅、医疗服务、观光娱乐等于一体，目标客户群主要在国内市场。

（七）兼并重组、优胜劣汰趋势加剧

在限购限贷、宏观经济软着陆、房价涨幅趋稳的背景下，房地产业需要转型、升级，改变过去粗放型、野蛮型的生产方式，才能生存。企业兼并重组、优胜劣汰的步伐将加快，能够适应市场变化、提供优质服务的大型品牌房企的占有率会越来越大，房地产的集中度会越来越高。如图 4 所示，国有房地产企业个数 1998 年为 7958 个，2012 年为 3354 个；集体房地产企业个数也由 4538 个，减少为 904 个。

绿城与融创的重组成为热点话题。早在 2012 年 1 月 5 日，融创中国的全资附属公司融创置地与绿城中国的全资子公司绿城地产便签订了股权转让协议，融创置地购买绿城地产湖滨置业 51% 的股权，总价值人民币 5100 万元。同年 6 月 22 日，融创和绿城宣布组建上海融创绿城投资控股有限公司，融创出资 33.72 亿元收购绿城上海玫瑰园、黄浦湾、玉兰花园、苏州御园、苏州玫瑰园、无锡玉兰花园、无锡茉莉花园、常州玉兰广场、天津蓝色海岸等 9 个项目 50% 的股权，与绿城共同开发长三角。

图 4　全国历年房地产企业个数

资料来源：根据《中国统计年鉴（2013）》整理。

2014 年 5 月 23 日中国两大香港上市房企融创和绿城联合发布公告，宣布融创中国收购绿城中国 24.313% 的股份，与香港九龙仓共同成为绿城中国最大股东。融创中国董事会主席孙宏斌将担任绿城中国非执行董事、董事会联席主席和提名委员会主席。

四　房地产业健康发展的对策建议

（一）各地房地产业发展一定要因地制宜

房地产是新型城镇化的助推器，房地产业的发展需要紧紧围绕城镇化建设才能得到持续健康发展。各个城市由于处于不同的城市化阶段，面临的情况是不一样的，一线城市已经达到城市化的发展后期。2012 年，北京城市化率已为 86.2%，而大多数二三线城市还处于城市化的中期阶段，如河北城市化率为 45.5%，云南为 36.8%，因此，各地应因地制宜地制定自己的房地产发展战略。对于一线城市来说，要通过房地产业的布局促进人口和功能由中心城向新城转移；对于大部分二三线城市而言，要通过房地产业的布局促进农村人口向城镇转移，尤其是向中小城镇转移。

（二）要从产城融合、城市运营角度，为城镇化提供相应的产业支撑

居业联动、产城融合的城市才是有活力的城市，房地产业因此才会有发展的动力，否则，盲目增加住宅的开发，不能实现居业联动，新城就会变成“空城”“睡城”。因此，在新型城镇化建设过程中，房地产开发商要从城市运营角度出发，从产城融合角度去考虑各类房地产的合理配置，包括住宅、商业、工业等房地产的配比，尤其是通过商业地产与工业地产的打造，为城镇化提供相应的产业支撑。

（三）着力通过住房供给，帮助城镇居民实现“住有所居”

房地产开发商作为住房的供给者，担负着帮助城镇居民实现“住有所居”梦想的重任。只有通过增加住房供给，才能更好地满足居民的住房需求。因此，房地产开发商要认真研究消费者的需求，根据市场需求去生产各类住宅。现阶段，中小户型的商品房仍然是市场的主力，因此，无论是从政府制定政策角度，还是从开发商开发设计角度，都应以提供中小户型商品房为主。

另外，为低收入的住房困难群体提供住房保障，是我国社会保障体系的一项重要内容，也是政府义不容辞的责任。目前我国的住房保障制度为：“高端有市场、低端有保障、中端有支持”，房地产开发商应该积极参与到保障房的建设中去，为提供廉租房、经济适用房、自住型商品房贡献自己的力量。

（四）为城镇化提供养老、医疗等多元化物业

根据第六次全国人口普查结果，我国 60 岁及以上的老年人口已达 1.78 亿，占总人口的 13.26%。目前我国是世界上唯一一个老年人口超过 1 亿的国家。老年人口正在以每年 3% 以上的速度快速增长，增长速度是同期人口增速的五倍多。预计到 2015 年，老年人口将达到 2.21 亿，约占总人口的 16%；2020 年达到 2.43 亿，约占总人口的 18%。因此，未来养老地产有着广阔的发展前景。养老地产是为夕阳人群服务的朝阳产业，发展养老地产是未来房地产业义不容辞的责任。养老地产不仅仅是地产概念，更重要的是背后的服务，要

把养老业作为一项事业，为老年人提供各种照料护理、医疗康复、精神慰藉等服务，使老年人“老有所居，老有所养、老有所用、老有所为、老有所乐”，使居家养老、社区养老、机构养老较好地结合起来。

（五）为各行各业提供更多、更好的物业租赁等服务

房地产作为生活资料和生产资料，既可以买卖，又可以租赁。但到目前为止，随着住房制度改革的深入，买房为主的住宅商品化已经深入人心。其中一个主要原因就是新房住房租赁市场发育不良，二手房租赁市场不规范，房源无保证。缺乏租赁服务也是导致人们租房意愿不强、房价居高不下的一个重要原因。因此，政府应该通过税费的优惠鼓励开发商探讨租赁型物业的提供方式，也鼓励有房人出租房屋。通过发展租赁市场，也会在一定程度上减少购房需求，起到稳定房价的作用。

（六）为“三个1亿人”和区域均衡发展服务

新型城镇化不仅仅是政府主导的，更是百姓的迫切愿望。房地产作为城镇生产、生活的基本要素，房地产业持续发展是新型城镇化的重要推动力量。由于我国区域发展不平衡，所以，房地产业要为城镇化的均衡发展提供相应住房、产业、优质公共资源配置的支持。“三个1亿人”形成城镇化发展的三维坐标，三维坐标指出了房地产业未来的发展定位。

首先，房地产业要为1亿农业转移人口落户城镇服务。既要为落户城镇的农业转移人口提供相应的住房，尤其是中小户型商品房及保障房，又要为其提供教育、医疗、商业等配套设施服务。

其次，房地产业要为改造1亿人居住的城镇棚户区和城中村服务。根据住建部公布的数据，2013年全国棚户区改造实际开工323万套，2014年计划改造470万套。2013～2017年，全国预计可以改造完成棚户区1500万套；2017～2020年，至少还要改造1000万套以上棚户区和“城中村”。从2014年到2020年，还需新增棚户区改造2177万套。初步估算，完成这一改造任务的基础投入将在4万亿元以上。

最后，房地产业要为1亿人在中西部就近城镇化服务。我国区域发展不均

衡，各地城市化水平也不一样。2011 年全国城镇化率为 51.3%，东部城镇化率为 61%，中部为 47%，西部为 43%，东部城镇化率比全国平均水平高出 10 个百分点，中部城镇化率则低于全国平均水平约 4 个百分点，西部城镇化率更是低于全国平均水平 8 个百分点。因此，为了实现全国均衡发展，未来新型城镇化的重点在中西部，未来的房地产开发投资还需要向中西部倾斜。房地产业则需要重点围绕中西部的城镇化提供相应的住宅保障、产业支撑、社会设施和基础设施等配套服务。

总之，房地产业要在新型城镇化 3 亿人的三维坐标下，不断适应新形势，完成从开发商到城市服务商、运营商的转变，从以人为本的新型城镇化、产城一体、居业联动的角度去规划设计，提供工业、商业、住宅、教育、医疗等多元化地产。

参考文献

［1］赵秀池：《三维坐标下房地产企业的定位》，《中国建设报》2014 年 6 月 4 日。

［2］赵秀池：《房地产是新型城镇化的重要推动力》，《中国房地产业》2013 年第7 期。

［3］《地产互联网频联姻　我国房地产进入互联网时代》，新华网，2013 年 6 月 18 日，http：//news. xinhuanet. com/house/heb/2014 -06 -16/c_ 1111164284. htm。

［4］《万科物业："第五食堂" 直达幸福》，《城市开发》2013 第 13 期。

［5］陈晓奕：《2014 绿地对外投资将超 100 亿美元　海外销售将超 200 亿》，《21 世纪经济报道》2014 年 5 月 1 日。

［6］王蓓莲：《绿地济州岛项目强势启航》，《新民晚报》2013 年 7 月 24 日。

［7］《房地产业五大税种十年收入涨十倍》，财新网，2013 年 3 月 20 日，http：//news. xian. soufun. com/2013 -03 -20/9742403_ all. html。

［8］赵秀池、刘欣葵：《北京中心城人口疏解与新城发展机制研究》，经济科学出版社，2011。

B.8

中国城镇化投融资存在的问题及其对策

王一鸣*

摘　要：

在我国城镇化过程中，各地方政府依靠“土地财政”“土地金融”来进行城镇化投融资将不可持续。除了加快财税制度改革外，本文建议我国城镇化融资模式应该从行政控制体系转变为以规则为基础、多种手段相结合的综合控制体系，即中央政府制定最大偿债率等指标以确定地方政府债务水平，同时辅以创新金融机构融资模式、深化开发性金融与债券银行作用等多种手段。

关键词：

城镇化投融资　地方政府投资融资平台　市场化融资机制

一　城镇化投融资现状及其存在的问题

自十六大以来，我国城镇化发展迅速，城镇化率以平均每年 1.33 个百分点快速推进。在此次政府为主导的过程中，政府投融资模式也发生了重大的变化，基础设施与公共服务的投入由政府财政预算逐渐转变为预算内外财政、银行贷款、城投债等多种融资方式，具体地，地方政府的预算内收入在很大程度上服务于吃饭财政，而预算外财政收入和各种金融手段为基础设施建设服务。

---

* 王一鸣，理学博士，北京大学经济学院金融系教授、博士生导师、金融系副主任、北京大学金融创新与发展研究中心副主任。研究方向为资产定价与风险管理、通货膨胀与货币政策等。

这种城镇化发展的政府投融资模式变化，主要是由中央与地方政府财税体制改革推动的。在分税制改革之后，各个地方政府竞相采取减免地方税，提供廉价工业用地、补贴性配套基础设施等优惠条件吸引制造业来当地落户。为了吸引潜在的投资者，各地方开发区都事先进行所谓“三通一平”等配套基础设施建设，另外同时还制定各种优惠政策来进行竞争性招商引资。各地方政府之所以如此不惜成本进行大规模招商引资，一方面是希望获得制造业创造的增值税和企业所得税，另一方面更为注重的是当地制造产业的发展对其服务部门增长的大力推动，同时带来相关营业税，以及更为有价值的商、住用地的土地出让金等收入。① 正是出于以上考量，各地方政府在低价出让工业用地的同时，往往高价“招拍挂”出让商、住用地来获得超额收益，实现“堤内损失堤外补”。

当前，各个地方政府的主要收入来源，在预算内部分是靠工商企业税收增长，在预算外部分是靠“土地财政”收入。在这一收入格局下，各地方政府除预算内收入外，主要是以土地出让金为主的各种预算外收入，以及对外举债（即主要通过地方投融资平台抵押贷款和发行城投债）融资模式来解决城镇化过程中的投融资问题。

20 世纪 90 年代末，地方土地出让金占地方预算收入的比例为 10% 左右，但该比例在近几年上升并稳定在 40% ~55%，而且在经济发达地区比例还更高。根据有关资料，2012 年，土地出让收益与土地相关税收合计毛收入占财政收入的 73%，净收入为地方财政收入的 45%。2013 年，房地产税收收入首次超过 2 万亿元，土地出让金收入突破 4 万亿元，同比增长超 40%，其中房地产“五类”税收（契税、土地增值税、耕地占用税、城镇土地使用税、房产税，房产税暂未开征）突破 1.2 万亿元，比 2012 年增长约 21%。

除土地出让收益及相关税收收入外，地方政府融资的另一主要渠道则是债务融资，主要依赖地方融资平台，以银行贷款和发行债券方式进行（截至 2013 年 6 月末，余额占比分别为 56.56%、10.32%）。地方政府设立的融资平

① 在分税制改革后地方只能够获得增值税中的 25%；地方对制造业企业开始几年的企业所得税给予一些减免；营业税、土地出让金收入完全归地方政府所有。

台公司，一般包含城市基础设施建设、各类开发区或园区平台、公用事业类融资平台、国有资产管理中心、土地储备中心等，将土地、国有企业股权、规费、国债收入等资产划拨注入，并通过如下三种主要方式进行融资：一是银行项目贷款，二是发行“城投债”，三是融资租赁、信托私募等商业融资方式，以缓解地方基础设施建设、公用事业等项目建设资金的不足。无论哪一种方式，土地作为地方政府的重要资产都发挥着极为关键的作用，即所谓“土地金融”。国家审计署2013年全国政府性债务审计结果显示，截至2013年6月末，全国政府性债务为30.27万亿元，其中全口径中央政府性债务合计12.38万亿元，全口径地方政府性债务合计17.89万亿元。从举债主体占比来看，融资平台公司、政府部门和机构、经费补助事业单位仍是地方政府的主要举债主体，在债务余额里占比分别为38.96%、22.69%、13.39%；与2010年相比，债务余额量分别增长了40.22%、62.55%、39.33%。

近几年来，各地方纷纷建立了地方融资平台进行融资，地方融资平台的数量出现爆发性的增长，2012年仅新增的发债主体就有336个，已共有756家城投公司发行城投债券，几乎大部分城市和地区都成立了城投公司。伴随城投企业数量的突增，城投企业整体资质逐渐弱化，县级、市级的城投企业数量增加，资质参差不齐。在2012年新增的336家城投公司中，最多的是AA级和AA－级的城投企业。

地方融资平台公司获得银行贷款主要是通过土地抵押方式。其通常的做法是，在土地储备中，土地管理部门根据规划确定储备土地的供应用途、年限等，向土地储备中心发放土地使用权证，以此作为向银行申请土地抵押贷款的凭证。另外，土地储备中心还可以在储备土地的收益权上设立质押，向政府控股的开发区或平台公司进行贷款担保。在还款方面，未来土地增值收益的实现是土地抵押贷款所依赖的还款主要来源。由于中国目前还没有开征房地产物业税，因此其收益还主要来自商、住用地一次性的土地出让收入。

城投债是地方政府以土地为担保发行的城投平台公司债券，也就是说，对平台公司发行城投债的重要担保也是土地资产和收益。在城投债的公告中，我们可以看到，有的债券直接以地方政府的土地或资产为担保，有的是由投融资平台公司之间相互担保，还有的则是由为平台公司提供了贷款的银行进行担保。2009 年城投公司的中期票据引发了我国城投债的飞速增长。在政府鼓励债券市场等政策指导下，发改委和银行间市场交易协会对于城投公司发债的要求降低，2012 年我国城投公司发行了城投债 1065 只，募集资金高达 1.27 万亿元，占全国债券发行总额的 15.69%。截至 2012 年年底，我国城投债规模已达到 2.21 万亿元，不仅规模大，品种也非常齐全，城投公司先后涉足了私募债、资产支持票据等，市场上现有的债券品种中大多都有城投债的身影。

在某种程度上可以说，地方政府投融资平台在现有环境下是一种地方政府突破财力限制、综合运用社会资源服务经济发展的体制创新。然而，现有城镇化投融资模式存在许多问题。

（1）融资平台公司存在极大的隐患和风险。具体表现在：一方面是平台公司内部风险。第一，公司治理结构极其不完善，表现为：①地方政府直接任命董事会、监事会成员，提名总经理层人员，中高层管理人员大多都是政府公职人员，并且人事安排和升迁都由政府组织部门来决定，这就导致管理者行为过多地受到地方政府的影响，缺乏必要的独立性；②由于地方政府隐性担保，融资平台的利益边界非常模糊。市场容易忽视对融资平台还款能力的考量，从而间接鼓励平台公司过度负债融资。第二，融资平台资产结构不合理，表现为：①注册资本规模大，但大部分资产为划拨土地、基础设施、股权等非经营性资产，且变现能力差；②融资平台存在资产价值高估和虚设等问题。

另一方面是平台公司外部风险。①借债主体层级结构分布不合理，市县级融资平台债务总额占比超过 80%，在中央财权集中事权下放的体制下地方政府财政收入有限，而且借债主体层级越往下偿债能力越弱；②融资结构不合理，目前主要包括银行贷款、发行城投债等，单一融资结构来源容易受到信贷政策变动等宏观调控的影响，此外还存在融资平台项目期限与贷款期限不匹配的问题。

除此之外，还存在严重的信息不对称风险。目前，地方政府融资平台普遍存在政府隐性担保，导致其信用水平并不由平台本身的偿债能力决定，而在更大程度上取决于地方政府的财力水平。①银行和债权投资者无法通过有效渠道完全了解政府隐性债务和真实偿债能力；②地方政府往往设立多个融资平台，而一个融资平台又会与多家银行签订贷款协议；③融资平台的贷款游离于现有财政体系之外，财政部门没有将这部分融资纳入预算管理，地方人大不能够对其履行监督职能，甚至审计部门也没有对其实施审计监督。

（2）地方政府为追求政绩具有强烈的投资冲动，同时存在融资期限与主政官员任职期限不匹配的问题，导致现任官员只管通过城投融资平台公司筹资建设，将未来还款任务交给后任政府。另外建设规划不具有连贯性，接任领导通常不愿延续前任的规划做事，而要另辟蹊径，其背后不仅存在诸多腐败等问题，而且造成极大的资源浪费。

（3）已发行的城投债普遍信用等级较高，这主要是因为现在的评级公司在给城投公司评级时会考虑城投公司自身和地方政府财政实力两个方面，而且通常给予后者更高的权重，这使得城投公司的信用等级普遍较高，而且许多城投债会选择担保来增加债券的信用等级，进一步提高了城投债券的信用等级。然而，城投债较高信用级别的优势并没有在发行定价上体现出来，甚至还高于相同期限的普通债券的水平。

其实，政府信用担保和土地抵押担保在法律和实际运作上存在一定的问题。首先，由于《国务院关于加强地方政府融资平台公司管理有关问题的通知》出台，地方政府的担保承诺在法律上存在“无效”风险；其次，一些融资平台在办理土地抵押担保时存在手续不齐全的情况，国家明文规定土地闲置期不能超过 2 年，而融资平台贷款或城投债通常为中长期贷款，导致两者期限错配等。

（4）当前主要依靠各种显性或隐性的地方债务，以及以土地财政为基础的预算外资金来支撑基础设施、城市公共服务投资资金，但这种投融资模式可能具有不可持续性，因为未来可能发生中国经济潜在增长率下降、房地产泡沫破裂、地方债务问题突出等情况。

（5）由于基础设施建设需要大量资金，地方财政对基础教育、保障性住房、医疗卫生、社会保障等其他公共服务的资金投入明显不足，尤其是没有为来自农村的流动人口在城市定居提供相应的公共服务，他们占城市流动人口的主体。

（6）未来城镇化发展的融资需求巨大。城镇化率每增加一个百分点意味着有超过 1000 万的农村人口进城。据测算，每增加一个城市人口需要投资 9

万元，即城镇化率每提高一个百分点相关的投资就可能超过 1 万亿元[①]（郑嘉伟、吕晔、董艳玲，2013）。而 2013 年我国预算收入中地方本级收入约为 6.9 万亿元，仅靠政府当期收入推进城镇化，势必加重各级地方政府的资金压力，因此，必须加快城镇化融资创新。

二　我国城镇化投融资的对策探讨

在新型城镇化实施过程中，地方政府面临的事务将成倍地增加，新的职能也会不断出现，但它能够稳定地获得财政资金的渠道显然是不够多元化的。因此，新型城镇化发展势必将要求现有财税改革的推进。我们必须尽快加快财税体制的改革，让地方政府事权与财权相匹配，这是解决城镇化资金问题关键点。诚然，建立财权与事权相配的财政制度涉及中央与地方利益的重新分配，不同省份的需求和意见差别比较大，省以下地方政府之间的财税分配也存在更大的挑战，但我们应该在此方面多下功夫。

除了加快财税制度改革外，目前中国迫切需要建立一个新的综合性政策体系，指导和管理城镇化过程中的投融资工作，以满足快速发展的资金需求，同时也约束过度负债融资。根据现有的管理结构，我国现阶段采取债务行政控制模式来管理地方债务，[②] 然而，地方政府通过城投公司平台向银行贷款或发行债券事实上已绕开了行政控制，建议我国从行政控制模式转变为以规则为基础的综合控制体系，即由中央政府制定并在有关法律或规章制度中明确一些指标，如获得批准的最大偿债率指标等，以确定本级政府的净债务水平界限。

1. 必须调整政府在城镇化过程中的角色地位，调整地方政府的财政支出结构[③]

日本的城镇化经验教训告诉我们，在经济高速增长时期，财政投融资、公

① 也有研究测算，城镇化建设（包括人的城镇化）每年所需资金高达 10 万亿元以上。

② 地方政府债务的基本模式有：一是市场纪律模式；二是各级政府共同设计和管理债务控制体系；三是以规则为基础的控制体系；四是行政控制模式。很多国家以一种模式为基础，综合运用其他模式的例外条款。

③ 截至 2013 年 6 月末，地方政府性债务主要投向市政建设（占比 34.64%）、交通运输（占比 24.43%）、土地收储（占比 11.22%）和教科文卫及保障性住房（占比 12.34%）。

共资金发挥了非常大的作用，但是其后也产生了很多弊端，此外，如果财政纪律不严明，会招致很多失败案例。从国际经验来看，城镇化融资也都经历了从公共财政到金融市场的发展过程。因此，经营性和准经营性基础设施项目的主体应该是私人企业，[①] 针对这些项目政府的主要作用是完善投资法规，健全投资服务，制定免抵税等优惠政策，提供政府补贴以及优化投资环境。为引入竞争机制，政府采取放松市场准入、实行自主定价等改革，同时对基础设施产业的管制制定相应的法律，成立独立的监管机构。政府主要提供的是非经营性基础设施服务，如没有收益的公益性事业发展举债，由地方政府发行一般债券融资，以公共财政收入（即过去的一般预算收入）和举借新债偿还，以及开辟多元化的融资渠道。

2. 在城镇化基础设施建设的政府管理方面，采取两级政府两级管理

借鉴加拿大和韩国政府的做法，实行“两级政府两级管理”模式。即中央政府负责跨省域的交通、水利等基础设施的融资和建设，省级政府可以建立省域城镇化建设管理机构，负责审批县、市级政府提交的城镇化建设项目规划、融资、建设、运营等方案，对地方政府债务的偿还能力进行评估并监督其偿债；县、市级政府为本级行政区域内城镇化基础设施建设项目的承担者，负责项目方案的设计和向省域城镇化建设管理机构提出申请，以及获批项目的建设，并向上级和社会公开披露项目信息。实行两级管理，可以规范地方政府的投融资行为，抑制地方政府为追求政绩而进行的盲目投资行为，使城镇化建设投融资控制在地方财力可承受的范围内（郭兴平、王一鸣，2011）。

3. 进一步完善地方融资平台公司的治理结构

类似上市公司的做法，对地方融资平台公司，应强制要求其提供综合年度财务报告，建立正式官方陈述和独立审计报告等信息披露制度，以加强资金投向和财务支出的透明度，建立一套有效的社会监督机制。在此基础上，地方政府给其足够的经济资源，促使融资平台成为资本规模大、投融资能力强的公

① 当然，这要求私人企业资金实力雄厚、管理水平和技术水平高，能够以较低的成本与较高的效率提供大部分的基础设施服务；切忌自然垄断基础设施产业因小规模经营而导致规模不经济。政府保留一股特殊的股份（“金边股”），该股份赋予政府对企业重大决策拥有特别否决权。

司，强化融资平台在新型城镇化资金需求与资金供给之间的桥梁作用。等到未来市政债券逐步推出后，再逐渐剥离融资平台公司承担的政府融资职能。

4. 多手段有效化解地方债务问题

一是有条件的地方通过减持部分上市公司股份，出售或出租部分国有企业资产，包括政府向民营企业出让一些公用事业的特许经营权等筹资还债。二是推行资产证券化。地方政府掌握大量的资产，包括土地、森林、矿产、河流等，以及项目审批权、收费权等无形资产。为了增强吸引力，地方政府可以将多项资产在一定期限内的收益打包，设计合适的层次结构，将其推向资本市场。这既为新项目建设提供了资金，又盘活了存量资产，将未来现金流提前变现，提高了资产利用效率，又不会丧失资产的控制权和管理权。

5. 在有效化解地方债务问题的基础上，建立与完善为城镇化投融资的市场化机制

借我国城镇化融资之机，我们应大力推动我国资本市场的深化改革与发展，建立一套行之有效的基础设施融资体制，逐渐改变当前以地方政府融资平台为主体的模式；即构建以市政债券市场①为基础的多元化的地方政府公共资本融资模式，将所募集资金的使用和偿还纳入地方财政预算管理，建立政府综合财务报告制度，② 促进地方债务的显性化和透明化，强化对公共基础设施建设的长期投资计划及资本预算约束，完善地方政府信用管理。

市政债券可分为：普通债务债券、有限责任债券、混合债券。普通债务债券完全依靠政府发行人的完全承诺与信用，它们由地方政府的税收能力支持，并无条件地承诺还本付息。但中国现阶段《预算法》的制约使普通债务债券不可能有“完全的承诺和信用”，这种情况必须改变，另外这里最大的障碍是

① 2011 年，上海、浙江、深圳、广东四省市率先开展自行发债试点。美国市政债券分为三类：政府担保债券、收益债券和统一债券。政府担保债券包括一般责任债券和特种税收债券，前者以无限制的税收权力为担保，后者以政府某种特定的收入来源为担保。收益债券是以项目的未来收入进行偿还，政府不负还本付息责任。统一债券是一种混合债券，它具有政府担保债券和收益债券的某些特征，又具有独特的结构。

② 在财政系统内，已有地方政府债务管理系统要求地方上报政府性债务的动态数据。2013 年审计署对地方债进行审计时，已将审计结果与系统统计数据做比较，但是数据尚未公布，因此系统数据的准确性尚不可知。

地方政府预算及财税收支信息披露问题。有限责任债券是用特殊的收入和受益收费来偿还本金和利息的固定收益债券，并不以地方政府和上级政府的“完全的承诺和信用”作抵押。前者主要限制在省一级政府及其机构，而由于市、县级在现有财税分配体制下财税能力比较弱，因此只有可能发行有限责任债券，因为其没有包含政府信用抵押的风险从而利率稍高。

发行市政债券，除了需要完善法律法规建设、深化财政体制改革外，我们还需要市场配套制度的建设，如信用评级、债券保险及债务偿还保障机制、信息披露等，尤其是信息披露方面，应探索建立规范的、适用于地方政府的财务报表体系。关于市政债券的具体探讨，我们需要从发行、交易、偿还、监管等四个方面进行深入研究，应在借鉴美国以市场化方式为主的运作和市场自律方式的监管，以及日本实行全面计划管理机制的模式基础上，结合中国实际状况采取综合模式。

另外，省级城镇化建设管理机构可将多个县域城镇化建设项目打包发行城镇化建设债券（如多县共同拥有河流等资源，或需要产业协调区域化布局时），从而降低债券的发行成本。县级地方政府应将基础设施建设项目的资金使用、项目建设、运营等信息予以公开，以接受省级管理部门和社会的公开监督。发行债券涉及省、县两级政府的诸多部门，应对债券发行和运用的整个过程建立相应的法律予以规范。

中国区域经济发展极不平衡，各地方政府的财政收入差别也很大，所以，应根据各地的实际情况，针对不同的项目，采用不同的融资方式。除了传统的财政投资、国内外贷款、证券市场融资等方式外，还应积极引入项目融资方式。比如，各级政府可根据实际情况采取 BOT（建设 - 经营 - 移交）、TOT（移交 - 经营 - 移交）、PPP（公共部门 - 私人部门 - 合作）、PEI（私人主动融资）、融资租赁、资产证券化、政府引导型私募股权投资基金或信托投资基金等新型融资方式。

这里，值得特别提出一个金融创新组合模式：建立政府引导型市场化城镇建设基金，同时吸引基金、银行、担保、信托和券商等金融机构跟进，它们与城镇化基金组成担保联盟和金融服务团。这样的结构既可以有效地控制风险，又能发挥各自专长（例如，银行、担保公司对于项目的风险把握能力比较专业，基金管理人对于项目投资有自己的专业化运作优势）。因此，该模式真正能将民间资金调动起来，在使其获得比较安全稳定的收益的同时，又能帮政府支撑城镇化，从而获得双赢。同时为了保证投资者的收益超过银行利息，财政或政府平台公司作为劣后投资人，需投入少量资金进入城镇化基金，此机制有两层效应，一是通过财政投入少量种子资金放大杠杆，撬动更多民间资金进入城镇化投资；二是财政资金作为劣后投资给投资人信心。

这样做的优点是：①财政基金起到两级杠杆放大的功能。一级放大是基金里吸引民间资金作为股权投入，二级放大是基金在对目标项目进行股权投资时，又可以撬动银行、信托、基金等债权投资。②发挥各自专长，实现有效控制风险的效果。

6. 深化开发性金融或债券银行在城镇化过程中信用建设和市场建设的桥梁作用

基础设施建设融资的特征是投资规模大、投资回报低、投资周期长，政府由于体制原因难以做到，市场由于商业性质也难以做到，通过开发性金融或债券银行可以发行长期金融债券，然后转贷给城市或地方政府及其机构。

开发性金融可以通过运用政府信用获取资金，在没有市场的地方或者在项目初期起到铺路搭桥的作用，继而通过信用建设、法人建设、现金流建设等，帮助项目主体成为合格市场主体。债券银行可以通过购买地方政府的有限责任债券向政府提供资金，优化城镇化融资过程，其实质是将一组从地方政府那里购买的有限责任债券等资产进行证券化。当然，可以探讨将开发性金融与债券银行融合起来，解决有些地区较低信用评级而被迫负担较高融资成本的问题。

7. 提高资源配置市场化以合理运用土地收益，逐渐减少经营性用地的征地

土地既是城镇化不可或缺的基本要素，又是城镇化红利的集中表现，土地及相关税收收益中包含了城镇化过程中的土地增值收益，运用土地收益来提供公共服务和基础设施无可厚非，但应提高土地资源配置市场化来合理运用土地收益。政府也应该逐步减少或不再对商业、住宅乃至工业等经营性用地继续征地，逐渐做到只征公益事业和基础设施用地。

8. 创新银行业金融机构参与城镇化建设的融资模式

中国城镇化建设需要投入巨大的资金，银行业金融机构在整个金融系统中处于核心地位，在城镇化投融资体系中其资金必然是极其重要的。然而，在目前的模式下，银行只能以信贷资金的形式参与城镇化建设，银行贷款成为城镇化基础设施建设的主要融资渠道。这种融资模式隐藏着巨大的风险：资金使用的长期性与商业银行资金来源的短期性之间的矛盾，会造成商业银行的资产错配，容易引发流动性风险；随着中国利率市场进程的推进，长期贷款将面临巨大的利率风险；地方性银行与当地政府有较强的关联性，地方性基础设施项目的大额融资会引发集中度风险等。通过城镇化投融资体制改革，银行将可以根据自身风险管理的需要，选择政府或民营背景的企业，或根据基础设施建设项目的情况，选择企业融资或有利的项目融资方式发放贷款，或者选择购买流动性较强的城镇化融资债券，因此可以有效地实现资产负债管理，从而极大地降低银行的经营风险（郭兴平、王一鸣，2011）。

参考文献

[1] 郭兴平、王一鸣：《基础设施投融资的国际比较及对中国县域城镇化的启示》，《上海金融》2011 年第 5 期。

[2] 郑嘉伟、吕晔、董艳玲：《城镇化建设投融资体制问题研究》，《中外企业家》2013 年第 12 期。

[3] 刘德炳：《地方债重压，土地财政撑不住了》，《中国经济周刊》2013 年第 24 期。

[4] 中债资信：《审计署地方债务审计结果解读》，新浪财经，2014 年 1 月 2 日，http://finance.sina.com.cn/money/bond/20140102/104017821769.shtml。

B.9

新型城镇化背景下的城市投融资转变

彭松 李倩*

摘 要：

经过二十多年的快速城市化，我国的城市化率大幅提高，但是也产生了很多问题，其中地方政府债务问题尤为突出，或成为未来城市化的最大负担和经济发展的不稳定因素。本文在分析和总结过去地方政府融资架构特征的基础上，结合十八届三中全会的改革方向和《国家新型城镇化规划（2014—2020年）》的总体思路，总结过去发展所遗留的问题，提出未来新型城镇化阶段城市所应具备的主要特征，进而指出未来城市融资中政府将向独立的信用主体转变、平台公司将向市场化企业转变、企业将向城市综合运营商转变的发展趋势。

关键词：

地方政府债务 城市投融资 风险控制 政企合作

一 传统的地方政府负债形成原因

（一）城市发展融资的基本架构

传统城市融资架构特征可以表述为，地方政府为了实现城市建设和发展的目标，选择与城市发展相关的项目，以融资平台为融资主体，从市场获取资金

* 彭松，北京荣邦瑞明投资管理有限责任公司副总经理，创建投融资规划方法论体系的主要参与者，专长于区域开发战略、城市建设投融资管理等领域的研究和实践；李倩，北京荣邦瑞明投资管理有限责任公司咨询顾问，主要咨询领域为城市基础设施投融资。

来支持城市建设。

参与城市建设融资过程中的主体主要有三类，即地方政府、融资平台、金融机构。地方政府是资金的需求方，但是由于《预算法》的限制，不能作为真正的融资主体与金融机构对接融资。融资平台，是政府进行建设的融资主体，它依靠政府资产注入、还款支持等条件，充当政府融资的管道角色。金融机构，是城建资金的来源方，在确定资金投向时，除了评价平台公司及项目条件外，更侧重考虑对地方政府信用的评价（见图1）。

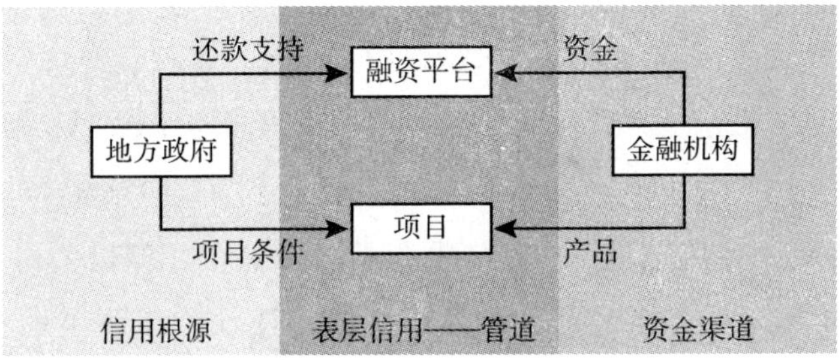

图1　传统城市建设融资基本架构

（二）传统城市融资发展历史

对于城建融资的发展，有很多负面的解读和评价。但其基本架构形成有特定的历史原因，不可一味负面解读。这种融资架构是在特定历史环境下产生的。首先，1994年开始的分税制改革，对中央与地方财权事权进行了划分，地方政府财权被上收，而事权又被下放，导致了地方政府城市建设任务众多而且资金短缺的问题。与此同时，地方政府又不得自行发债，不得列赤字，致使地方政府无法融资进行城市建设。在这样的时代背景下，催生了城投公司这一产物，以及与之相配套的金融市场的开发性金融创新。

1. 制约地方政府融资的政策背景

1994年，我国开始进行分税制改革，重新划定中央与地方的财权事权范围，改革的结果导致财权上移而事权下移。现行税收体制下，地方政府在进行城市建设时面临资金不足的问题。与此同时，1994年颁布的《预算法》，规定："地方各级预算按照量入为出、收支平衡的原则编制，不列赤字。除法律和国务院另有规定外，地方政府不得发行地方政府债券。”也就意味着地方政府不能作为信用主体对接金融市场发行市政债券。

2. 城建融资平台公司应运而生

地方政府通过成立融资平台公司进行融资，从而规避政策的制约。上海是国内最早开始探索建立投融资平台的地区，早在1992年，上海市就成立了上海市城市建设投资开发总公司，从事城市建设投融资工作。此后，各地纷纷效仿，成立城投公司，承担政府融资工作。纵观城投公司的发展历史，有两个时期是各地城投公司成立的高峰时间，分别是1999～2003年、2008～2009年，这两个阶段城投公司成立的高峰期都是出现在中央出台投资拉动经济增长的战略和实施计划之后，地方政府为满足大量城市建设投资需求纷纷设立融资平台。

从1992年上海成立第一家城投公司开始，到21世纪相当长的一段时间里，地方政府绝大多数是利用土地资源支持城市建设，城投公司并没有大量涌现。至2008年年末在刺激经济的政策下，城市建设除依靠土地资源外，还需要融资来支持，城投公司开始涌现，由2008年年末的3000余家跃升至2010年的6576家。据统计，2013年6月，城投公司已达7170家，呈迅速蔓延趋势发展。

3. 开发性金融推动传统城市融资发展

1994年，国家开发银行（以下简称国开行）应运而生，最初从事财政性或准财政性的政策性金融，到1998年开始迈出真正的开发性金融的第一步，将政府信用引用到市场。国开行行长陈元在其《政府与市场之间：开发性金融的中国探索》一书中写道，“开发性金融的基本做法就是通过融资把政府信用转化成企业靠自己的业绩在市场上立足的法人信用，用政府信用促进企业信用、法人信用的增长。”这也契合了在《预算法》限制下，政府通过平台公司融资的需求。2008年在4万亿投资政策的刺激下，许多商业银行纷纷效仿国开行，为融资平台提供商业贷款，支持融资平台的城市建设工作。

上述原因导致我国传统城市建设融资基本架构的形成。从历年债务来源的规模看，城投公司融资无疑成为地方政府债务的主要来源渠道。地方政府的建设冲动和融资管理手段的缺乏，导致融资平台融资在促进地方城市建设的同时，也为城市发展埋下了债务风险的隐患。

（三）地方政府债务的几种主要形式

2013 年 12 月 30 日，审计署公布全国政府性债务审计结果，截至 2013 年 6 月底，地方政府性债务总额 17.9 万亿元。债务来源除政府各部门、城投公司的债务外，还包括国企、自收自支事业单位等主体的债务。其中，政府负有偿还责任的债务为 10.89 万亿元，负有担保责任的债务为 2.67 万亿元，可能需要承担一定救助责任的债务为 4.34 万亿元。①

若按照“投资项目是否产生现金流，谁来支配现金流”这一原则来界定政府债务的话，或有债务中存在 2.4 万亿元需划分为地方政府负有责任的债务，按照此统计口径，则需要政府综合财力实际负担的债务规模将扩大至 13.3 万亿元。②

从政府债务的借贷主体看，融资平台公司无疑是主力军。政府对平台融资的还款责任更是主要债务偿还方向。政府负责偿还的平台公司债务主要包括有政府负有偿还责任的平台债务、政府负有回购责任的平台债务，以及对平台公司负有兜底承诺的债务。

1. 政府对平台融资负有偿还责任的债务

2013 年审计署审计数据显示，平台公司债务规模 7.1 万亿元，占债务总额的 40%。其中政府负有偿还责任的平台债务规模 4.1 万亿元，占审计署统计口径中政府负有偿还责任债务总额的 44%，是需要以财政收入作为偿债资金来源的债务。

2. 政府对平台投资项目负有回购责任的债务

2013 年债务审计将 BT 债务纳入审计范围。根据审计部门审计，BT 债务总规模为 1.5 万亿元，其中政府负有直接偿还责任的债务余额为 1.2 万亿元。规模相当庞大，仅次于银行贷款规模，已经跃升为地方政府债务第二大来源。

形成庞大 BT 债务规模的原因是在城市建设资金短缺的背景下，地方政府需要社会资金以 BT 方式进入城市建设领域，来解决城市融资困难，推动基础

---

① 审计署：《全国政府性债务审计结果（2013 年 12 月 30 日公告）》。

② 陈瑞明：《海通：实际地方政府“负责债务”13.3 万亿》，2014 年 5 月 16 日，财经网。

设施、公共服务设施和公益性项目建设。加之由于中央政府屡次出台融资调控政策，限制地方政府融资，地方政府纷纷选择绕开政策监管，扩大相对隐蔽的、政策约束少的融资。

2010～2013 年 BT 债务呈迅速扩大趋势，成为隐蔽且成本较高的融资的主要来源。BT 融资特点是项目回购方一般是地方政府，资金来源大部分依靠财政收入，因此此类融资债务风险不容忽视。

3. 政府对平台债务负有兜底承诺的债务

政府负有担保责任的债务和政府可能负有一定救助责任的债务，这两类债务虽不是政府一定承担的债务，一旦发生风险平台公司不能如约偿还，政府需要承担最终兜底责任。

除此之外，两类债务在实际操作中，也存在与债务分类名不副实的情况，如政府将不可变现、无价值的资产注入平台进行融资，虽在总资产规模上有所壮大，但这种做法只能短期满足平台融资对于净资产的要求，往往并不能给融资平台公司带来经营性现金流。融资平台对金融机构“以经营性现金流作为还款来源”的承诺，实际上是没有经济基础支撑的空头支票。政府在名义上只承担兜底责任，实际上需要承担偿还责任。

（四）传统城建投融资架构的缺陷

从以上地方政府与融资平台的关系可以看出，传统城建投融资架构存在几个缺陷。总体来说，平台公司和项目的融资信用多依靠政府，缺少实质自身信用能力；而政府对自身的信用能力缺乏科学的管理手段、政府信息缺乏披露通道，导致政府用于投资的信用无限被放大，而金融机构也无从评判政府信用风险。另外，城建投融资模式较为单一，缺少适当的融资产品和工具。以下具体分析传统城建投融资架构的缺陷。

1. 平台公司和项目缺少实质信用能力

融资平台公司作为独立法人，原则上讲，具备自主经营的资格和能力，并且有可以持续发展的业务。但事实上平台只是形式上的法人，并没有真正的决策权。原因在于平台公司作为政府的融资主体，融资所需信用来自背后的地方政府，这导致平台公司如何使用资金以及从事何种生产活动要听从于地方政府。因此，对于平台公司的信用评级形式大于实质，实质在于评估平台背后政府的信用能力。

从本质关系上讲，平台公司和项目缺少实质信用能力体现在以下三个方面。

首先，平台融资的信用支持来源于政府。一般地方政府会出台支持还款的文件。这个文件通常会成为金融机构判断项目或平台信用能力强弱与否的重要评判依据。

其次，项目条件不依赖项目或融资平台自身，而是项目的投入产出水平很大程度上源于地方政府给予什么样的条件。例如，一个自来水项目，政府给予每吨水多少补贴对项目收益的影响，远远大于平台通过项目运作产生的现金流对收益的影响。因此，政府平台和项目只是城市融资表层的信用管道，本质上信用的根源在地方政府。

最后，平台或者项目作为连接政府和金融机构的管道，将地方政府信用传导到金融机构或市场，其信用能力或者条件成为城市建设融资的形式要件而非实质要件。

2. 地方政府信用管理手段缺乏

由于政府财政现行收付实现制的记账方法，且地方政府信用管理缺乏制约手段，结果导致地方政府只通常考虑当年的收支平衡，不考虑长远的资金平衡状况，产生盲目的建设冲动，导致债务规模逐年增大。

（1）财务披露不能反映全面的财务结果

与企业内部财务核算不同，政府财政核算主要以收付实现制为收支确认原则，强调当年预算平衡。这种会计核算基础存在弊端，其记录的结果不能全面反映当期的财政结果，盈余或赤字也不代表当年政府部门财政支出及债务负担的实际情况，同样也会影响到下年度财政预算的全面性。

（2）不能反映跨年度财务平衡状况

就政府来讲，收付实现制只反映了当年现金的收支部分，已发生未支付的债务则不能在收付实现制的条件下反映。如未发生在当年的长期融资应付融资成本，长期支付的市政基础设施、公共服务设施、公益性项目等款项，这些都无法在收付实现制会计基础下实现披露，因而无法反映跨年度的财务状况。这样的会计核算基础下，很多政府应偿还但未偿还债务变得隐蔽，政府债务风险不易被评估和防范。

3. 市场难以评估信用风险

我国现行体制下，地方政府不能破产清算，市场对于融资平台的信心建立在政府无限责任的基础上，一旦出现难以偿还的责任，中央政府将作为兜底人进行最终支付。

从政府方面讲，由于地方政府对大搞建设具有天然的冲动性。因此，地方政府在举债缺乏约束和规范的现实状况下，政府信用被无限制地放大，而地方政府信用信息披露又极其有限，金融机构或市场对政府的信用情况无从判断。

从金融市场方面讲，金融机构认为融资平台是地方财政的“孩子”，地方财政是国家财政的“孩子”，一旦产生金融风险，有国家作为后盾，承担最终责任。这成为金融机构给予地方融资平台大规模融资额度的信心来源。

金融机构对政府信用的无限信任、政府信用的无限放大，这两方面的共同推动，导致地方政府债务规模迅速膨胀。在这种状态下，一旦外部条件发生变化，地方政府债务急剧膨胀的增长态势可能会引发财政风险以及金融风险。

4. 缺少适当的金融产品和工具

以往的城市融资，以贷款为主要融资来源，土地是主要的抵押物。即使是土地储备贷款，政府也往往将土地储备工作演化成市政基础设施建设和公共服务配套建设工作。一般来讲，包含其他城市建设工作的土地储备贷款，与政府平台其他贷款一样，最终需求对象是政府。贷款的担保方式和最终还款来源除极少数来自平台或融资主体自身的经营性现金流外，其余绝大多数贷款偿还资金来源于地方财政收入。

在宽松的贷款环境下，政策对于贷款的项目性质要求低，融资产品创新较少，土地作为主要抵押物，抵押率低。由于基础设施建设周期长，土地抵押周期长，不能完全释放应有的价值；但又缺少其他有价值的，且被金融机构认可的抵押品。

以2010年和2013年两次政府性债务审计结果为例，2010年年底，银行贷款规模84679.99亿元，占全国地方政府性债务资金来源的79.01%。2013年6月，由于信贷政策的从严，银行贷款虽在规模上有所扩大，达到101187.39亿元，但占全国地方政府性债务资金来源的56.56%，银行贷款占债务总额比例减少了22.45%。可以看出，为规避政策限制，地方政府在城市建设中使用影子银行等渠道比例增大。但是影子银行与银行贷款一样，同样存在上文所述的问题。由于政策监管宽松，影子银行等融资渠道甚至比传统银行贷款的风险更大，更不可控制。

二　国家对地方政府债务风险的控制措施剖析

由于种种城市建设融资问题的存在，2010～2013年中央连续出台了一系列措施，我们将这个时期定义为城市融资的调整期。以下将解读2010年以来中央各部委等出台的政策，剖析对于债务风险的政策控制措施。

（一）规范地方政府融资行为，制止地方政府违规担保

2010年开始，国家先后出台政策，加强对地方政府债务的管理。《国务院关于加强地方政府融资平台公司管理有关问题的通知》（国发〔2010〕19号）提出，清理平台公司及平台公司债务，对于只承担公益性项目还款来源、主要依靠财政性资金的平台公司不再承担融资任务。公益性资产不得注入平台公司，杜绝地方政府利用产权不清晰、用途不合规的土地来作价增资。目的在于控制平台债务规模，理顺政府性债务。此后发布的《关于贯彻国务院关于加强地方政府融资平台公司管理有关问题的通知相关事项的通知》（财预〔2010〕412号），在继承19号文控制平台公司债务风险的基础上继续深化，制止地方违规担保承诺等行为。

2012年，财政部、发展改革委、人民银行、银监会发布《关于制止地方政府违法违规融资行为的通知》（财预〔2012〕463号），目的是对重新抬头的政信合作进行遏制，进一步规范地方政府的融资行为，避免违规违法融资。

（二）规范银行机构自身的行为

银监会2011年出台《中国银监会关于进一步推进改革发展加强风险防范的通知》（银监发〔2011〕14号），《中国银监会关于切实做好2011年地方政府融资平台贷款风险监管工作的通知》（银监发〔2011〕34号），两个文件提

出缓释存量，对于经平台、银行、政府三方签字确认的全覆盖类贷款，不再列为平台贷款，改作一般公司类贷款，健全“名单制”管理系统。银行将平台贷款审批权限统一上收至总行。2012 年出台《中国银监会关于加强 2012 年地方政府融资平台贷款风险监管的指导意见》（银监发〔2012〕12 号），文件在多个方面填补了之前政策管理的空白，继续规范金融机构行为。几个文件同时要求商业银行严格控制地方融资平台贷款增量，从金融机构方面控制债务规模，规范银行机构自身的行为。

（三）规范土地储备与融资管理工作

2012 年，国土资源部、财政部、中国人民银行以及银监会联合发布《关于加强土地储备与融资管理的通知》（国土资发〔2012〕162 号），目的在于加强土地储备和融资管理，文件继承 19 号文以来的融资平台规范清理工作，也是土地储备体制的规范与“救赎”，意图是把土地储备与更为广泛的政府投融资领域的界限划清，期望形成风险可控的“独立王国”，但对地方政府投资项目融资带来了进一步的抑制作用。

三　未来城市融资的几大转变方向

十八届三中全会《决定》，以及 2014 年《国家新型城镇化规划（2014—2020 年）》（以下简称《新型城镇化规划》）强调，要建立跨年度预算平衡机制，建立权责发生制的政府综合财务报告制度，建立规范合理的中央和地方政府债务管理及风险预警机制，建立透明规范的城市建设投融资机制，允许地方政府通过发债等多种方式拓宽城市建设融资渠道。这为未来城市建设发展的风险控制奠定了良好的基础。

我们总结传统城市建设融资产生的历史背景、主要特征以及缺陷，梳理了 2010 年以来政府对平台融资的调控政策，十八届三中全会《决定》以及《新型城镇化规划》的主要指导方向，目的在于正确认识以往城市建设融资问题，控制政府债务风险，同时，寻找在新的形势与政策条件下，新型城镇化融资的发展方向。

（一）政府向独立的信用主体转变

1. 建立信用管理工具——政府综合财务报表

财政部财政科学研究所所长贾康说，政府综合财务报告的实质是反映政府的财务“家底”或政府在一定时期内财务运行的存量结果。其既可以提供资产、负债方面的信息，同时又提供收入、费用等反映政府运营的流量结果情况。

与企业财务报表类似，政府综合财务报表通常包括政府资产负债表、收入表、现金流量表等。建立政府财务报告制度，合理评估及配置政府信用资源，科学安排财政收支，可以有效提高政府财政透明度，实现政府收支跨年度平衡，有利于金融机构更好地了解政府资产负债情况，更有利于城市自身可持续发展。

从经验借鉴方面讲，综合财务报告制度在发达国家已有很多实践，如美国、新西兰、澳大利亚等，这些国家已经采用。但是我国的政府责任边界、控制资源边界等与国外政府有很大不同，所以从学习国外经验到引进国内实践需要有一个“因地制宜”的改良过程。目前，财政部正在选择试点推进综合财务报告编制工作，很多地方政府在此之前也已试点推动工作进展。

2. 建立信用规划工具——投融资规划

十八届三中全会《决定》以及 2014 年出台的《新型城镇化规划》均提出“推进城市建设管理创新，建立透明规范的城市建设投融资机制”。

投融资规划可以概述为“一个方法”“两个信”“三个桥梁”。“一个方法”即以系统工程为核心方法。“两个信”指“信用”和“信心”，在接下来的政企合作时代，投融资规划可以增强政府信用和投资人信心。“三个桥梁”是指城市规划与城市建设之间的桥梁、政府与市场之间的桥梁，以及资本和项目之间的桥梁。

具体操作中，投融资规划以城市开发所涉及的土地储备和供应，各类基础设施、公共服务设施、公益设施项目的投资、融资、建设等工作为统筹对象，以规划、政策、资源、资金等为输入端，以管理体制设计、参与主题分工机制建立、参与主体利益平衡、建设时序安排等为输出，统筹城市发展。

运用投融资规划方法，可以有效减少政府的盲目建设冲动，防止城市建设主体在城市建设过程中角色模糊导致缺位或错位、政府信用盲目扩大、资金使用效率低下等传统城市建设中存在的问题。

3. 建立债务控制标准

十八届三中全会《决定》提出，建立规范合理的中央和地方政府债务管理及风险预警机制。这为未来城市债务风险控制提出了指导性方向，但是具体做法尚未明确。2013 年，审计署参考国际和货币基金组织评判债务风险的债务指标，评判债务风险标准包括负债率、政府外债与 GDP 的比率、债务率、逾期债务率等。

（1）债务率标准

货币基金组织标准债务率，即政府年末债务余额与当年地方政府综合财力的比值，比率参考范围控制在 90% ~150%，超出上限即为危险区间。

（2）负债率标准

国际通用标准负债率，即债务余额占 GDP 的比重，以 60% 为上限，在上限以下属于债务风险可控区域。

（3）政府外债与 GDP 的比率

政府外债与 GDP 的比率，国际通常使用的标准参考值为 20%。

以上三个指标标准参照国际惯例，是我国审计署主要债务审计指标。但我国政府与外国政府在权责边界和发展阶段上有很大的不同，参考标准也不尽相同。审计债务风险是否处于可控范围需要根据我国实际情况，同时，也应尽快制定符合国情的债务控制标准。

4. 建立直接融资渠道——允许发行市政债

为增强地方安排配套资金和扩大政府投资的能力，2009 年开始由财政部代理发行地方政府债券，至 2014 年财政部出台《2014 年地方政府债券自发自还试点办法》（以下简称《试点办法》），10 省市自主发行地方债券并自行偿本付息。地方政府债券经历了由财政部全程代理发行，到部分代理逐步试点自主发行债券的渐进过程。2014 年起，10 个试点省市发债开始“自发自还”，“自发自还”意味着真正意义上的市政债正式起航。

《试点办法》要求试点地区在国务院批准的发债规模限额内，自行组织本地区政府债券发行、支付利息和偿还本金，并引入评级机构对发债地方政府进行评级。这使中央政府无限责任的“大家长”角色逐渐弱化，地方政府转变成为真正的信用主体，直接面对金融市场，不再必须通过地方政府融资平台这一“管道”角色担当名义上的信用主体发行城投债。

地方发债发展历史见表1。

表1　地方发债发展历程

时间	自主发债范围及发行周期
1994年	颁布《预算法》，规定地方政府不得发债
1994年	分税制改革，划分中央与地方财权、事权
1998年、2001年	1998年制定《国债转贷协议》，2001年修订《国债转贷协议》，转贷期限统一调整为15年，转贷地方国债资金（不含农网项目）的还本宽限期，统一由原来的2年调整为4年
2009年	《关于进一步加强信贷结构调整促进国民经济平稳较快发展的指导意见》，支持有条件的地方政府组建投融资平台，发行企业债、中期票据等融资工具，拓宽资金渠道
2009、2010年	地方债券从发行到还本付息都由财政部代为办理
2011年10月	财政部印发《2011年地方政府自行发债试点办法》，批准上海、浙江、广东、深圳四省市试点自行发债，地方政府自行组织发债，但付息仍由财政部代办。债券发行周期为3年、5年，各占50%
2013年7月	财政部印发《2013年地方政府自行发债试点办法》，增加山东、江苏两省自主发行债券，付息由财政部代办，发行周期为3年、5年、7年，每种债券不得超过50%（含50%）
2014年5月	财政部印发《2014年地方政府债券自发自还试点办法》，试点范围扩大至10省市，增加北京、青岛、宁夏、江西四个省市，地方自主进行还本付息，债券周期为5年、7年、10年，发行比例为4:3:3，取消3年期债券

5. 从指挥向合作转变

一直以来政府在城市建设过程中一直扮演着绝对“主角”的地位，对城市投融资工作进行有绝对主导地位，市场只能跟随政府的脚步参与城市建设。政府和市场不对等的地位，造就了政府缺乏制约、政府权责边界不清，时常出现政府缺位、越位的现象。

新型城镇化形势下，要求政府职能转变，地方政府搞好城市发展，打造平台型政府来对接政企合作。这个平台是市场机会发育的平台，是社会资本进入的平台。通过平台职能的打造，来实现政府不缺位、不越位的目标。新的形式下，要求地方政府从两个方面开始职能转变。

（1）地方政府需要强化投资机会的孵化能力

未来的城镇化需要地方政府强化投资机会的孵化能力，投资机会应该从城市发展战略制定阶段开始孕育，通过投融资机制的设计转化成投资机会规划，再转化成城乡规划，形成投资机会。

（2）地方政府担当社会资本进入缓冲带作用

城市发展领域对社会资本开放需要地方政府承担缓冲带的作用。从历史上看，水务、环保、公共交通等市政领域，由于在项目层面采用了政企合作的模式，通过影子价格机制在政府购买或补贴下建立了投资商与普通消费者之间的缓冲带，改革不激烈但是逐渐培育起了一大批有成熟经验和投资能力的投资人。未来城市发展更需要公共服务能力的全面提升，这个过程需要社会资本的全面参与，政府如何做好改革的"缓冲带"对新型城镇化发展至关重要。

（二）平台公司向市场化企业转变

传统平台自身发展方式不可持续，加之2010年以来一系列政策对平台的制约，这些都要求平台公司适应形势变化，完成社会化转身。平台公司实现市场化运作需要做到以下四点。第一，"借外力"，依靠市场资源的力量，寻求与市场化主体合作的机会，组建新的项目公司，脱离政策对于城投公司的限制。第二，"练内功"，做好投融资规划，提升城投公司自身开发建设运营水平，实现真正意义上的经营性现金流收入。第三，"抓热点"，紧跟当前政策支持领域，做好项目包装模式的更新。第四，"盘资源"，整合城投公司自身资源，"摸清家底"，按照市场化模式建立运营体系，提高资源使用效率。实现资源、资本、资产、资金的循环可持续发展。

1. 从依赖政府信用向建立独立信用转变

过去的城市建设融资平台只是作为政府融资的管道，真正支配和使用资金的主体是地方政府，融资平台作为独立法人实际上没有真正的决策和支配权利，导致融资平台对资金的去向不明，资金使用混乱，项目建设时序不合理等。

2010年平台调控政策陆续提出，意在切断政府与融资平台之间千丝万缕的联系，改变平台依赖政府信用的现状，做强融资平台，使其能够有自身经营性现金流，真正成为“背靠市长”，也能“面向市场”的独立信用主体。

2. 从建设向城市综合运营转变

无论是从城投公司成立的初衷还是实际运作的情况看，城投公司的基本职能主要集中在城市基础设施、市政设施以及公益性设施项目的投资建设上，是名副其实的城市建设主体。城投公司经营业务范围广泛，但以一级开发项目实施为主，较少关注城市运营以及城市价值提升。

新型城镇化要求下，城投公司要从政府的代建主体角色转变为城市综合运营商。在实施项目的性质上，要兼顾有收益项目和无收益项目的良性互补与有机结合，逐步发展成为具有经营性现金流的主体。在业务范围上，除传统的一级开发建设外，延伸业务链条，同时关注城市发展定位与战略，提供满足区域正常运营的服务保障，做城市的综合运营商。

3. 从完成政府目标向提升城市价值转变

综观城投公司成立背景，有一个很重要的特征就是其托生于地方政府的目标诉求。由此可见，城投公司存在的很重要的任务就是完成政府的投融资及建设目标。平台公司疲于应付政府建设目标，而没有寻求平台自身如何发展的能力和动力。

传统融资平台公司在城市价值提升过程中主要参与工程建设环节，其他环节鲜有参与。作为城建平台，虽然主要承担政府目标建设任务，但不能仅把目光锁定在完成政府建设目标的任务上。在新的形势挑战下，平台公司要遵循城市价值提升六阶段理论（见图 2），考虑城市价值增值过程并从中寻找机遇，“越位工作”，实现自身效益的提升。

（三）企业向城市综合运营商转变

1. 从纯市场化领域向 PPP 管理思维转变

企业有天然的市场化属性。但在新型城镇化建设过程中，企业需要重新建立认知，找到政企合作的方法，转变思维方式，适应政企合作的逻辑。企业要在城镇化建设过程中找到投资机会，就需要整合出一套适合政企合作的投资逻辑来与政府进行衔接。

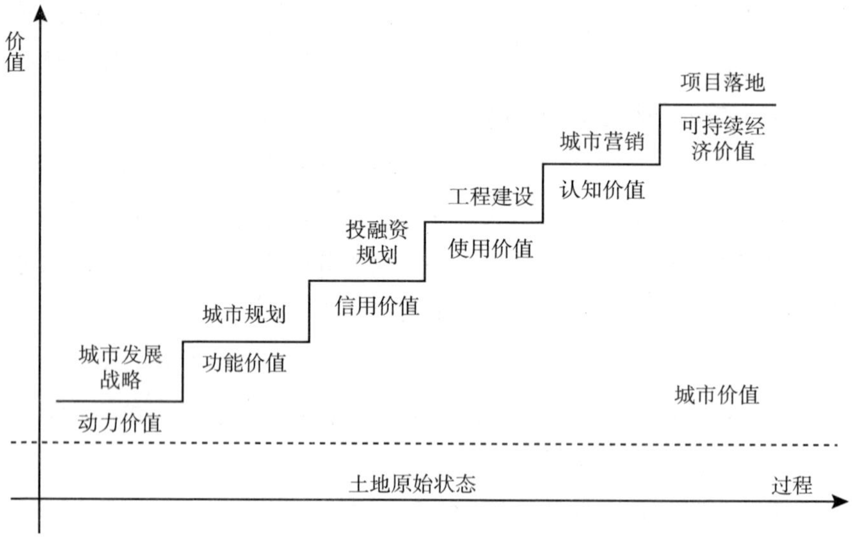

图 2　城市价值提升六阶段理论

资料来源：李伟：《提升城市价值与政企合作关系》，载李伟、陈民、彭松：《政企合作——新型城镇化模式的本质》，社会科学文献出版社，2014，第 121 页。

（1）企业需要理解政府

企业需要理解政府。我们做一个形象的比喻，政府是复杂城市建设系统的主导者，而企业则是一个微观子系统。企业的作为应顺应大环境，符合政策导向，才能实现政企双方互惠共赢。

（2）企业要理解 PPP

要理解 PPP 合作，设计好合同做好合作管理，注重流程和机制设计，做到双方权利义务切实可落实。在满足企业利益最大化的同时，也要兼顾政府诉求，满足社会效益的提升。

（3）企业需要发挥核心优势

在参与政企合作的城镇化过程中，企业应找准自己的特色优势方向，找准核心赢利点，寻找企业自身优势与新型城镇化的契合点，参与城市建设，而并非单纯围绕房地产做传统开发。

2. 从土地一/二级开发向产业综合运营转变

城镇化需要的不仅仅是企业为城市提供房子，更需要社会资本全面参与城市公共服务能力的提升，做城市的综合运营商。企业作为政企合作的投资人，虽然在与政府签订协议时仅作为一级开发或者二级开发投资人，但是不能把眼光仅锁定在一级开发或二级开发的小盘子上。

万科在北京房山长阳半岛房地产项目开发建设上，没有“等、靠、要”政府配套完善基础设施和公共服务设施，而是主动帮助政府完善和提升公共服务设施和配套设施质量，把北京小学和北京四中引入长阳半岛，这样的结果是提升了长阳自身的区域价值，也提升了万科自身的项目价值，起到了四两拨千斤的作用。

再如中铁四局在淮南的工作，中铁四局作为一级开发投资人没有把视野只锁定在协议约定的职责范围内，而是向前和向后分别延伸了一小段智力和资本投入，使得土地一级开发工作取得了远远超出预期的效果。

参考文献

[1] 李伟、陈民：《投融资规划——架起城市规划与建设的桥梁》，中国统计出版社，2011。

[2] 李伟、陈民、彭松：《政企合作——新型城镇化模式的本质》，社会科学文献出版社，2014。

[3] 胡瑞丽：《浅谈现行政府会计核算存在的问题及改革思路》，《新财经》2011 年第 3 期。

[4] 李伟等：《城市开发演进管理的决策支持方法》，《系统工程理论与实践》2009 年第 3 期。

[5] 李伟等：《通过投融资规划优化城镇开发流程》，《系统工程理论与实践》2007 年 3 期。

[6] 张国兴：《关于构建我国政府会计体系问题的研究》，《会计研究》2008 年第 3 期。

B.10
新型城镇化融资模式分析

范 为　郭幼竹　吴志红*

摘　要：

在党中央全面推进新型城镇化建设的背景下，支持和推动城镇化进程的融资模式也在与时俱进。本文通过对银行贷款融资、债券市场融资和非标准化债务工具融资等融资方式的现状进行概括、优缺点研究和案例分析，对推进新型城镇化建设的融资模式提出具有现实操作意义的思考。并建议新型城镇化不能仅仅是传统的“以土地开发为动力、以基础设施建设为目标”，而应辅以相关的制度建设，并通过“债务替换”形成可持续的融资模式。

关键词：

城镇化建设　融资模式　金融创新

一　我国城镇化建设现状

新型城镇化建设是当代中国经济继续稳健发展的保障和重要抓手。党中央、国务院于3月16日印发了《国家新型城镇化规划（2014—2020年）》，①并将该规划定位为今后一个时期指导全国城镇化健康发展的宏观性、战略性、基础性规划。

而城镇基础设施建设是推进城镇化进程的重要前提和支撑，是顺利开展各种经济、社会活动的基础和平台，也是国民经济稳健发展的重要保障。城镇基础

---

* 范为，博士，清华大学博士后，宏源证券固定收益总部首席分析师；郭幼竹，硕士，宏源证券固定收益总部分析师；吴志红，硕士，宏源证券固定收益总部总经理。

① 《国家新型城镇化规划（2014—2020年）》，新华社，2014年3月16日。

设施建设在促进国民经济及地区经济健康快速发展、改善投融资环境、强化城市综合服务功能、提升人民生活质量、改善人民生活水平上发挥着重要的作用。

据官方统计，自1978年到2013年，城镇化水平由17.92%提高到53.73%，城镇人口由1.7亿增加至7.3亿，国内生产总值（GDP）由几千亿元增加到56.9万亿元。这说明改革开放以来，中国的城镇化正科学有序、积极稳妥地向前推进，对促进经济增长、扩大消费市场、推动投资需求等做出了巨大贡献。

当前，我国城镇基础设施建设工作取得了显著成效，但仍存在一些问题，主要体现在以下一些方面：一是我国的城镇基础设施建设相对滞后，这影响了城市综合服务功能的发挥，制约了投融资环境的改善、人民生活水平的提高和国民经济持续稳定的发展；二是随着我国经济的高速发展以及人民物质文化生活水平的不断提高，城市基础设施在服务范围、承载能力、运营效率等方面已经无法满足人们对社会公共服务设施的需求，基础设施的供需矛盾在数量和质量上都逐渐开始显现；三是城市越来越依靠良好的水源、大气等自然环境因素来维持经济和社会活动的可持续发展，城市基础设施投入的重点也逐步从单一的交通、能源、饮水、通信等领域扩展到环境治理和保护等新的领域，而目前这些新领域正是城镇基础设施建设中的薄弱环节；四是大规模的基础设施建设成为各地方政府增加就业、应对危机、维持国内生产总值高速增长的主要方式，传统的由各级政府主导的“造城”模式及与之相匹配的融资模式都需要革新。

2013年年底，中央城镇化工作会议在北京举行，这是有史以来召开的第一次“会中会”（即在中央经济工作会议之际专题召开中央城镇化工作会议）。会议明确了未来中国新型城镇化道路的方向，是继十八届三中全会《决定》提出的“完善城镇化健康发展体制机制，坚持走中国特色新型城镇化道路，推进以人为核心的城镇化”① 的具体部署。中央城镇化工作会议指出，要从以下六个方面推进城镇化工作：一是推进农业转移人口市民化；二是提高城镇建设用地利用效率；三是建立多元可持续的资金保障机制；四是优化城镇化布局和形态；五是提高城镇建设水平；六是加强对城镇化的管理。

目前我国已经形成京津冀、长三角、珠三角等城市群，未来还会在中西部

① 《中共中央关于全面深化改革若干重大问题的决定》，新华社，2013年11月20日。

和东北有条件的地区，逐步发展形成若干城市群。除此之外，我国还会继续稳步推进实施“两横三纵”的城市化战略，实现人口城镇化、城市生态化的新型城镇化宏伟蓝图。而这个过程会始终依靠市场力量和国家规划引导，把城市群发展成为带动地区发展的重要增长极。

随着城镇化水平的不断提高、单个城市规模的不断扩大及各区域性城市圈的逐渐形成，由原来中心城市过度承载的人口、资源、交通、市政等压力将在经济发展过程中逐渐向郊区和周边城市转移，郊区与城区、城市与城市将形成分工明确又相互联系的中心——外围城市圈，由此带来的旧城改造、新城建设、拆迁安置等工程将带来大量的基础设施建设任务，这将是市政建设企业发展的大好时期，由此将产生与之相匹配的融资模式，以支持基础设施建设进而推动城镇化进程。

城镇化是长期的历史进程，它和工业化被并称为现代化建设的两大引擎。新时期，新型城镇化路径不会再是各级地方政府主导的“造城”模式，城镇化路径要有新的方向和选择。与此同时，作为支持和推动城镇化进程的融资模式也将与时俱进，形成适应中国特色城镇化模式的融资模式。本文将对银行贷款融资、债券融资及非标准化债务融资工具等支持和推动城镇化进程的各种融资方式进行详细阐述，以期对新型城镇化背景下的融资模式创新进行探讨和研究。

二　银行贷款融资

银行贷款融资发展较早，操作模式相对成熟，是全社会资金供给的主要通道。

（一）地方政府银行贷款总体情况

根据审计署公布的全国政府性债务审计结果，截至 2013 年 6 月底，全国地方政府性债务余额 178908 亿元，其中地方政府负有偿还责任的债务 108859 亿元，占 61%；政府负有担保责任的债务 26655 亿元，占 15%；政府可能承担一定救助责任的债务 43393 亿元，占 24%。从已支出资金投向看，投入到市政建设、交通运输设施建设、保障性住房和土地收储的资金分别为 58030 亿元、40927 亿元、10947 亿元、18792 亿元，共计 128696 亿元，占已投入资金总额的 76.83%。从借款来源看，全国地方政府性债务余额中银行贷款为 101187 亿元，占比 57%。①

2010 年，国务院出台《关于加强地方政府融资平台公司管理有关问题的通知》②（国发〔2010〕19 号），要求地方政府对融资平台公司进行清理规范。各地按照国务院要求，通过增加注册资本、注入优质资产、改制重组和完善法人治理结构等方式，提高融资平台公司的资产质量和偿债能力。而银监会等相关监管部门督促银行业金融机构按照“总量控制、分类管理、区别对待、逐步化解”的原则，以控制总量、优化结构、隔离风险、明晰职责为重点，深入推进平台贷款风险管控，不断完善全口径融资平台负债统计制度，加强对融资平台的全面风险管理。与 2010 年相比，2012 年省市县融资平台公司平均每家资产增加 13.13 亿元、利润总额增加 479.98 万元，平均资产负债率下降 4.9%。

总体而言，目前，我国地方政府银行贷款规模不断扩大且趋于合理化，债务风险总体可控且偿债能力逐渐提升，融资能力不断增强且城镇化贡献率不断提高。

（二）银行贷款融资的优缺点

银行贷款属于间接融资，是以市场信用体系为基础发生的融资行为。它以银行为经营主体，按信贷规则运作，要求资产安全和资金回流，风险取决于资产质量。相较于内源融资、股权融资、债券融资等融资渠道，银行贷款融资具有以下优缺点。

1. 银行贷款融资的优点

一是筹资效率高、速度快。银行贷款融资作为间接融资方式包括筹集资金和运用资金两个环节，由银行等金融机构先筹集资金，再将资金提供给贷款者使用。银行等金融机构可面向社会筹集资金，资金来源范围广、效率高。从融资速度来说，发行各种证券需经过尽职调查、申请审批以及证券发行等环节，各环节都需要一定的时间，总体来说，所需时间一般较长。而银行贷款融资一

① 《中共中央关于全面深化改革若干重大问题的决定》，新华社，2013 年 11 月 20 日。

② 国务院：《关于加强地方政府融资平台公司管理有关问题的通知》，《中华人民共和国国务院办公厅政府信息公开专栏》，2010 年 6 月 10 日。

般所需时间较短，可迅速获取资金。

二是银行贷款弹性好、灵活性高。在银行贷款融资过程中，贷款者可与银行直接接触，通过直接商谈来确定贷款的时间、数量和利息。在贷款期间，如果企业发生了变化，也可与银行进行协商，修改贷款的数量和条件。

2. 银行贷款融资的缺点

一是系统性风险较大。由于银行贷款融资发展较早，我国目前的筹资者大多选择银行贷款这种间接融资方式，使风险过度集中于银行系统内，债务结构“银行化”现象依旧，容易产生系统性债务风险。

二是限制条款较多。筹资者与金融机构签订的贷款合同中，一般都有些限制性条款，如定期报送有关报告、不准改变贷款用途等，这些条款可能会限制企业的经营活动。

三是筹资数额有限，很难满足筹资者需求。金融机构一般不愿贷出巨额的长期贷款，因此，利用银行贷款融资都有一定的上限。

（三）以案例说明银行贷款支持城镇化的实际情况

1992 年，国内最早的地方政府投融资平台公司——上海市城市建设投资开发总公司成立，主要从事城市基础设施投资、建设和运营。成立 16 年来为上海及周边地区的城镇化发挥了重要的作用，而银行贷款就是其发展过程中的重要融资模式。作为最早的融资平台，上海城投公司已从单一依靠财政偿债的运营模式转型为以经营性资产产生的利润支持公司正常运转。其融资模式包括：①以未来土地批租收入作为偿债资金进行融资；②境外贷款；③城建税返还；④经营性资产收益；⑤实施概算、预算、决算检查制度，加强城建项目管理。

随着上海模式的成功，全国各地纷纷建立城投平台通过银行贷款支持城镇化建设。并且银行贷款的发放机构也由国内金融机构发展成为国际金融机构。2013 年 6 月，江西省与世界银行合作了省内第一个城镇发展示范项目——江西鄱阳湖生态经济区及流域城镇发展示范项目，由世界银行向江西鄱阳湖生态经济区发放 1.5 亿美元贷款，项目涵盖了鄱阳湖地区以及周边流域 11 个县市，实施周期为 5 年。贷款投放方向主要是用于有关项目县市城镇交通和智能化管理，供排水、污水处理，垃圾处理及生态环境治理等基础设施建设。

2014 年 3 月，《国家新型城镇化规划（2014—2020 年）》发布后，银行贷款支持城镇化建设又有了创新，下面以“淳安千岛湖镇马路村自留地物业项目贷款”项目为案例说明。

千岛湖镇马路村位于千岛湖郊区，农民土地征用后面临村民后期生存和发展问题。马路村向杭州银行申请项目贷款。按照计划，项目总投资 1.69 亿元。针对上述项目建设，杭州银行采用项目贷款方式，给予千岛湖镇马路村授信 8000 万元项目贷款，期限 3 年，以村委商住用地抵押，目前已放款 6000 万元。同时，对于后期运营方面，杭州银行与县工商局建材协会建立长期联系，协助将成立的市场管理公司引入对接，并在市场经营客户进入市场进行前期结算、授信等方面提供服务。通过杭州银行的整体金融服务方案，马路村建材市场成为淳安县第一宗自留项目、最大规模的村级造血型物业经济，解决了城镇化建设方面的资金问题。

三　债券融资

2008 年下半年美国金融危机爆发后，为应对国内经济的下滑，中国推出了“四万亿”政府投资刺激计划，并且实行积极的财政政策和宽松的货币政策，整个社会（包括政府部门、企业部门和居民部门）的杠杆率不断上升，债务规模迅速扩大。而地方政府发行的债券主要包括地方政府债、信用债（城投企业债和城投中期票据），也是在平台贷款受限制后开始大规模增长的融资模式。

（一）地方政府债券融资的总体情况

根据审计署公布的全国政府性债务审计结果，截至 2013 年 6 月底，地方政府通过发行债券形成的负有偿还责任的债务为 11658 亿元，负有担保责任的债务 1673 亿元，可能担任一定救助责任的债务 5124 亿元。在地方政府负有偿还责任的债务中，地方政府债券 6146 亿元，企业债券 4590 亿元、中期票据 575 亿元、短期融资券 123 亿元。在地方政府负有担保责任的债务中，地方政府债券 490 亿元，企业债券 809 亿元，中期票据 345 亿元，短期融资券 9 亿元。在地方政府可能担任一定救助责任的债务中，企业债券 3429 亿元，中期票据 1020 亿元，短期融资券 222 亿元。地方政府债券和企业债券是地方政府债券融资的主要模式。

（二）债券融资的优缺点

1. 债券融资的优点

债券融资相对于银行贷款，属于直接融资，地方政府融资平台在公开市场上面向投资者发行债券，同时披露企业的运营及资产情况。通过发行债券募集资金支持当地的城镇化建设，其优点包括：①资金成本低。债券利息在税前支付，与股票相比发行债券的成本较少。②债券资金期限长。债券资金一般在 5 年以上，能很好地匹配固定资产投资项目的投资回收期。③筹措大额资金方便。企业债券融资规模一般较大，并且期限较长，能为企业筹措金额较大的资金来源。④地方政府融资平台发行债券后，能够在资本市场树立良好的市场形象，有利于发行人今后的经营发展。

2. 债券融资的缺点

虽然债券融资在地方政府发展城镇化过程中起到了极大的作用，但仍旧存在着一些问题。比如说，我国在法律上不允许地方政府财政赤字，因此在实质上地方政府不具备自行发债的权力。就目前而言，发行债券融资主要有通过中央政府代发地方政府债和融资平台发行信用债两种方式，而中央政府代发债券由于有隐含的中央政府信用支持，因而在定价上不能完全反映地方政府债券的风险性。

（三）以案例说明债券融资支持城镇化的实际情况

下面以“14 津环城债”为例说明债券融资支持城镇化的实际情况。天津环城城市基础设施投资有限公司 2014 年 3 月 21 日发行了 2014 年天津环城城市基础设施投资有限公司债券，债券期限为 7 年，发行总额 18 亿元，票面利率 7.2%，募集资金中 12 亿元用于中北示范小城镇项目，6 亿元用于王稳庄示范小城镇项目。

天津市于 2005 年开始开展示范小城镇的项目建设工作，截至 2012 年年末已经启动四批示范小城镇试点的建设工作，施工面积已累计达4400万平方米，竣工2300万平方米，投资1500亿元，45万农民迁入新居，新农村建设成果显著。中北示范小城镇、王稳庄示范小城镇属于第四批示范小城镇试点先行启动项目，其建成将加快农村居住社区、示范工业园区和农业产业园区“三区”联动发展。

“14津环城债”的发行使得该公司以较低的资金成本筹集到大量资金，融资结构期限与城镇化建设期限相匹配，有力地支持了中北镇和王稳庄镇的城镇化建设，对地方经济发展有积极作用。

四 非标准化债务融资工具

由于地方政府在城镇化过程中需要的资金量无法通过贷款和发行债券融资全部满足，融资方式不断创新，非标准化债务融资逐步发展起来。非标准化融资工具包括信托、融资租赁、专项资产计划、城市发展基金等。

（一）地方政府非标准化融资的总体情况

根据2013年12月底审计署公布的全国政府性债务审计结果，截至2013年6月底，地方政府负有偿还责任的信托融资额为7620.33亿元，BT融资额为12146.3亿元，证券、保险业和其他金融机构融资额为2000.29亿元，融资租赁融资额为751.17亿元。

（二）非标准化融资的优缺点

非标准化融资看似是金融创新，丰富了城镇化建设资金的取得，但实质上是影子银行，存在问题很多，政府主管部门对此问题也高度重视，多次出台政策规范其发展。此类融资方式的成本较高，往往在10%以上，而如此高的成本是资产的收益性无法支持的，是不可持续的融资方式；同时，非标准化融资的大部分投资的是银行的理财产品，风险仍在银行体系之内。我们认为最终的解决办法是债务替换，用低成本的企业债和银行贷款进行债务替代，回归第一、第二种融资渠道。

具体而言，我们认为融资方式方面应该“开正门、堵偏门”。[①] 回顾过去几年的地方政府投融资平台债务扩张史，我们发现在中央部委不断出台一些限制政策后，其融资模式越来越多样化，同时也越来越隐蔽化。从最初的银行信贷、城投债券，发展到后来的信托、资产管理计划、融资租赁和各种形式的发展基金。举债方式的隐蔽化、复杂化带来了更多的“寻租空间”，同时使得地方政府的融资成本不断上升。银行信贷、城投债券7%以内的债务成本尚可持续，而10%以上利率的信托资金、资产管理计划必将把地方政府债务带入饮鸩止渴的绝境。因此，“开正门、堵偏门”十分必要，监管部门应该在控制总量的前提下，放开银行信贷和地方政府债、市政债等融资渠道，限制信托、融资租赁等利率畸高的融资模式，有效降低地方政府债务的利息成本，从而使得债务变得可持续。

（三）以案例说明非标融资支持城镇化的实际情况

“民享工程应收账款流动化信托项目”就是典型的非标融资支持城镇化的案例。民享基建项目是安宁市经济开发区管委会的重点基础设施建设项目，包括拆迁安置房和配套基础设施等。安宁市是G省的“十强县”，2011年地方一般预算收入为25亿元，可支配财力为48.88亿元。本次信托计划概况为：A信托公司发行信托产品，成立规模为26210万元，增发后规模不超过4亿元；期限为2年，投资门槛300万元起。优先级受益权预期收益率为10.5%每年（包括认购费，认购费根据合同金额不同有相应标准）。资金运用方式是B公司将其合法拥有的对安宁市政府和安宁经济开发区管理委员会在民享基建项目的应收账款权益（人民币7.8亿元）设定财产信托，由受托人（A信托公司）以转让优先受益权形式，对标的应收账款实现流动化。认购人（即优先受益权持有者）获得预期优先信托利益，委托人（即次级受益权持有者）获得优先受益权转让款及剩余信托利益。

“某城市发展基金”也是典型的非标融资支持城镇化的案例。某县某新城

① 俞乔、范为：《中国政府债务会陷入“明斯基时刻”吗?》，《第一财经日报》2013年11月4日。

需通过岸外滩涂填海造地形成建设用地，规划用海面积约297.43公顷，规划将某某新城打造成一个集居住、商贸、行政办公、休闲娱乐等功能于一体的现代化新型示范城区，最终建设成拥有“城在海中、海在城里、城海相依”特色的新城。基金运作模式如下。

由某投资有限公司通过有限合伙的形式设立某城市发展基金，以公司自有资金作为种子资金，通过募集并管理社会资金（也可由某集团公司提供优先资金），以基金化的运作模式将设立的基金与地方政府投融资平台合作，共同实现城市土地资源的一级开发及基础设施建设。某城市发展基金主要以参股形式参与子基金或者项目公司，对某片区建设用地进行投资，并通过土地整理拍卖、出让收益取得的收入扣除相关税费后，返还给项目公司，实现盈利。按照目前行业惯例，城市发展基金持股比例一般为35%～49%。基金公司参股不控股，但对重大事项享有一票否决权。城市发展基金作为种子资金注入项目的前期开发后，由相关合作银行牵头组织银团匹配2倍于资本金的贷款（一般为1∶2），形成财务杠杆放大效应，提高资金使用效率。

在设立城市发展基金过程中，通过有限合伙的结构化设计，在募集了一期基金以后，根据后续项目开发的情况，可以通过募集二期、三期基金的方式，为项目开发源源不断地输入建设资金，满足项目建设的持续开发。此外，通过种子基金的引入，在项目启动后，可以撬动银团资金的进入，通过杠杆化的资金运作，降低整个项目建设的综合成本。设立城市发展基金无疑将促进项目建设在最短期内达到全面开花的效果，但其资金成本的不可持续性是政府监管部门、市场投资者所亟须关注的。

五 对推进“新型城镇化”及其融资问题的思考和建议

新一届政府提出将“城镇化”作为国民经济发展的重要保障和“抓手”，对于其发展路径，我们认为“新型城镇化”绝对不能再搞成此前的“城市化”。此前的城市化是地方政府所熟悉也乐意推进的，是以政府平台为投资主体、以一二级土地开发为主要模式的城市化；房地产商乐于跟进，可将房地产开发由大中城市向小城镇推进；大量的农民进入城镇，为农村土地的集中创造了条件，也是一直以来土地流转的呼吁者所希望看到的。

但从社会效应来看，这一过程积累并遗留了一定的社会矛盾；从金融风险来看，地方政府和相关企业积累了较大规模的债务，且发展不可持续；从经济发展来看，虽然保证了国内生产总值的增速，但造成了部分地区的重复建设和产能过剩。如果未来的“新型城镇化”进程仍然将一二级土地开发作为动力，那就是不够全面和成熟的，具体有以下一些原因。第一，在地广人稀的城镇，投资的边际效用很低，单位投入的使用率远远低于城市；第二，多年的“城市化”历程，特别是近几年来的大规模公共设施建设，使得地方政府债务率处于一个较高的水平，若再为进行建设而大规模负债，将有可能引发经济或金融危机；第三，过去的城市化进程主要由省市一级政府主导，其执政水平相对较高，各部门之间相互制约，且接受中央政府的“窗口指导”也比较通畅。而如果县乡一级政府官员成为推进城镇化的主体，势必会使县乡一级行政权力扩张，激化与当地居民的矛盾。因此，在没有为县乡居民提供充分的公共服务的前提下，县乡一级的城镇化可能演化为简单粗暴的强拆强迁行为，搞成中国式的“圈地运动”。①

那么，“新型城镇化”的路径应当如何设计？我们认为在城镇化的具体实施过程有以下几点需要注意。

第一，“新型城镇化”给当地居民带来的不能只是钢筋混凝土。乡镇居民特别是农村居民需要的不仅仅是砖瓦楼房、柏油马路，他们更需要对各项居民基本权利（如社保、医保、迁徙权等）的保障。政府更应该对包括社保、医疗体系、教育制度、土地流转制度等在内的各项制度进行改革，确保农村居民和城市居民享有一样的待遇（近日，国务院已经宣布取消农业户口与非农业户口性质的区分，这是一个好的开端），在此基础上的城镇化才是个自然而然的过程。同时，这也符合十八大提出的“制度改革是中国最大的红利”。

第二，由于我国幅员辽阔，政治、经济、文化的社会区域差异明显，城镇化的背景差异非常明显。一方面，中国的城乡发展不平衡；另一方面，中国的区域发展也极不平衡。具体而言，在改革开放后，东部沿海地区成为国内经济社会最发达的地区，城镇化水平居全国前列，实际上已经部分实现了“城乡

① 许虞婕、范为：《城镇化不能变成城市化 2.0 版本》，《证券时报》2012 年 12 月 25 日。

一体化”；而在中西部地区，工业基础薄弱，“二元社会”现象明显，除了几个大城市群外，很多地方城市的发展水平还比较低，进一步城镇化的空间很大。因此任何一种单一的模式均不可能适应所有区域的城镇化，“新型城镇化”应将大、中、小城市和小城镇并举，同时考虑各地的差异，制定相应的对策，逐步形成合理的城镇体系。

结合中国区域差异的具体情况，笔者认为“新型城镇化”应与“西部大开发”战略进行有效的结合。城镇化水平较低的地区主要集中在中西部，这一点和“西部大开发”的区域是吻合的。1999 年政府从战略高度，提出了适时开发西部地带的国家战略，发挥中西部地带的资源优势，依靠沿海地带城市的经济、社会、技术条件的优势，推动中西部地带城市的发展，这一思路和“新型城镇化”的指导方针也是一致的。中西部地区的城镇化发展，需要结合东部地区产业向中西部转移、国家经济建设重点向中西部转移的机遇，充分发挥中西部地区的资源和劳动力价格优势，形成新的增长极。在推动工业化发展的同时，积极改善城镇体系结构，增强地区经济实力，加快城镇化步伐。

第三，从“新型城镇化”建设的融资方面来看，城镇化建设必然需要金融机构的资金支持。尽管从静态来看，当前 18 万亿元左右的地方政府债务规模与 GDP 等指标相比还不算高（远低于美国、日本及欧元区等发达国家），但地方政府债务的增速却异常突出，数据显示：2004 年地方政府债务余额为 10800 亿 ~ 12000 亿元；2007 年年底其债务余额在 4 万亿元左右；2010 年年底进一步增长为 10.8 万亿元；2013 年 6 月更是增长到约 18 万亿元。[①] 这种增速显然无法持续，那么如何能够让债务变得更为可持续？我们认为在当前经济及金融形势下，尽管地方政府债务较多，但其融资行为不可能戛然而止，这是国民经济发展、金融机构风险等方面都无法承受的。因此如何建立可持续的融资模式显得尤为重要，具有可操作性的途径有三。一是建立真正的市政债券市场。从 2009 年开始，财政部每年会替地方政府发行政府债券约 2000 亿 ~ 4000 亿元，这种融资方式由于有中央政府的信用背书，其成本相当低，约为 4%，但

① Yu Qiao, Fan Wei, “Can China Steer Clear of Minsky Moment?” *China Finance and Economic Review* 4 (2), 2014, pp. 35 - 51.

因其规模太小，无法满足地方政府的融资需求。因此，在适当的时候应当突破“地方政府不能开列赤字”的限制，鼓励地方政府发行低成本的地方政府债券，更好地为“新型城镇化”提供资金支持。二是开发性金融机构的定向资金投放。在利率市场化的进程中，我国的资金成本被不断地推高，个别地方政府的某些项目融资成本已经在10%以上，这明显是不可持续的。在利率高企的背景下，应当通过开发性金融机构定向为地方政府提供低成本的可持续融资，以切实降低地方政府的融资成本。这一功效将类似于欧美的“定向量化宽松”。三是将通过信托、资产管理计划、城市发展基金等非标准化债务融资工具进行融资引导为通过标准化的债券进行融资，这样不仅可以使地方政府的融资成本明显下降，而且可以让债务量更加透明，更易于相关主管机构的有效引导和管理。

总而言之，中央提出的“新型城镇化”是未来中国经济做到可持续发展的最大动力，如何走好“新型城镇化”这步棋关系到中国经济的发展、中国社会的未来。笔者在此仅从金融支持的角度提出拙见，期望金融市场、金融机构能为“新型城镇化”建设的推进做出更多的贡献，也希望有更多的经济学者、仁人志士对此问题共探讨之。

参考文献

[1]《国家新型城镇化规划（2014—2020年）》，新华社，2014年3月16日。

[2]《中共中央关于全面深化改革若干重大问题的决定》，新华社，2013年11月20日。

[3] 国家审计署：《全国政府性债务审计结果》，新华社，2013年12月30日。

[4] 国务院：《关于加强地方政府融资平台公司管理有关问题的通知》，《中华人民共和国国务院办公厅政府信息公开专栏》，2010年6月10日。

[5] Yu Qiao, Fan Wei, “Can China Steer Clear of Minsky Moment?” *China Finance and Economic Review* 4（2），2014，pp. 35 – 51.

[6] 俞乔、范为：《中国政府债务会陷入“明斯基时刻”吗?》，《第一财经日报》2013年11月4日。

[7] 许虞婕、范为：《城镇化不能变成城市化2.0版本》，《证券时报》2012年12月25日。

B.11

建设中国现代城镇伦理体系

——以长阳镇为例

沈体雁　张云飞*

摘　要：

城镇伦理指城镇生活中直接调节和规范人们城市生活与工作活动的一系列伦理原则和道德规范。建设中国现代城镇伦理体系，是中国特色新型城镇化的根本要求。应沿着时间和空间两个维度探索当代中国城镇伦理创新与建构的逻辑。本文提出六大举措推进中国现代城镇伦理体系建设。作为本文分析案例的长阳镇，在环境伦理、伦理组织、伦理活动、伦理教育等方面做出了积极的努力，并收到了较好的效果。

关键词：

城镇伦理　伦理范型与伦理过程　世界城镇伦理　中国现代城镇伦理体系　新型城镇化

在全球化、信息化、片段化和流动性日益增强的复杂城镇社会里，作为现代社会最基本的公共知识和最基本的行为准则，城镇伦理已经成为一种有效管理城市复杂性的重要社会治理机制，成为现代城市社会的核心基础结构。为了全面建设小康社会，中国政府提出了中国特色新型城镇化道路。如何理解中国特色新型城镇化的内涵，如何探索中国特色新型城镇化道路？本文从城镇伦理

---

* 沈体雁，北京大学政府管理学院教授，博士生导师，主要从事城市与区域复杂动力学、城市与区域规划等研究；张云飞，北京大学政府管理学院博士后，主要从事城镇伦理与人居环境学等方面的研究。

视角，阐述伦理现代化与现代城镇伦理体系，指出建设中国现代城镇伦理体系是中国特色新型城镇化的根本要求，提出从时间、空间两个维度探索建设中国现代城镇伦理体系，最后提出了推进中国现代城镇伦理建设的六大举措。

一　伦理现代化与现代城镇伦理体系

（一）伦理与城镇伦理

伦理是人们处理人与人、人与自然、人与自身等各种关系时所应该遵循的行为准则（魏英敏，2012）。与伦理密切相关的一个概念是“道德”，相较而言，“伦理”侧重于言“理”，亦即行为准则规范背后的深刻原因；“道德”侧重于言“道”，亦即行为准则规范本身。“伦理”“道德”二词常常可以通用并称。

城镇伦理指城镇生活中直接调节和规范人们城市生活与工作活动的一系列伦理原则和道德规范，是人们居住在城市这一聚落里所需要遵守的伦理道德规范。衡孝庆认为：“从解释学的视角来看，城市伦理有两层含义：一是指城市社会、城市生活中的道德理论、道德现象、道德问题等等，属于我们通常所理解的应用伦理的一种。……另一种含义是指城市本质的伦理涵义，即作为人类聚集形式的城市的伦理意义。在这个意义上，城市伦理是对城市的伦理学解释，即从伦理学的视角解读城市。”（衡孝庆，2005）笔者既认可城市是某种人类伦理的产物，又主张应根据一定历史时期城市发展的需要建立和创新城市伦理体系，通过伦理建构与创新推动城市创新发展。因此，本文所理解的城镇伦理是指某种历史条件下城市生产、生活与生态活动的道德规范的总和，包括各种不同的伦理范型和伦理过程。

伦理有不同的“范型”，与此相应，城镇伦理也有不同的“范型”。根据查中林的研究，范、型、则这几个字最初都与铸造青铜器有关，“范”是模具，“型”“则”则是模型，引申之，这三个字都有榜样、模范的意思（查中林，1989）。伦理范型则是指在人类伦理发展和演进过程中出现的以某种核心价值为中心的公共知识和行为准则体系。不同的社会、国家和地区在不同的时期可能会形成不同的伦理范型。

而所谓伦理过程，则是指某种伦理范型的形成及其对社会发生规范作用的循环往复过程。其中，前者称作伦理内生过程，是通过社会成员的选择和相互选择形成社会共识的过程。后者称作伦理外化过程，是指伦理通过各种规约、反省、惩戒等机制对人类行为发生约束和规制作用的过程。内生和外化是同一事物的两个方面，用中国传统哲学的语言来说，就是“体”和“用”，内生为体，外化为用，根据熊十力先生的体用不二论，伦理道德的内生与外化过程总体而言是彼此呼应、浑然一体的。

（二）伦理现代化

现代城镇伦理是与传统城镇伦理相对应的，是人们生活在日益全球化、信息化、片段化和流动性的复杂城市社会里所遵守的伦理道德规范。现代城镇伦理既有对传统城镇伦理的传承，又有根据时代的需要而注入的新鲜血液。如果说现代城镇伦理是一种结果，“伦理现代化”则是一种过程。马格纳雷拉认为，现代化是发展中的社会为了获得发达的工业社会所具有的一些特点，而经历的文化与社会变迁的全球性过程（哈维兰，1987）。伦理现代化，是指适应现代发生的全球性文化与社会变迁过程而发生的全球性伦理范型的融合与转型过程。

伦理道德的发展，经历了自发的和自觉的两个阶段。人类伦理观念在原始社会即已萌芽，从最初的民主、平等和协作意识，到后来的禁止近亲结婚，都具有重要的伦理意义。但史前时期的人类伦理，是在当时恶劣的生存条件下，由先祖们凭着有限的生活经验自然而然形成的，没有经历理性思辨的过程，更没有形成理论体系。

进入文明社会后，自觉的伦理过程开始产生。魏英敏先生认为：“人的自我意识的形成和发展是道德产生的主观条件……自我意识的产生，标志着人把自身同动物区别开来的重要的一步，当人开始意识到自己作为社会成员与动物的根本区别，意识到自己与他人或集体的关系以及如何去调节这种关系时，作为自觉意识和人类精神自律的道德才能得以产生。”（魏英敏，2012）古希腊哲学家苏格拉底开始追问人生的意义，探讨良心等问题，将人类思考的重点问题从天上（自然）回到了人间（社会），开始了真正意义上的伦理学思考。此后，亚里士多德开创了正式意义上的伦理学学科，标志着自觉的伦理过程正式开始产生。与此相应，中国、印度等地的伦理思想，也基本同步开始产生，为后世伦理思想的变迁奠定了最初的也是最重要的基础。

进入现代社会后，传统的伦理思想已经不能完全适应现代社会生活，组织化、系统化的伦理创新也就成了时代的需要。现代伦理的一个重要特征，是伦理过程的高度自觉化，不但伦理学研究者更为自觉，公民的道德主体意识也进一步觉醒，开始意识到伦理道德与自身生活、自身幸福息息相关，开始意识到个人与他人，与整个社会是一个统一的整体，开始理解社会利益和个人利益之间的总的正相关性。而且人民群众也开始参与到对伦理道德的思考和创新过程中来，社会成员不再是消极的受众，而成了伦理创新的主体之一。

（三）现代城镇伦理体系

当今世界最重要的社会转型是全球性的城镇化过程。根据 2011 年世界人口状况报告，2011 年 10 月世界人口达到 70 亿，城市化率是 50%；2050 年，世界人口将超过 90 亿；到 21 世纪末，全球人口将超过 100 亿，城市化率将达到 70%。史无前例的全球城市化过程将给全人类带来重大考验，人类将不得不面临两个至关重要、相互关联的问题：一是地球能否承载这么多人？二是人类自己能否容忍自己的同伴？也就是说，100 亿不同国家、民族和伦理范型的人将如何共处？如何寻求建立拥有一个地球的最基本的伦理共识？

正在形成的全球城市社会是一个异常复杂的巨系统。一方面，信息通信技术和交通技术的发展，大大压缩了全球时空，人类将进入一个流动性社会（Castells，1996）。另一方面，全球生产网络和资本主义的非包容性累积加速了经济社会的片段化和碎片化。相应地，这种政治经济社会过程投射到地球空间上，人类聚落形式也从居于全球控制中心的世界城市到被隔离于全球资本累积过程之外的偏远乡村产生了各种不同功能、不同类型、不同层次，相应地，不同伦理范型的聚落等级体系，这将产生一个异常复杂多样而又相互联系的全球城市社会，这一社会充满了来自自然、社会和人本身的各种扰动和不确定性。

如何管理这种城市社会复杂性？高度自觉的伦理创新与重建是一个重要途径。伦理道德的本质，在于用一些简单的规则来规范人们的行为，协调人与人、人与社会、人与自然之间，乃至人与自我之间的复杂关系。伴随着人类的城镇化和全球化进程，采取组织化、规范化的方式，开展系统性的全球城镇伦理建构，探讨建立尊重各种伦理范型特色，适应全球城市生存需要，具有核心伦理共识的可扩展、可持续、包容性的全球城镇伦理体系，将是人类管理复杂性日益增加的全球城市社会的重要基石。

二　建设中国现代城镇伦理体系是中国特色新型城镇化的根本要求

（一）中国现代城镇伦理是中国特色新型城镇化“特色”所在

中国正处于城镇化快速发展期，城镇化过程中伦理的发育滞后，导致各种社会矛盾，如何规避西方发达国家和地区传统城镇化过程所经历的人与自然、人与人以及人自身的惨痛教训，走出一条有中国特色的新型城镇化道路，实现民族复兴和国家崛起？这一条道路“新”在哪里、“特”在哪里？笔者认为，关键是两条。

一是在垂直方向上，通过科技创新、体制创新、结构调整和功能升级，在全球的“能力阶梯”中占据更加高端的位置，拥有更大的话语权和控制力。当然，某种意义上，国家产业结构调整和能力阶梯提升是一个漫长的、永无止境的过程。中国的结构调整和能级提升既取决于全球性的技术经济周期的运行，又取决于中国把握技术经济周期和国际政治经济变化机遇的能力。

二是在水平方向上，发挥集聚经济、规模经济的作用和后发优势，积极推进新型城镇化。一方面，开展国土经济格局的优化调整、经济要素和活动的优化布局及城乡统筹发展，推进城镇的标准化、信息化、模块化、圈域化和网络化发展，加强包括水、电、气、路、生态、文化、制度、信息等软硬一体化国家城镇基础设施体系的建设，尝试建立城镇运营、城镇经理等新型城镇发展管理模式，探索更加智慧、科学地推进城镇化的路子。

上述两个方面，无论是垂直方向的能级提升还是水平方向的空间优化，体现在城镇化发展的战略选择上，就是又“新”又“特”。一方面要“新”，就是要应用一切人类文明的先进成果，采取一切可能的先进技术，提高中国城镇的质量、能级和综合竞争力，特别是要建设在全球城镇等级体系中居于控制中心地位的世界城市。另一方面，要“特”，就是要以人为本，以中国人为本，传承和发扬中国传统的城市精神和文化，推行人的城镇化、中国人的城镇化、中国人观念和思维的城镇化。可见，建设中国现代城镇伦理是中国特色城镇化的根本所在、特色所在、宗旨所在。

（二）中国特色新型城镇化对中国现代城镇伦理过程的要求

中国特色新型城镇化是一个整体的进程，并对中国现代城镇伦理过程提出了新的要求。那就是，无论是伦理内生还是伦理外化过程，都要适应中国特色城镇化的需要，在伦理领域体现中国城镇化的独有特征。

中国特色城镇化的伦理内生过程，就是实现我国传统伦理思想的现代转型，使之适应现代城市生活的需要。既要借鉴国外的优秀伦理思想和伦理观念，又不能丧失了民族特色，不能遗弃了我国固有伦理思想文化中的精华。从时间维度来看，新的伦理思想体系必须具有时代特征，它既从传统中来，不割裂与传统的联系，又不拘泥于传统，敢于抛弃传统思想中的过时、落后的成分，勇于根据变化了的时代条件为伦理思想和伦理体系注入新的内容。总的来说，就是要真正实现中西融合、古今融合，构建立足本国而又放眼世界，尊重传统而又革故鼎新的新型伦理思想体系。

中国特色城镇化的伦理外化过程，也要相应地得以提升。“外化”是“内生”的必然结果，当然这其中也需要一些人为的推动。在通过主观努力推动伦理外化的过程中，也要注意“中西”和“古今”的问题。西方社会伦理外化的过程比较注重与宗教的结合，伦理外化的很大一部分工作都是在牧师布道的过程中完成的。我国伦理与宗教的关系不那么紧密，对于西方的宗教伦理化和伦理宗教化模式，不能照搬照抄。应该探索伦理本身的外化规律，适当的时候才借助于宗教等其他形态。从时间维度看，我国传统社会的伦理外化过程主要体现为礼乐教化，并主要靠统治阶层的示范作用来完成。

《论语》有云："君子之德风，小人之德草，草上之风必偃。"（《论语·颜渊》）现代城镇伦理的外化，不能简单地寄希望于领导人的表率作用，而应该充分发挥人民群众的主体作用，让大多数社会成员都参与到城镇伦理的思考、创建和遵行中来。

（三）中国现代城镇伦理对中国特色城镇化的作用

伦理的产生，是人类进入文明社会的重要标准。伦理的发展，是人类文明进步的重要因素。新文化运动旗手陈独秀先生曾言："伦理的觉悟，是吾人最后觉悟之最后觉悟。"（陈独秀，1916）魏英敏先生认为，道德是人类社会生活发展到一定阶段的必然产物，它源于人的社会生活需要，又服务于人的社会生活需要；概括起来，伦理道德具有以下功能：命令、规约、教育、认识、调节、激励等（魏英敏，2012）。

中国现代化城镇伦理对于中国特色城镇化的作用也是不言而喻的。概括起来，有以下几个方面。

其一，引导中国特色城镇化的正确方向。城镇化是一个复杂的系统过程，其中涉及人与他人、人与社会、人与自然、人与自身等多方面的复杂关系。如果缺乏正确的伦理观念的引导，人们很有可能会迷失方向。例如，环境伦理观念，就制约着人们在城镇化过程中的急功近利倾向，要求人们遵循自然规律，在保护环境、平衡生态的基础上自然地推进城镇化。

其二，为中国特色城镇化提供精神动力。物质文明与精神文明的发展，是不完全同步的。同样的道理，人们的物质财富的积累与精神境界的提升，也不完全同步。改革开放以来，我国居民的物质生活水平普遍提高了，但道德滑坡的现象，虽非普遍存在，但也绝不罕见。城镇化的进程中，许多人从农村搬进了城里，生活更为便利和舒适，但精神上却觉得空虚寂寞。这些是人们内心深处的问题，亟须运用城镇伦理来加以解决。

其三，解决中国特色城镇化进程中的许多实际问题。转型时期的种种乱象，诸如城市污染、生态环境破坏、贫富分化、城市分割等，已经不能完全靠政治和法律制度来规范。因此，在这样的一个时期，重新思考我国古代的城镇伦理，借鉴西方发达国家的城镇伦理，并运用伦理学发展的最新成果，结合我国转型时期的发展战略目标与途径，思考建立转型时期我国城镇伦理的体系，就具有重要的理论和实际意义。

三　沿着时空两个维度探索建设中国现代城镇伦理体系

如何推进中国城镇伦理创新和现代化？我们认为，应在全球伦理发展的时空坐标中去追求伦理范型继承、变革与创新的逻辑。

（一）时间轴上的伦理传承创新

从时间的维度来看，我国伦理思想的演变经历了三个阶段，大致呈现出“公—私—公”的特征，符合否定之否定规律。

第一个阶段是原始社会公有制基础上的平均主义伦理思想。这一阶段伦理思想的基本特征是强烈的平均主义意识，这种意识是人们在长期的社会生活中形成的，与当时生产力发展水平低下的状况相适应。原始公有制的社会制度，曾被人们想象为人类历史上的黄金时期。

第二个阶段是阶级社会的以等差之爱为特色的宗法伦理思想，其主要提倡者是儒家学派。宗法伦理思想的主要特色在于根据血缘关系的亲疏将他人划分为若干个等级，由此决定对于他人义务的多寡轻重。宗法伦理思想还体现出家国一体化的特色，忠君被认为与孝亲一样是天经地义的。进入近代社会以来，在西方平等、民主、博爱等思想的冲击下，传统的宗法伦理思想遇到了重大冲击，被迫转型。

第三个阶段是社会主义公有制制度下的社会主义、共产主义伦理思想。社会主义伦理思想随着马克思主义在中国的传播而慢慢传入并发展起来，并于新中国成立后逐渐成为我国主流的伦理思想。其基本特征是强调集体主义和社会主义的人道主义，同时也认可传统的诚实守信等道德价值。

从时间的维度看，我们要充分认识伦理道德的时代特征，认识伦理发展的历史规律，要充分了解和尊重传统伦理，并努力去粗取精，古为今用。割裂传统而谈现代，就成了无根之木、无源之水；固守传统而不顾现代化，也必然会为时代所淘汰。

（二）空间轴上的伦理融合创新

从空间上来看，西方伦理思想跟我国传统伦理思想是存在很大差别的。具体体现在以下方面。

首先，西方社会占主导地位的伦理思想是基督教的博爱伦理，而我国传统儒家伦理是讲究等差之爱的。用费孝通的话来说，我国传统社会的基本格局是“差序格局”，这一格局直到今天也还在发生重要影响。费孝通对“差序格局”概念的基本界定是：“我们的格局不是一捆一捆扎清楚的柴，而是好像把一块石头丢在水面上所发生的一圈圈推出去的波纹。每个人都是他社会影响所推出去的圈子的中心。被圈子的波纹所推及的就发生联系。”相比之下，西方社会的主要格局费孝通称之为“团体格局”：“我说西洋社会像捆柴就是想指明：他们常常由若干个人组成一个个的团体。”相比之下，差序格局更加合乎人类的本性自然，团体格局则更有利于平等自由观念的形成。

其次，西方社会占主导地位的伦理偏于理性，我国传统儒家伦理偏于感性。苏格拉底认为知识即是美德，一个人之所以会作恶是因为他不知道什么是善是恶。而相比之下，孔子则较为看重情感的因素，他认为一个人仅仅知道什么是善是恶还是不够的，更重要的是要喜欢这么做：“知之者不如好之者，好之者不如乐之者。”所以，儒家伦理就非常强调“助人为乐”，而不仅仅是知道行为的善恶对错。

最后，西方社会占主导地位的伦理包含了较多的对大自然和生态环境的关注，我国传统儒家伦理思想则主要探究人伦之理。当然，儒家伦理中也有对于自然的关注，也有生态伦理的因素，甚至产生了民胞物与的思想，但总体而言这方面的关注不够多。古希腊哲学从源头上即有发达的对于自然的关注和探究，尽管苏格拉底将哲学家的关注重心从天上拉回了人间，但西方伦理重视自然的传统还是一直没有断裂，其生态环境伦理思想也一直比较发达。

中西伦理特色的对比，是一种静态的空间分析。从动态的空间分析来看，我们还可以发现人类历史上主流文明伦理与非主流文明伦理的交流碰撞，以及不同的伦理范型之间的选择与融合。在这样的过程中，既有自然而然的融合与交流，也有不同程度上的侵略与征服。我们反对文化和伦理的霸权主义，主张各种伦理范型之间的平等对话和友好交流。

（三）伦理时空结合——全球伦理与世界城镇伦理的形成

城市化与城镇伦理的形成是一个过程的两个方面。世界城市既是城市全球化的先锋和领袖，又是伦理范型碰撞和融合的前沿。一方面，世界城市的建设需要全球伦理，特别是世界城镇伦理的融合创新。另一方面，某种意义上，只有真正构建了新的世界城镇伦理范型——正在形成的未来的全球伦理的重要组成部分和全球社会的关键共识，才可以说，世界城市已经建设成功了。

在价值多元的现代社会，罗尔斯认为，良序社会的伦理道德观念的形成，必须建立在“重叠的共识”的基础上，也即求同存异，充分尊重不同群体的道德价值观。我们认为，在形成全球伦理的过程中，不同国家、不同地区、有着不同信仰的人们的多元的价值观寻求重叠的共识，是比较理想的途径。世界城镇伦理亦然，来自不同国家、地区，抱有不同宗教信仰和思想观念的人们，显然不能由整齐划一的伦理观念来指导其行为，只能尽可能地求同存异，从各类优秀的思想观念中提炼尽可能多的主体都能接受的基本原则。

四 建设中国现代城镇伦理体系的六大举措

当前，适应中国特色新型城镇化建设的需要，中国采取六大举措推进现代城镇伦理的建设。

（一）重建城镇伦理核心价值

城镇伦理核心价值是指在城市社会生活中具有基础性、重要性的价值。概括起来，转型时期我国城镇伦理有八大核心价值：仁爱、正义、礼制、智慧、诚信、尊严、包容、中道。其中，前五大核心价值来源于儒家的“五常”观念，分别对应仁、义、礼、智、信。

仁爱又称“慈悲”，是传统社会城镇伦理的首要价值，至今仍然发挥着重要的作用。我国现代城镇伦理中的慈悲，包括慈善组织或个人的慈心义举，它可以弥补正式制度的不足，应该加以发扬光大，并应朝着规范化的方向发展。

正义是现代社会城镇伦理的首要价值，它致力于从正式制度上确立和保障人们的应得，尊重一切社会成员的权利，在保障全体社会成员基本人权的基础上逐步提高其福利水平。正义还包括环境正义，即从环境伦理学的角度出发，将生态环境乃至自然万物视为目的本身，而不仅仅作为满足人类需要的手段存在。这就要求人们站在大自然和谐统一的立场上来爱护和美化环境，维护生态平衡。

礼制是我国古代社会的优良传统，也是一个城市文明程度的直接体现，我国现代城镇伦理建设必须加上礼制的内容。

智慧主要是指道德上的明智、理智、理性，中国传统哲学认为五常与五行相对应，其中，“智”属水，如老子所言：“上善若水，水善利万物而不争。”（《道德经》）我国现代城市生活中的智慧，也应该如水一样，乐善好施，而又与世无争。

诚信是商品经济交往中的首要价值，在社会生活的其他领域中也同样重要。人无信不立，在充满各种诱惑的商品经济时代尤其要提倡诚信的价值。

“尊严”体现的是对人的尊重，是对每一个社会成员以同等的人格看待的概念。无论是在一些特殊的场合，还是在日常生活中，都应该尊重每一个人的尊严。

包容亦即兼容并包，克服排外和歧视心理使来自不同背景、处于不同境遇的人们和谐相处，并制定相关制度予以保障。总体而言，我国城乡二元分割的现象还将长期存在，转型时期城市内部的二元分割也将长期存在，外来人口在户籍管理、社会保障、子女教育待遇等方面都面临着许多现实的问题，所有这些问题，都需要包容的城市精神以及与之相应的正式制度来加以解决。

最后一个核心价值是中道，也即中庸之道，或曰中和之道。《中庸》云：“子程子曰：‘不偏之谓中；不易之谓庸。’中者，天下之正道。庸者，天下之定理。”中庸之道，也就是凡事追求不偏不倚、恰到好处。从某种意义上说，前面七大核心价值，都是对于中道的具体阐释，即中道在不同方面的体现。中道还可以运用于城镇伦理的其他方面。所有的矛盾、冲突、对立的处理，都应该遵循中道的原则。

（二）再造城镇伦理经典

我国传统的《三字经》、《弟子规》和《论语》等经典，固然有其永恒的价值，但现代社会也需要有体现时代变化的伦理经典。为适应现代城市生活、生产、生态需要，应采取系统研究、科学规划、管产学民媒互动的方式，开发城镇伦理新经典，编纂新《三字经》、新《弟子规》等。

（三）复兴城镇伦理空间

传统社会的伦理空间主要包括文庙、宗教场所等。现代社会也需要伦理空间，其中，传统的伦理空间要加以保护和修缮，也要酌情建设新的伦理空间。新的伦理空间要根据人的生命周期而设立，创造新的仪式，强化教化和城市生存的伦理感、责任感、使命感和神圣感。以文庙等传统空间为基础，结合现代城市社区建设的需要，创新伦理空间，建造国家－城市－社区－家庭四级伦理空间体系。

（四） 复兴伦理图腾

所谓图腾，是指先民将某种动物、植物或其他存在物当作自己的祖先而加以崇拜，这一崇拜对象具有精神上的凝聚力量，使人们有所敬畏，并承载着一定的伦理道德要求。被尊为图腾的相应动物或植物，在这一部族之中是受到尊敬和保护的。中华民族最重要的图腾是龙，炎黄子孙都是龙的传人。当然，在龙的形象方面，传统意义上的张牙舞爪的龙，似乎可以有改进的余地，使之更为温和，又依然强大。一个既有传统特征，又有现代气息的龙图腾的形象，可以很好地起到凝聚民族精神的作用。

（五）创新城市礼制

早在西周时期，周公制礼作乐，以教化万民。至孔子宪章文武，以恢复礼乐教化为己任。尽管后世所遵循的礼乐未必是文武周公孔孟一脉相承所倡导的那一套体系，但我国传统社会一直都是非常注重礼乐的，并因此而获礼仪之邦之美誉。我国现代城镇伦理建设，应在继承传统中的精华（如尊老爱幼、礼让三先等）的同时，赋予现代生活的气息，增添现代城市生活所必不可少的礼仪规范，如尊师之礼、尊老之礼，都应该在原有基础上与时俱进。

（六）加强城镇伦理的约束力

提倡以德治国是儒家思想的传统，孔子曰："为政以德，譬之北辰，居其所而众星共之。"（《论语·为政》）我国素有的德治传统用之现代社会，必须与现代法治精神相结合，充分发挥道德和法律的互补作用，发挥其在各自适应范围内的调节作用。德法结合，就是以道德为先导，以法律为后盾，这就要求建立健全相关法律，而不仅仅依靠道德来引导人们。

要加强城镇伦理的约束力，就应该有一定的组织、机构作为协调沟通、宣传教育、活动组织、行为引导的主体。此外，足够的教育和宣传也是十分必要的。伦理对人们的约束，主要通过两种方式：良心自省和舆论监督，一内一外。唯有借助于适当的道德教育和正确的舆论导向，才能培养人们的道德良心，发挥正面的舆论监督作用，将城镇伦理落到实处，对人们的生活和行为发挥实实在在的良性影响。

五　一个伦理转型的实践样本

创造性地运用投融资规划的理论和方法，破解了城市规划、建设中的难题，之前名不见经传的房山区长阳镇一夜之间成了北京地区乃至全国城镇化过程中的一颗明星，成功打造了"长阳模式"。与此同时，整个长阳镇面对着由农村伦理向城镇伦理转化的过程，这个问题对于快速城镇化中的中国来说是有普遍意义的，虽然长阳镇的探索与我们理想中的城镇伦理有着一定的差距，但是两种伦理转变过程中的一些做法仍是很有借鉴意义的，并已实际上对其他地区城镇伦理建设产生了积极的影响。概括而言，长阳镇城镇伦理建设主要有以下几个方面的亮点。

（一）把改造环境作为改造人心的起点

长阳镇一直非常重视环境问题，改变人们的伦理道德水平，从外部抓起，并提出了“环境立镇”的口号。政府牵头，群众和社会各界积极响应，其各项工作是对环境伦理的践行。早在2007年甚至更早开始，长阳镇即开始大力整治环境。2013年，镇党委、政府便就全年的环境综合整治及打击违法违章建设工作进行了全面部署。2014年4月，长阳镇联合公安、城管、工商、环卫等部门全面开展环境大整治活动。今后，长阳镇还将继续加大环境整治力度，并利用多媒体手段加强宣传，引导全镇人民爱护环境，共建美丽家园。

通过政府和人民的长期努力，如今的长阳，街道整齐干净，绿树成荫，正朝着“园林式家园”的方向迈进！环保意识已经深入人心，几乎每一个长阳人都如环境伦理学家罗尔斯顿所言：“诗意地栖息于这个星球上。”环境伦理，不应该仅仅停留于观念之中，而要付诸实际行动，从这个意义上说，“长阳模式”又多了一重含义：切实做好环境整治和优化美化工作并取得良好的实际效果。

（二）重塑伦理的自组织，提高社会和谐水平

长阳镇各村，大都有相应的具有伦理属性的组织、机构，兹举长阳一村和张家场村为例（注：长阳镇正处于新型城镇化转型的过程中，许多村已经基本完成了城镇化转型的前期工作，从乡村变成了城镇的一部分）。在同长阳一村的村民访谈中，我们了解到，过去长阳一村四分五裂，一盘散沙，内有八个小团体，相互斗争，矛盾重重。吵骂、打架，是常有之事，一言不合，即可能激化为一场恶斗。村里开会，毫无组织纪律性可言，毫无效率，难以议成一件有意义的事情。针对这种情况，后来村委会成立了专门的协调委员会，用于协调村民之间的关系。过去，村民之间若是发生了矛盾，而又不想使用法律的手段来解决的话，一般都会找村里德高望重的长者来协调。但近年来，随着人们自主意识的兴起，长者们的权威有所下降，随着他们年龄的增长，也不想管那么多事了。协调委员会的出现，让人们重新有了一个“评理”的地方。委员会是纯公益的一个组织，相关人员经常深夜被叫醒，以处理一些紧急的矛盾。协调委员会不自命为道德的权威，在理性的氛围中，当事人之间的矛盾往往能够迅速地烟消云散。尽管有时候，个别当事人蛮不讲理，调解工作要做好几天，但总体而言，委员会的工作是很有效率的。在委员会的努力下，原先的八大派别已经不复存在，村民之间的关系重新归于和谐，开集体会议的组织纪律

性明显加强，议事效率显著提高。值得一提的是，长阳一村村委会借鉴了发源于山东省日照市东港区涛雒镇上元村的“明白纸”做法，凡事征求群众意见，充分发扬民主作风，收到了良好的效果，增强了群众对村委会的信任，并间接地加强了协调委员会的权威。长阳一村还成立了独特的“红白喜事理事会”，在尊重村民意愿的前提下积极为之主办红白喜事。理事会移风易俗，一改过去的铺张浪费之风，把村民的红白喜事操办得简单朴素，而又有声有色。理事会是义务为村民服务的，理事会成员不拿一分钱工资。

张家场村则成立了村民恳谈室，一则用以在重大事件上征求群众意见，二则用于加强与村民之间的交流沟通，化解各类矛盾。恳谈室早已有之，并非张家场村的发明，但张家场村积极建立恳谈室并努力维护其日常工作，收到了良好的效果。张家场村还成立了“妇女之家”，积极解决妇女同志在生活、工作、心理等方面的种种困难。张家场村妇女之家的工作卓有成效，并得到了上级领导的重视和关心，2012 年，全国妇联主席陈至立前来视察和指导工作。张家场村还成立了法律咨询室，义务为村民提供法律咨询，因其公益性质，而具备伦理属性，自成立以来，在普及法律知识、提供法律援助等方面做了大量工作。

（三）以喜闻乐见的形式把规范转化成行动

长阳伦理活动的典型就是其持续开展的植树活动。2010 年 3 月 27 日上午，来自中共中央直属机关和中央国家机关各部委、单位的 168 名部级领导，在房山区长阳镇南水北调中线植树工地，参加了以“共建绿色家园”为主题的共和国部长义务植树活动。此次植树活动共栽下侧柏、杨树、垂柳等树木 3000 多株。2012 年，长阳镇积极开展双拥共建工作，4 月 25 日该镇与解放军 66315 部队、66083 部队、93407 部队、66116 部队、61623 部队等驻镇部队官兵在京良路北侧开展义务植树活动。官兵们纷纷表示：参加义务植树、绿化第二故乡是他们义不容辞的责任，他们以实际行动为驻地再添新绿，为建设幸福宜居新长阳贡献力量。

2014 年 3 月 21 日，长阳镇碧波园社区团支部组织社区团员、青年，开展环境卫生整治志愿活动。在活动中，社区团员青年从家中拿来抹布、清洁球、水盆等工具，对社区内 15 幅 50 平方米面积的宣传栏，进行了集中的清扫。这些宣传栏分布在社区文化广场四周及社区办公和服务用房周围，是社区开展日常宣传教育工作、传达利民惠民政策、发布社区通知的重要阵地。经过团员们两个小时的共同努力，宣传橱窗亮洁如新。

我们通过走访调查发现，长阳镇大部分村，都有由党员、群众义务参加的各类公益活动，诸如打扫公共卫生，冬天扫雪，看望、扶助有困难的老人等。在这些活动中，党员一般起到带头作用，广大群众也积极响应，无私贡献自己的力量。伦理活动是伦理道德最直接的体现，“知是行之始，行是知之成”（王阳明语），伦理道德贵在知行合一，各类伦理活动应该持续进行，并得以发展。

（四）寓教于乐普及伦理

儒家自古有德化的传统。孔子认为，如果不对人民施以教化，只知道通过法律来惩治他们，那是极不负责任的。为政以德的前提，是通过宣传教育提高人民群众的道德认识。苏格拉底认为，人们之所以去作恶，是因为他们不知道这些事情是恶的，明知故犯的人是很少的。道德教育与法律教育一样重要，道德上的宣传、教育和引导，是对坏人坏事、违法乱纪之事“禁之于前、防患未然”的根本之道。

长阳镇在道德教育方面付出了积极的努力。根据教育对象的不同，大致可以分成三类：以在校学生为主要对象的学校道德教育，以人民群众为主要对象的群众道德教育，以党员、干部为主要对象的干部道德教育。

第一，加强学校道德教育。学校教育以培养德智体美劳全面发展的四有新人为目标，其中，德育是全面发展的重中之重。无论古今中外，教育莫不以道德教育居先。长期以来，长阳镇政府十分关心孩子们的健康成长，并屡次呼吁校方要注重德育教育。2013 年 7 月，北京铁二中分校隆重举行了 2013 届毕业生毕业典礼仪式。活动以“心系母校，扬帆起航”为主题，传递出莘莘学子对教师们的感恩之情。该校为长阳中学和铁二中的手拉手学校，在合作办学的基础上，铁二中总校为前者提供了大量的帮助。典礼上，毕业生为表达对老师们的感恩之情，献上了鲜花和精彩的手语节目——《感恩的心》等。该校校长亲自为每一位毕业生颁发毕业证书，并鼓励学子们在求学的道路上继续奋发图强。一位镇领导称："感恩之心是一种美好的感情，如果没有一颗感恩的心，孩子永远不会懂得孝敬父母、回馈帮助过自己的人，更不用说主动地帮助他人了。这样的主题毕业典礼可以让孩子学会感谢爱自己、帮助过自己的人，是德育教育中一项重要内容。"长阳镇有关部门还深入到学校道德教育的各个领域，对学校道德教育和道德实践活动做出了诸多有益的指导。

第二，加强群众道德教育。长阳镇各村大都有各自的放映厅，长阳镇政府长期为各村提供爱国主义教育和道德教育题材的影片，所有村民皆可免费观看。例如，长阳镇各村曾播放电影《焦裕禄》，不少村民看后感动得热泪盈眶，其中有一个中年村民说道："看完这部电影以后，我对党和国家的干部有了新的认识。他们太不容易了。以前我是个喜欢告状的人，稍有不如意，就去上访告状。现在仔细想想，我们的村干部，大多数还是好的，至少在某些方面与焦裕禄的做法是相似的，值得我们尊敬。以后，我会更加体谅他们的难处，有问题好好说，而不是频繁告状。"也有党员干部说："看了《焦裕禄》，我深深感到自己工作中的不足，跟鞠躬尽瘁的焦裕禄同志相比，我们所做的工作、所吃的苦简直微不足道，以后要更加努力工作，保持艰苦奋斗的优良作风，真正做好人民的公仆！"

长阳镇的群众道德教育，还体现在其余诸多方面。各村都有图书室，其中，与伦理道德有关的书占很大的比重，诸如传统美德经典、社会主义道德教育读本等。在群众阅读的过程中，伦理道德观念自然而然就入于心、见于行了。各村委会在召开群众会议的时候，也会适时加上伦理道德宣传、教育和行动号召的内容，协调委员会在做矛盾协调工作的时候，同时也是在做道德教育工作。

第三，加强干部道德教育。2009 年 3 月 25 日，时任国家副主席的习近平同志来长阳镇考察时即指出，要把作风建设摆在更加突出的位置，引导党员干部特别是领导干部切实加强理论修养、政治修养、道德修养、纪律修养和作风修养，加强世界观的改造，以优良的作风带领广大党员群众迎难而上、锐意改革、共克时艰。其后，长阳镇领导一直遵从习近平同志的指示，不断加强党风党纪建设，并体现于日常生活的时时处处。在镇政府机关食堂，笔者看到整齐有序的队列，就餐人员无论官职大小，一律排队。饭菜简单、家常，酌情自取，餐桌上不见浪费现象，饭后每人自己清洗餐具。长阳镇各级政府还积极组织有关人员前往井冈山、赣南等革命老区考察学习，学习老一辈无产阶级革命家的优良传统。2014 年 1 月 3 日，长阳镇举行“学习贯彻党的十八届三中全会精神专题辅导报告会”，邀请中共中央党校党建教研部教授任铁缨就“党风廉政建设”做专题辅导报告。镇部分机关干部和社区、村负责同志听取报告会，宣传部长商伟主持报告会。此次报告会不仅有助于长阳镇党政干部对党风廉政建设的形势和今后的走向有新的了解，而且对学习和贯彻党的十八届三中全会精神以及即将开展的党的群众路线教育实践活动起到推动作用。

参考文献

[1] 朱力：《中国当代城市环境的伦理批评》，《湖南师范大学社会科学学报》2008 年第 4 期。

[2] 中国科学院可持续发展研究组：《2002 年中国可持续发展战略报告》，科学出版社，2002。

[3] 张今杰、谢长青：《埃德加·莫兰复杂性思想述评》，《科学·经济·社会》2007 年第 4 期。

[4] 张建如：《生态城市的伦理观念创新》，《学海》2001 年第 5 期。

[5] 约翰·罗尔斯：《政治自由主义》，万俊人译，译林出版社，2000。

[6] 杨秀香：《关于城镇伦理的几个问题》，《伦理学研究》2004 年第 4 期。

[7] 许小主：《城市文化伦理的研究对象》，《湖南行政学院学报》2008 年第 1 期。

[8] 休谟：《道德原则研究》，曾晓平译，商务印书馆，2004。

[9] 熊十力：《体用论》，中华书局，1994 年 2 月版。

[10] 魏英敏：《新伦理学教程》，北京大学出版社，2012。

[11] 威廉·A. 哈维兰：《当代人类学》，王铭铭译，上海人民出版社，1987。

[12] 王正平、周治华：《小康社会与城镇伦理精神》，《伦理学研究》2005 年第 2 期。

[13] 蒙改琴：《浅析自然地理环境对城镇伦理的影响》，《科教文汇（下旬刊）》2008 年第 10 期。

[14] 吕方：《责任伦理的道德建设与城市现代化》，《南京工业大学学报》（社会科学版）2002 年第 1 期。

[15] 廖申白：《论西方主流正义概念发展中的嬗变与综合（上）》，《伦理学研究》2002 年第 11 期。

[16] 梁娅华、赵建：《论中西传统伦理思想的理性精神与情感因素——苏格拉底与孔

子伦理思想对比研究》，《黑龙江教育学院学报》，2009。
[17] 联合国人口基金：《2011 年世界人口发展报告》，2011。
[18] 李建龙：《现代城市生态与环境学》，高等教育出版社，2006。
[19] 李承宗、谢翠蓉：《和谐城市建设的伦理思考》，《城市问题》2008 年第 12 期。
[20] 黄少安：《制度经济学中六个基本理论问题新解》，《学术月刊》2007 年第 1 期。
[21] 衡孝庆：《关于城市伦理的思考》，《理论前沿》2005 年第 9 期。
[22] 衡孝庆：《关于城市伦理的思考》，《苏州科技学院学报》（社会科学版）2005 年第 3 期。
[23] 韩承敏：《城镇伦理视野中的市民公德建设》，《学海》2006 年第 6 期。
[24] 费孝通：《乡土中国》，北京大学，1998。
[25] 樊浩：《变革时期的伦理难题及其突破视角》，《学习与探索》1997 年第 5 期。
[26] 陈忠：《空间理论与城市秩序——中国特色城镇化研究报告（2010）》，黑龙江人民出版社，2011。
[27] 查中林：《试论儒家伦理思想中的“型范”问题》，《四川师范学院学报》（哲学社会科学版）1989 年第 4 期。
[28] 邴正：《社会转型时期的文化建构》，《吉林大学社会科学学报》1997 年第 4 期。
[29] 埃德加·莫兰：《复杂思想：自觉的科学》，陈一壮译，北京大学出版社，2001。
[30] Castells, M., *The Rise of the Network Society* (Oxford: Blackwell, 1996).
[31] 霍尔姆斯·罗尔斯顿：《环境伦理学》，杨通进译，中国社会科学出版社，2000。
[32] P. Aarne Vesilind , Alastair S. Gunn：《工程、伦理与环境》，吴晓东、翁瑞译，清华大学出版社，2003。
[33] 爱伦·S. 鲁宾：《阶级、税收和权力——美国的城市预算》，林琳、郭韵译，上海人民出版社，2011。

B.12

城乡统筹发展与中部地区人口城镇化的情况分析

舒小林*

摘　要：

城镇化是人类历史发展的客观趋势，是国家现代化的重要标志，也是解决农业、农村和农民问题的重要途径。本文在分析中部地区新型城镇化进程中的城乡内部的“二元结构”、本土城镇化、农民工等二元结构转变，人口城镇化的城乡收入、消费、生产力、人力资本差别效应的基础上，对中部地区人口城镇化困境及原因进行剖析，提出了破除城乡分割的体制性障碍、完善城乡产业互动机制、农民工市民化和返乡创业同步、推进中部地区城市群建设等对策建议。

关键词：

城乡统筹　中部地区　人口城镇化　路径探索

城镇化是人类历史发展的客观趋势，是国家现代化的重要标志，也是解决农业、农村和农民问题的重要途径。中部地区①地处我国内陆腹地，自然条件优越，是我国重要的粮食生产基地，在经济区位和地理区位中具有连接南北、承东启西的重要作用。因此，探索中部地区城乡差距状况、原因，统筹城乡发展和人口城镇化路径，对促进城乡“两轮”驱动中部地区社会结构变革具有重要的意义。

---

* 舒小林，男，中央财经大学经济学院博士研究生，贵州财经大学旅游管理学院副教授，研究方向为区域经济、产业经济。

① 备注：本文中部地区范围是指山西、安徽、江西、河南、湖北、湖南6省。由于国家统计数据时会出现不同，另加标注。

一　中部地区新型城镇化进程中的二元结构转变

随着我国市场经济体制不断完善，工业化进程加速，人口流动自由度增大，房地产业快速发展，中部地区新型城镇化进程日趋加快，城镇化率由2005年的36.5%，提高到2012年的47.2%，虽然低于全国平均水平，但每年以1.5个百分点提高，增速快于全国平均水平，如图1所示。

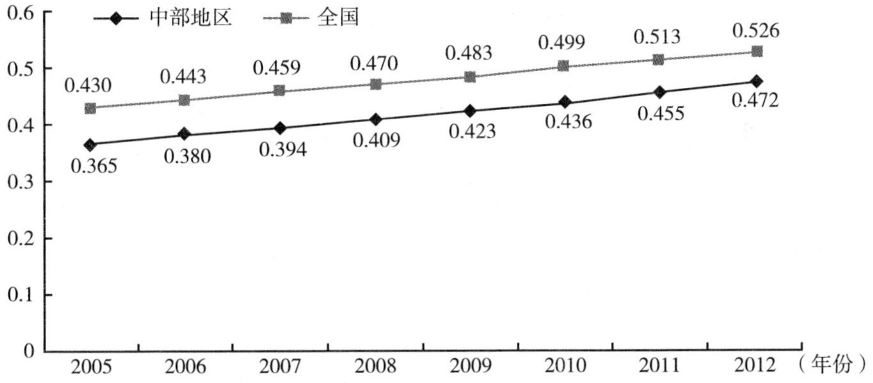

图1　2005～2012年中部地区与全国城镇化率对比

资料来源：国家统计局网站，地区统计数据/分省年度数据，http：//data. stats. gov. cn/workspace/index? m = fsnd。

与此同时，中部地区城镇的水、电、路、气、信息网络等基础设施明显改善，医疗、卫生、教育、文化以及社会保障等公共服务水平也快速提高，人均公共绿地面积不断增加，如表1所示。在城镇化快速推进的同时，不同层次级别城市生产效率的差异也在不断冲击着传统的城乡二元结构模式。

表1　中部地区2007～2012年城市基础设施和服务设施变化一览

指　标	2007年	2008年	2009年	2010年	2011年	2012年
用水普及率(%)	93.64	93.81	94.87	95.76	96.42	96.63
燃气普及率(%)	81.78	83.75	86.31	87.42	90.14	91.43
人均道路面积(平方米)	11.26	11.62	12.32	12.95	13.81	14.28
人均公园绿地面积(平方米)	8.40	8.85	9.45	10.09	10.56	10.90
生活垃圾无害化处理率(%)	51.23	60.17	67.63	74.52	80.77	85.57

资料来源：国家统计局网站，地区统计数据/分省年度数据，http：//data. stats. gov. cn/workspace/index? m = fsnd。

（一）城乡内部的“二元结构”问题

1. 城市内部的“二元结构”问题

在传统的城乡二元社会结构的基础上，市场化的力量以及大量农民进城又催生了城市内部的“二元结构”问题。近些年来，中部地区大城市人口快速膨胀，大城市病开始爆发凸显，经济增长与“城市让生活更美好”背道而驰，进城容易定居难，享受与城市居民同等的公共服务就更难，城市流浪及无稳定工作的人员加之城市原有的下岗工人，形成城市贫困问题和不公平问题，分裂了城市内部的社会，使部分传统城乡二元结构问题转移到城市内部。城市社会中的农民工、“蚁族”、流动人口等城市外来人口问题，“城中村”和“城乡接合部”的拆迁补偿、拆迁户就业、补偿费用等经营管理问题突出，正是城市内部的“二元结构”问题所积累矛盾的反映，传统城乡“二元社会”问题没有解决，新的城市内部“二元社会”问题已经形成。

2. 农民工问题

农民工已成为城市建设与繁荣的主力军。2012 年全国农民工总量达到 26261 万人，其中，中部地区农民工比例占 31.4%，并且外出农民工占 36.7%，如表 2 所示。但农民工由于受各种体制、机制等方面的约束，出现了：①“流而不迁”“流而难迁”的“无根化”现象，缺乏福利待遇、养老、社保、医疗卫生和教育等社会保障；②长期远离故土工作，产生春运出行艰难，因夫妻分居而出现“临时夫妻”、导致家庭破裂的社会问题；③新生代农

表 2　按地区分农民工构成

指标	2012 年		
	东部	中部	西部
农民工(%)	42.6	31.4	26.0
1. 外出农民工(%)	31.5	36.7	31.8
2. 本地农民工(%)	60.8	22.9	16.3
农民工总量(万人)	26261		

资料来源：国家统计局网站，《2012 年全国农民工监测调查报告》，http：//www.gov.cn/gzdt/2013-05/27/content_ 2411923.htm。

民工既不愿意回村当农民，又不能（没了土地经营权以及良种补贴等福利）或不愿成为市民，处于“两栖人”或者“候鸟”的状态；④农民工同样面临大城市拥堵、污染、生活压力大等“城市病”问题。

（二）本土城镇化问题

随着中部地区城镇化速度的加快，城市管理服务水平不高等本土城镇化问题也日渐凸显。①城市发展模式比较粗犷。一些城市往往注重城市空间的扩展和“城市形象工程”建设而轻视城市管理服务，注重速度而轻视质量，注重经济发展而轻视生态环境保护，从而产生交通拥堵，城市污水和垃圾处理能力不足，大气、水、土壤环境污染加剧等“大城市病”。②近年来，中部地区房地产业在快速发展的同时，也带来了不少房地产问题，一是房地产利润高于实体经济，周转快于实体经济，导致中部地区部分城市实体经济实力减弱；二是房地产业引起野蛮拆迁征地、土地财政依赖症，土地型资本运作难以持续，出现土地城镇化快于人口城镇化、“鬼城”问题；三是“千城一律”、文化遗产破坏、耕地资源浪费、房地产过度开发、土地利用效率低等问题。

（三）“三农问题”

中部地区作为我国重要的粮食生产基地，对保障国家粮食安全具有重要意义，但由于人口分布与经济布局不匹配，农民工与赡养人口异地居住，中部地区“空巢老人、留守儿童（妇女）、农民收入低、农田抛荒、设施落后”等严重制约“三农”发展的问题依然突出。

1. 农业边缘化和边远农村衰落

农村市场发育严重滞后，农产品商品率低下，产供销体系没有建立，资源配置无法优化，小农经营的比较利益恶化，加之富裕农民大量进城，农村青壮年农业劳动力减少，农村留守人口日趋老龄化，农业劳动力严重不足，农田撂荒和“空壳村”现象日增，传统的细碎农耕经营潜力已用尽，粮食稳产增产难度较大，边远农村衰落化严重。[①]

① 李博雅：《统筹城乡二元结构和体制创新》，《社会科学战线》2012 年第 9 期。

2. 农村社会问题突出

随着农村由封闭转向开放，青壮年劳动力外出，农民生活方式和价值观念快速变化，基层管理薄弱，农村社会问题突出。一是乡村治理机构涣散，缺乏相应的监督机制，干群关系紧张，社会矛盾增多，管理难度加大。二是留守老人、留守妇女和留守儿童社会问题严重，给经济和社会发展造成一定的风险隐患。由于农村社会保障制度没有建立健全，空巢老人缺乏照顾，产生焦虑、不安、孤独、失落、抑郁等心理健康问题；留守妇女承担家庭各种角色，劳动任务重，精神空虚孤单，缺少安全感，压力大；留守儿童一方面由于农村教育水平十分低下，另一方面与城市相比，家庭教育在时间、精力和能力方面远逊于城市，已经输在起跑线上；三是农村地区赌博成风。

二　中部地区人口城镇化的城乡差别效应

（一）收入水平：农村居民收入增长加快，城乡居民收入差距较大

1. 农村居民收入增长加快

从东中西部三大区域看，2007 年，中部地区农村居民家庭人均纯收入3836.67 元，到 2012 年提高到 7360.60 元，共增长了 92%，比东部地区高 7个百分点，比全国平均水平高 1 个百分点，但比西部地区低 7 个百分点，如表 3所示。

表 3　从 2007 年到 2012 年我国城乡居民收入增长对比表

单位：元

地区	城镇居民人均总收入		增长率	农村居民家庭人均纯收入		增长率
	2007 年	2012 年		2007 年	2012 年	
中部平均	12402.6	22396.8	0.81	3836.67	7360.6	0.92
西部平均	11149.8	19890.1	0.78	3004.2	6008.3	1
东部平均	18028.2	32079	0.78	6395.9	11808	0.85
全　国	14908.6	26959	0.81	4140.4	7916.6	0.91

资料来源：国家统计局网站，地区统计数据/分省年度数据，http：//data.stats.gov.cn/workspace/index？m = fsnd。

从城乡发展水平看，近年来中部地区农村居民家庭人均纯收入和城镇居民人均总收入基本上保持了同步增长，并且除2009年外，农村居民家庭人均收入增速均高于城镇居民，其中，2011年农村居民家庭人均纯收入比城镇家庭人均总收入增长率高3.4个百分点，如图2所示。说明中部地区农村居民家庭人均纯收入在加快增长，但农村居民家庭人均纯收入基数较低，增长幅度有限。

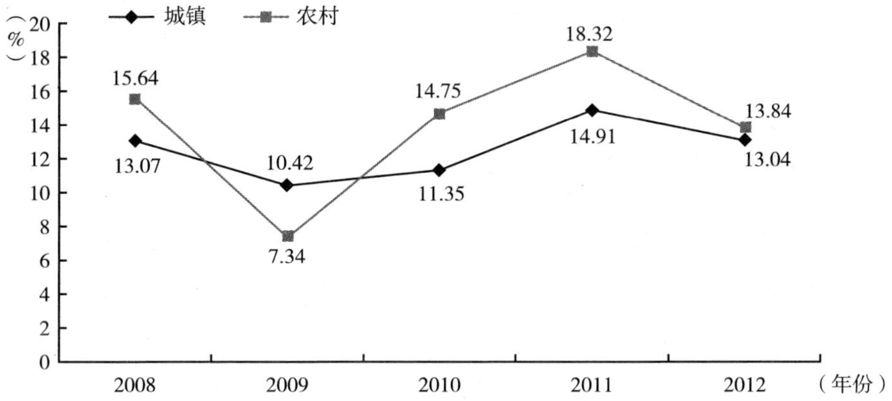

图2　中部地区城乡居民人均收入增长率对比

资料来源：国家统计局网站，地区统计数据/分省年度数据，http：//data. stats. gov. cn/workspace/index？m = fsnd。

2. 城乡居民收入差距仍然较大

在相对差距上，中部地区从2007年的3.23倍逐渐缩小到2012年的3.04倍，大于东部地区，小于西部地区，但远远高于韩国、中国台湾等在经济起飞时期的相应数据，其城镇居民收入一般是农民收入的1.4~1.6倍。[①] 在绝对差距上，中部地区城乡居民收入的绝对差距由2007年的8565.9元扩大到2012年的15036.3元，大于西部地区，小于东部地区和全国平均水平，并且差距呈现扩大趋势，如表4所示。因此，城乡居民收入差距仍然较大。

① 戴宏伟等：《城乡统筹与县域经济发展》，中国市场出版社，2005，第33~34页。

表4 2007~2012年我国城乡收入绝对差距和相对差距

单位：元；倍

地区	2007年		2008年		2009年		2010年		2011年		2012年	
	绝对差距	相对差距	绝对差距	相对差距	绝对差距	相对差距	绝对差距	相对差距	绝对差距	相对差距	绝对差距	相对差距
中部平均	8565.9	3.23	9586.9	3.16	10722	3.25	11776.9	3.16	13347.3	3.06	15036.3	3.04
西部平均	8145.5	3.71	9260.5	3.66	10107.7	3.67	10996.8	3.50	12329.6	3.36	13881.7	3.31
东部平均	11632.3	2.82	13330.1	2.84	14848.9	2.89	16378.9	2.84	18229.2	2.74	20270.9	2.72
全　国	10768.2	3.6	12307.2	3.59	13704.9	3.66	15114.4	3.55	17001.9	3.44	19042.4	3.41

资料来源：国家统计局网站，地区统计数据/分省年度数据，http：//data. stats. gov. cn/workspace/index？m = fsnd。

（二）消费水平：城乡消费总量差距明显，消费结构差异显著

1. 城乡居民消费支出差距依然明显

城乡居民消费支出在相对差距方面，中部地区从2007年的3.03倍逐渐缩小到2012年的2.81倍，缩小幅度明显，相对差距大于东部地区的2.46倍，小于西部地区的3.31倍，也小于3.1倍全国平均值。在绝对差距方面，中部地区城乡消费水平的绝对差距由2007年的7787.8元扩大到2012年的13289.0元，要小于西部地区、东部地区和全国平均水平，但差距还呈现扩大趋势，如表5和图3所示。

表5 2007~2012年我国城乡消费绝对差距和相对差距

单位：元；倍

地区	2007年		2008年		2009年		2010年		2011年		2012年	
	绝对差距	相对差距	绝对差距	相对差距	绝对差距	相对差距	绝对差距	相对差距	绝对差距	相对差距	绝对差距	相对差距
中部地区	7787.8	3.03	8760.2	2.97	9558.8	3.01	10447.2	2.91	11807.3	2.83	13289.0	2.81
东部地区	10093.0	2.58	11549.4	2.60	12629.6	2.61	13864.0	2.55	15431.8	2.47	17213.0	2.46
西部地区	8145.5	3.71	9260.5	3.66	10107.7	3.67	10996.8	3.50	12329.6	3.36	13881.7	3.31
全　国	9645.4	3.33	11020.2	3.31	12021.5	3.33	13190.4	3.23	14832.5	3.13	16648.1	3.10

资料来源：国家统计局网站：地区统计数据/分省年度数据：http：//data. stats. gov. cn/workspace/index？m = fsnd。

2. 城乡居民消费结构差异显著

2012年，中部地区农村居民和城镇居民各类消费水平差距较大，最大的

食品、交通和通信、衣着、文教娱乐开支分别相差 2987.5 元、1318.3 元、1280.6 元、1150.4 元，最小的居住开支相差 201 元，如图 4 所示。

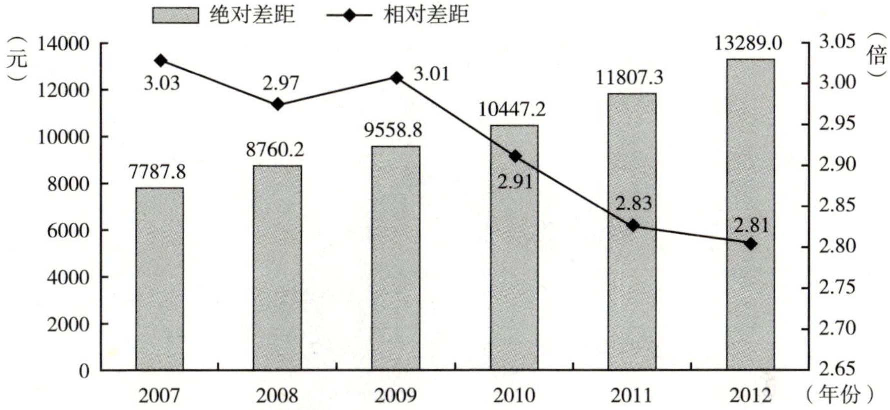

图 3　中部地区城乡居民消费的绝对差距和相对差距的变动趋势

资料来源：国家统计局网站，地区统计数据/分省年度数据，http：//data. stats. gov. cn/workspace/index？m = fsnd。

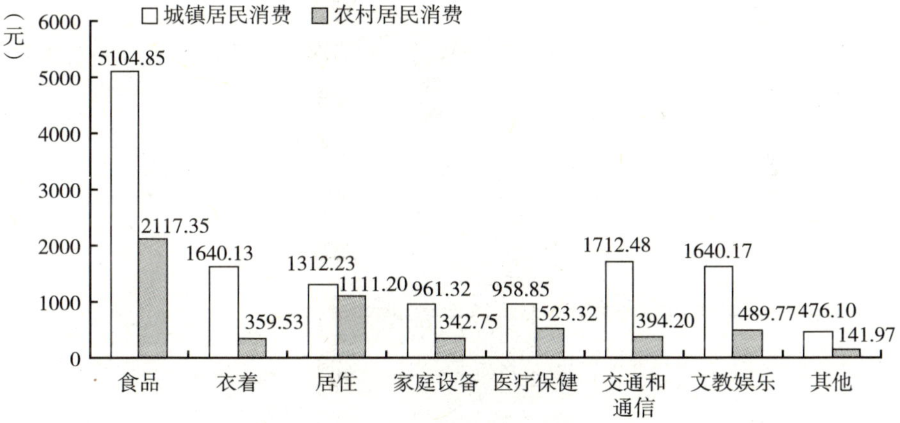

图 4　2012 年中部地区城乡居民消费支出

资料来源：国家统计局网站，地区统计数据/分省年度数据，http：//data. stats. gov. cn/workspace/index？m = fsnd。

2012 年城镇居民开支比例比农村居民开支比例高的主要是交通和通信、衣着、文教娱乐，分别多 5、5、3 个百分点，农村居民开支比例比城镇居民开支比例高的主要是居住、医疗保健，分别多 10、3 个百分点，食品、家庭设备和其他支出比例城乡基本一致，如图 5 所示。总体上说，城镇居民由于社会保障

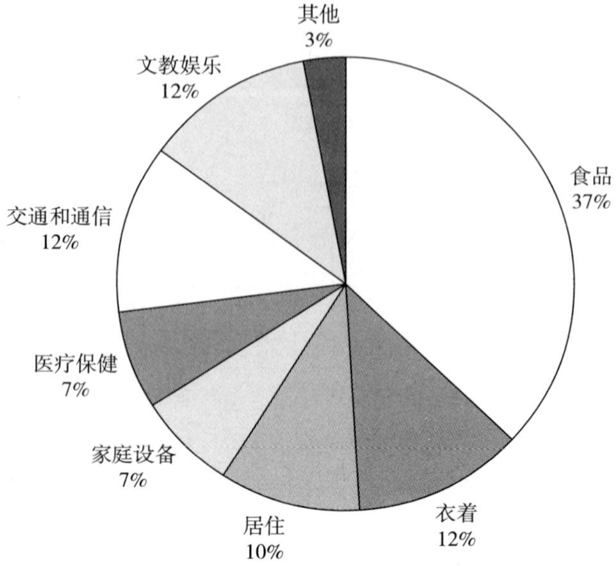

（a）城镇居民消费结构

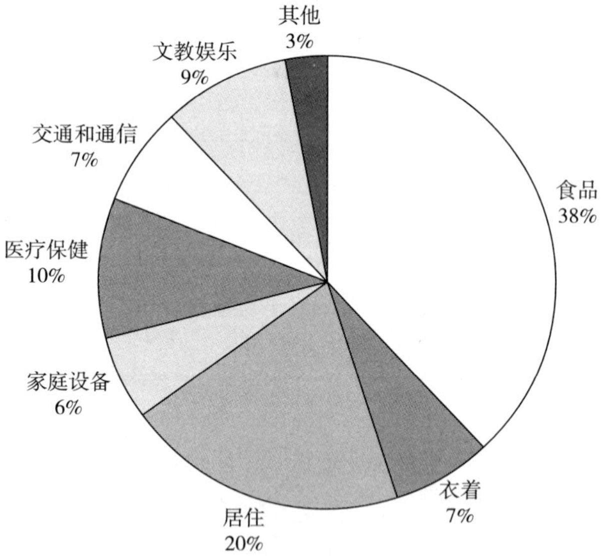

（b）农村居民消费结构

图 5　2012 年中部地区城乡居民消费结构

资料来源：国家统计局网站，地区统计数据/分省年度数据，http：//data. stats. gov. cn/workspace/index？ m = fsnd。

机制比较健全，消费支出呈现享受型特征，而农村居民还处在食、住和健康保健等基本保障型阶段。

3. 农村居民平均消费倾向高于城镇

平均消费倾向是指居民消费支出占收入的比重。[①] 从 2007 年到 2012 年，中部地区农村居民消费倾向一直高于城镇居民，2012 年最高高出 12 个百分点，2010 年最低也高达 8 个百分点，如图 6 所示。

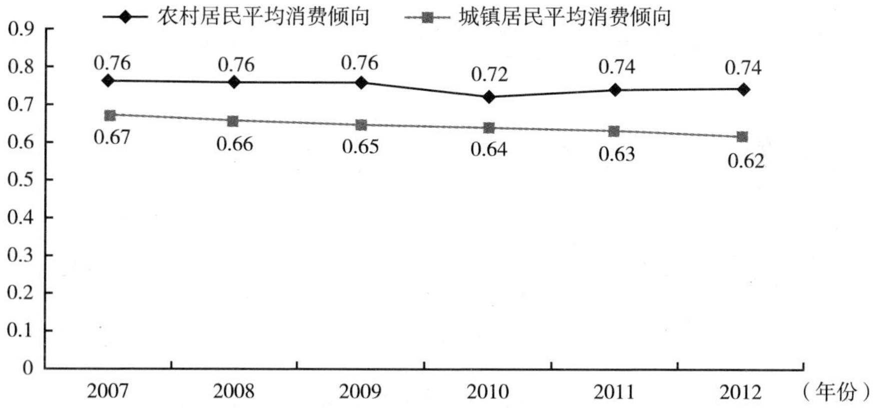

图 6　2007～2012 年中部地区城乡平均消费倾向

资料来源：国家统计局网站，地区统计数据/分省年度数据，http：//data. stats. gov. cn/workspace/index？ m = fsnd。

（三）生产力水平：城乡二元差距较大，一体化存在诸多问题

中部地区生产力水平差异较大，可从城镇与乡村的劳动生产率差距中得到体现，具体指标采用二元结构系数。[②] 2005～2012 年，中部地区二元结构系数从 2005 年的 9. 03 上升到 2006 年的 9. 45，然后开始逐渐下降，到 2012 年为 8. 16，但显著大于 1，说明中部地区存在明显的二元结构特征。与全国相比，

① 宋洪远等：《统筹城乡　加快农村经济社会发展》，《管理世界》2004 年第 4 期。

② 二元结构系数为非农产业劳动生产率与农业劳动生产率的比值。其中，劳动生产率以该产业的人均增加值表示，即增加值除以从业人员数。由于农业主要位于农村，非农业主要集中于城市，二元结构系数越大，说明二元结构越严重，城乡经济效率存在明显差距。邹海荣等：《中部地区城乡差距及成因分析》，《江西社会科学》2012 年第 1 期。

中部地区一直略低于全国平均水平，2011 年基本持平，到 2012 年开始略高于全国平均水平，如图 7 所示。

虽然国家采取了“以工哺农、以城带乡、良种补贴”等政策措施，但由于城乡的劳动生产率的差异，资本、人力、用地指标、科技等生产要素依然不断向城镇集聚，巨大的市场力量使得城乡一体化依然存在诸多问题。

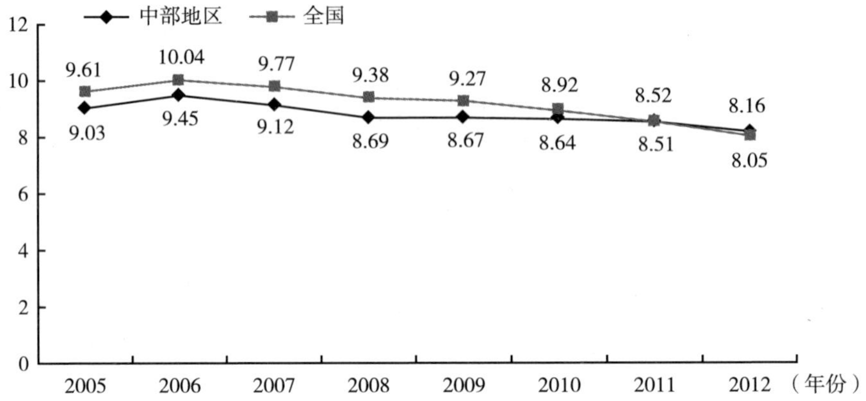

图 7　2005～2012 年中部地区与全国二元结构系数

资料来源：国家统计局网站，地区统计数据/分省年度数据，http：//data. stats. gov. cn/workspace/index？ m = fsnd。

（四）人力资本水平：农村空心化严重，城乡教育差距依然突出

农村空心化较为严重。每当春节结束，各类学校开学上课后，各地农村只剩下留守老人的现象特别严重。2012 年，中部地区（注：此处加上黑龙江、吉林）农村人口为 21897 万人，[①] 农民工 8256 万人，比上年增加 314 万人，增长 4.0%，中部地区农民工占农民工总量的 31.4%，占全部农村人口的 37.7%，[②] 若加上农村在外地的在校高中生、高职生、大学生，比例就更大。部分乡村地理位置偏僻，农村空心化十分严重，甚至连操办丧事也得到周边村租借劳动力。

① 国家统计局网站，《中国统计年鉴》，http：//data. stats. gov. cn/workspace/index？ m = fsnd

② 国家统计局网站，《2012 年全国农民工监测调查报告》，http：//www. gov. cn/gzdt/2013 – 05/27/content_ 2411923. htm。

城乡教育水平差距仍然突出。根据2010年全国人口普查数据，2010年，中部地区农村未上学居民比例比城镇居民高4个百分点，高中生比例城镇比农村高14个百分点，大专及以上城镇居民比农村居民高14个百分点，如图8所示。

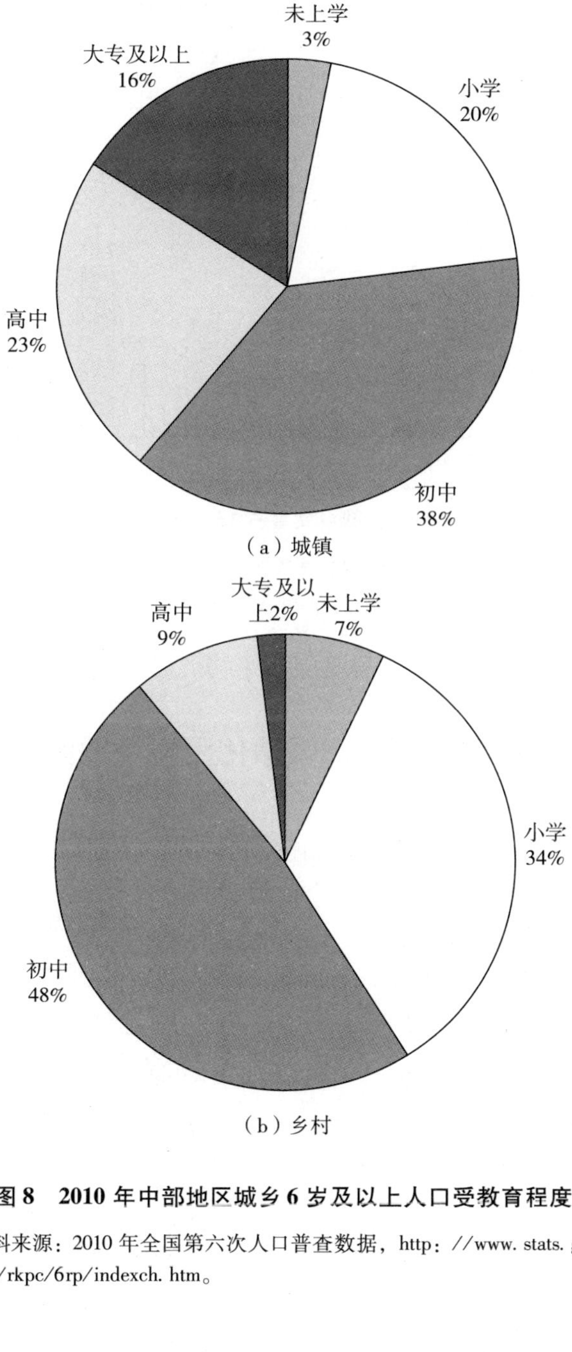

图8　2010年中部地区城乡6岁及以上人口受教育程度

资料来源：2010年全国第六次人口普查数据，http：//www.stats.gov.cn/tjsj/pcsj/rkpc/6rp/indexch.htm。

从文盲占15岁及以上人口比重来看，城乡差异也较为明显，中部地区各个省份差异较大。中部地区文盲占15岁及以上人口比重城乡之间相差4.03个百分点，要低于全国平均水平的4.78个百分点，但内部差异较为明显，其中安徽省高出全国平均水平2.7个百分点，湖北省也接近全国平均水平，如图9所示。

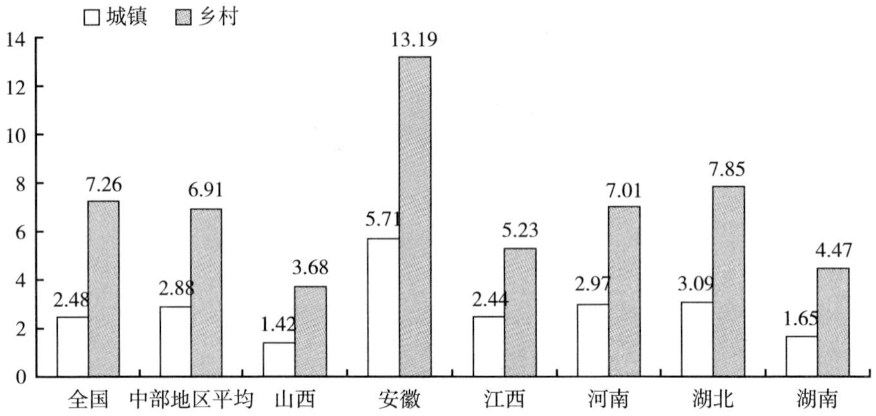

图9　2010年中部地区城乡文盲占15岁及以上人口比重差异

资料来源：2010年全国第六次人口普查数据，http：//www.stats.gov.cn/tjsj/pcsj/rkpc/6rp/indexch.htm。

三　中部地区人口城镇化困境及原因剖析

（一）户籍制度及福利政策的差异

近年来，我国对农村居民提供了在家乡的耕地承包权和宅基地使用权等基本社会保障。① 但户籍制度仍然是二元的，使农民在福利待遇和社会保障方面与城市居民难以享受平等的待遇。

第一，劳动报酬及福利差异。农民财富的源泉有劳动力、土地以及依附于土地上的各种自然资源三项要素禀赋。由于户籍的差异，农民工同工不同酬的

① 李博雅：《统筹城乡二元结构和体制创新》，《社会科学战线》2012年第9期。

现象极为普遍。同时，在较多的单位，农村户口的多为临时工，与正式职工相比，除了工资报酬以外，各种应该享受的福利待遇相差甚远，农民不能享受同等国民待遇，这使得城乡居民收入差距难以缩小，社会不公问题加重。

第二，社会保障的差异。目前，社会保障体系绝大部分是针对城镇居民的，由于将全部的农民纳入“社会保障安全网”需要“天文数字”的财政开支，而农村居民社会保障体系没有建立和完善，城乡居民在上学、就业、晋升、医疗、养老等社会福利待遇上迥然不同，甚至是城乡同命不同价，等等。这一方面使得农民工在外“无根化”，没有归宿感；另一方面，无形中使得农民增加较多的养老、医疗、教育培训等开支，从而抑制农民对其他方面的消费开支，拉大城乡居民生活水平差距。

第三，公共财政制度差异。近年来，国家不断加大对农村地区在基础设施、义务教育等方面的投入，取得了明显的效果，但公共财政制度方面城乡差异依然显著。一是公共财政投入继续重点倾向城镇以缓解外来人口快速增长带来的各类问题；二是农村硬件环境有所改善，但师资力量、农民素质技能等软实力与城镇差别很大；三是农村生活垃圾处理等环保投入极其有限。

第四，在现阶段分税制和不合理的政绩观驱使下，中部地区城镇化较大程度为土地财政、房地产驱动型，市场经济时代农民集体土地补偿缺乏市场定价，地方政府可以获得可观的土地收益和“政绩建筑”，而农民即使住上城镇房子，也没有稳定的收入来源。

从表面上看，以上诸多问题的“罪魁祸首”是户籍制度，但从更深层次思考，是由政府注重经济增长而忽略社会问题，导致社会政策缺位或不到位而引发的。

（二）城乡工业失调，产业结构不合理

城镇化若是没有产业支撑，就会出现城市的“空心化”，城镇也无法吸纳农民转变为市民。一是中部地区工业化水平落后与全国产能过剩矛盾。近年来，虽然中部地区的工业经济发展势头良好，但仍然是较低层次的产业结构水平，大中城市工业化水平和服务业发展水平相对较低，乡村更低，亟须加速工业化，但又面临全国相对产能过剩问题的制约，这也导致大量农民工仍然

“抛家舍农”到东部地区务工；二是城乡工业结构趋同。由于中部地区农村工业产业集中度低，技术水平落后，城市工业缺乏高新技术，只能发展“跟风跑、赶潮流”的传统产业，使得农村与城市工业结构趋同，必然导致城乡工业之间出现严重障碍。[①]

（三）城镇辐射能力弱，城市群培育不足

中国城市群形成发育中普遍存在着发育程度低、紧凑程度低、[②] 投入产出效率低和资源环境保障程度低[③]等“四低”问题。方创琳（2011）根据发育程度、紧凑度、空间结构稳定度与投入产出效率四项指标对中国23个城市群进行测定，中部地区的武汉城市群、中原城市群、环鄱阳湖城市群分别排第七、第八、第九位，长株潭城市群排第十一位，江淮城市群排第十三位，晋中城市群则排到十七位。[④] 由此可见，中部地区城镇辐射功能弱，城市群培育不足且分布不均衡。一是缺乏与省会城市比肩的支柱城市，作为农民工实现当地就业“主战场”的小城镇发展缓慢，产业集中度不高，[⑤] 缺乏足够的产业满足农民工“不出县，就挣钱”，不利于中部地区城镇化建设。[⑥] 二是各个城市之间发展不协同，产业同质化，一方面造成重复建设和资源浪费，另一方面导致城市之间的竞争大于合作，摩擦多于融合。三是资本、劳动力、产业和优质资源向大城市或者超级大城市过度集中，形成“大城市病”和城市内部“二元结构”。

（四）农民工市民化面临重重障碍

虽然我国积极开展农民工市民化探索，但户籍制度与保障制度不匹配、不协调、不同步，[⑦] 资源分配不合理等问题依然制约着农民工市民化。首先，农

---

① 邹海荣等：《中部地区城乡差距及成因分析》，《江西社会科学》2012年第1期。
② 方创琳等：《中国城市群紧凑度的综合测度分析》，《地理学报》2008年第10期。
③ 方创琳等：《中国城市化进程及资源环境保障报告》，科学出版社，2009，第27～36页。
④ 方创琳：《中国城市群形成发育的新格局及新趋向》，《地理科学》2011年第9期。
⑤ 邹海荣等：《中部地区城乡差距及成因分析》，《江西社会科学》2012年第1期。
⑥ 邹海荣等：《中部地区城乡差距及成因分析》，《江西社会科学》2012年第1期。
⑦ 金三林：《农民工市民化的主要障碍及政策取向》，《学习时报》2011年9月5日第4版。

民工本地化障碍。农民工就业地需要解决其就业，为其提供福利、保障。但当前农民工由于受到自身素质等因素的影响，收入水平较低，居住条件较差，缺乏必要的社会保障。根据《2012 年全国农民工监测调查报告》，中部地区（注：此处加上黑龙江、吉林）25.5% 的农民工从事建筑业，23.2% 从事制造业，[①] 就业层次主要分布在较低层次的城镇劳动密集型行业，工作不稳定，如表 6 所示。

表 6　2012 年农民工在不同地区从事的主要行业分布

单位：%

行业	全国	东部地区	中部地区	西部地区
制造业	35.7	44.6	23.2	15.4
建筑业	18.4	13.9	25.5	28.4
交通运输、仓储和邮政业	6.6	5.6	8.2	8.8
批发零售业	9.8	8.5	12.6	11.9
住宿餐饮业	5.2	4.4	5.8	7.6
居民服务和其他服务业	12.2	12.4	11.3	12.1

资料来源：国家统计局网站，《2012 年全国农民工监测调查报告》，http：//www.gov.cn/gzdt/2013－05/27/content_ 2411923.htm。

同时，收入水平较低。2012 年在中部地区（注：此处加上黑龙江、吉林，为中部地区八省）务工的农民工月收入水平为 2257 元，低于全国平均水平（2290 元），如表 7 所示。扣除生活成本，中部地区（注：此处加上黑龙江、吉林）农民工在东部地区的收入结余是 1518 元，低于在本地区务工的农民工平均结余。以受雇形式从业的农民工，在单位宿舍中居住的占 32.3%，在工地或工棚居住的占 10.4%，在生产经营场所居住的占 6.1%，与他人合租住房的占 19.7%，独立租赁住房的占 13.5%，有 13.8% 的外出农民工在乡镇以外从业但每天回家居住，仅有 0.6% 的外出农民工在务工地自购房。[②] 而且农民

① 国家统计局网站，《2012 年全国农民工监测调查报告》，http：//www.gov.cn/gzdt/2013－05/27/content_ 2411923.htm。

② 国家统计局网站，《2012 年全国农民工监测调查报告》，http：//www.gov.cn/gzdt/2013－05/27/content_ 2411923.htm。

工缺乏社会归属、向上流动的机制和空间，如参加农民协会、工会等组织的较少，利益诉求不畅和不受重视，参政议政更是寥寥无几。

表 7　外出农民工在不同地区务工的月收入水平

单位：元/人

	2008 年	2009 年	2010 年	2011 年	2012 年
全国	1340	1417	1690	2049	2290
东部地区	1352	1422	1696	2053	2286
中部地区	1275	1350	1632	2006	2257
西部地区	1273	1378	1643	1990	2226

资料来源：国家统计局网站，《2012 年全国农民工监测调查报告》，http：//www. gov. cn/gzdt/2013 - 05/27/content_ 2411923. htm。

其次，农民工家庭化障碍。农民工除了自身发展之外，目前还存在享受不了退休金、房贴、最低生活补助、城市最低生活水平保障等保障，子女进了城教育无着落，留守在老家的老人无人照顾，受文化、习俗、观念等一系列藩篱阻隔难以融入城市等问题，从而形成“断崖式”二元结构社会。

最后，农民工自身因素障碍。在全部农民工中，文盲占 1.5%，小学文化程度占 14.3%，初中文化程度占 60.5%，高中文化程度占 13.3%，中专及以上文化程度占 10.4%。在农民工中，接受过农业技术培训的占 10.7%，接受过非农职业技能培训的占 25.6%，既没有参加农业技术培训又没有参加非农职业技能培训的农民工占 69.2%。[①] 中部地区上述指标即使高于全国平均水平，农民工自身素质低也是不争的事实。

四　城乡统筹与中部地区人口城镇化的对策

针对中部地区城乡差异、效应分析及原因剖析，要统筹中部地区城乡发展，有效推进中部地区人口城镇化，需要破除城乡分割的体制性障碍，建立统

① 国家统计局网站：《2012 年全国农民工监测调查报告》，http：//www. gov. cn/gzdt/2013 - 05/27/content_ 2411923. htm。

筹城乡劳动力市场，完善城乡产业利益共享机制，实施农民工市民化和返乡创业“二轮驱动”，在建设规划、基础设施、公共服务等方面有序推进城乡的一体化发展，推进农业转移人口市民化，以产业为基础，走集约、智能、绿色、低碳的新型城镇化道路。①

（一）破除城乡分割的体制性障碍

《国家新型城镇化规划（2014－2020年）》明确提出：“要合理引导人口流动，有序推进农业转移人口市民化，稳步推进城镇基本公共服务常住人口全覆盖”的要求，积极推进社会公正、平等的社会政策改革。

1. 加快土地制度改革

第一，建立公开市场，加强土地用途管制。对公共用途的土地，改革收益分配机制，建立收益“返还”机制，依照法律规定和市场价格开展征用补偿；对非公共用途的土地，要建立统一的城乡用地市场及监管体系。第二，还权赋能，保障农民权益。确定农村土地的所有权、使用权和承包权并颁发证书，将农民长期土地使用权转让、抵押、入股、出租和出售，盘活农民财产性收入，如“还权赋能、农民自主”的成都模式。② 第三，建立完善农村土地流转制度。在土地流转模式方面，主要有把宅基地与承包地分开、搬迁与土地流转分开，以宅基地置换城镇房产、以土地承包经营权置换社会保障等权益的“嘉兴模式”；③ 组建土地股份合作社的“苏州模式”④；还有中信信托、北京信托介入农村土地流转，即将形成的新的流转模式。这些模式对增加农民土地财产性收入、实现土地集约具有重要作用。在土地流转路径方面，一是土地流转，将土地集中到少数人手中，进而实现集约，建立私有大农庄；二是农民以土地入股分红，以雇工获得劳动收入，建立股份制的集体农庄。后者是中国应该走的道路。第四，城乡互动，实现土地占补平衡。利用城市级差地租收益，进行农村基础设施建设和土地整理，补偿城市建设用地，提升农村土地价值。但中

---

① 刘树成：《我国经济进入中高速增长阶段》，《人民日报》2013年10月14日第7版。

② 李光跃等：《统筹城乡发展的“成都模式”初探》，《系统科学学报》2010年第1期。

③ 嘉兴市统计局课题组：《统筹城乡发展中“嘉兴模式”研究》，《调研世界》2010年第7期。

④ 陈俊梁：《城乡一体化发展的“苏州模式”研究》，《调研世界》2010年第7期。

部地区是国家粮食重要生产基地，要防止占优补劣、占好补差，应以农民宅基地为主，保障国家粮食安全。

此外，在明晰农村土地产权主体，实现城乡土地产权对等[①]方面还有待继续探索，修改完善相关法律。

2. 推进户籍制度与统一城乡公共服务改革

改革户籍制度的关键是改革与户口挂钩的社保、就业、教育等利益分配机制，要以就业机会公平为基础，有序推进其他社会福利均等。第一，以农民工户籍制度改革为突破口。在房产税、分税制改革的基础上，增强地方财权，因地制宜制定政策，统一农民工与中心城镇居民的社会保障，对需要控制规模的大城市或者特大城市，可以通过积分方式逐步吸纳“半城市化”农民工群体。第二，实行户籍制度与土地制度联动改革。一是在城乡占补平衡的基础上，实行土地占补指标与新增户籍人口挂钩。二是继续保留迁移户口农民的土地承包经营权，但是对连续撂荒 3 年的土地要收归集体或者无偿进行流转。第三，实现城乡基本公共服务制度的对接。对广大农村来说，公共服务要从无到有、从低到高，逐步建立，逐步提高，最后实现城乡统一。

3. 统一城乡劳动力市场

第一，创造平等的就业机会。进城农民在求职、签订劳动关系、薪资待遇等方面，与城镇职工同等。[②] 第二，提升农民素质。一是对教育资源进行优化配置，加强对农民思想观念转变和综合素质提高的教育培训；二是加大职业技能培训教育，提高农村劳动力的农业相关知识水平、管理方面劳动技能和职业技能，掌握相关法律法规。

（二）建立和完善城乡产业互动机制

产业支撑是城乡统筹发展的动力，城乡二元结构形成的经济根源，就是城乡产业分割，产业关联性不强。推进城乡统筹发展需要城乡产业互动、三次产业互动、产业利益共享机制和有效承接产业转移。

---

① 杨鹏等：《中国实现“四化同步”的挑战：目标 VS 制度》，《农业经济问题》2013 年第 11 期。

② 中部地区统筹城乡发展研究课题组：《中部地区统筹城乡发展的问题、原因和对策》，《社会主义研究》2007 年第 3 期。

1. 城乡产业互动

随着中部地区基础设施逐步完善，区位优势差异不是特别明显，在市场机制作用下，运用产业政策引导产业分工，城市利用资金、技术、人才等要素禀赋优势，发展资本、技术密集型的产业门类；城镇、农村则根据自身的资源、传统工艺和特定市场等优势发展特色产业，实现城乡各自发展有比较优势又能互补的产业。

2. 围绕农业资源，三产互动

根据中部地区农业资源丰富的特点，运用“以工促农、以贸带农、以旅（旅游）益农”的方式，建立龙头企业连接农产品基地，大力发展农副产品深度加工业、系列加工业，创造品牌和上下游产业之间的利益共享机制，举办和参与农产品交易，建立研、种、养、加（储）、贸、旅一体化的链条产业，实现三产互动发展。

3. 产业利益共享

一是大力发展“公司（中介组织、科研机构）+基地+农户”和“农民专业合作社”等经济组织形式，通过推进资源资产化、资产资本化、资本股份化、股份市场化，壮大镇、村集体经济，农民则以入股保底、分红和务工获得收入。二是建立提升农村公共服务的机制，加大财政引导资金投入，通过以奖代补推动公共服务资源向农村倾斜，形成以工促农、以城带乡的新型工农、城乡关系。[①]

4. 承接产业转移

湘南、赣南、皖北等靠近东部沿海地区，充分利用地理邻近的区位、劳动力成本和逐步完善的基础设施等优势，主动承接劳动密集型产业梯度转移，与东部沿海地区共享市场和管理，吸纳本地就业。

（三）农民工市民化与返乡创业同步

城镇化的内涵，是试图解决城乡二元经济问题，通过改善综合环境，完成产业转移和农业反哺，就地稳定农民，减少城市特别是大城市压力，建立起城

① 卢水生：《体制创新提升城乡一体化》，《苏州日报》2012年12月10日。

乡平衡和谐的经济模式。这既需要农民工市民化，又需要其返乡创业，共同推进城乡统筹发展。

首先，要推进农民工市民化。要实现农民工市民化，由于历史欠账太多，市民化成本较高，因此，只能根据农民工群体类型，因地制宜地有序推进，如表8所示。一是从提供福利层次难易程度来说，城镇需要先从“就业机会平等”开始，向提供“稳定的就业＋享受市民的公共服务＋政治、社会权利”市民化迈进。二是从国家对不同城市规模发展政策来说，《国家新型城镇化规划（2014－2020年）》提出：“全面放开建制镇和小城市落户限制，有序放开城区人口50万～100万的城市落户限制，合理放开城区人口100万～300万的大城市落户限制，合理确定城区人口300万～500万的大城市落户条件，严格控制城区人口500万以上的特大城市人口规模。”三是从农民工流动性大小来看，对于基本融入城市的农民工，其市民化意愿和能力都比较强，需要提供子女平等升学机会，促进其家庭融入城市社区。长年在城市打工以新生代为主，其市民化意愿较强但市民化能力较弱，需要不断提升其人力资本水平。间歇性或季节性农民工和在老家的潜在农民工，市民化意愿和能力都比较弱，政策重点是为其提供平等就业机会①。

表8　农民工因地制宜地有序推进市民化类型

分类标准	第一优先类	第二优先类	第三优先类	最困难类型
提供福利层次难易程度	就业机会平等	基本的教育机会＋就业机会平等	稳定的就业＋享受市民的公共服务	稳定的就业＋享受市民的公共服务＋政治、社会权利
城市规模	建制镇和小城市	中等城市	大城市	特大城市
流动性大小	基本融入城市的农民工	常年在城市打工的农民工	间歇性或季节性农民工	在老家潜在的农民工

农民工市民化后，城镇还应该重视“新市民”，尤其是其子女、老人的权利资本和文化生活习性，进一步推动制度融合、文化融合、社会融合以及心理

① 金三林：《农民工市民化的主要障碍及政策取向》，《学习时报》2011年9月5日第4版。

融合，使“新市民”真正地融入城镇社会。[①]

其次，鼓励农民工返乡创业。农民工返乡创业对解决“空巢老人、留守儿童（妇女）、农民收入低、农田抛荒、设施落后”等“三农问题”；“春运出行难，‘无根化’，打工城市拥堵、污染、生活压力大等‘城市病’”问题和“产业空心、房地产所引起的拆迁征地、土地财政依赖症、‘鬼城’（土地城镇化快于人口城镇化）”等本土城镇化问题具有重要作用。

一是多渠道为返乡创业人员向外借智，如从农村本村籍在外工作人员、老板、成功人士、致富能人、党政机关干部中挑选人才，成立创业协会，聘其为创业顾问等；二是采用多元化模式培训，提高创业人员素质，如利用专家讲座、参观考察、经验交流等方式，培养农村致富带头人、农民技术员、农村种植养殖能手、加工能手、农村经纪人、各类能工巧匠和科技带头人；三是鼓励农民通过建立家庭加工作坊等创业兴业，在创业培训、项目审批、信贷发放、土地使用等方面给予优惠；四是鼓励和支持建立专业合作组织和专业技术协会，积极提供贷款担保、市场开拓、技术信息等各类服务。

（四）推进中部地区城市群建设

1. 建立城市群协调机构组织

根据2010年国家出台的《促进中部地区城市群发展的指导意见》，在国家和省级发改部门建立权威、高效城市群协调机构组织，国家负责省际城市群关系协调，如长江中游城市群（武汉城市群、长株潭城市群和环鄱阳湖城市群），省级则负责城市群内部各城市关系协调，以城市群发展目标、城市的功能定位和分工、交通信息基础设施建设、市场的整体布局为重点统一规划，确立协同共治理念，协调开发方向，坚持市场在资源配置中起决定性作用和发挥政府重要作用的原则，充分利用城市群的自然联系和资源、区位优势，形成既有分工又有联系的有机开发整体，形成互惠的机制，促进城市群各城市实现优势互补、资源与市场共享、良性互动的可持续发展。

---

① 刘传江等：《农民工市民化障碍解析》，《人民论坛》2011年第9期。

2. 建立完善城市群发展协调机制

中部地区要加快建立和完善城市群发展协调机制，如图10所示，从战略的高度出发，在背景区域城市群协调组织下，以城市群为主要平台，制定政策支撑体系和建立作为协调系统的主管机构，统一协同共治理念，建立信息互交机制、利益协调机制。在这两大系统的安排协调下，优化布局，以保护生态环境作为前提推动区域环境联防联控联治，对区域资源进行整合，加强公交一卡通、电话统一区号等交通信息网络基础设施建设，破除行政壁垒和垄断，发挥各地比较优势，开展产业协作，树立区域品牌形象，共同营销推广，推行在城市群内同等享受市民待遇制度，形成以经济区为单位，以大城市（服务业聚集）为核心，若干职能分工和功能的组团（制造业集聚）共同构成的城市群。

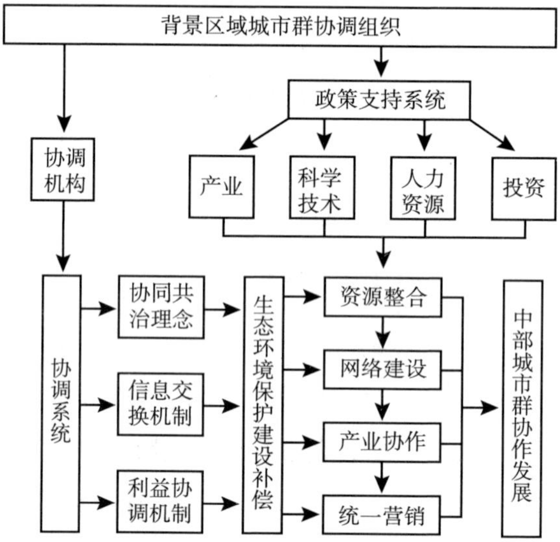

图10 中部地区城市群协调机制

3. 合理优化城镇网络体系

《国家新型城镇化规划（2014－2020年）》提出："优化城镇规模结构，增强中心城市辐射带动功能，加快发展中小城市，有重点地发展小城镇，促进大中小城市和小城镇协调发展。"首先，大城市对社会来说总体成本要少，可以集约土地，居民可以享受比较好的社会福利，具有更高的效率，吸纳就业的能力最强，在城市群建设中，要增强省会城市的经济实力，大城市还可以更大。① 其次，发展大中等次级城市，要加速向大城市演化，扩大城市群的积聚和辐射的能量。最后，大城市有经济门槛、文化门槛、情感距离、承载能力等问题，还需加快建设特色加工业型、资源开发型、商贸物流型、休闲旅游型、交通枢纽型等特色中小城市、小城镇。

参考文献

［1］李博雅：《统筹城乡二元结构和体制创新》，《社会科学战线》2012 年第 9 期。

［2］戴宏伟等：《城乡统筹与县域经济发展》，中国市场出版社，2005，第 33～34 页。

［3］宋洪远等：《统筹城乡　加快农村经济社会发展》，《管理世界》2004 年第 4 期。

［4］邹海荣等：《中部地区城乡差距及成因分析》，《江西社会科学》2012 年第 1 期。

［5］方创琳等：《中国城市群紧凑度的综合测度分析》，《地理学报》2008 年第 10 期。

［6］方创琳：《中国城市化进程及资源环境保障报告》，科学出版社，2009，第 27～36 页。

［7］方创琳：《中国城市群形成发育的新格局及新趋向》，《地理科学》2011 年第 9 期。

［8］金三林：《农民工市民化的主要障碍及政策取向》，《学习时报》2011 年 9 月 5 日第 4 版。

［9］刘树成：《我国经济进入中高速增长阶段》，《人民日报》2013 年 10 月 14 日第 7 版。

［10］李光跃等：《统筹城乡发展的“成都模式”初探》，《系统科学学报》2010 年第 1 期。

［11］嘉兴市统计局课题组：《统筹城乡发展中“嘉兴模式”研究》，《调研世界》2010 年第 7 期。

［12］陈俊梁：《城乡一体化发展的“苏州模式”研究》，《调研世界》2010 年第 7 期。

［13］杨鹏等：《中国实现“四化同步”的挑战：目标 VS 制度》，《农业经济问题》2013 年第 11 期。

［14］中部地区统筹城乡发展研究课题组：《中部地区统筹城乡发展的问题、原因和对策》，《社会主义研究》2007 年第 3 期。

① 中部地区统筹城乡发展研究课题组：《中部地区统筹城乡发展的问题、原因和对策》，《社会主义研究》2007 年第 3 期。

[15] 张晖：《我国统筹城乡发展模式的反思及矫正建议》，《中州学刊》2012 年第 6 期。
[16] 易鹏：《如何打造城镇化“升级版”》，《中国青年报》2013 年 4 月 1 日第 2 版。
[17] 卢水生：《体制创新提升城乡一体化》，《苏州日报》2012 年 12 月 10 日。
[18] 金三林：《农民工市民化的主要障碍及政策取向》，《学习时报》2011 年 9 月 5 日第 4 版。
[19] 刘传江等：《农民工市民化障碍解析》，《人民论坛》2011 年第 9 期。

B.13

产业升级、劳动力流动与我国新型城镇化建设的问题与建议

李德伟　吕文杰　阿布都瓦力·艾百*

摘　要：

产业升级、劳动力流动及城镇化是社会经济发展中相互联系、相互影响的三个方面，而城镇化的实质是农村劳动力或农业人口向非农产业转移，并向城镇集聚的过程。近年来我国新型城镇化加快推进，但依然存在城镇化水平较低、就业与产值比重不协调、城乡一体化建设滞后等问题。在上述分析的基础上，本文提出转变经济发展方式、构建新型城乡空间形态、完善居民创业平台、加快户籍改革等政策措施。

关键词：

产业升级　劳动力流动　新型城镇化

一　引言

城镇是社会经济发展的重要载体，也是工业化发展的必然趋势，更是衡量一个国家和地区社会经济发展水平的重要标志。大力推进新型城镇化是我国当前发展的现实需要，也是长远发展的持续动力，对于促进我国社会经济发展具有十分重要的作用。新型城镇化的加快推进取决于劳动力转移的速度与规模，而劳动

* 李德伟（1955～），男，博士，经济学教授、博导，国家工商行政管理总局行政学院副院长，研究方向为经济学；吕文杰（1982～），女，硕士，广西电力职业技术学院讲师，研究方向为城市经济、产业经济、教育经济；阿布都瓦力·艾百，中央财经大学金融学院博士生，新疆财经大学金融学院讲师。

力转移又受到农业的推力和非农产业拉力的共同影响，农村剩余劳动力的城镇转移主要受非农产业就业容量增长的影响，即非农产业就业容量越大就越有利于农村剩余劳动力转移。国家高度重视新型城镇化的推进，国家和地方各级政府相继出台系列政策和措施，加快劳动力转移和产业升级，促进新型城镇化建设。党的十六大报告就提出“逐步提高城镇化水平，坚持大中小城市和小城镇协调发展”的战略部署。在此基础上，党的十七大报告进一步明确了“以增强综合承载能力为重点，以特大城市为依托，形成辐射作用大的城市群，培养新的经济增长极”的目标和任务。2010 年中央一号文件开始着重户籍制度的改革，试图从户籍放宽的角度推进城乡统筹发展，促进城镇化进程。2012 年 9 月中旬，李克强副总理在党中央举办的推进城镇化建设的省部级领导干部研讨班上指出，“积极稳妥推进城镇化是一个事关长远的大战略，要放在实现现代化和经济社会发展的大趋势中来思考”；在随后 2012 年 9 月 25 日全国资源型城市与独立工矿区可持续发展及棚户区改造工作座谈会上再次强调，“加快资源型城市可持续发展，带动内需扩大和就业增加，走可持续的新型城镇化道路”。2013 年 12 月，在中央城镇化工作会议上总书记习近平、总理李克强做重要讲话，明确了推进城镇化的主要任务，包括推进农业转移人口市民化、提高城镇建设用地利用效率、优化城镇化布局和形态等。2014 年 3 月 16 日党中央、国务院正式印发《国家新型城镇化规划（2014－2020 年）》，明确我国未来城镇化的发展路径、主要目标和战略任务，为有序推进农业转移人口市民化、促进经济转型升级和社会和谐进步提供了宏观性、战略性、基础性指导。

产业升级、劳动力转移是新型城镇化建设的主要内容和关键要素，有效推进城镇化进程也是破解城乡二元结构、促进城乡协调发展的重要途径。那么，如何推进新型城镇化建设？如何把握产业升级和劳动力转移互动内在机制？我国学者进行了广泛的探讨。杨兵等从城乡产业要素分工和集聚的视角分析了我国农村剩余劳动力要素流动促进城乡产业发展和要素技术积累的典型模式，指出劳动力流动可以通过对要素报酬率提高的内生需求改变资源的配置效率，从而实现城乡协调发展的目的。[①] 倪鹏飞深刻反思中国的城镇化建设，对新型城

① 杨兵、马捷、锁利铭：《我国农村劳动力要素流动与城乡协调发展》，《中国行政管理》2009 年第 1 期。

镇化的模式、路径与战略进行全面系统的总结，对我国产业升级、劳动力转移等进行了有效的探索。[①] 彭荣胜、覃成林通过构建农村劳动力转移模型，对河南农村劳动力转移的影响要素进行定量分析，最后提出河南省通过合理发展第三产业，推进城市化的政策建议。[②] 张复明通过对太原的实证研究指出，经济发展的不同阶段，工业化与城市化之间的关系有不同的表现，其产业演进与城市化发展特征也不相同。[③] 李继云以云南劳动力转移为例，分析了农村劳动力转移与城镇化发展的关系，认为城市化水平滞后、现行的户籍制度、劳动力市场发育滞缓和农村劳动力素质低等是两者不能协调发展的主要原因。[④]

总之，上述研究给本文提供了很好的借鉴，其研究得出的各种组织模式和路径为本文奠定了基础，但存在以下不足：一是总体研究过于笼统和粗略，难以刻画我国多样化的城镇化实践，也未能很好地反映城镇化的动态演化规律，没有探索出城镇化的动力机制；二是更多关注农业产业化和农村城镇化的双向互动，对于非农业产业与城镇化的相互关系研究不够；三是大多没有将产业发展、农民工就业和城镇化联系起来进行全面的分析，现有研究成果能够为我们所用的内容极其有限。基于以上考虑，本文以产业升级、农村劳动力转移为出发点，归纳产业升级、劳动力流动与新型城镇化建设的相互关系，剖析当前我国存在的主要问题和不足，在此基础上提出进一步发展的建议，供决策参考。

二　产业升级、劳动力流动与新型城镇化建设的相互关系

产业升级、劳动力流动与新型城镇化建设是社会经济发展过程中相辅相成的三方面，农村剩余劳动力的加速转移是新型城镇化的核心内容，而城镇化公共生活空间的拓展为公共设施和公共服务的有效使用创造了条件，为劳动力转

① 倪鹏飞：《新型城镇化的基本模式、具体路径与推进对策》，《江海学刊》2013 年第 1 期。

② 彭荣胜、覃成林：《发展中地区农村劳动力转移、第三产业发展与城市化关系分析——以河南省为例》，《人文地理》2007 年第 3 期。

③ 张复明、景普秋：《资源型区域中心城市的产业演进与城市化发展——以太原市为例》，《中国人口·资源与环境》2007 年第 2 期。

④ 李继云：《新农村建设中劳动力转移与城镇化协调发展研究》，《商业研究》2008 年第 5 期。

移和农民工市民化提供了条件，城镇化建设所吸纳的劳动力除了本身建设所提供的就业机会外，城镇也是产业升级和集聚的重点区域。

（一）产业发展是城镇化和吸引劳动力转移的核心内容

产业升级与正在实施的城镇化进程具有互为交融、互促共进的强关联性。城镇化建设为产业升级提供了地理空间，促进区域内企业、机构合作与交流，城镇所集聚的技术和科技信息推动新兴产业较快增长，产业升级和集聚反过来又对城镇化的扩张提出了更高要求，促进城镇产业结构调整，优化劳动力人口结构，促进农村剩余劳动力市民化进程，提高新型城镇化建设水平。产业发展是城镇化和吸引劳动力转移的核心内容，主要表现为：一是产业升级是城镇化建设的基础。产业的升级和集聚很好地聚集土地、资金、技术、人才、政策等要素，尤其是新兴经济体的形成，可以大大提高经济的集聚效益和规模效益，促进经济快速有序发展。① 城镇结构优化和数量增加是以产业升级为基础的，城镇化水平取决于一个国家或地区的工业化水平和经济结构演变程度，产业升级及不断增强引起产业结构的有序演变，推动城市空间结构优化和加速城镇化进程，进而导致城镇化动力机制的变化，表现出城镇化不同的地域组织模式。二是产业升级提高居民生活质量、改善民生。现代化产业的发展，不仅对要素匹配提出了更高的要求，而且对人的自身发展提出了更高的衡量标准，如技能、心理、道德素养等，而这些是现代生活方式的主要内容。产业升级也是都市现代城市生活的折射，或者说是复制，将极大地改变农村生产方式、生活方式和思维方式。三是产业升级有利于提升城镇竞争力。产业升级促进企业大量集聚，产业链逐渐延长，人员、设备、厂房也逐渐增多，从而对居住用地、工业用地和商业用地的需求也日渐增大，城镇规模自然也随之增大。② 产业升级有利于农村劳动力的空间转移，提供了日趋完善的社会资源共享，降低城镇运输成本、交易成本、服务成本，有效促进地方经济，推动区域城镇化水平。

---

① 杨晓东：《我国新型城镇化发展道路探讨——以陕西省榆林市新型城镇化发展为例》《中国市场》2010 年第 42 期。

② 张贵先：《重庆市产业集群与城镇化互动发展模式研究》，西南大学博士学位论文，2012。

（二）农村劳动力转移是产业升级、城镇化的必然要求

产业升级提高劳动生产率，吸收大量农村人口，进而促进剩余劳动力大量转移，越来越多的农业劳动力就业于非农产业，城镇通过人口集中，地域空间不断扩大。城镇人口规模的逐步扩大又为产业的发展提供了更为强劲的消费市场、消费容量和消费能力。[①] 劳动力转移推进二元经济结构转型，我国二元结构矛盾突出，城市工业化进程飞速，但农村却尚未实现工业化，依然处在手工为主的工业化原始阶段。随着农村人力资本素质的逐步提高及农村生产力水平的提高，农村产生了大量富余劳动力，农民就业形势十分严峻。[②] 新型城镇化在劳动力流动方面，主要体现为劳动力从低生产率区域流向高生产率区域，从传统农业流向非农产业，两者的结合表现为从农村的农业流向城镇的非农产业。当前我国农民工从业仍以制造业、建筑业和服务业为主，2012 年从事制造业的比重最大，占 35.7%，服务业占 12.2%，批发零售业占 9.8%，交通运输、仓储和邮政业占 6.6%，住宿餐饮业占 5.2%。2012 年年末，外出农民工人均月收入水平为 2290 元，比上年提高 241 元，增长 11.8%。农民工或者新一代农民工通过转移提高了收入，有些转为市民而享受了与城镇居民同等的市民待遇，使得原来城镇消费群体扩大，消费结构也逐渐升级，带来了城镇交通基础设施、城镇公共服务设施及以住宅为主的地产业的巨大需求和飞速发展，成为城镇经济可持续发展的主要动力之一。同时，城镇经济的飞速发展反过来增强我国以工促农、以城带乡能力，农村剩余劳动力城镇非农产业的转移，提高了农民资源的占有量，提升了自身素养和水平，其返乡创业促进了原有农村工业化步伐，提高农村农民的生活层次，也必将会提高农村的管理水平，为城乡统筹发展奠定坚实的基础。其中我国环渤海、长江三角洲、珠江三角洲等城市群，占全国国土面积不到 3% 却聚集了全国近 20% 的人口，而且创造了全国将近 35% 的地区生产总值，成为我国促进城乡统筹发展的重要平台。

---

① 徐维祥：《产业集群与城镇化互动发展机制及运作模式研究》，浙江大学博士学位论文，2005。

② 李继云：《新农村建设中劳动力转移与城镇化协调发展研究》，《商业研究》2008 年第 5 期。

（三）城镇化是产业升级和农村劳动力转移的根本载体

新型城镇化与产业互动，不仅能大力推动农村医疗、教育、就业等发展，而且能够促进农村商贸、餐饮、金融、物流、保险等服务业的发展，促进农村产业结构调整和新农村建设。同时新型城镇化化解了长期制约我国城乡一体化进程中城乡分割的户籍、就业、社保等一系列问题，促进城乡之间经济、文化、社会交流，确立城乡互补机制。一是城镇化促进新型工业化。新型城镇化是当前我国社会经济发展的战略重点，而加快经济发展方式转变是主线，因此发展方式的转变也必然落实到新型城镇化上，新型城镇化的提出就充分体现了加快转变经济发展方式这一主线。长期以来，我们习惯于粗放式用地、用能，而新型城镇化的要求是不断提升城镇化建设的质量内涵，① 新型城镇化更强调内在质量的提升，进而促进新型工业化，带动区域发展。二是城镇化促进城乡重构。以统筹城乡、统筹区域、统筹经济与文化、统筹社会与自然、统筹人口与资源环境的科学发展观引导新型城镇化发展，体现集约化、生态化的科学发展模式。② 新型城镇化集约利用空间结构，把人口、资金等生产要素集聚，进行合理有效配置，促进集聚效应发挥。新型城镇化的不断推进及现代产业的发展，使人的需求必然向着更高层次不断跨越，切实解决群众生产生活中面临的实际问题，从而提高居民生活质量，也改善了民生。三是城镇化促进农民工市民化。扩大内需是我国当前的主要发展战略之一，其根本是要提高居民收入，提高收入正是新型城镇化所产生的系列效应之一。土地的集约开发，提高了产业的集聚效应，促进了农村规模经济效应的发挥，农村劳动生产率飞速增长，提高了农村人员收入；促进农民从农村转移到城镇，从农业转移到第二、第三产业，行业生产效率提高了农民的收入；大量农民工的涌入，带动了投资及产业发展，财富的转移同样促进城市居民收入的提高。

---

① 楚爱丽：《加快新型城镇化发展进程的若干思考》，《农业经济》2011 年第 8 期。

② 席广亮等：《新型城镇化引导下的西部地区县域城乡空间重构研究——以青海省都兰县为例》，《城市发展研究》2012 年第 6 期。

三　产业升级、劳动力流动与新型城镇化建设现状及问题

大力推进新型城镇化是我国全面发展、可持续发展的现实需要，对于形成合理城市等级体系和布局，促进大中小城市和小城镇互动发展，促进城乡空间重构，促进城乡产业转型优化和布局合理具有巨大的作用和意义。当今我国新型城镇化建设存在诸多问题，主要表现为城镇化发展不平衡、城乡一体化建设滞后、就业与产值比重不协调、就业容量显著偏小等，亟待解决。

（一）人口城镇化水平较低，城镇化滞后于工业化

一是户籍人口城镇化比重低。统计数字表明，2013 年我国常住人口城镇化率已达到 53.7%，但户籍人口城镇化率只有不到 36%，远远低于发达国家 80% 的水平，我国人口城镇化还任重道远。农民工市民化进程滞后，造成城市中的“新二元结构”，户籍人口城镇化率与常住人口城镇化率的差距从 2000 年的 10.5 个百分点扩大到 2013 年的 17.7 个百分点。国家统计局发布的《2013 年全国农民工监测调查报告》表明，2013 年全国农民工总量达到 26894 万人，比上年的 26261 万人增加 633 万人，增长 2.4%，其中外出农民工 16610 万人，比上年的 16336 万人增加 274 万人，增长 1.7%，本地农民工 10284 万人，比上年的 9925 万人增加 359 万人，增长 3.6%（详见表 1）。如果农民工问题不处理好，将会引发了一系列不良后果。

二是城镇建成区面积不断扩大。2012 年，我国城区面积达到了 18.30 万平方公里，比 2006 年 14.55 万平方公里增加了近 4 万平方公里；建成区面积达到 4.56 万平方公里，比 2006 年的 3.37 万平方公里增加了 1.19 万平方公里；城市建设用地面积达到 4.58 万平方公里，比 2006 年的 3.18 万平方公里增加了 1.4 万平方公里；征用土地面积达 2161.48 平方公里，比 2006 年的 1396.48 平方公里增长了 54.78%（详见表 2）。城镇“摊大饼”式扩张，交通基础设施过分追求宽和大，开发区、新城区及园区的超常规建设占地过大，加剧了我国土地的粗放利用，浪费了大量耕地资源，也加大了地方政府性债务等

财政金融风险。

三是城镇化滞后于工业化。研究一致认为，城镇化、产业化是相辅相成的两个方面，经济社会发展中不能有所偏重，但当前我国两者发展缺乏有效的协调。2012 年非农产业增加值占国内生产总值比重达 89.92%，比 2006 年的 87.2% 提高了 2.72 个百分点，2012 年非农产业增加值占比远远高于当年城镇化率。但 2012 年我国工业化率为 45.27%，比 2006 年工业化率的 45.97% 低了 0.7 个百分点，2012 年工业化率高于当年户籍人口城镇化率 35.3% 的 9.97 个百分点（详见表 3）。地方政府尤其是中西部地区，一味追求经济总量和城市扩张，照搬沿海地区和发达国家模式，重城镇扩张忽视产业辅助，导致城镇传统产业转型升级慢，新兴产业发展不成规模，进而导致农村富余劳动力城镇转移难以充分就业。

表 1　2006～2013 年我国城镇化率基本情况

单位：%、万人

指标	常住人口城镇化率	户籍人口城镇化率	农民工基本情况			常住人口城镇化率 - 户籍人口城镇化率
			总量	外出农民工	本地农民工	
2013	53.70	36.0	26894	16610	10284	17.70
2012	52.57	35.3	26261	16336	9925	17.27
2011	51.27	34.7	25278	15863	9415	16.57
2010	49.95	33.0	24223	15335	8888	16.95
2009	48.34	32.1	22978	14533	8445	16.24
2008	46.99	31.0	22542	14041	8501	15.99
2007	45.89	30.0	—	—	—	15.89
2006	44.34	29.0	—	—	—	15.34

资料来源：2006～2013 年《中国统计年鉴》、《2013 年全国农民工监测调查报告》、《国家新型城镇化规划（2014－2020 年）》。

表 2　2006～2013 年我国城市建设用地面积等基本情况

单位：平方公里、人/平方公里

指标	城区面积	建成区面积	城市建设用地面积	征用土地面积	城市人口密度
2012 年	183039.42	45565.76	45750.67	2161.48	2307.00
2011 年	183618.02	43603.23	41860.61	1841.72	2228.00
2010 年	178691.73	40058.01	39758.42	1641.57	2209.00

续表

指标	城区面积	建成区面积	城市建设用地面积	征用土地面积	城市人口密度
2009 年	175463.61	38107.26	38726.92	1504.69	2147.00
2008 年	178110.28	36295.30	39140.46	1344.58	2080.00
2007 年	—	35469.65	36351.65	1216.03	2104.00
2006 年	145500	33659.80	31765.70	1396.48	2238.15

资料来源：2006～2013 年《中国统计年鉴》。

（二）就业与产值比重不协调，就业容量偏小

一是就业与产值不协调。我国非农产业就业比重偏低，非农产业的增加值比重从 2006 年的 87.2% 提升到 2012 年的 89.92%（见表 3），就业比重从 2006 年的 57.4% 提升到 2012 年的 66.4%，非农产业增加值比重与就业比重的差距从 2006 年的 29.8 个百分点下降到 2012 年的 23.52 个百分点。其中第三产业的增加值比重从 2006 年的 41.23% 提升到 2012 年的 44.65%，就业比重从 2006 年的 32.20% 提升到了 2012 年的 36.10%，第三产业增加值比重与就业比重差距从 2006 年的 9.03 个百分点下降到 2012 年的 8.55 个百分点。第二产业的增加值比重从 2006 年的 45.97% 下降到 2012 年的 45.27%，就业比重从 2006 年的 25.2% 提升到 2012 年的 30.3%，第二产业增加值比重与就业比重差距从 2006 年的 20.77 个百分点下降到了 2012 年的 14.97 个百分点。

二是城镇就业率逐年提高，大量社会问题亟待解决。农村劳动力从农业向非农产业，从农村向城市、城镇地区转移，劳动力的转移数量用非农劳动力的增加、城镇就业的增加来代替。全部从业人员就业水平从 2006 年的 74978.0 万人提高到 2012 年的 76704.0 万人，只增长 2.30%，其中城镇从业人员从 2006 年的 29630.0 万人增加到了 2012 年的 37102.0 万人，增长了 25.22%，而农村从业人员却下降了 12.67%。显然，随着城镇化水平的提高，城镇就业增长率逐年提高，城镇从业人员的增长速度比农村从业人员的增长速度快得多。大量的就业机会产生于城镇，但又无法解决农民工户籍相关待遇平等化问题，造成了诸多社会问题，就地城镇化模式可能成为缓解城市病、促进市民化进程的有效途径。

三是失地农民就业难问题凸显。我国农村经济的发展和新农村建设开展的显著特点是农村第二产业的发展，在工业化进程中，大量征地不可避免，导致大批农民失去赖以生存的土地，成为进城无门但又失去赖以生存土地的“失地农民”。失地农民的生活方式、消费结构、心理角色短期内发生了巨大变化，如不认真剖析、妥善解决，势必对整个社会、经济起负面消极的影响。① 就业安置是解决失地农民生存与发展问题的突破口，各级政府高度重视征地补偿制度改革，并积极有效解决失地农民的社会保障问题，对于城乡一体化发展、维护社会和谐稳定具有极其重要的意义。但在现实中遇到较多障碍，一是就近乡镇企业提供的再就业岗位有限，安置下岗职工已经十分困难，安排失地农民就业就更困难。二是受下岗职工和外来打工者的冲击，就业岗位竞争越来越激烈。三是由于农民文化程度低，掌握新技术难度较大。

表3 2006~2013年我国非农产业及城乡就业比重情况

单位：%

指标	城镇就业比重	乡村就业比重	非农产业就业比重			非农产业增加值比重		
			总值	第二产业就业比重	第三产业就业比重	总值所占比重	第二产业增加值比重	第三产业增加值比重
2012年	48.37	51.63	66.4	30.3	36.1	89.92	45.27	44.65
2011年	47.00	53.00	65.2	29.5	35.7	89.97	46.59	43.38
2010年	45.58	54.42	63.3	28.7	34.6	89.91	46.67	43.24
2009年	43.94	56.06	61.9	27.8	34.1	89.67	46.24	43.43
2008年	42.48	57.52	60.4	27.2	33.2	89.27	47.45	41.82
2007年	40.09	59.91	59.2	26.8	32.4	89.24	47.34	41.90
2006年	39.52	60.48	57.4	25.2	32.2	87.20	45.97	41.23

资料来源：2006~2013年《中国统计年鉴》。

（三）城镇化发展不平衡，城乡一体化建设滞后

一是城镇发展不平衡、“城市病”问题突出。城镇区域发展不平衡，东部沿海地区城镇化进程快速，但资源环境约束趋紧，中西部地区城镇化进程相对

① 安海燕等：《农村工业化进程中失地农民的问题分析》，《改革与战略》2011年第11期。

缓慢，城镇化潜力有待充分挖掘，东部城市和中西部地区城市缺乏协调。城市管理运行效率不高，城镇化管理水平有待提高，公共服务供给能力不足，交通拥堵严重、公共事件频发、城市垃圾处理能力不足。同时城镇化发展方式粗放，城市快速扩张造成土地资源消耗过快。政府在开发建设时片面追求城镇GDP的增长，忽视了城镇化建设必须与人口、资源、环境相协调，[①] 导致土地利用效率低，城镇布局不合理，能源消耗大，环境污染严重，进而导致经济发展不平衡，影响了城镇的可持续发展。

二是城镇结构体系不太合理。我国区域发展不平衡，各地区城市规划体系也不尽合理，大城市与中小城市缺乏协调，各省区的核心城市辐射带动能力不强，首位度不突出，各城市之间职能分工不明确，产业布局缺乏互补性，导致相互之间资源争夺激烈，缺乏整体性和联动性。我国城市总数虽然较多，但中等城市较少、规模不大，市域人口虽多，但中心城区人口少，造成城市功能不强，经济带动力不足。[②] 如广西北部湾城市群，虽然经济总量和人口规模占广西较大比重，但核心城市南宁的经济带动能力并不强，对周边城市尚未形成辐射效应，而且南宁、北海、钦州、防城港之间分工不明确，在新兴产业招商引资方面存在较大的竞争，各开发区或工业园区不顾自身实际拼命招商引资，导致特点都不突出、经济效益都不强。

三是城乡一体化步伐滞后。户籍限制农民工难以真正融入城市，享受不到基本公共服务，过大的城乡差距已经对城镇化发展形成制约。2013 年我国城镇居民人均可支配收入达 26955 元，比 2006 年的 11759.5 元增加了 15195.5 元，农村居民家庭人均纯收入达到 8896 元，比 2006 年的 3587 元增加了 5309 元，但城乡居民收入比绝对值由 2006 年的 -8172.5 元增加到 2013 年的 -18059 元，收入比相对值由 2006 年的 30.5% 增加到 2013 年的 33%，且存在不断扩大的趋势（详见表 4）。区域差距也较大，2011 年西部与东部地区城镇化率相差 17.76 个百分点，城镇居民人均可支配收入西部与东部相差达 8246.64 元。尤其是我国落后的边境地区自我发展能力较弱，迫切需要

① 吴江等：《中国新型城镇化进程中的地方政府行为研究》，《中国行政管理》2009 年第 3 期。

② 田合生：《强化新型城镇化引领促进中原经济区建设》，《学习论坛》2012 年第 12 期。

上级部门给予扶助，大力扶持边境贫困民族地区的农村基础设施建设，提高边民最低生活保障水平。

表4　2006～2013年我国城乡居收入变动情况

单位：元、%

指标	城镇居民人均可支配收入	农村居民家庭人均纯收入	收入比绝对值	收入比相对值
2013年	26955.0	8896.0	-18059.0	33.00
2012年	24564.7	7916.6	-16648.1	32.23
2011年	21809.8	6977.3	-14832.5	31.99
2010年	19109.4	5919.0	-13190.4	30.97
2009年	17174.7	5153.2	-12021.5	30.00
2008年	15780.8	4760.6	-11020.2	30.17
2007年	13785.8	4140.4	-9645.4	30.03
2006年	11759.5	3587.0	-8172.5	30.50

注：收入比绝对值=农村居民家庭人均纯收入－城镇居民人均可支配收入；收入比相对值=农村居民家庭人均纯收入/城镇居民人均可支配收入。

资料来源：2006～2013年《中国统计年鉴》、《2013年中国国民经济和社会发展统计公报》。

四　产业升级、劳动力流动与新型城镇化建设的政策建议

加快新型城镇化建设进程对我国社会经济全面发展意义重大，通过发挥产业集聚的优势进而促进劳动力转移和农民工市民化已成为新型城镇化的重要突破口，各地区应该结合自身情况走符合实际的城镇化道路模式，构建新型城乡空间形态，促进产业升级结构调整，优化城乡资源配置效率，为推动农村劳动力大量转移铺平道路。针对当前比较突出的问题，提出以下建议。

（一）完善农民创业平台，促进人口市民化进程

农民创业与新型城镇化存在相互依赖、相互促进关系，农民创业能够促进产业结构的调整，有利于解决富余劳动力就业问题，有利于加快农村城镇化步伐。建立健全各级教学机构和管理机构，建立独立的农民工培训管理部门；重

视引进优秀人才，加强农村劳动力转移技能培训，特别注重引导和扶持返乡农民工参加职业培训；加强基础设施建设，优化农民工返乡创业环境，加强硬环境建设，主要包括道路、供水、供电、卫生、通信等。

引导农村人口合理转移，提高城乡人力资源配套效率，是新型城镇化最本质的要求。增强城镇体系服务和人口集聚功能，提升其人口吸纳力，促进农民工向城镇合理转移；加强就业服务，推进新型农村社区建设，实现农民就地转移，同时促进城乡基础设施建设和社会事业同步发展；推进农民工进城落户步伐，放宽落户条件，在住房、就业、子女就学、社会救助等方面享受当地城镇居民同等待遇，体现社会公平公正。

（二）构建新型城乡形态，合理布局城镇体系

结合本地的资源禀赋、生态容量、历史文化和现实条件，科学规划总体功能布局，构建中心城市、中等城市、重点城镇和农民聚居点互动的城镇体系，努力构建新型城乡形态。促进产业集群集约化发展，实现新型工业化、新型城镇化联动发展，挖掘其内在动力，促进有限资源优化配置。综合协调配套，坚实保障机制，避免传统粗放型发展模式的高昂代价，提高新型城镇化发展的质量和效益。

统筹产业升级和城镇体系合理布局，以新型城镇作为边境贸易发展的主要载体，推动和促进边境贸易向城镇的集聚，强化边境贸易对城市的支撑作用和城市对贸易的服务功能。促进城镇产业结构调整，巩固发展优势特色产业，积极培育战略性新兴产业。加强产业园区建设与城镇发展的协调，使产业园区成为城镇拓展和经济发展的增长点。进一步健全和完善工作机制，形成面向企业、面向农民的立体服务体系。

（三）加快现行户籍改革，推进土地流转创新

根据新型城镇化和统筹城乡要求，创新城镇人口与农村人口户籍登记制度，让农民享受更多城镇福利待遇。打通城市与农村在户籍制度方面的障碍，加速农村剩余劳动力转移。转变城市居民对进城农民工原有错误的认识，加强善待农民和农民工的宣传教育力度，努力营造一种和睦相处、积极向上的社会

氛围。

对原来的土地政策进行适当的调整，建立完善农村土地管理措施，给予农民更多土地支配权，活跃农地出租、转包市场。鼓励企业、专业大户、家庭农场、农民专业合作社通过土地流转，把农民手里零星的土地集中起来，实行规模经营、机械化耕作，对各乡镇土地流转工作采取不定期督查、月度观摩、季度考核评比的方式进行推进。

（四）加快农业现代化，推动城乡发展一体化

构建新型的农业产业体系，提升农业科技创新能力，做大做强现代种业，健全农技综合服务体系，促进农机农艺融合，改善农业设施装备条件。创新农业经营方式，推进家庭经营、集体经营、合作经营、企业经营等共同发展。鼓励和引导工商资本到农村发展适合企业化经营的现代种养业，向农业输入现代生产要素和经营模式。完善农产品流通服务体系，加快推进“农超对接”等产销模式，积极发展农产品高效、安全、快捷的配送服务。

加快消除城乡二元结构的体制机制障碍，建设城乡一体化劳动力市场，落实完善城乡劳动力平等就业和薪酬制度。建立完善城乡统一用地制度，提高农村土地征地补偿标准，创新面向“三农”的金融服务，政府鼓励社会资本等更多投向农村，科学合理引导资金、技术、人才等生产要素流向农村建设。加快基础设施向农村延伸，加快公共服务向农村覆盖，推进公共就业服务网络向县以下延伸。

（五）根据地方实际情况，实施差异化推进模式

各省应该结合自身区域特点，选择适合不同特定地区的好的模式，也可采取一种或几种结合起来的混合模式，具体模式有房地产商开发模式、企业发展带动模式、项目统筹建设模式、村集体筹资集中建房模式等。当前我国地区城镇化起步较早，山东省的寿光、湖南的长沙县等地在国家新农村建设系统工程启动之前就进行了积极的尝试与探索，其取得的宝贵经验应总结和推广。

充分发挥政府的科学引导作用，落实完善相关政策举措，加强基础设施建设，促进产业和人口的集聚，为投资者提供有力的保障。发展壮大中小企业规

模，积极招商引资，配套完善企业发展政策规章，促进农民工返乡创业步伐。加快国有企业改革，落实政企分开制度，完善中小企业发展的投融资体系。

参考文献

［1］杨兵、马捷、锁利铭：《我国农村劳动力要素流动与城乡协调发展》，《中国行政管理》2009年第1期。

［2］倪鹏飞：《新型城镇化的基本模式、具体路径与推进对策》，《江海学刊》2013年第1期。

［3］彭荣胜、覃成林：《发展中地区农村劳动力转移、第三产业发展与城市化关系分析——以河南省为例》，《人文地理》2007年第3期。

［4］张复明、景普秋：《资源型区域中心城市的产业演进与城市化发展——以太原市为例》，《中国人口·资源与环境》2007年第2期。

［5］李继云：《新农村建设中劳动力转移与城镇化协调发展研究》，《商业研究》2008年第5期。

［6］杨晓东：《我国新型城镇化发展道路探讨——以陕西省榆林市新型城镇化发展为例》，《中国市场》2010年第42期。

［7］张贵先：《重庆市产业集群与城镇化互动发展模式研究》，西南大学博士学位论文，2012。

［8］徐维祥：《产业集群与城镇化互动发展机制及运作模式研究》，浙江大学博士学位论文，2005。

［9］李继云：《新农村建设中劳动力转移与城镇化协调发展研究》，《商业研究》2008年第5期。

［10］楚爱丽：《加快新型城镇化发展进程的若干思考》，《农业经济》2011年第8期。

［11］席广亮等：《新型城镇化引导下的西部地区县域城乡空间重构研究——以青海省都兰县为例》，《城市发展研究》2012年第6期。

［12］安海燕等：《农村工业化进程中失地农民的问题分析》，《改革与战略》2011年第11期。

［13］田合生：《强化新型城镇化引领促进中原经济区建设》，《学习论坛》2012年第12期。

［14］吴江等：《中国新型城镇化进程中的地方政府行为研究》，《中国行政管理》2009年第3期。

B.14

从智慧颐和园建设看智慧城市落地

黄骞 郑颖尔*

摘 要：

新型城镇化的发展带来智慧城市建设的热潮与误区，本文提出系统、技术与尺度三项建设原则，并以智慧景区建设作为中尺度案例，结合“智慧颐和园”项目的需求分析、方案设计及实施总结的流程，详细讨论了智慧景区的特点、问题及解决途径。最后介绍了电子政务与地理国情监测两项潜在智慧城市发展的技术机遇。

关键词：

智慧城市 智慧景区 颐和园

一 智慧城市，从想象空间到脚踏实地的建设

（一）新型城镇化催热城市智慧

以新一代信息技术为主要内容的第三次工业革命为我国城镇化提供了良好的历史机遇。在低碳、生态、绿色的新型城镇化过程中，智慧城市是通过运用

* 黄骞，男，北京大学博士，高级工程师，北京超图软件股份有限公司研究院云计算实验室主任，地理信息基础软件与应用国家测绘地理信息局工程技术研究中心研究员，地理信息系统云计算服务技术国家地方联合工程实验室研究员，面向时空大数据的开放脚本引擎 GIScript（https://github.com/skyswind/GIScript）开源工程创始人，主要研究方向为大型地理信息系统架构、分布式地理信息技术、地理信息标准化、智慧城市理论体系研究、地理信息行业应用方案设计等；郑颖尔，女，北京大学城市与环境学院，北京大学－林肯研究院城市发展与土地政策研究中心博士研究生，环境“随手拍”公益项目发起人，主要研究方向为环境政策、智慧城市研究。

现代的高科技管理手段和软管理方法，科学优化城市规划建设治理，促进社会经济健康发展的有效手段。随着2014年3月16日中共中央、国务院共同印发的《国家新型城镇化规划（2014－2020年）》中正式纳入智慧城市建设内容，以云计算、物联网和移动互联网等高新技术为代表的智慧城市势必成为未来中国城镇化发展的最有技术活力的创新来源和释放潜力的有力抓手。

邬贺铨院士认为智慧城市是“使用智能计算技术，让城市的关键基础设施的组成与服务更智能、互联和有效。它通过对人力与社会资源和传统及现代设施的投资，促进可持续经济发展和高质量生活，同时通过参与治理的机会实现对自然资源聪明地管理”。智慧城市建设是我国信息化发展历程的一个重要阶段，将成为融合中国特色新型工业化、信息化、城镇化、农业现代化发展战略的重要载体。

智慧城市建设的热潮已经来临。2012年、2013年住建部两批共确定193个智慧城市试点，工信部、国家测绘地理信息局也发布了智慧城市相关规划与试点。智慧城市建设即将成为国内新一代信息技术产业的重要内需市场，中国工程院估计“十二五”期间智慧城市投资规模将超2万亿元。面对各界对智慧城市发展的巨大热情，城市建设者在为机会欢欣鼓舞的同时更需要一些冷静思考。

（二）智慧城市冷思考

随着智慧城市热潮的来临，大量智慧城市研究与应用案例也在国内不断涌现，虽然起到了很好的知识普及与理念宣贯作用，但如进一步仔细分析梳理，会发现很多构想、研究与案例材料存在“概念不清、外延不明”的炒作现象。

一种表现是不同领域的人对智慧城市的片面解读，甚至将智慧城市“包装化”。就目前开展的智慧城市规划与研究而言，规划部门、信息化部门、测绘部门、旅游部门和地方政府都有各自对智慧城市的解读。例如，城市规划部门的智慧城市探讨新一代信息技术、节能环保技术与城市规划建设的结合问题；信息化部门的智慧城市则主要集中在信息技术与工业技术在城市里的融合发展；测绘部门则着力于打造时空信息云平台，提供共享的地理信息服务支撑应用；地方政府则希望基于信息化产业推动地方经济发展与产业升级。甚至有些地方的智慧城市仍然采用以前的技术思路和模式，缺乏对物联网、云计算、三网融合、无线宽带等新一代信息技术的应用。这样就带来了对同一个“智慧城市”的截然不同的理解与规划，让城市管理者、居住者和建设者迷惑不已。

另一种表现是智慧城市在技术层面也存在概念与机制上的潜在矛盾。例如，目前火热的智慧城市大数据技术，虽然经过国内外政府与企业的不断宣传创造了巨大的想象空间，但是少有人认识到智慧城市大数据成立需要两个要素：一是分析和处理大数据的能力，这需要数据科学家的参与；二是分析结果（知识）形成城市咨询分析报告产品的营销。但目前鲜有城市配置专业数据科学家，也少有咨询报告购买机制，所以如果缺乏对数据科学驱动的认同与对数据科学家的激励机制，智慧城市大数据建设只能形成“数据鬼城”。还有一个“避实就虚”的概念是物联网，智慧城市物联网目前主要关注其中的技术和应用问题，但缺乏对物联网建设主体与产权及信息安全问题的关注，而在城市物联网建设运营中明晰政府与市场角色、保障物联网信息安全性是其发展关键。

（三）把握系统、技术与尺度的建设原则

综上所述，对智慧城市既要积极把握当前机遇，又需要冷静反思，针对关键问题进行脚踏实地的分析与解决。要从当前各类杂糅的智慧城市想象、理念与方案中寻找到切实可行的建设方案，需要着重把握智慧城市建设的技术性、系统性和尺度性三大特征。

智慧城市建设需要坚定技术性本质，目前存在将城市基础建设等“新瓶装旧酒”简单包装的现象，这会对智慧城市的长期健康发展带来损害。智慧城市是新型城镇化建设的高科技手段，与基础建设、住房、金融等城镇化领域虽然有关联，但其更侧重于利用丰富的信息感知、知识挖掘、自动化管理等高新技术特别是信息化技术手段对城市管理、建设与服务水平的提升。“新型城镇化”必须深度融合信息化战略，真正体现出“新型”的时代特征。

智慧城市的系统性要求是因其不是单纯的传统城市信息化的升级，而是集约、智能、绿色、低碳的新型城镇化的内在需求，所以信息化应该与城镇化建设的领域、流程深度整合，同样只有将云计算、移动互联网、大数据、物联网

等技术手段系统性有机地与城镇化相结合，才能体现出“智慧”的价值。

尺度问题是智慧城市有效建设的关键。目前对智慧城市宏大叙事分析的众多与有说服力的解决方案和落地案例的稀缺之间矛盾的主要来源就是对尺度把握的不足。智慧城市建设应包括城市尺度（电子政务）、区域尺度（数字园区）和个体尺度（智能企业、智能家居）等，不同尺度的智慧城市建设拥有不同的实施主体、建设目标、技术方案，虽然智慧城市中需要实现各部门、各级别、政府、企业和公众的信息集成，但在落地阶段不能再停留在概念宣贯期的状态，将各类级别信息化建设方案混为一谈。所以当前应主动放弃大而全的想象，从不同尺度入手进行深入细致的分析，把握各类城市智能建设的特征与特点，逐步构建完整的建设方法与评价标准，从而实现城市信息化建设的有效、持续和节约。

智慧景区既有明确的管理主体和建设目标，同时又具备区域综合性，兼备信息化基础与“智慧化”落地实践，是合适的中尺度智慧城市研究对象，所以本文以目前国内智慧景区建设的典范——智慧颐和园为例，从现有规划、设计与建设的资料与经验出发，对智慧颐和园调研分析、设计规划、技术方案、实施落地与成果总结的流程进行介绍，以期让读者对智慧景区的建设有一个完整的了解。

二　智慧景区落地实践——智慧颐和园

（一）智慧景区概述

“智慧景区”是在“数字地球”向“智慧地球”转型这一重大背景下，结合景区规划、保护、管理、发展的客观需求而诞生的新型研究领域，是“数字景区”基础上的飞跃发展。借鉴智慧地球、智慧城市的概念，可以认为：“智慧景区”就是通过传感网、物联网、互联网、空间信息技术的集成，实现对景区的资源环境、基础设施、游客活动、灾害风险等进行全面、系统、及时的感知与精细化管理，提高景区信息采集、传输、处理与分析的自动化程度，实现综合、实时、交互、可持续的信息化景区管理与服务目标。

国家旅游局已正式将2014年旅游宣传主题确定为“美丽中国之旅——

2014 智慧旅游年”。要求各地旅游局以智慧旅游为主题，引导智慧旅游城市、景区等旅游目的地建设，以信息化带动旅游业向现代服务业转变。而景区是旅游目的地客流的入口，智慧景区建设是城市智慧旅游建设的第一步，也是最重要的一步。旅游局将“智慧景区”定义为“数字景区”的完善和升级，指能够实现可视化管理和智能化运营，能对环境、社会、经济三大方面进行更透彻的感知，更广泛的互联互通和更深入的智能化的景区。

随着 21 世纪初开始的“数字景区”建设，国内风景名胜区已经在信息基础设施、数据基础设施以及在此基础上建设的风景区信息管理平台与综合决策支持平台等的信息化建设领域取得了长足的进步，并且已经开始有初步的“智慧景区”实践。黄山风景名胜区从“十五”开始进行信息化建设，特别是“十一五”期间，景区把信息化建设作为重要项目去规划实施，取得了显著的成就。九寨沟风景名胜区在过去 10 多年“数字九寨”建设成果的基础上，正在全力推进“智慧九寨”建设，全面提升“数字九寨”框架下的景区管理模式。圆明园管理处于 2009 年启动了“数字圆明园”建设项目，2010 年 9 月，项目取得阶段性成果，形成了包括方壶胜境、同乐园、九州清宴、含经堂、正大光明等 22 个景区 55 个时空单元的复原全景三维模型库，将圆明园建筑的彩画装饰精确复原，是目前关于圆明园内容最丰富、精度最高、涵盖时期最全面的数字化复原工作。类似的园区数字化案例还有一些，诸如故宫博物院的虚拟故宫、敦煌莫高窟的虚拟莫高窟等。不同园区或景区的需求不同，侧重点也有所不同，有的注重提高管理水平，有的注重遗产保护与修复。目前在经历了数字化后的我国大部分景区已经投入到智慧景区的建设当中。

与国内众多景区相比，颐和园的智慧化建设有其独特的价值。颐和园是我国现存规模宏大，保存最完整的皇家园林之一。它饱含中国皇家园林的恢宏富丽气势，又充满自然之趣，高度体现了“虽由人作，宛自天开”的造园准则，是我国传统文化的灿烂瑰宝。随着时代的进步，颐和园步入一个新的发展时期，需要应用信息技术全方位提升资源管理、遗产保护、旅游服务以及宣传交流等工作。由于颐和园是集文物、建筑、园林于一体的复合型文化遗产，信息化的建设要建立在尊重历史面貌、尊重科学的基础上，注重文化遗产的保护；以智慧颐和园为目标，把颐和园打造成为现代信息技术与传统文化保护相结合的典范，全面提升颐和园的信息化管理与服务水平，引领并带动同行业信息化建设与发展，进一步提升颐和园在同行业中的领导地位以及对外交流的窗口形象。

（二）智慧颐和园的建设背景

智慧颐和园并不是凭空产生的，而是建设在坚实的信息化基础上。颐和园自20世纪90年代开始率先在市属公园行业建立办公局域网，并逐步推进信息化建设，在安全防范、网络办公自动化、古建绿化管理、票务监管、门户网站五方面建成初步的信息化管理模式，同时在电子商务、资源保护、规划建设方面进行了探索尝试。虽然已有较好的信息化基础，但是以颐和园管理处为代表的管理部门仍然看到颐和园整体信息化应用水平不足，特别是与国内其他高水平信息化建设景区（如数字黄山、智慧九寨等）之间存在较大的差距，同时出于对世界文化遗产可持续发展的必要支撑需求，决心建设"智慧颐和园"。

经过对颐和园数字化建设工作、国内外智慧景区发展及相关需求的分析，发现既有信息化成果的不足主要表现在两个方面：一是缺乏对管理流程的整合，表现在构建的管理信息系统功能比较单一，基本上是针对某些方面，只能满足部分业务部门的工作需求，不能从整体上提升园区的管理效率；二是系统集成性不足，数据比较零散、不成体系，缺乏整体规划与设计，造成资源浪费与信息孤岛，无法进一步深化发展，不能满足信息社会对园区管理与发展的要求。

此外，原有信息化也忽视了技术团队建设内容，缺乏稳定的专业技术队伍，导致数字化系统不能得到有效的使用、维护和更新；园区数字化基础工作薄弱，如地图等基础数据缺乏，无法支撑园区总体数字化发展；现有模式下的传统管理体制和运行机制，不能很好地适应数字化条件下的部门协同联动和扁平化高效管理需求。

因此，经过分析可以发现，颐和园信息化系统的建设非常有必要借鉴"智慧景区"建设的成果与经验，并考虑世界文化遗产保护的要求，特别是涉及众多可移动与不可移动文物、传统古建、古树名木的保护以及众多游人的管理与服务，必须从规划、建设、技术、管理、机制等各方面进行探索，为颐和园世界文化遗产保护和管理的信息化开辟一条集科学性、创新性、前瞻性、先进性、可操作性、可持续性于一体的发展道路。

（三）确定智慧颐和园建设目标

在对建设背景进行细致分析的基础上，围绕颐和园“十二五”发展规划目标和颐和园保护总体规划要求，“智慧颐和园”建设的目标确定为：提升颐和园保护、管理与服务的信息化水平，贯彻“低碳园区”与“持续发展园区”的理念，推进“世界文化遗产”与“世界一流名园”建设，引领文化遗产园区信息化建设方向。

具体而言，智慧颐和园的建设目标确定为以国家文物局、国家工业和信息化部、北京市经济信息委员会、北京市公园管理中心等关于文化遗产保护信息化建设及公园管理信息化建设战略部署为指导，以颐和园“十一五”期间信息化建设现状为基础，以空间信息技术（SIT）、传感网、物联网、数据仓储、云计算等信息技术为支撑，创新颐和园文化遗产保护与管理模式，包括文物保护模式、园务管理模式、网络营销模式、游客服务模式、低碳发展模式，提升颐和园管理与服务水平，包括文物保护水平、园务管理水平、网络营销水平、游客服务水平、低碳发展水平，增强颐和园核心竞争力，实现信息化保护、管理、服务、效益的综合平衡发展，推动我国文化遗产与公园管理的信息化建设与应用的规范化、标准化发展。

（四）建设方案设计

1. 总体框架的要求

根据总体目标的设计，智慧颐和园建设方案设计需要充分利用当前以物联网、云计算、移动互联网为代表的新一代信息技术与应用的基础，针对颐和园信息化在信息整合、流程集成、人员建设、信息安全等方面的不足进行有针对性的增强，借鉴数字黄山和智慧九寨等智慧园区建设经验，着重增强景区管理、服务和品牌的信息化手段。

结合颐和园既有信息化建设的经验，在智慧颐和园整体建设框架中，要充分实现底层资源的互联互通、协同工作以及资源共享，消除分系统分割的现象，能够实现全园一站式的资源访问服务，保证系统的开放性。同时，考虑颐和园今后的发展，智慧颐和园总体框架及其组成系统应当具有良好的可扩展伸缩能力，对于需求变化有良好的适应能力，保证系统的灵活性。

由于颐和园作为皇家园林类的世界文化遗产及其在行业中的地位，安全成为智慧颐和园建设中需要考虑的一个重点。安全要求涵盖的范围超越了传统信息领域中的数据安全范畴，不但包括基础数据，而且包括基础设施中的硬件与软件环境以及系统自身运营过程中的安全问题，因此在智慧颐和园的规划、设计与实施过程中需要注意保证系统的安全性。

颐和园是一个规模宏大、系统复杂的皇家园林及世界文化遗产，其丰富的文化遗产、文物古迹、园林绿化、名木古树，以及众多的游客、多样的设施等状况，要求多个职能部门开展繁重的遗产保护及园务管理工作，从而导致所对应的数据类型以及业务系统纷乱复杂。在智慧颐和园规划与建设过程中，对于这些复杂业务及其关系的信息需要提供有效的、可靠的组织与管理，保证系统能够在不同业务之间实现平滑过渡与无缝衔接，保证系统的透明性与便捷性。

智慧颐和园是由大量业务系统构成的综合实体，在运营过程中需要承受应用实践带来的巨大压力，系统的可靠性与稳定性成为影响智慧颐和园建设的一个重要因素。在智慧颐和园的规划、设计、实施与运营过程中，系统需要具有一定的自我诊断、预警防灾、自动排障的能力以保证智慧颐和园的可靠运营。同时，为保证项目整体建设的进度与质量，需要在多个部门之间建立一定的协调制度，实现资源的充分利用，保证项目的整体建设。

2. 总体框架的构成

根据信息技术及信息社会发展的趋势和颐和园文化遗产保护与管理的发展需求，颐和园管理处完成了智慧颐和园的总体建设框架。在“智慧颐和园”发展背景基础上，可以从四个方面开展“智慧园区”的规划与建设，包括：信息基础设施（构建网络传输与通信系统：包括物联网 + 传感网 + 互联网）、数据基础设施（构建数据仓库与云数据中心，涵盖空间数据与属性数据）、共享服务平台（实现信息共享与应用服务）以及决策支持系统（开展综合分析与辅助决策）。同时，需要关注技术保障（技术、标准、人才）、政策保障

（制度、机构、资金）与安全保障，最终实现颐和园保护、管理、服务、发展的全面信息化（见图1）。

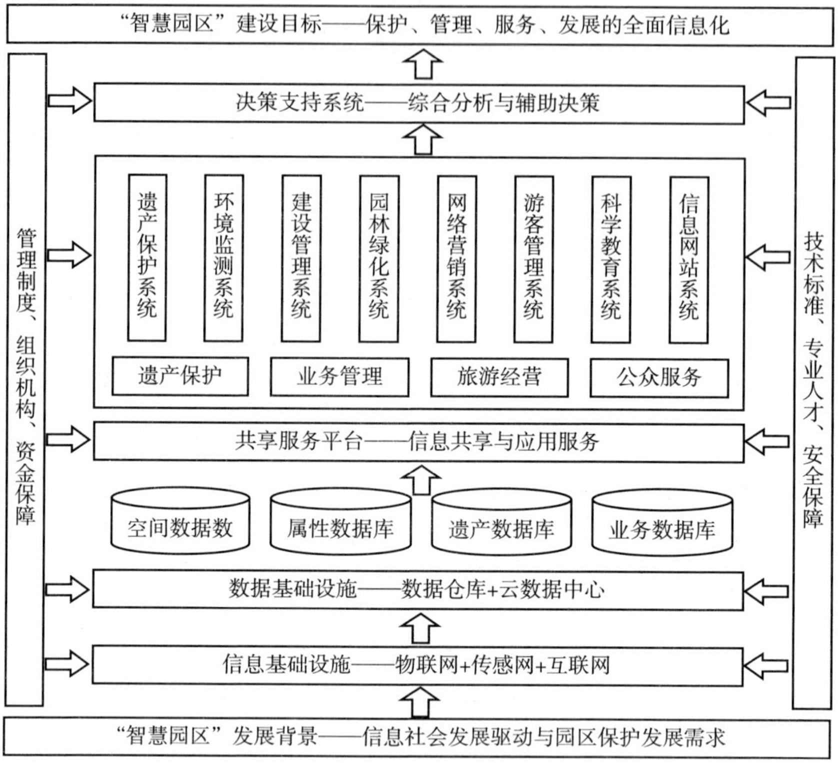

图1 智慧颐和园的总体框架

资料来源：《颐和园数字化建设总体规划》，2011。

如图1所示，“智慧颐和园”总体框架可以概括为“一个中心、三大平台、五大系统、七项保障”。一个中心就是信息中心；三大平台包括信息基础设施、数据基础设施、共享服务平台；五大系统分别是遗产保护系统、旅游服务系统、业务管理系统、公共服务系统、决策支持系统；七项保障包括政策保障、机制保障、资金保障、技术保障、人才保障、安全保障和标准保障。

（1）一个中心。为了全面推进与实施颐和园信息化建设，规划成立“颐和园信息中心”，并建议在颐和园信息中心设立一个办公室与六个技术部（网络通信部、数据信息部、共享服务部、应用系统部、决策支持部、研发建设部），分别满足信息基础设施建设与维护、数据基础设施建设与维护、共享服务平台建设与维护、应用系统建设与维护、决策支持系统建设与维护，以及技术研发与项目策划管理，满足“智慧颐和园”规划、设计、建设及信息共享与服务需求。

（2）三大平台。三大平台实质构成“智慧颐和园”总体框架中的“信息基础设施（信息获取与传输）、数据基础设施（数据管理与服务）、共享服务平台”。其中，信息基础设施包括信息感知与信息传输两个方面；数据基础设施涉及数据的集成管理与计算服务两个方面；共享服务平台则是借助于信息基础设施和数据基础设施，面向五大应用系统（业务管理与服务、综合决策与服务）提供信息与流程服务。

（3）五大系统。五大系统是基于颐和园文化遗产特点及应用系统功能、系统服务对象、系统使用部门等因素考虑而划分的，包括遗产保护系统、业务管理系统、旅游经营系统、公众服务系统、决策支持系统，共同构成“智慧颐和园”的应用服务系统。

（4）七项保障。为保障“智慧颐和园”建设的有序开展，应当在政策、机制、资金、技术、标准、人才、安全等七个方面予以保障，建立与健全“智慧颐和园”建设的保障体系，为颐和园管理与服务的信息化保驾护航。

（五）建设实施与成果总结

在“智慧颐和园”细致的方案设计基础上，颐和园管理处列定了总体规划与阶段建设目标，并组织实施了“智慧颐和园”综合信息平台（一期）。根据研究讨论，一期建设目标是实现“智慧颐和园”的近期目标，实现“实体颐和园”“数字颐和园”的提升，具体目标包括：主要搭建数据基础设施、信息基础设施、共享服务平台、园林古建文物业务管理信息系统，为整个“智慧颐和园”建设打好基础，为最终实现办公网络化、保护智能化、管理精细化、服务个性化和“智慧颐和园”目标做好前提准备和服务。

1. 项目建设内容

“智慧颐和园”综合信息平台建设项目（一期）的建设包括以下内容。

（1）结合总体规划，设计“智慧颐和园”实施总体框架，依据“智慧颐和园”总体规划与建设目标，实现“智慧颐和园”实施总体框架设计。

（2）建设智慧颐和园信息网络基础设施环境，利用国内外成熟、先进的技术，把握计算机网络发展的大趋势，结合“智慧颐和园”特点和使用需求以及未来发展，改造升级颐和园现有的机房环境和网络硬件设备，建立应用集群及安全保障体系。

（3）建设智慧颐和园数据基础设施环境，数据是系统的血液，也是应用的基础，通过本次项目建设，适应颐和园遗产保护与园区管理工作的需要，形成颐和园基础矢量、影像基础数据以及园林部、建设部、文物部、保卫部、管理部、经营部等七个部门专题数据资源，包括资源分布空间数据、属性数据、照片及文字介绍等不同表现形式，满足各部门专业办公与信息共享的要求。

（4）建设“智慧颐和园”信息共享服务平台，信息共享服务平台为“智慧颐和园”各种业务应用系统提供业务流程与数据访问接口。通过信息共享服务平台，实现“智慧颐和园”各种业务应用系统元数据管理、底层数据访问、组织与处理，以及对底层硬件设备的操作。同时，各个业务部门可以在信息共享服务平台中提供针对本业务不同粒度的服务对象，实现对不同粒度服务对象的快速组织以及业务流程的快速搭建。不同部门业务系统依托信息共享服务平台实现搭建，从而在业务应用系统之间实现信息共享。

（5）研发颐和园综合管理信息平台（OA办公门户网），颐和园综合管理信息平台以“智慧颐和园”信息共享服务平台为基础进行研发，提供日常业务办公功能服务，整合各部门公开的业务专题数据，集中共享，同时提供业务系统登录入口，实现日常办公的网络化，空间基础信息、OA办公与业务管理的一体化。

（6）研发古建保护与修缮管理信息系统。古建保护与修缮管理信息系统的主要目标是园区古建设施“一张图”实现数据管理和维护，建立完备的工程项目管理服务，实现对现有工程项目的管理和便捷查询、基建日常巡查管理与财务管理，实现业务管理的精细化、移动智能化。

（7）研发园林景观管理信息系统，针对园林业务特点建设园林景观管理信息系统，实现对园林空间基础信息、日常养护信息以及其他业务管理服务的支持，实现园林业务管理的科学化与流程化。

（8）研发文物管理信息系统，文物管理信息系统主要是结合文物管理部以及文昌院队内部办公与部门间资源共享需求，研发文物基本信息管理、日常办公、法规制度、人员培训及政策荣誉证书管理功能。文物管理部在研发部门业务管理系统进行日常性办公和管理的同时，还计划在本期建设颐和园藏品管理信息系统，包括藏品的分类管理、库房管理、征集管理、鉴定管理、修复复制、展览管理等，实现藏品分类的标准化、自定义和虚拟化管理。

2. 项目建设效果

"智慧颐和园一期" 自建成并投入运行以来，在对外服务与对内管理两方面都发挥了十分重要的作用，取得了良好的效果。

在内部管理方面，智慧颐和园信息共享平台目前用户涵盖了处级领导、机关部室与园属各队等各个层次的用户，整合各部门公开的业务数据，提供日常业务办公功能服务，实现了园区办公的网络化与服务的人性化目标。随着网络覆盖范围的扩大和系统运行业务的延伸，入网用户还将逐步增加并最终覆盖全园班组用户。业务管理、公众旅游、园林、古建、文物等业务子系统的使用，实现了基础数据和业务数据空间可视化表达，规范了业务数据管理与统计分析，为领导决策提供了大量翔实的数据依据，为部门业务管理的精细化与保护智能化打下了坚实的基础。随着颐和园信息化的深入，系统在巩固和推广平台一期建设成果的基础上，还通过古树古建传感维护、微信移动在线服务等方式深化和拓展业务管理水平，加强公众服务能力，提高决策分析水平。

在对外服务方面，智能游客统计系统效果显著。以 2013 年 "五一" 小长假为例，颐和园共接待了游人 32.7 万人次，其中最多的一天 4 月 30 日 13.8 万人次，但整个园区秩序井然，没有大规模拥堵。游客进入园区后，智能游客系统能自动识别并记录；等游客出园区时，系统也能自动识别，这样就能实时准确掌握园区内的客流量，随时根据客流做出引导调整。

以下介绍几个有特色的智慧颐和园应用。

（1）园林景观管理信息系统使过去单纯的内部管理可同时服务游客。例如，数据库里的植物数据，如花草树木的位置、面积、花期等，现在都通过微博向游客播报，非常受欢迎。以前景区的名贵古树、花卉都挂一个“身份简介”的牌子，牌子不大信息也必然有限。智慧化之后，颐和园景区将给古树、庭院花卉编制二维码，游客用手机一扫，古树叫什么、什么品种、如何养护，以及花期何时、开花的照片等大量信息就能随时获得。

（2）“颐和园360度实景展示导览系统”，多维度动态展示各处实景，并设计背景音乐和语音解说，增强游客心理感受，让游览者从网络上身临其境地体会景区的实景实貌。

（3）“智慧旅游手机导览系统”，使游客在自助旅行过程中，能够便捷获取景区相关信息的服务。

（4）颐和园在做好网站、微博的基础上，2013年年底开通微信颐和园公众服务号，为公众提供方便快捷的信息资讯、服务导览和实时互动服务并针对游客的反馈信息、咨询问题等信息，定期做好统计分析。

（5）颐和园将GPS系统引入安全管理工作中，为景区车辆及大小船舶安装了定位装置，并在一些重要部位安装了气象仪，该系统的使用实现了景区对游船、车辆的智能化监控与管理，实现了园内天气的实时监控，对进一步确保游客安全游览起到积极作用。

（6）颐和园启动遗产监测工作，主要方向是采集古建筑和古树名木的基础数据。借助GPS、三维激光扫描等技术，颐和园将古建筑基础信息的精确度提升至毫米，并囊括了每一个构件。目前，佛香阁、德和园、石舫等数据采集已完成，数据库已增至350G，为古建筑的价值评估和风险评估提供了基础资料。

三　智慧城市落地思考

（一）智慧景区建设现状及特点

智慧颐和园建设是当前国内智慧景区建设的缩影，通过分析我们可以发现目前景区智慧化建设表现出如下三大特点。

（1）在原有数字景区建设基础上进行智慧化建设。国内各大景区在智慧景区之前多已进行了数字景区建设，智慧景区多在此基础上结合移动互联网、物联网和云计算技术进行深化，如在自动化办公的基础上实现移动办公、移动巡查，利用传感器网络、射频技术对附近居民、园内游客、服务人员、灾害隐患等进行更全面及时的监测，基于三维 GIS 实现建筑和文物的可视化管理等。

（2）利用信息化提升景区核心竞争力。相比起聚焦于网络设施及基础应用建设数字景区时代，智慧景区更加重视利用信息化提升景区的核心竞争力，如构建学习型组织，优化工作流程，寻求战略合作伙伴和设立危机预警与管理机制以实现软硬实力的最佳结合和全方面提升。

（3）信息化与文化产业的充分结合。智慧景区建设更加注重科技的人文关怀，不仅通过三维技术、全息影像等新型技术提升了游客对景区的直观体验，而且通过对景区环境保护、业务管理、旅游经营、公共服务、决策支持系统的智能化水平提升，优化游客的深层次感知体验，最终通过技术系统实现景区资源保护和游客最佳体验的共赢，兼顾游客利益与景区发展目标，促进景区可持续发展。

（二）智慧景区建设存在的问题

（1）智慧理解片面化。例如，“有闸机就等于智慧景区”① 的片面符号化认识大行其道，带来了一些盲目建设问题，此外虽然一些景区信息化做得不错，但是缺乏对系统信息反馈和修复等特性，所以景区无法快速优化自身管理与服务水平，使其距离真正意义上的智能化仍有差距。

（2）僵化体制的束缚。国内很多景区存在权责不明现象，传统模式下的管理体制和运行机制僵化、职权滥用、行政低效等问题严重，甚至国内一些老牌著名景区也存在缺乏动力而导致的进度困难，反而是武陵源等一批新兴景区体制束缚不强，信息化积极性与主动性强，以其灵活丰富的微营销技术博得大众眼球，发展迅速。

（3）缺乏体系化的智慧信息技术方案。目前智慧景区信息化技术包括电

① http：//www. hb. xinhuanet. com/2014 -02/21/c_ 119448132. htm.

子票务、电子导游、媒体平台等综合技术，但是目前缺乏成体系、有架构、有步骤的景区智慧化方案与标准，一方面造成了技术不兼容，复用度差和投资重复浪费等问题，另一方面也因为投资方无法获取清晰的技术愿景，加剧了“有闸机就等于智慧景区”之类一窝蜂式建设方式。

（4）软实力积累不足。智慧景区建设是对传统景区管理服务的一次巨大变革，需要充分的资金与人才保障，但是除少数景区外我国绝大多数景区均依靠外援进行方案制定、系统实施和维护，缺乏明确的资金筹措和财务管理，缺乏自有的固定专业技术运维团队培养计划，这些都可能带来在一阵“智慧热闹”之后，可持续“智慧发展”的隐患。

（三）智慧景区发展思路及对智慧城市建设的启示

（1）理清景区关系，保证多方合作。政府和景区要尽快明确景区的权责定位，寻求利益相关人群的支持，加强政企间、企业间和区域间联合，增加规模效益，组建富有远见与行动力的执行团队，建立多元化融资机制和人才培养机制，确保信息化资金和人才的供应。

（2）建设面向景区核心竞争力提升的技术体系。智慧景区着眼于通过精心规划、设计与实施提升景区的“后天条件”，包括学习、营销、研发、理财、品牌等方面的竞争力，也包括以旅游资源、旅游市场为基础的旅游产品的开发能力和创新能力。通过云计算、物联网及移动互联网等技术，智慧景区可以从三个方面提升景区品质，即对景区资源的管理维护、对消费用户的优质服务以及景区品牌的建设营销，通过深度的技术架构研究与技术标准制定提高建设效率，保证实施效果，降低成本，避免浪费。

面向核心竞争力的智慧景区技术如图 2 所示。

近期各类巨额智慧城市项目投资纷纷出现，例如，有消息报道由工信部及下属协会领导的中国智慧城市产业联盟正在筹建产业联盟基金，计划募资 500 亿元；某些地级市规划甚至已完成数十亿元的智慧城市建设投资的消息也并不新鲜。透过智慧景区的建设经验、不足与策略的介绍，可以初步了解更大尺度下的智慧城市设计所面临的政策、技术与管理方面的巨大挑战，只有结合丰富的建设经验与技术管理理论，才能走出独立自主、可持续的智慧城市建设道路。

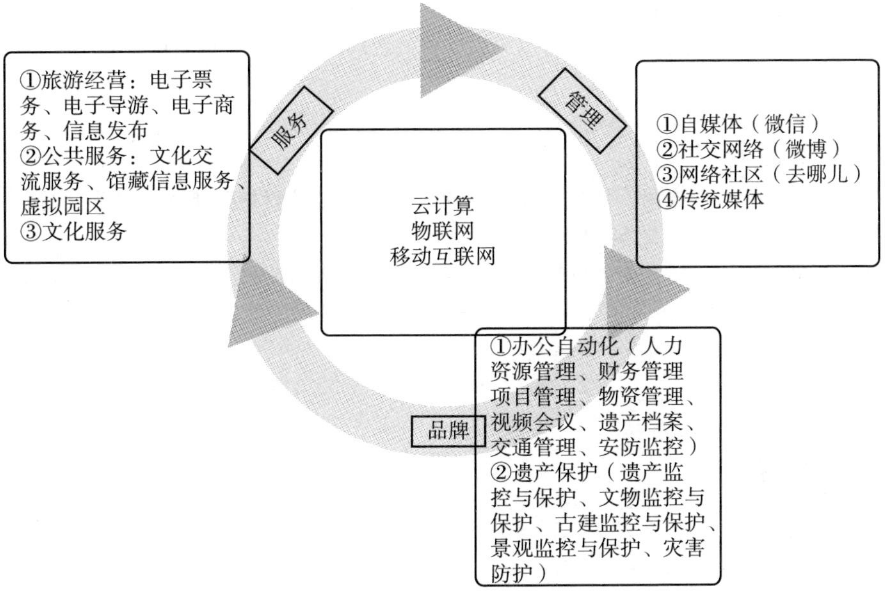

图2　面向核心竞争力的智慧景区技术模型

参考文献

［1］梁军、黄骞：《从数字城市到智慧城市的技术发展机遇与挑战》，《地理信息世界》2013 年第 1 期。

［2］常少辉、李公立、黄天航：《基于物联网的智慧颐和园信息基础设施方案》，《中国园林》2011 年第 9 期。

［3］党安荣、张丹明、陈杨：《智慧景区的内涵与总体框架研究》，《中国园林》2011 年第 9 期。

［4］彭霞、朱战强、张艳：《智慧黄山景区决策支持系统研究》，《中国园林》2011 年第 9 期。

［5］宋磊、林洪波、王绪华：《基于 3D－GIS 的智慧泰山景区信息集成平台》，《中国园林》2011 年第 9 期。

［6］梁焱：《基于云计算的智慧黄山景区数据基础设施规划方案》，《中国园林》2011 年第 9 期。

［7］左齐、艾昌勇、唐捷：《基于模式识别的智慧青城山－都江堰景区安全防范系统》，《中国园林》2011 年第 9 期。

［8］邓贵平、邵振峰：《基于视频巡航的九寨沟智慧景区管理与服务》，《计算机工程

与设计》2011 年第 11 期。
[9] 葛军莲、顾小钧、龙毅：《基于利益相关者理论的智慧景区建设探析》，《生产力研究》2012 年第 5 期。
[10] 郭伟、贾云龙、邓丽芸：《我国智慧景区发展研究》，《中国集体经济》2012 年第 25 期。
[11] 莫洪源、蔡建民、刘广：《以共享平台为支撑的智慧景区建设》，《测绘与空间地理信息》2013 年第 S1 期。
[12] 邓贤峰、李霞：《“智慧景区”评价标准体系研究》，《电子政务》2012 年第 9 期。

区 域 篇

Regional Reports

B.15

基于三大城市群比较的京津冀发展策略初探

杨 涛 耿盼盼*

摘 要：

城市群是我国经济发展和新型城镇化的重要载体。近来京津冀一体化战略已经成为各界研究的热点问题，过去对京津冀发展问题的研究，多集中于对城市之间发展不平衡的批评，并归因于行政主导、资源配置过于集中等主观动因，对于客观因素和动力机制的研究有所不足。本文借鉴城市空间研究的基本方法，从京津冀、长三角、珠三角三大城市群的空间差异、历史发展脉络等角度，探究造成京津冀区域发展不平衡的客观条件，以期为京津冀协同发展找到更优的路径。

关键词：

三大城市群 京津冀一体化 发展策略

---

* 杨涛，北京荣邦瑞明投资管理有限责任公司合伙人，荣邦瑞明城市中国研究院经济生态研究所副所长，对城镇化模式、政策体系和演进路径等有较为深刻的理论和实践理解；耿盼盼，北京荣邦瑞明投资管理有限责任公司咨询顾问，主要研究和咨询领域为城市建设投融资。

改革开放以来我国城镇化进程加快，环渤海、长江三角洲和珠江三角洲部分城市崛起，形成我国三个规模最大的城市群。与长三角城市群、珠三角城市群相比，京津冀城市群各城市发展差异较大，亟须探索有效的发展路径，增强区域协同性，提高一体化水平。本文对比三大城市群的发展现状和历史发展条件，概括分析三大城市群的特点、差异，并探讨差异产生的原因，为京津冀城市群发展策略的制定提供依据和参考。

一　三大城市群的发展差异综述

（一）城市群概念和研究范围

20 世纪 80 年代初，城市群思想引入我国。此后，伴随着我国城镇化的快速推进，城市群研究逐渐兴起，并写入《国民经济和社会发展第十二个五年规划纲要》，各界争相讨论。京津冀城市群、长三角城市群和珠三角城市群是我国最早提出的三大城市群，在面积、人口、经济发展水平等方面具有一定的可比性，也因此成为对比研究的样本。但是，国内关于城市群范围的确定存在多种标准，目前仍未达成共识。本文综合学术研究、政策文件和各城市群的发展现状，首先明确三大城市群具体的成员城市。

2008 年 12 月 31 日，国务院正式批复《珠江三角洲地区改革发展规划纲要（2008—2020 年）》，此次规划范围包括广东省的深圳、广州、肇庆、佛山、江门、中山、珠海、东莞、惠州九个城市。此九个城市构成珠三角城市群，纳入本文研究范围。

2010 年 6 月 7 日，国务院正式批复《长江三角洲地区区域规划》，规划以上海市和江苏省的南京、苏州、无锡、常州、镇江、扬州、泰州、南通，浙江省的杭州、宁波、湖州、嘉兴、绍兴、舟山、台州 16 个城市为核心区。此 16 个城市构成长三角城市群，纳入本次研究范围。

京津冀区域规划已讨论多年，但目前仍未正式出台，因此借鉴关于京津冀城市群的学术研究成果，确定北京、天津、唐山、秦皇岛、承德、张家口、保定、廊坊、石家庄、沧州、衡水 11 个市为京津冀城市群成员，纳入本次研究范围。

（二）发展现状比较

本部分以相关统计数据为依据，从人口、空间、经济结构和发展水平等多个角度对比三大城市群发展现状和特征，深入剖析各城市群自身结构，进而对三大城市群发展差异形成充分认识。

1. 人口数量及分布

京津冀城市群人口规模略小于长三角城市群，两者都远大于珠三角城市群，且京津冀城市群人口集中分布于北京和天津，在三个城市群中集中度最高。全国第六次人口普查数据显示，京津冀城市群中北京、天津、石家庄和保定4市常住人口已达1000万以上，其中北京市已达2000万。长三角城市群中上海已达2000万，苏州1000万以上，其他城市不足1000万。珠三角城市群只有广州和深圳略高于1000万（见表1）。

表1　2010年三大城市群常住人口普查数据

城　市	常住人口(万人)	城　市	常住人口(万人)	城　市	常住人口(万人)
北　京	2069	上　海	2302	广　州	1270
天　津	1413	南　京	800	深　圳	1036
唐　山	758	杭　州	870	佛　山	719
石家庄	1016	苏　州	1047	东　莞	822
保　定	1119	无　锡	637	中　山	312
承　德	347	宁　波	761	惠　州	460
秦皇岛	299	常　州	459	江　门	445
张家口	435	南　通	728	珠　海	156
廊　坊	436	扬　州	446	肇　庆	392
沧　州	713	镇　江	311		
衡　水	434	台　州	597		
		绍　兴	491		
		嘉　兴	450		
		湖　州	289		
		泰　州	462		
		舟　山	112		
合　计	9039	合　计	10762	合　计	5612

资料来源：全国第六次人口普查数据。

2. 城市面积及市辖建成区分布

京津冀城市群城市总面积193218平方公里（见表2），长三角城市群和珠三角城市群合计只有164820平方公里，且京津冀城市群有八个城市总面积在一万平方公里以上，城市群市辖建成区分布过于集中，北京和天津两市集中了城市群65%的市辖建成区面积。相比而言，京津冀城市群是一个大空间尺度的城市群，平均城市面积在三大城市群中最大，市辖建成区面积最集中。

表2　2012年京津冀城市群各城市面积及市辖建成区面积数据

城　市	全市（平方公里）	市辖建成区/全市面积（%）	市辖建成区面积（平方公里）	建成区/城市群建成区总面积（%）
北　京	16411	7.7	1261	41
天　津	11760	6.1	722	24
唐　山	13472	1.8	247	8
石家庄	15848	1.4	216	7
保　定	22185	0.6	141	5
承　德	39548	0.3	113	4
秦皇岛	7802	1.2	95	3
张家口	36873	0.2	86	3
廊　坊	6429	1.0	64	2
沧　州	14053	0.4	61	2
衡　水	8837	0.5	46	2
合　计	193218	1.6	3052	100

资料来源：《中国城市统计年鉴（2013）》。

长三角城市群总面积109884平方公里（见表3），只有杭州一市面积在10000平方公里以上，37%的市辖建成区面积集中在上海和南京。

表3　2012年长三角城市群各城市面积及市辖建成区面积数据

城　市	全市（平方公里）	市辖建成区/全市面积（%）	市辖建成区面积（平方公里）	建成区面积/城市群建成区面积（%）
上　海	6340	14	886	21
南　京	6587	10	653	16
杭　州	16571	3	453	11
苏　州	8488	5	437	11

续表

城　市	全市(平方公里)	市辖建成区/全市面积(%)	市辖建成区面积(平方公里)	建成区面积/城市群建成区面积(%)
无　锡	4627	7	316	8
宁　波	9816	3	290	7
常　州	4372	4	183	4
南　通	8001	2	156	4
扬　州	6591	2	128	3
镇　江	3847	3	120	3
台　州	9411	1	116	3
绍　兴	8256	1	115	3
嘉　兴	3915	2	90	2
湖　州	5820	2	88	2
泰　州	5787	1	70	2
舟　山	1455	4	56	1
合　计	109884	4	4157	100

资料来源：《中国城市统计年鉴（2013)》。

珠三角城市群总面积54936平方公里（见表4），在三个城市群中规模最小，城市总面积呈两极分化，其中广州、惠州、江门、肇庆四市的总面积较大，在7000平方公里以上，其他五个城市则都在4000平方公里以下，平均城市面积在三个城市群中最小。市辖建成区面积高度集中，集中度与京津冀城市群相当，67%的市辖建成区面积集中在广州和深圳两市。

表4　2012年珠三角城市群各城市面积及市辖建成区面积数据

城　市	全市(平方公里)	市辖建成区/全市面积(%)	市辖建成区面积(平方公里)	建成区面积/城市群建成区面积(%)
广　州	7434	14	1010	36
深　圳	1997	43	863	31
惠　州	11343	2	229	8
江　门	9505	2	157	6
佛　山	3798	4	155	6
珠　海	1724	7	124	4
东　莞	2460	4	107	4
肇　庆	14891	1	94	3
中　山	1784	3	48	2
合　计	54936	5	2787	100

资料来源：《中国城市统计年鉴（2013)》。

通过比较城市面积和建成区面积数据可知，长三角城市群总面积只相当于京津冀城市群的57%，且以6000平方公里至10000平方公里的城市为主，市辖建成区面积分布相对均衡；珠三角城市群总面积只相当于京津冀城市群总面积的28%，各城市面积差异较大，单个城市面积明显小于京津冀各城市，市辖建成区面积分布集中。相对而言，京津冀城市群空间尺度最大、市辖建成区面积相对集中，城市群内部空间发育程度低。

3. 经济发展水平比较

分析2012年各市经济数据可知，京津冀城市群各城市经济发展水平差异较大，只有北京、天津、唐山三市人均GDP达到5万元（见表5）；长三角城市群GDP总量最大、人均GDP普遍较高；珠三角城市群人均GDP普遍较高，江门、惠州、肇庆三市明显偏低。

以人均GDP作为衡量区域发展平衡程度的指标，以三个城市群2012年的统计数据为基础，将人均GDP划分为三个档次：人均80000元以上为第一档，人均40000～80000元为第二档，人均40000元以下为第三档。通过对各个城市进行分档归类，可对比看出城市群经济发展水平差异。

2012年京津冀城市群GDP总量为53028亿元，人均GDP 58606元，其中第一档只有北京和天津两市，两市GDP总量占城市群GDP总量的比例高达58%，第二档有唐山、石家庄、廊坊三个城市，其他6市人均GDP在40000元以下。经济发展水平落后城市数量过半，城市群经济均衡程度最差，中间有明显的断层，同时总量上集中度最高。

表5　2012年京津冀城市群各城市全市GDP及人均GDP数据

城　市	全市GDP(亿元)	占城市群总量(%)	人均GDP(元/人)
北　京	17879	34	87475
天　津	12894	24	93173
唐　山	5862	11	76643
石家庄	4500	8	43552
沧　州	2812	5	38949
保　定	2721	5	24053
廊　坊	1794	3	40598
张家口	1234	2	28139

续表

城市	全市 GDP(亿元)	占城市群总量(%)	人均 GDP(元/人)
承德	1182	2	33791
秦皇岛	1139	2	37804
衡水	1011	2	23101
合计	53028	100	58606

资料来源：《中国城市统计年鉴（2013）》。

2012 年长三角城市群 GDP 总量为 90115 亿元（见表 6），经济规模在三个城市群中最大。人均 GDP 高达 83303 元，第一档有上海、苏州、杭州、无锡等 10 个城市，其中苏州和无锡人均 GDP 已超 100000 元；其他六个城市则都为第二档，且人均 GDP 大部分在 60000 元左右，无人均 GDP 低于 40000 元的城市。由此可知，长三角城市群经济规模总量大，城市群经济均衡程度高。

表 6　2012 年长三角城市群各城市全市 GDP 及人均 GDP 数据

城市	全市 GDP(亿元)	占城市群总量(%)	人均 GDP(元/人)
上海	20182	22	85373
苏州	12012	13	114029
杭州	7802	9	88962
无锡	7568	8	117357
南京	7202	8	88525
宁波	6582	7	86228
南通	4559	5	62506
常州	3970	4	85039
绍兴	3654	4	82966
扬州	2933	3	65692
台州	2911	3	48505
嘉兴	2891	3	63704
泰州	2702	3	58378
镇江	2630	3	83650
湖州	1664	2	57350
舟山	853	1	87883
合计	90115	100	83303

资料来源：《中国城市统计年鉴（2013）》。

2012 年珠三角城市群 GDP 总量为 47779 亿元（见表 7），略低于京津冀城市群，大约相当于长三角城市群的二分之一，GDP 总量高度集中于广州和深圳，两市占城市群 GDP 总量的 55%，但人均 GDP 在三个城市群中最高。进入第一档的城市有广州、深圳、佛山、珠海四个城市；进入第二档的城市有东莞、中山、惠州、江门四个城市；只有肇庆一个城市人均 GDP 低于 40000 元。由此可知，虽然珠三角城市群 GDP 总量小，但是人均 GDP 在三个城市群中最高，且存在明显的经济梯度。

表 7　2012 年珠三角城市群各城市全市 GDP 及人均 GDP 数据

城　市	全市 GDP(亿元)	占城市群总量(%)	人均 GDP(元/人)
广　州	13551	28	105909
深　圳	12950	27	123247
佛　山	6613	14	91259
东　莞	5010	10	58804
中　山	2441	5	77527
惠　州	2368	5	50873
江　门	1880	4	42028
珠　海	1504	3	95471
肇　庆	1462	3	36864
合　计	47779	100	83990

资料来源：《中国城市统计年鉴（2013）》。

就经济发展水平而言，长三角城市群拥有最大的经济规模，城市群经济均衡程度最高；珠三角城市群呈现明显的梯度分布，整体发展水平较高；京津冀城市群呈现两极分化，大部分城市发展水平较低，城市群经济均衡程度最低。

4. 三产结构比较

京津冀城市群产业结构中北京服务业一枝独秀，第三产业比重高达 76%（见表 8），其他城市工业城市特征比较明显，产业结构同构化程度高。另外第一产业比重除京、津外占比仍比较高，基本都在 10% 以上，张家口、衡水接近 20%，城市经济的发展水平十分不均衡。

表8　2012年京津冀城市群各城市三产比例数据

单位：%

城　市	第一产业 GDP 占比	第二产业 GDP 占比	第三产业 GDP 占比
北　京	1	23	76
天　津	1	52	47
秦皇岛	13	39	47
石家庄	10	50	40
张家口	17	43	40
沧　州	11	53	36
廊　坊	11	54	35
唐　山	9	59	32
保　定	14	55	31
承　德	16	53	31
衡　水	19	52	30
合　计	5	43	52

资料来源：《中国城市统计年鉴（2013）》，百分数保留整数。

长三角城市群产业结构中上海第二产业比重仍然较高，第三产业比重为60%（见表9），在城市群中最高，但明显低于北京，其他城市仍以工业为主，第一产业比重小于10%。由此可见，长三角城市群产业结构同构化程度高，核心城市与其他城市产业结构差异小，整体城市化水平高。

表9　2012年长三角城市群各城市三产比例数据

单位：%

城　市	第一产业 GDP 占比	第二产业 GDP 占比	第三产业 GDP 占比
上　海	1	39	60
南　京	3	44	53
杭　州	3	46	51
舟　山	10	45	45
无　锡	2	53	45
台　州	7	49	44
苏　州	2	54	44
常　州	3	53	44

续表

城　市	第一产业 GDP 占比	第二产业 GDP 占比	第三产业 GDP 占比
宁　波	4	53	42
镇　江	4	54	42
绍　兴	5	54	41
南　通	7	53	40
扬　州	7	53	40
泰　州	7	53	40
湖　州	7	53	39
嘉　兴	5	55	39
合　计	3	49	48

资料来源：《中国城市统计年鉴（2013）》，百分数保留整数。

珠三角城市群中广州、深圳、东莞已经进入第三产业主导的发展阶段，其他城市除肇庆市外，以第二产业为主导，第一产业占比已降至8%以下。珠三角城市群普遍实现了工业化，产业结构同构化程度较高，整体城镇化水平在三个城市群中最高。

表 10　2012 年珠三角城市群各城市三产比例数据

单位：%

城　市	第一产业 GDP 占比	第二产业 GDP 占比	第三产业 GDP 占比
广　州	2	35	64
深　圳	0	44	56
东　莞	0	47	52
珠　海	3	52	46
中　山	3	55	42
江　门	8	51	41
肇　庆	16	46	38
惠　州	5	58	37
佛　山	2	62	36
合　计	2	46	52

资料来源：《中国城市统计年鉴（2013）》，百分数保留整数。

5. 行业增加值比较

从每个城市群中选取5个主要城市，通过分析各城市行业增加值及占比数据，深入分析各城市群内部经济构成情况及差异。

京津冀城市群中北京是金融、科技、房地产、商业服务业高度集中地，其他四市对应行业的增加值合计仍小于北京。天津第二产业行业增加值高于北京，但第三产业各行业增加值不及北京的二分之一，又明显高于其他城市，由此可知，京津冀城市群中各城市行业增加值的结构差异较大，单中心特征明显（见表11、表12）。

表11　2012年京津冀城市群主要城市行业增加值数据

单位：亿元

指标	北京	唐山	天津	石家庄	秦皇岛
地区生产总值	17801	5862	12894	4500	1139
第一产业	150	529	172	452	148
第二产业	4058	3474	6664	2241	448
工业	3294	3244	6123	1994	376
建筑业	764	230	541	247	71
第三产业	13592	1859	6058	1807	544
交通运输、仓储和邮政业	779	788	684	394	131
信息传输、计算机服务和软件业	1611	46	177	59	18
批发和零售业	2279	391	1680	392	100
住宿和餐饮业	373	68	222	70	31
金融业	2593	133	1002	208	56
房地产业	1244	118	450	161	59
租赁与商务服务业	1311	39	335	60	18
科学研究、技术服务与地质勘查	1241	13	384	47	7
水利、环境和公共设施管理业	93	12	84	18	6
居民服务和其他服务业	120	52	271	60	27
教育	654	59	281	99	33
卫生、社会保障和社会福利业	346	41	139	70	17
文化、体育与娱乐业	385	5	67	31	8
公共管理与社会组织	565	93	284	138	34

资料来源：各市2013年统计年鉴数据。

表 12　2012 年京津冀城市群主要城市行业增加值比例数据

单位：%

指标	北京	唐山	天津	石家庄	秦皇岛
地区生产总值	100	100	100	100	100
第一产业	1	9	1	10	13
第二产业	23	59	52	50	39
工业	19	55	47	44	33
建筑业	4	4	4	5	6
第三产业	76	32	47	40	48
交通运输、仓储和邮政业	4	13	5	9	12
信息传输、计算机服务和软件业	·9	1	1	1	2
批发和零售业	13	7	13	9	9
住宿和餐饮业	2	1	2	2	3
金融业	15	2	8	5	5
房地产业	7	2	3	4	5
租赁与商务服务业	7	1	3	1	2
科学研究、技术服务与地质勘查	7	0	3	1	1
水利、环境和公共设施管理业	1	0	1	0	1
居民服务和其他服务业	1	1	2	1	2
教育	4	1	2	2	3
卫生、社会保障和社会福利业	2	1	1	2	1
文化、体育与娱乐业	2	0	1	1	1
公共管理与社会组织	3	2	2	3	3

长三角城市群中无锡、苏州、杭州、宁波的金融业、房地产业、租赁与商业服务业等第三产业行业增加值低于上海，但上海市的第二产业行业增加值仍然最高（见表 13、表 14）。因此，从行业增加值的比较可知长三角城市群形成了并不明显的单中心结构，城市成员行业增加值较均衡。

表 13　2012 年长三角城市群主要城市行业增加值数据

单位：亿元

指标	上海	无锡	苏州	杭州	宁波
地区生产总值	20182	7568	12012	7802	6582
第一产业	128	137	195	255	269
第二产业	7855	4012	6502	3573	3517
工业	7098	3718	6055	3169	3170
建筑业	757	294	447	404	347

续表

指标	上海	无锡	苏州	杭州	宁波
第三产业	12199	3419	5314	3974	2797
交通运输、仓储和邮政业	895	178	387	213	297
信息传输、计算机服务和软件业	919	103	231		91
批发和零售业	3292	1144	1645	693	678
住宿和餐饮业	298	225	314	113	149
金融业	2450	424	820	791	451
房地产业	1147	364	658	542	370
租赁与商务服务业	1066	301	390		148
科学研究、技术服务与地质勘查	504	72	89	164	66
水利、环境和公共设施管理业	60	39	58		19
居民服务和其他服务业	222	80	72	72	73
教育	462	135	180	238	137
卫生、社会保障和社会福利业	328	76	114	132	100
文化、体育与娱乐业	120	48	75	70	30
公共管理与社会组织	435	230	282	259	187

资料来源：各市 2013 年统计年鉴数据。

表 14　2012 年长三角城市群主要城市行业增加值比例数据

单位：%

指标	上海	无锡	苏州	杭州	宁波
地区生产总值	100	100	100	100	100
第一产业	1	2	2	3	4
第二产业	39	53	54	46	53
工业	35	49	50	41	48
建筑业	4	4	4	5	5
第三产业	60	45	44	51	42
交通运输、仓储和邮政业	4	2	3	3	5
信息传输、计算机服务和软件业	5	1	2	0	1
批发和零售业	16	15	14	9	10
住宿和餐饮业	1	3	3	1	2
金融业	12	6	7	10	7
房地产业	6	5	5	7	6
租赁与商务服务业	5	4	3	0	2
科学研究、技术服务与地质勘查	2	1	1	2	1
水利、环境和公共设施管理业	0	1	0	0	0
居民服务和其他服务业	1	1	1	1	1
教育	2	2	1	3	2
卫生、社会保障和社会福利业	2	1	1	2	2
文化、体育与娱乐业	1	1	1	1	0
公共管理与社会组织	2	3	2	3	3

珠三角城市群中广州、深圳各行业增加值相当（见表 15、表 16），都远高于其他城市，呈现明显的双中心结构的特征。各城市行业增加值比例差异较小，经济结构相似度在三个城市群中最高。

表 15　2012 年珠三角城市群主要城市行业增加值数据

单位：亿元

指标	广州	深圳	中山	东莞	佛山
地区生产总值	13551	12950	2441	5010	6210
第一产业	214	6	62	19	119
第二产业	4721	5738	1354	2376	3871
工业	4264	5356	1291	2298	3735
建筑业	456	382	62	78	136
第三产业	8617	7206	1025	2616	2220
交通运输、仓储和邮政业	931	471	44	136	142
信息传输、计算机服务和软件业	519	648	46	200	133
批发和零售业	1897	1521	210	502	479
住宿和餐饮业	384	256	51	168	98
金融业	971	1721	100	200	232
房地产业	1023	1123	146	465	399
租赁与商务服务业	1089	387	267	519	228
科学研究、技术服务与地质勘查	288	216	6	33	53
水利、环境和公共设施管理业	73	60	4	11	29
居民服务和其他服务业	128	182	20	93	68
教育	434	168	34	94	112
卫生、社会保障和社会福利业	316	124	24	60	100
文化、体育与娱乐业	226	103	9	29	37
公共管理与社会组织	338	228	63	106	110

资料来源：各市 2013 年统计年鉴数据，其中佛山市为 2012 年统计年鉴数据。

表 16　2012 年珠三角城市群主要城市行业增加值比例数据

单位：%

指标	广州	深圳	中山	东莞	佛山
地区生产总值	100	100	100	100	100
第一产业	2	0	3	0	2
第二产业	35	44	55	47	62
工业	31	41	53	46	60
建筑业	3	3	3	2	2
第三产业	64	56	42	52	36
交通运输、仓储和邮政业	7	4	2	3	2
信息传输、计算机服务和软件业	4	5	2	4	2

续表

指标	广州	深圳	中山	东莞	佛山
批发和零售业	14	12	9	10	8
住宿和餐饮业	3	2	2	3	2
金融业	7	13	4	4	4
房地产业	8	9	6	9	6
租赁与商务服务业	8	3	11	10	4
科学研究、技术服务与地质勘查	2	2	0	1	1
水利、环境和公共设施管理业	1	0	0	0	0
居民服务和其他服务业	1	1	1	2	1
教育	3	1	1	2	2
卫生、社会保障和社会福利业	2	1	1	1	2
文化、体育与娱乐业	2	1	0	1	1
公共管理与社会组织	2	2	3	2	2

综上所述，京津冀城市群由超大面积城市构成，核心城市与非核心城市发展水平差距巨大，整体经济水平较低，人口、经济、市辖建成区面积高度集中于北京和天津两个核心城市，城市间协同性低，两极分化严重；长三角城市群各城市发展较均衡，无明显掉队城市；与京津冀城市群和长三角城市群相比，珠三角城市群属于小规模城市群，空间规模和人口规模明显偏小，但经济发展水平和发展阶段领先。

二　相关研究成果综述

（一）研究成果总结

国内学者从城市群概念、模式、形成机制、空间结构、协调发展以及发展阶段与判断指标体系等方面对城市群进行了广泛的研究。本文借鉴城市群形成机制、空间结构和协调发展等方面的研究成果，以空间研究为重点，探讨京津冀区域发展不平衡的客观条件。

关于城市群概念表述，姚士谋等提出的城市群是指特定的地域范围内具有相当数量的不同性质、类型和等级规模的城市，依托一定的自然环境条件，以一个或两个超大或特大城市作为地区经济的核心，借助于现代化的交通工具和综合运输网的通达性，以及高度发达的信息网络，发展着城市个体之间的内在联系，共同构成的一个相对完整的城市集合体。① 这是最权威、最流行的城市群概念。

关于城市群形成机制，已有研究将其分为内生机制和外生机制。内生机制认为工业化、市场机制、产业协调机制、区域协调机制、辐射机制以及区域内合理的城市等级结构、分工合作机制是城市群形成的主要机制。外生机制主要研究全球化和跨国公司、体制和政策机制、历史区位地理环境三个方面的体制机制对城市群形成的影响。

城市群空间结构主要研究空间演化规律、动力机制和扩张模式。空间演化规律提出扩散假说、空间组合规律、圈层分布规律和机构嬗变规律等。空间动力机制包括三种基本分析思路，以城镇形态学为基础，将城市群空间演化视为一个类似有机体的空间生长组织过程；从社会经济学角度，将城市群空间演化视作社会经济演化过程；结合前两种分析思路，将经济、社会发展与空间演变过程建立对应关系的分析思路。关于城市群空间扩张模式研究，顾朝林等认为，无论个体城市还是大都市，其空间增长形态包括圈层式、飞地式、轴间充填式、带形扩张式等基本类型。吴启焰将城市群空间扩张形式分解为两种模式：点－环状扩张和走廊－串珠状梯度扩张。②

协调发展研究分为核心城市与区域的协调、跨行政区管理机构的协调和可持续发展研究。研究提出增强核心地区的辐射功能和竞争力，建立跨行政区协调机制，制定区域整体发展规划、区域可持续发展规划等建议推进区域协调发展。

关于长三角城市群、珠三角城市群发展的研究指出，有利的国际环境、地区条件良好、资金集聚、技术和人才集中、弱化的行政联系、快速非农化、城乡一体化以及综合交通网络等因素合力促进两大城市群协同发展。而京津冀城市群被认为各城市之间存在较大差异、协同性较差。2005 年 8 月 17 日，亚洲开发银行资助的一份调查报告首次提出“环京津贫困带”概念：在国际大都市北京和天津周围，环绕着河北的 3798 个贫困村、32 个贫困县，年均收入不足 625 元的

---

① 姚士谋：《关于城市群基本概念的新认识》，《城市研究》1998 年第 6 期，第 15～17 页。

② 吴启焰：《城市密集区空间结构特征及演变机制——从城市群到大都市带》，《人文地理》1999 年第 1 期，第 11～16 页。

272.6 万贫困人口。如果以 150 公里的直线距离计算，与北京接壤的河北省张家口、承德、保定三市就有 25 个国家级和省级贫困县，谓之“环首都贫困带”。[①]

（二）研究成果借鉴

目前，我国城市群相关研究成果颇丰，尤其是概念、模式、机制等方面研究众多，也提出了诸多城市群发展的对策建议，但是结合现行政策体制和政府实际可操作空间的相关政策建议较少。本文从推动政府实际工作考虑这一角度出发，提出城市发展的系统理论架构，并从中寻找指导京津冀一体化协同发展的新思路。

为了更好地说明京津冀城市群发展问题，我们把影响三大城市群发展的核心影响因素做了系统的总结，并按照从原因到结果的层级关系做了分类，建立了城市发展的系统分析框架（见图 1）。

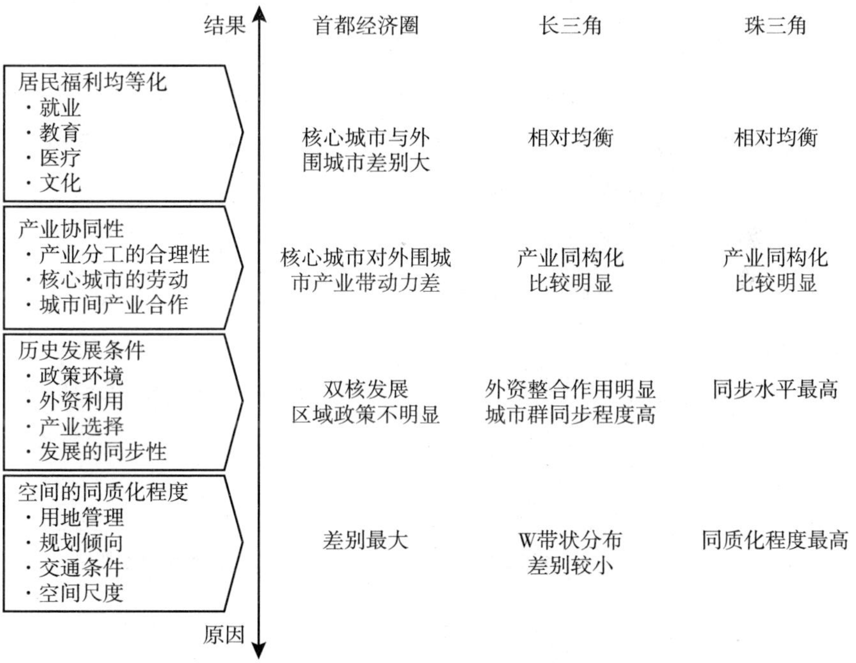

图 1　城市发展的系统分析框架

① 上海市人民政府发展研究中心：《河北省经济发展战略研究报告》，2005。

在结果层级，城市群协同发展的优劣可以用居民福利的均等化来衡量，可以从就业、教育、医疗、文化等资源服务方面进行比较。由人均 GDP 比较可知，京津冀城市群中核心城市与外围城市居民福利差别较大，而长三角城市群和珠三角城市群各城市居民福利相对均衡。

在原因层级，城市群空间同质化程度是影响城市群协调发展的基本因素。空间同质化程度的差异对应的是企业选址、产业布局等的差异，三大城市群在用地管理、规划倾向、交通条件、空间尺度等客观条件上的差异是导致城市群发展基本的因素，也是政府能够实施干预的领域。

在结果和原因之间存在着两个传导层级，即历史发展条件层级和产业协同性层级，这两个方面分别代表历史发展机遇和市场经济规律对区域发展的影响。历史发展机遇具有阶段性，改革开放三十多年来，珠三角城市群和长三角城市群充分利用改革开放的政策优势，率先取得发展。而京津冀城市群除北京和天津外，其他城市未能充分受惠于此政策。产业协同性遵循经济活动自身的规律，在自由的市场经济条件下，产业协同发展是区域协同发展的主要内容，区域协同发展要通过产业协同发展来实现。产业选择在何处落地要权衡不同地区的利弊，而空间同质化程度就成为权衡利弊的基本因素。

居民福利均等化是区域协同发展的结果，历史发展条件具有阶段性和不可预测性，空间同质化是影响产业选择和协同发展的根本原因。因此，空间同质化程度也就成为影响城市群发展的基本因素。另一方面，在市场经济环境下，空间同质化程度也是政府可以加以干预的范畴，区域发展策略也由此而产生，因此后文将重点阐述空间同质化层级的关系。

三　空间同质化程度与历史发展条件对比

（一）空间同质化程度

同质化即差别不易分清、差异小。在管理上是指产品、服务趋同，尽管形式上有差别，但内容、品质、技术含量、使用价值一样。城市空间同质化指不同城市在空间特征上的差别不易分清、差异小。城市空间特征是自然条件和人类活动共同作用的结果，可以从城市空间尺度、交通网络、规划选择和管理四个方面进行衡量。空间尺度是自然基础；交通网络是联系土地功能和生活服务的基本设施；规划选择代表了政府主导力量的方向选择，会加剧空间的同质化或分散化；土地管理在城市经济的发展过程中与规划共同作用，决定了一个地区的实际城市化空间结构，是集中还是遍地开花式的就地城市化等，综合起来决定了一个区域城市空间联系的差异。

1. 空间尺度

京津冀城市群城市的平均面积约17500平方公里，以北京市为中心，到达唐山、保定、承德等周边城市中心区的空间直线距离都在150公里左右甚至更远（见图2）。

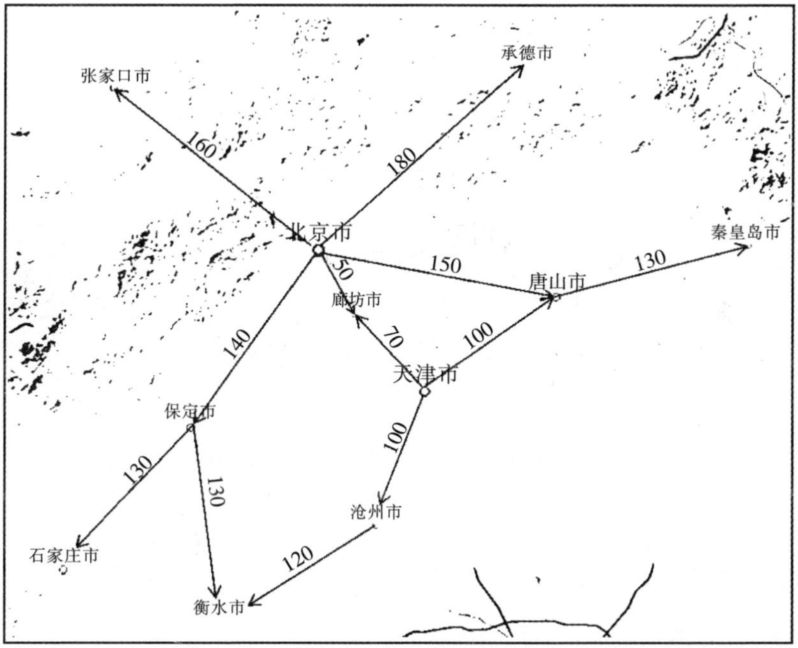

图2　京津冀城市群空间尺度

长三角城市群核心城市平均面积在8000平方公里左右，核心城市之间的空间尺度（见图3）只有京津冀城市群的一半。

珠三角城市群平均城市面积只有6000平方公里，各城市中心区之间的尺度（见图4）更小，平均只有50公里左右。

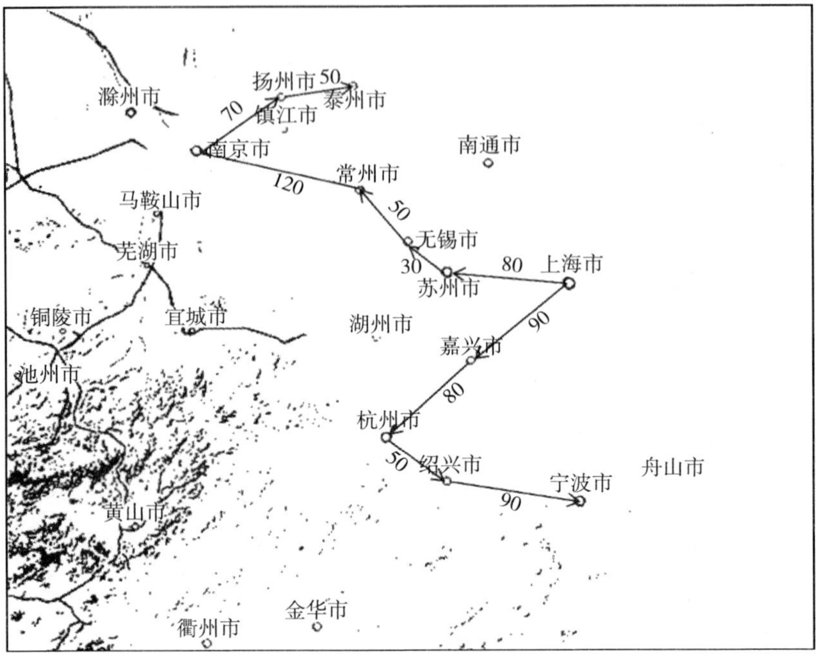

图3　长三角城市群空间尺度

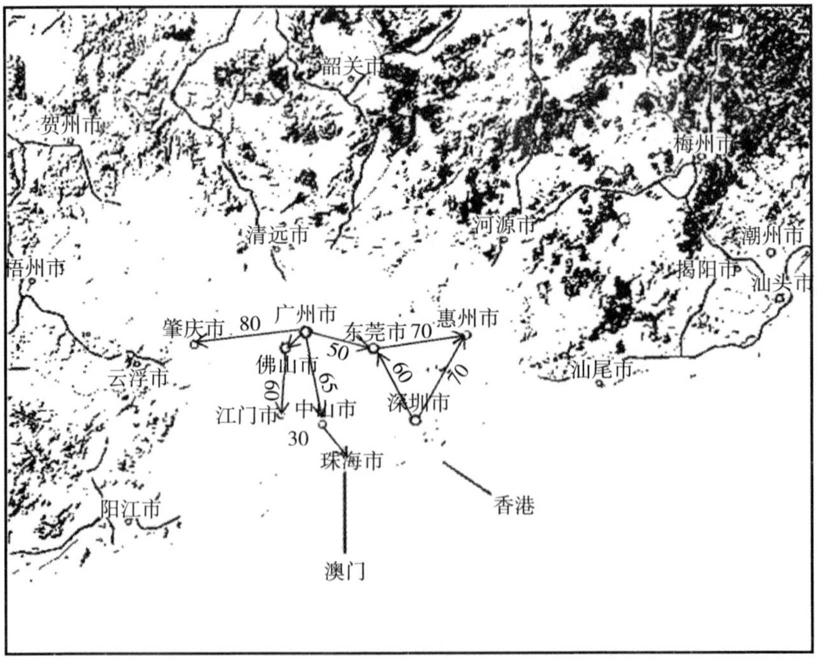

图4　珠三角城市群空间尺度

长三角城市群和珠三角城市群的成员城市面积远小于京津冀城市群，并且多以平原为主，不受山地的阻隔，按照现代交通工具的速度衡量，京津冀城市群相邻城市生活圈范围在两小时左右，而长三角城市群和珠三角城市群则分别在一小时和半小时。空间尺度较小的生活圈范围有利于城市之间的往来联系，京津冀城市群在此方面明显逊色于长三角城市群和珠三角城市群，不利于城市群内部均衡发展。

2. 交通网络

交通网络作为城市的重要基础设施，是经济发展的基本需要和先决条件，对促进社会分工、大工业发展、规模经济的形成、经贸合作和人员往来发挥重要作用，无疑成为衡量空间同质化的重要因素之一。

京津冀城市群位于我国华北地区，河流湖泊较少，水路交通不发达，运输方式以陆路交通为主。北京和天津交通网络发育较好，路网密集，而其他城市之间的交通联系稀疏，整体上形成了以北京、天津为中心的中心辐射型交通布局（见图5）。

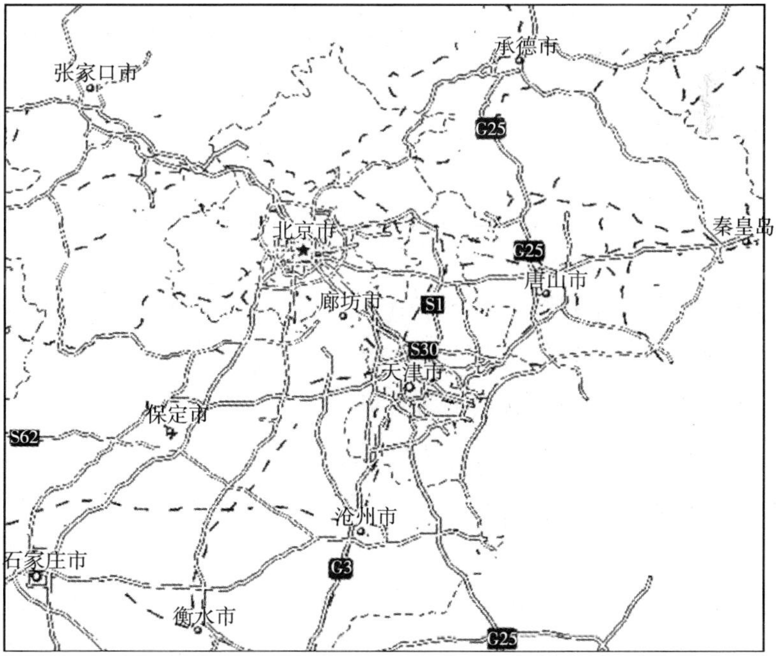

图5　京津冀城市群交通网络分布

长三角城市群沿长江水系分布，水路交通发达，上海作为世界级海港，起到对外连接的重要作用，城市沿江河湖泊呈“W”状分布。陆路交通方面，公路网络以上海为中心，向内地辐射，形成线性节点布局，城市群内部通过水网和公路网形成紧密联系（见图6）。

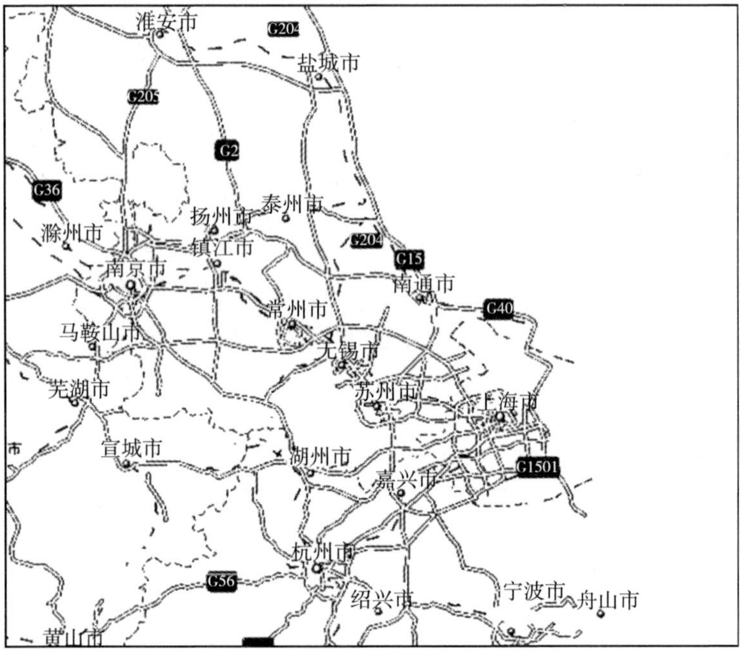

图6　长三角城市群交通网络分布

珠三角城市群位于我国最南部，沿珠江水系分布，珠江水系支流众多，为珠三角城市群提供了天然的水路交通基础。陆路交通方面，形成了网络状的交通布局，各城市之间的交通联系密切（见图7）。

从统计数据分析，京津冀城市群总公路密度为86公里/百平方公里，在三个城市群中最低，长三角城市群和珠三角城市群分别为130公里/百平方公里、102公里/百平方公里（见图8）。从公路分布情况来看，京津冀城市群公路里程主要集中在北京、天津两市，河北各市公路里程明显低于京、津。

通过交通网络的对比可知，京津冀城市群与长三角城市群和珠三角城市群相比，不具备水路运输条件，且陆路交通网络布局集中在京、津两地，城市群

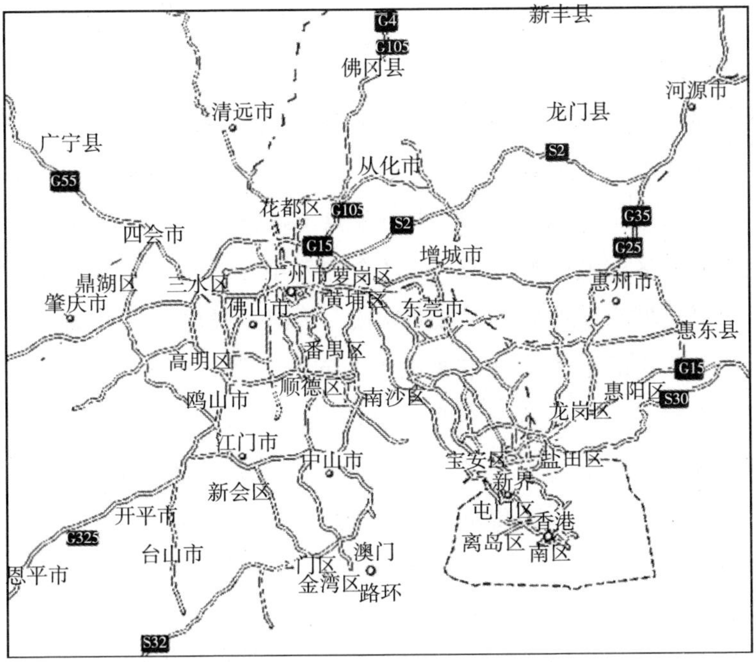

图 7　珠三角城市群交通网络分布

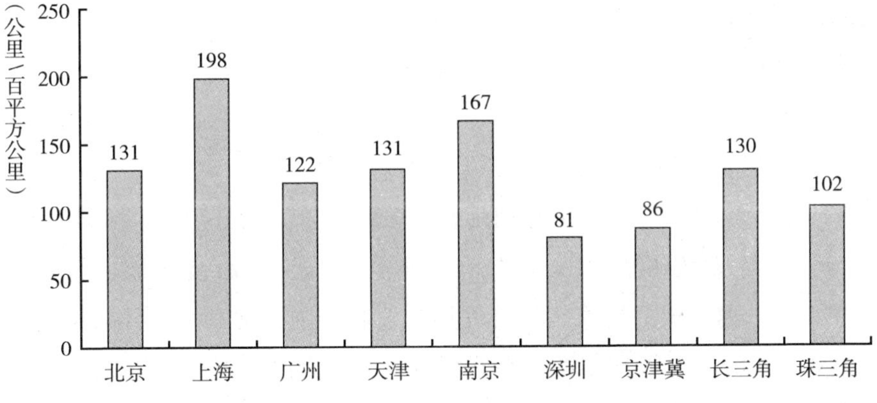

图 8　2012 年三大城市群总公路密度对比

说明：图中各市数据来自各市 2013 年统计年鉴；京津冀总公路密度统计样本为北京、天津和河北数据；长三角总公路密度统计样本为上海、南京、苏州、杭州、宁波、嘉兴、绍兴、镇江、常州；珠三角总公路密度统计样本为珠三角城市群全部城市。

内部交通网络同质化程度最低。

3. 规划选择

京津冀城市群经济重心离散分布，各成员城市独立发展，缺乏空间联系。北京市中心距离保定、天津、唐山、承德、张家口等周边城市市中心在150公里以上，且北京市总面积达16411平方公里，致使北京市的城市发展规划历来都是围绕中心城区逐渐向外扩张，一环至六环相继建成，缺少与周边城市的交通联动，对周边城市未形成辐射带动作用。天津、秦皇岛、唐山、沧州等城市受沿海交通和环境的吸引，城市建设不断向海扩展，如天津泰达新区、唐山曹妃甸新区等经济开发区都分布在沿海地区，城市的经济重心不断向背离北京的方向发展。以上合力导致北京与天津之间的腹地未得到开发，各城市之间的空间联系未能随着城市发展得到加强，仍然处于各自发展、缺少协同的状态。

长三角城市群建成区沿主要交通线路及江河沿岸分布，各城市空间尺度较小，上海作为区域内的核心城市，全市面积只有6340平方公里，较小的城市面积不仅有利于强化城市空间的联系，而且有利于加强彼此之间的经济联系，非核心城市更易受到核心城市的辐射、带动。如今，长三角城市群形成了名副其实的都市带。

珠三角城市群在空间上被水系河流分割，城市建成区由初始的散点分布，逐渐连接成片。

4. 土地利用管理

自改革开放以来，我国土地利用管理整体上可以划分为两个阶段：改革开放至1985年，无统筹管理全国土地和城乡地政，土地被分散、低效利用；1985年至今，通过成立国家土地管理局、编制全国土地利用总体规划等措施，逐步建立正式的土地管理制度。在此背景下，与京津冀相比，珠三角和长三角地区土地利用起步早、管理力度小。

1980年《广东省经济特区条例》提出：客商用地，按实际需要提供，其使用年限、使用费数额和缴纳办法，根据不同行业和用途，给予优惠。珠三角因此享有土地利用的灵活政策，其土地利用率先起步。

1984～1990年，深圳、珠海、汕头、厦门四个经济特区和14个沿海开放城市探索开发区模式，开发区热和房地产热逐渐在沿海城市兴起，各类开发区面积迅速扩大，城市和交通、工矿用地急剧增加，大量耕地被占用。1986 年，国务院成立直属国务院领导的国家土地管理局，意在改变长期实行的分散、低效的土地利用管理制度。然而，由于新的管理制度尚处于起步阶段，未能对土地利用形成有效约束，1992 年和 1998 年两次开发区热潮中，珠三角、长三角和环渤海地区仍有大量土地被粗放开发利用。2000 年第三次圈地热潮中，浙江、上海、江苏、山东等省市全面突破土地利用规划，5 年内用完了 10 年的指标。

土地被粗放式开发利用，换来了地区的发展。廉价的土地和宽松的监管吸引外商前来投资，伴随着开发区的遍地开发，城市建设区肆意铺展，各个地区都有获得发展的可能性，有效避免地区之间发展差异过大。

综上所述，在空间同质化程度方面，与长三角城市群和珠三角城市群相比，京津冀城市群一方面受到自然条件的严格制约，另一方面人为因素进一步增大了城市之间的差异，最终形成不同的发展基础，成为城市群发展的制约因素。

（二）历史发展条件

改革开放是我国重要的发展战略，也是过去三十多年我国各个地区最大的发展机遇。珠三角和长三角两大城市群集中了地理位置优势、交通便利、早期人口红利、对外开放政策等多项有利条件，牢牢把握住了发展机遇。

珠三角和长三角相对于京津冀城市群，自然地理条件优越、对外开放较早、政策灵活，有效利用了我国当时的人口、环境等条件。

1979 年中共中央、国务院提出在深圳、珠海试办出口特区，同期，深圳蛇口获批允许外资直接投资，成为我国第一个允许外资直接投资的地区；1984 年开发 14 个沿海港口城市，主要集中在长三角及珠三角地区；1985 年在长江三角洲、珠江三角洲开辟沿海经济开放区，之后进一步扩大；1992 年邓小平“南方谈话”为珠三角的发展送来了春风；1994 年，中国政府与新加坡政府合资成立苏州工业园，为区域产业转型升级注入了新的活力。

伴随着改革开放的进行，以招商引资、设立开发区等方式引入国外的资金、技术和生产设备，与我国当时低成本的劳动力、土地、生态环境相结合，形成低成本竞争优势。由于成本较低、国际市场需求旺盛，出口长期成为拉动我国经济增长的动力，地区经济也获得快速发展。

1. 实际利用外资对比

京津冀城市群各城市历年实际利用外资规模差异较大，按当年价格计算，北京、天津和河北全省实际利用外资在1996年左右达到20亿美元。2012年，北京市实际利用外资为80.42亿美元、天津为150.16亿美元、河北省为60.32亿美元，河北省全省利用外资规模低于北京和天津（见表17）。

表17　京津冀城市群历史实际利用外资情况

单位：亿美元

年份	北京	天津	河北省
1980			
1981			
1982			
1983			
1984			
1985			
1986			
1987	0.95		
1988	5.03		
1989	3.18		
1990	2.77		
1991	2.45		
1992	3.50		
1993	6.67		
1994	14.45		
1995	14.03		10.86
1996	15.53	20.06	16.01
1997	15.93	25.11	21.36
1998	20.64	25.18	21.03
1999	22.30	25.32	19.37
2000	24.58	25.60	13.94
2001	17.70	32.20	9.35
2002	17.90	38.06	10.48

续表

年份	北京	天津	河北省
2003	21.47	16.33	15.58
2004	30.84	24.72	19.79
2005	35.26	33.29	22.79
2006	45.52	41.31	23.83
2007	50.66	52.78	30.07
2008	60.82	74.20	36.34
2009	61.21	90.20	36.93
2010	63.64	108.49	43.66
2011	70.54	130.56	52.60
2012	80.42	150.16	60.32

资料来源：各省市历年统计年鉴。

长三角城市群中上海1992年实际利用外资规模22.38亿美元，利用外资起点较早，并一直维持高速增长水平，至2012年达到151.85亿美元（见表18）。苏州利用外资规模自2000年以来增长较快，从28.83亿美元增长到2012年的91.65亿美元。其他城市如南京、无锡、镇江、常州等，从2000年以后利用外资规模稳定增长，但低于上海与苏州的增长速度。

表18 长三角城市群历史实际利用外资情况

单位：亿美元

年份	上海	南京	苏州	无锡	宁波	镇江	常州
1980							
1981	0.18						
1982	0.14						
1983	0.16						
1984	0.42				0.00		
1985	1.15				0.04		
1986	2.61				0.05		
1987	7.00				0.04	0.01	
1988	13.22				0.07	0.06	
1989	11.90				0.18	0.26	
1990	7.80	0.70	0.70		0.22	0.05	0.07
1991	8.66				0.27	0.18	0.24

续表

年份	上海	南京	苏州	无锡	宁波	镇江	常州
1992	22.38				1.15	0.49	0.86
1993	31.75				3.45	1.34	1.44
1994	39.89				3.58	1.73	2.78
1995	52.98	4.15			3.99	2.19	3.29
1996	75.10				5.02	2.40	5.18
1997	63.45				5.54	5.05	5.66
1998	48.16				5.03	8.00	5.57
1999	59.99				5.20	5.13	6.26
2000		8.13	28.83		6.22	2.97	7.00
2001				13.57	8.74	3.26	6.22
2002		15.02		17.40	12.47	5.23	5.61
2003		22.10		27.01	17.27	8.06	8.55
2004		25.66		32.58	21.03	12.15	5.80
2005		20.09	51.16	20.07	23.11	5.96	7.31
2006		17.02	61.05	27.52	24.30	7.30	12.51
2007		20.61	71.65	27.72	25.05	10.64	18.35
2008	100.84	23.72	81.33	31.67	25.38	12.02	20.40
2009	105.38	23.92	82.27	32.03	22.05	14.41	22.61
2010	111.21	28.16	85.35	33.00	23.23	16.15	26.70
2011	126.01	35.66	89.12	35.05	28.09	18.08	30.52
2012	151.85	41.30	91.65	40.10	28.53	22.14	

资料来源：各省市历年统计年鉴。

珠三角城市群实际利用外资快速增长始于1994年，除深圳外，城市间利用外资规模差异不大，2012年广州、东莞、佛山、惠州等城市实际利用外资规模在30亿~50亿美元（见表19）。

表19　珠三角城市群历史实际利用外资情况

单位：亿美元

年份	广州	深圳	东莞	佛山	惠州
1980	0.30	0.33	0.09		
1981	0.35	1.13	0.05		
1982	0.53	0.74	0.07		
1983	0.53	1.44	0.09		
1984	1.56	2.30	0.19		
1985	1.58	3.29	0.29		
1986	1.80	4.89	0.30		

续表

年份	广州	深圳	东莞	佛山	惠州
1987	0.86	4.04	1.13		
1988	2.71	4.44	2.41		
1989	4.39	4.58	2.49		
1990	2.73	5.19	2.43		
1991	4.05	5.80	2.62		
1992	7.46	7.15	4.66		
1993	14.70	14.32	9.34		
1994	20.48	17.30	10.48		
1995	22.53	17.35	10.57		
1996	26.00	24.22	10.76		
1997	28.94	28.72	12.14		
1998	30.45	25.52	13.38		
1999	31.76	27.54	14.57		
2000	31.15	29.68	16.47		7.76
2001	33.27	36.03	18.16	10.15	9.60
2002	26.53	49.02	21.48	10.03	10.82
2003	30.64	50.42	25.63	12.40	14.07
2004	24.77		30.34	7.03	6.32
2005	28.41		37.51	9.50	10.42
2006	30.55		43.38	12.44	10.45
2007	34.11		50.44	15.98	12.28
2008	37.74		32.26	18.39	13.52
2009	38.75		29.42	18.87	13.95
2010	40.81		31.63	19.67	
2011	43.76		32.18	21.54	
2012			37.19		

资料来源：各省市历年统计年鉴。

在我国改革开放三十多年的历程中，外商投资建设对区域的经济发展极为重要，珠三角受惠于开放的对外政策，通过“三来一补”、出口加工等方式率先得到发展。其后，改革开放扩大到长三角地区，长三角地区的发展潜力得到释放，凭借优越的地理条件很快超越珠三角，成为我国目前最大的先进制造业生产基地。外资对珠三角和长三角两个区域起到了整合的作用，由以上数据可知，外资在珠三角城市群和长三角城市群的分布相对均衡，并未过于集中到城市群内部某个城市，而是各个城市都得到外资的青睐。京津冀城市群与之相反，河北省的11个城市利用外资额合计尚不及北京或天津一个城市，外资过于集中在北京和天津，无疑会拉大北京、天津与河北 11 个市之间的发展差距。

2. 历史进出口对比

京津冀城市群历年进出口总值在三大城市群中最低，且表现为净进口，各城市之间差距很大。2012 年北京市进出口总值为 4081.07 亿美元，其中出口 596.32 亿美元，进口 3484.75 亿美元，逆差 2888.43 亿美元。然而，2012 年天津市进出口总值为 1156.23 亿美元，为北京市的 28%，河北省进出口总值为 505.48 亿美元，为北京市的 12%（见表 20）。

长三角城市群历年进出口总值在三个城市群中最高，整体表现为净出口。2012 年上海市进出口总值为 8013.10 亿美元，而浙江省为 3124.03 亿美元，江苏省为 5480.93 亿美元（见表 20），三省市净出口分别为 1810.02 亿美元、1366.35 亿美元、1089.83 亿美元。

从广东省全省来分析珠三角城市群进出口情况，广东省整体表现为净出口，2012 年净出口总值为 9839.47 亿美元（见表 20），净出口为 1641.71 亿美元。由此可知，珠三角城市群净出口规模小于长三角城市群。

表 20　三大城市群相关省市进出口历史进出口总值对比

单位：亿美元

年份	京津冀			长三角			珠三角
	河北省	天津市	北京市	浙江省	江苏省	上海市	广东省
1985			325.43		19.87		
1986			306.02	12.93	24.12		
1987			267.05	15.00	28.73		210.37
1988			298.86	19.86	34.58		310.19
1989			286.15	25.14	38.43		355.78
1990	22.68		236.45	27.73	41.39	172.89	418.98
1991			242.41	38.51	53.10		525.21
1992			249.82	49.99	69.62		657.48
1993			279.17	67.33	91.29		783.44
1994			288.81	89.91	117.59		966.63
1995	39.28		370.35	115.12	162.78	481.37	1039.72
1996		82.97	293.18	125.41	206.88	528.70	1099.60
1997		100.23	303.89	142.77	236.21	586.83	1301.20
1998		106.16	305.06	148.54	264.26	636.38	1297.98

续表

年份	京津冀			长三角			珠三角
	河北省	天津市	北京市	浙江省	江苏省	上海市	广东省
1999		126.05	343.6	183.05	312.61	761.51	1403.68
2000	52.35	171.57	494	278.33	456.38	1093.11	1701.06
2001	57.38	171.57	514.98	328.00	513.55	1204.88	1764.87
2002	66.66	228.27	525.05	419.57	703.05	1425.01	2210.92
2003	89.79	293.71	685	614.11	1136.70	2012.01	2835.22
2004	135.26	420.19	945.76	852.13	1708.57	2825.75	3571.29
2005	160.71	533.87	1255.06	1073.91	2279.41	3506.78	4280.02
2006	185.26	645.73	1580.37	1391.47	2839.95	4287.54	5272.07
2007	255.38	715.5	1930	1768.56	3496.71	5209.09	6340.35
2008	384.19	805.39	2716.93	2111.09	3922.68	6065.57	6834.92
2009	296.11	639.44	2147.91	1877.35	3388.32	5154.89	6111.18
2010	419.31	822.01	3016.61	2535.33	4657.93	6846.45	7848.96
2011	535.99	1033.91	3895.83	3093.78	5397.59	8123.14	9133.34
2012	505.48	1156.23	4081.07	3124.03	5480.93	8013.10	9839.47

资料来源：各省市历年统计年鉴。

四　京津冀城市群未来发展策略

区域的发展是内因和外因共同作用的结果，改革开放成为过去三十年我国区域发展的外部推动力，在这一推动力下，我国大多数城市都获得了发展，并形成了京津冀、长三角、珠三角三大城市群。然而，由于各个城市自身条件不同，发展速度存在差异，与长三角和珠三角相比，北京、天津和河北三地在改革开放三十年历程中发展水平逐渐拉大。

发展是市场活动和政府行为共同作用的结果，在市场经济中，市场主体根据成本效益原则决定企业选址、产业类型和生产规模。政府行为虽然不能改变市场原则，但可以为市场原则的发展创造条件。基于此，缩小京津冀城市群发展差距应从缩小城市对产业的吸引力入手，同时，抓住未来我国宏观经济发展机遇，通过改善内部条件、利用外部机遇，实现区域升级，建议未来发展策略如下。

（一）明确发展重心，找准发展核心

京津冀城市群包含两市一省共11个城市，城市空间尺度普遍较大，彼此之间的经济协同性较低。同时，核心城市的带动作用有限，且受制于空间距离的限制，只能通过经济外溢的方式对核心城市周边产生有限的辐射作用。因此，立足首都经济圈，考虑如何充分发挥首都的辐射带动作用更为务实，应当划定北京中心城区、北京郊区新城和京津腹地为重点发展区域，避免盲目追求大尺度城市之间的协同性。

（二）完善区域内交通基础设施，布局网络状交通网

首都第二机场选址廊坊、固安、榆垡镇交界处，北京西南区域成为未来基础设施投资的重点区域。机场修建，将为北京和天津之间的广大腹地增添发展动力，为了充分利用这一发展机会，北京和天津应当改变以往背离发展的思维，将城市发展向腹地延伸，形成京津发展带。尤其是在交通网路布局方面，京津应由封闭式网络布局向开放式网络布局转变，更注重城市之间的交通联系，构建网络状交通网。

（三）把握宏观经济发展机遇，寻找发展的核心推动力

珠三角和长三角积极探索发展模式，开辟了新的发展道路。2010年8月26日，国务院原则同意《前海深港现代服务业合作区总体发展规划》，发挥深港比较优势，在前海发展现代服务业，把前海打造成亚太服务业创新合作示范区、未来整个珠三角的“曼哈顿”。2013年9月29日，上海自由贸易区挂牌成立，成为中国大陆境内第一个自由贸易区，预计将为上海带来十年发展红利，长三角也将在上海的引领下迎来新的发展。长三角和珠三角已处于加强联系、转型升级的阶段。

京津冀城市群仍处于产业扩容阶段，河北省大部分城市经济规模小、产业低端，无法与京津形成有效的产业协同，两市一省孤立发展的现状亟须打破。2014年2月26日习近平在听取京津冀协同发展专题汇报时指出“京津冀协同发展是国家重大战略”，这无疑是京津冀协同发展面临的政策机遇。京津冀一

体化规划目前已进入制定的最后阶段，各方政策正在合力助推京津冀三地的深度一体化，如区域通关一体化、交通一体化、环保一体化等。从产业方面来看，2010 年 9 月 8 日国务院常务会议审议并原则通过《国务院关于加快培育和发展战略性新兴产业的决定》，为我国产业发展指明了方向。新兴产业代表着未来经济发展的方向，战略性新兴产业以重大技术突破和重大发展需求为基础，对知识技术水平有较高要求。京津冀城市群拥有我国最为优质的科研教育资源，人才、知识、技术汇聚于此，能够为经济发展奠定坚实的智力资本，京津冀应当发挥这种优势，做好发展规划，提早进行产业布局和资源整合，为区域经济发展找到核心动力。

B.16
浦东新区城镇化发展报告

袁　象*

摘　要：

城镇化是社会经济发展到一定阶段的客观要求。通过推进新型城镇化，可以有效地消除城乡二元矛盾，缩小贫富差距。但城镇化的发展路径选择是一个复杂的过程，需要不断探索创新。本文以浦东新区为例，介绍其城镇化的发展历程、现状，总结出浦东新区在城镇化发展过程中的经验教训。文章在借鉴国内外成功的经验和失败的教训的基础上，给出浦东新区未来城镇化发展的政策建议。

关键词：

浦东新区　城镇化　政策建议

上海市浦东新区 20 多年持续的快速发展是当代中国改革开放巨大成就的缩影，经济快速发展与城镇化快速推进紧密结合，形成了独具特色的浦东快速城镇化发展模式。浦东新区在快速城镇化发展过程中，积累了丰富的经验，同时也存在着一些经验教训。本文在对浦东新区城镇化进程进行回顾的基础上，对其经验和教训进行总结和简单的评价，希望能够对其他相关省份提供借鉴。同时，浦东新区在城镇化过程中又形成了一些新的、难以解决的问题，在上海建立自贸区以及面临新的经济形势下，浦东新区需要进行“二次创业”，因此浦东新区城镇化发展模式转型已成为必然的趋势。

* 袁象，管理学博士，上海海事大学经济管理学院副教授，研究方向：投融资、信用评级。

一 浦东新区城镇化发展历程

浦东新区是我国改革开放成果的重要标志，在行政级别上是副省级市辖区，所辖范围非常广泛，南面与上海市的闵行、奉贤两区接壤，西面与虹口、杨浦、徐汇、黄浦、宝山等五区隔黄浦江相望，北面与上海市唯一的一个县——崇明县隔长江相望，因为处于黄浦江之东而得名浦东。由于浦东是上海市新设立的一个区，因此称为浦东新区。

1990 年党中央和国务院决定开发开放浦东，浦东开发横空出世，经过二十多年的发展，浦东新区在社会经济各方面都取得了显著的成就，在城镇化建设方面，用日新月异来形容并不为过。具体来说，浦东新区的城镇化建设，大致经历了三个阶段。

1. 1978～1990 年：浦东新区城镇化开始起步阶段

十一届三中全会以后，我国开始进入改革阶段，尤其是实行家庭联产承包责任制的农村改革取得了质的突破，农村生产力获得了释放，进入到快速发展轨道。城市经济体制改革也同步推进，产业结构也进行了大幅度调整，并且不断完善，实现了城市工业向郊区转移的局面，上海的乡镇工业获得了发展先机，迅速崛起，农民逐渐离开土地向工业转移。在这个阶段，浦东新区在道路交通、公共设施等基础建设方面与浦西差距仍然较大，浦东城镇化水平还处于非常低的水平，但为了进一步提高城镇化水平，浦东近郊的产业结构加快了调整，同时管理体制也进行了改革，这些为浦东新区城镇化下一步的快速发展奠定了良好的基础。

2. 1990～2005 年：城镇化快速发展阶段

1990 年我国确立了以浦东开发为龙头、带动长三角经济发展的国策，一系列优惠政策逐步向浦东新区倾斜，为浦东新区的城镇化快速发展提供了难得的机遇。

本阶段浦东新区快速城镇化表现为以下几方面特征。

（1）基础设施的高度现代化是浦东新区城镇化最直接的表现，“东方明珠”“金贸大厦”“磁悬浮列车”等标志性建筑和设施更是显示出浦东在国际上的重要影响力。

（2）人口集聚是浦东这一时期城镇化最重要的特征。从 1990 年 7 月到 2000 年 12 月，浦东新区常住人口由 138.92 万人猛增到 240.23 万人，人口密度由 2727 人/平方公里增加到 4596 人/平方公里，分别增长了 73% 和 69%；与同期的上海市平均水平相比增长速率分别高出 47 个和 43 个百分点。

（3）逐步消除城乡"二元结构"是浦东城镇化最核心的内容。据统计[①]，至 2003 年，浦东新区已有 20.8 万征地农民得到了安置，浦东有 20 多万农民变成了新市民，其中安置征地劳动力 14.7 万人，落实征地养老保障 6.1 万人，占同期上海全市农转非的 2/3。

（4）初步形成了"中心城（陆家嘴）—开发区—中小城镇"新的城镇体系。浦东新区经济的蓬勃发展带动了周边地区城镇化，浦东新区的新城镇体系已经初步形成。具体分布表现为以陆家嘴为核心的浦东中心城区，由外高桥保税区、金桥出口加工区、张江高科技园区、孙桥现代农业开发区所组成的开发区带和由川沙镇、机场镇、曹路镇等镇组成的中小城镇带三层相互叠加嵌套的形态，相互间分工合作较紧密地联系起来。[②]

3. 2005～2009 年：城镇化建设停滞阶段

浦东新区的城镇化建设是以 4 个独具特色的国家级开发区[③]为龙头共同推进的城镇化建设。可以说，这种模式，在发展初期，对浦东的城镇化建设起到了决定性的作用。到 2005 年，浦东新区又获得了一次发展机会，那就是浦东新区作为中国第一个综合配套改革试验区，承担了又一项国家级重任——"改变城乡二元经济与社会结构"，但这次，浦东对该机会把握不佳，在城镇化方面并没有什么新的举措，城乡二元结构问题并没有彻底解决。

为了推动浦东的城镇化发展，浦东新区政府曾经相继出台了"列车工程"和"功能区"等一系列政策，但相对于快速发展的园区经济而言，其对城镇化进程的加速作用收效甚微。究其原因主要表现为以下几个方面。一是统筹区镇协调发展的体制和政策比较薄弱；二是土地等城镇化发展的核心要素的优化

① 本部分数据由浦东新区人力资源和社会保障局提供。
② 林乐：《浦东新区城镇发展现状及问题》，《上海城市管理职业技术学院学报》2004 年第 4 期。
③ 四个国家级开发区包括陆家嘴、外高桥、金桥、张江。

利用与开发区城市化步伐不匹配；三是四个开发区城镇化职能缺失。

4. 2009 年至今：进一步转型阶段

根据中央关于工业化、城镇化与农业现代化同步发展的整体部署，以及按照建设社会主义新农村的总体目标，在新一轮城镇化发展阶段，浦东新区需要结合上海建设“四个中心”、实现“四个率先”的总目标，需要更加注重“四个坚持、三个转变”,[①] 把城镇化建设上升到国家战略，结合浦东新区自身的发展需求，着力解决城乡二元经济的顽疾，这同时也是浦东二次创业的内在基本要求。

浦东新区若想成功实施城镇化战略，必须要在空间布局、产业结构和社会发展方面进行改革，而且需要充分利用上海自贸区的有利契机为国家的新型城镇化战略提供可以全国复制的创新经验。

二　浦东新区城镇化的现状及特征

2012 年，浦东新区全年实现增加值 5929.91 亿元，工业和第三产业增加值分别为 2320.75 亿元和 3576.27 亿元，固定资产投资 1454.98 亿元，地方财政收入约 650 亿元，新增就业岗位约 15 万个，城乡居民人均可支配收入分别达到 42100 元和 21000 元，人口自然增长率为负 0.03‰。2012 年常住人口 515.40 万人,[②] 是上海市人口最多的行政区，农业人口由 1990 年的 52.27 万人下降到 2012 年底的 34.20 万人。[③] 经过多年的发展，浦东新区的城镇化水平不断提高，至 2013 年年末，浦东新区城镇化率为 89%，远高于全国 52.57% 的平均水平。

浦东新区经过二十多年的改革开放，在城市空间的拓展和城市人口增长方面都实现了质的飞跃，整体上看，浦东新区的城镇化具有以下几方面的特征。

---

① 四个坚持：坚持城乡统筹，坚持产城结合，坚持以人为本，坚持机制创新。三个转变：从局部试点向整体推进转变，从注重城镇风貌设计向全面提升城镇功能转变，从注重城市人口转移向带动农村居民进镇并举转变。

② 数据来源：浦东新区计生网。

③ 2008 年年底，浦东新区农业人口数为 10.67 万，由于浦东新区在 2009 年合并了原南汇区，因此农业人口有所增加。

（一）“以政府唱主角、配以优惠政策推进”的早期城镇化模式为浦东新区的城镇化建设奠定了良好的基础

浦东城镇化建设所获得的成就与政府主导、优惠政策推动模式密不可分。浦东新区城镇化的快速推进主要是依靠政府的行政力量，在中央和上海市给予的优惠政策的吸引下，通过行政命令的方式自上而下层层落实。为了获得城市发展的更大空间，政府通过向农民提供优厚待遇换取农民的土地。获得土地后，浦东新区政府部门通过优惠政策再吸引外资、通过资本市场筹集资金，全国各地的其他资金也相继汇集到浦东新区，为此浦东新区在短期内就积聚了大量资本，为下一步大幅度推进浦东新区城镇化发展提供了充足的资金来源保证。

（二）基础设施建设先行的快速城镇化发展模式

浦东新区在开发开放前，还主要是农田，当地人以种地为主要生存手段，几乎没有什么像样的基础设施，跟浦西没法相比。民间一直流传着“宁要浦西一张床，不要浦东一间房”的民谣。然而，经过 20 多年的不断发展，浦东新区基础设施不仅在国内领先，而且在国际上都是一流的。

1990 ~ 1995 年的五年间，浦东新区在城市基础设施方面投资 220 多亿元，完成了杨浦大桥、南浦大桥、内环线等十大基础设施工程，连接浦西、“东西联动”，极大地改善了投资环境和城市面貌。1996 ~ 2000 年的五年间，浦东新区城市基础设施投资达 600 多亿元，建设了浦东国际机场、浦东国际信息港等重大工程。①

2001 ~ 2010 年的十年间，浦东新区陆续投入 1500 多亿元，围绕“四网”②“三港”③ 进行建设，形成了浦东新区立体交通体系的重要支撑，是走向世界的桥梁和纽带。

---

① 本部分参考了浦东门户网站《城市建设二十年》一文。

② 四网：对外交通网、区域交通网、越江交通网和轨道交通网。

③ 三港：国际航空港、深水港和信息港。

（三）点线面三位一体、成片开发推进的快速城镇化模式

点线面三位一体城镇化开发模式是浦东新区城镇化的一个创新，具体来说就是先以重点项目带动重点开发区的开发（就是所谓的“点”），经过一段时间充分消化吸收后，以重点区和主要道路沿线开发为主进行点线结合开发（就是所谓的“线”），最后再形成点线面一体的网络型开发模式。具体来讲，就是以陆家嘴、外高桥、金桥和张江四个重点开发区为主要依托，采取“成片开发”和“滚动开发”相结合的模式，使土地资本与金融资本以及产业资本充分结合，不断推动浦东新区的新兴城镇化建设。

（四）以大项目带动大发展的快速城镇化模式

以大项目为依托推进城镇化也是浦东的一个特色，当然这样的模式，其他地区不具有可复制性。浦东新区的这些大项目和大工程主要包括：

（1）初期的四个国家级开发区，四个开发区各自的定位又分别不同，如陆家嘴开发区以金融为主，金桥开发区以出口加工贸易为主，外高桥开发区以保税港区为主，张江开发区以高科技产业园区建设为主。

（2）2010 年的世博会。举办 2010 年世博会，促进了老城区旧房改造和产业转型以及企业升级。

（3）浦东国际机场。机场建设是一个系统工程，因为除机场本身用地外，还包括通向机场的道路、宾馆、物流等其他设施的建设。

（4）国家的大飞机项目和迪士尼项目。大飞机项目促进了上海的产业升级，迪士尼项目促进了上海旅游产业的发展，最重要的是推进了浦东城镇化的高速发展。

（五）人与其他生产要素分离的快速城镇化模式

在工业化以及城镇化的发展进程中，人口要素和其他生产要素从农业向第二、第三产业转移，但在数量和结构上必须充分协调。① 但浦东新区在城镇化

① 夏永祥：《论人口城市化和要素城市化》，《学术月刊》2007 年第 6 期。

过程中，更多地关注农村的土地和资源，而对居住在土地上的农民的关心还不够。对他们在就业方面的培训投入明显不足，导致农民失去土地后，很容易失业。这样的城镇化模式是拉美国家的通病，浦东在城镇化的过程中，也在某种程度上存在着这些问题，导致大部分农民无法共享现代化、城镇化发展的成果，由此引发大量的社会矛盾以及群体性事件。这些社会问题也将成为浦东进一步城镇化发展的最大障碍。

三　浦东新区城镇化经验总结[①]

20 世纪 90 年代以来，浦东新区在充分享受中央及上海市政府赋予的特殊政策的基础上，在城镇化发展方面取得了一定的成绩，也积累了一定的经验，归纳起来有以下几方面。

（一）以城市规划为先导，加强对城镇规划的指导和管理

浦东新区在综合考虑其本身的功能定位、产业特色并充分借鉴国内外成功经验的基础上，由试点镇政府负责组织编写土地利用总体利用规划，并进行特色风貌设计，二者一起纳入当地的整体城镇规划，最后上报市政府审批，总之，充分做到统筹规划。城镇化建设是一个动态过程，浦东新区根据上海市城乡总规划，不断修改完善城镇规划，转变粗放的城镇建设方式，加快“三集中”,[②] 提高土地利用率，走集约式城镇化发展道路。

（二）不断完善试点城镇的用地制度

土地是城镇化建设的基础和源泉，为了保障浦东新区的城镇化建设顺利实施，新区政府不断完善用地制度。具体包括以下几点。

---

① 本部分参阅了《浦东新区新型城镇化的经验与启示》一文，载于渝北网新闻中心，http: // www. cqybq. gov. cn/news/201311/news_ 20131118112901. html。

② 所谓“三集中”，是农业土地向规模经营集中、工业企业向工业园区集中、农民居住向镇区集中。

（1）在确保满足整个浦东新区在交通、水利等重大建设工程用地的前提下，对试点城镇建设用地指标实施批次供地政策，并实行计划单列，确保城镇化建设。

（2）对农民的土地使用权进行改革，鼓励农民以土地使用权作为合作条件，共同参与试点城镇基础设施建设与开发。如在2011年，浦东新区通过出台相关政策，鼓励农民土地承包经营权流转。① 2013年推进农村土地承包经营权确权登记工作，对浦东20个涉农镇承包地进行确权登记。②

（3）鼓励农民进城镇购房建房，并减免上缴政府的土地出让金，降低农民建房购房成本。

（三）加快试点城镇工业的集中和特色经济的培育

产业发展是城镇建设的基础，只有当产业发展水平与城镇发展水平相适应的时候，城镇化才能健康和可持续化发展。浦东新区坚持“三化”③ 同步，并不断强化产业发展对城镇化的支撑作用。浦东新区各个镇根据“一业特强、多业发展”的要求，鼓励重点扶持的行业和产品到试点城镇的工业小区内发展，鼓励镇域范围内及周边乡镇的工业向试点城镇工业小区集中，实现“一镇一小区”布局。

（四）以人为中心，鼓励人口向试点城镇集中

为了提高试点城镇的人口集中度，浦东新区采取双向人口流动的措施，既鼓励农民“进城”，又鼓励中心城区市民向试点城镇转移。为此采取了两方面的措施：第一，改革区内户籍制度，凡在新型城镇建成后在该区内购买商品房的本市农民及其直系亲属，可申请落户该城镇，在该区域内自建房屋的享受同样政策优惠；第二，获得试点资格的城镇与市中心城旧区改造“配对搭桥”，吸引市中心城区人口向试点城镇转移。

① 文件具体内容，可以参阅浦东农网（www. pdagri. gov. cn）。

② 基本内容可参阅上海市农委网站新闻频道。

③ 三化：工业化、城镇化和农业现代化。

（五）提高基础设施和公共设施的建设标准及配套水平

为了吸引市中心居民外迁，按照“城镇基础设施与公共设施水平要适度超前、生态环境质量要优于市中心城”的原则，不断完善道路、给排水、信息网络等基础设施建设，并加快新型城镇化地区的教育、医疗卫生、购物等社会公共设施的建设。目前唐镇、临港等新城区的基础设施、绿化等指标明显好于主城区，但由于其他配套措施还不是非常成熟，其对主城区居民外迁的吸引力还是不足。

（六）建立科学化的城镇化推进机制

（1）建立多层次城镇建设的推进管理体系，区、镇成立试点城镇发展推进协调小组，实现对试点城镇建设的统一领导。

（2）加强对城镇化建设方面的投资体制改革。在试点城镇建立多元化投资公司，承担本区域内的城镇开发建设工作。目前浦东新区每个镇都有相应的投资开发公司。

（3）加快在城镇化建设方面的融资体制改革与创新。鼓励各类资本参与试点城镇基础设施、公共设施的开发建设，以及后期的管理工作。目前在浦东新区的各个镇，都有大量的民营资本参与当地的基础设施建设。

（4）构造“城郊合一”管理体制。浦东新区应该从打破“城乡二元管理体制”入手，具体来说就是成立功能区党工委、管委会，由这些部门对区域内的发展进行统一规划、统筹管理。

（七）促进城乡间公共保障均衡协调发展

（1）提高因城镇化而失去土地农民的养老保障水平，通过采取促进就业政策和增加生活补贴的方法解决以前的历史遗留问题，解决“进镇农民”的生活困难问题。

（2）进一步提升新型城镇化地区的教育、医疗卫生水平，具体来说就是全面完成村镇学校和村镇卫生服务中心的达标改造工作。

（3）不断缩小城乡间的生活保障差距。实现社会保险的全覆盖，不断提高农村居民一系列生活条件。

（八）扩大农民就业并促进他们增收

一方面，大力发展现代都市农业，推动“农家乐”等农业旅游建设；另一方面，通过就业补贴、就业培训等方式，吸纳本地农民非农就业、涉农就业。目前浦东新区在这方面已经取得了比较显著的成绩。

（九）合理的产业结构

浦东新区国内生产总值从 1992 年的 101.49 亿元增加到 2013 年 6648.68 亿元，第一、二、三产业结构比由 1992 年的 1.9∶72.6∶25.5 发展到 2013 年的 0.6∶40.1∶59.3（见图 1）。经济发展不断向第三产业转移，已经呈现出了第三、第二、第一产业发展格局。浦东第三产业的快速发展一方面得益于在 20 世纪 90 年代中期就确定了“以金融、贸易、出口加工为主”的外向型经济发展战略；另一方面得益于浦东新区招商引资比较得力，获得了国际产业转移的推动，使得第三产业获得了快速发展。合理的产业结构，为浦东新区未来的城镇化发展，奠定了良好的基础。

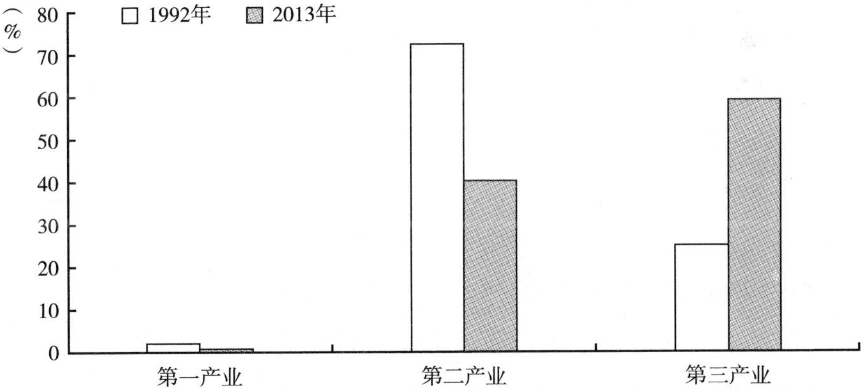

图 1　浦东新区三大产业比重变化

（十）良好的开发区开发模式

浦东新区独创了一套开发模式。传统观念认为，新区开发以政府为主体，但这样的模式并不适用于浦东。如果浦东采取这种模式，将会出现土地无偿使用的局面无法得到扭转，而且资金短缺问题也无法解决，大规模的开发项目根本无法启动的现象。

为此，浦东新区创新开发模式，把开发主体由政府改为开发公司。由政府出资成立国有开发公司，通过市场手段融资，并选择合适的合作伙伴，由开发公司按照政府的规划进行统一开发。目前，浦东新区共计成立四家重点开发公司，由各个公司具体组织和实施开发，负责新区的市政以及公共设施的建设。良好的开发模式使浦东新区在城镇化过程中的基础设施建设方面始终走在全国的前列。

四　浦东新区城镇化面临的挑战

浦东新区在快速城市化的过程中，也面临新的挑战，具体表现在以下几个方面。

1. 农民市民化难以顺利完成

虽然通过征地，农民的身份改变了，但由于本身缺乏技能，在短期内他们很难转移到第二、第三产业进行就业，致使很多人处于半失业状态，生活水平甚至比原来还低，很难成为真正的市民。

2. 快速动迁引发的群体性事件明显增多

1990～2009 年的十年间，浦东动迁政策进行了四次较大规模的调整，政策调整前后不统一、不一致，引发了一系列的社会矛盾。

3. 产生了新的二元结构矛盾

城镇化后，原有的二元结构矛盾并没有得到根本的消除，还产生了新的“二元结构”矛盾。城镇化后的农民在许多方面的权利不能享受，与“老市民”在待遇方面还存在一定的差距，导致新、老市民之间形成新的不平等，甚至是对抗。

4. 快速城镇化造成相关资源紧张，由此产生了新的矛盾

随着城镇化的快速推进，相关资源必须要有相应的增长，但现实是很多资源是不可再生的，很难跟上城镇化的步伐，由此城镇化面临着可持续发展的问题。原有的旧模式难以形成人与相关要素的协调发展，需要进行城镇化模式的变革。

应该看到，尽管浦东经过20年多年的发展，经济社会发展取得了巨大成就，但资源投入代价也非常高，仍然属于投资带动的增长型模式，需要进一步实施产业结构升级，转变经济社会发展方式，彻底改变城乡二元结构，实现城镇化转型发展。

五　国外经验借鉴和启示

城镇化是经济社会发展到一定阶段的必然结果和客观形态的综合体现，是一个国家或地区由农业化、工业化向知识化迈进的必经阶段。20世纪50年代以来，随着发达国家相继步入后工业化时代，发展中国家也快速推动城镇化，世界城镇化发展开始进入新的阶段。

本部分通过对国外发达国家、发展中国家城镇化发展路径的研究，为浦东城镇化的未来发展提供借鉴。浦东新区需要认真吸取拉美城镇化路径的教训，规避"拉美陷阱"，充分借鉴国外的成功经验，有规划、有步骤地推动城镇化进程，根据自身发展水平及条件，坚持走具有"浦东特色"的新型城镇化之路。

（一）欧美成功经验借鉴

1. 英国城镇化发展

英国是第一次工业革命的发源地，也是最早推动城镇化的国家。英国的城镇化主要经历了三个阶段。

第一阶段：18世纪后期至19世纪中叶。该时期属于激进推动和自由放任阶段，城镇人口比重从20%跃升至51%。

第二阶段：1851～1950年。该阶段城镇化发展很快，但问题也非常突出，城镇人口比重从51%增至79.0%。

第三阶段：1950～2011年。该阶段属于城镇复兴阶段，城镇人口比重由1950年的79.0%增至2011年的79.6%（见图2）。

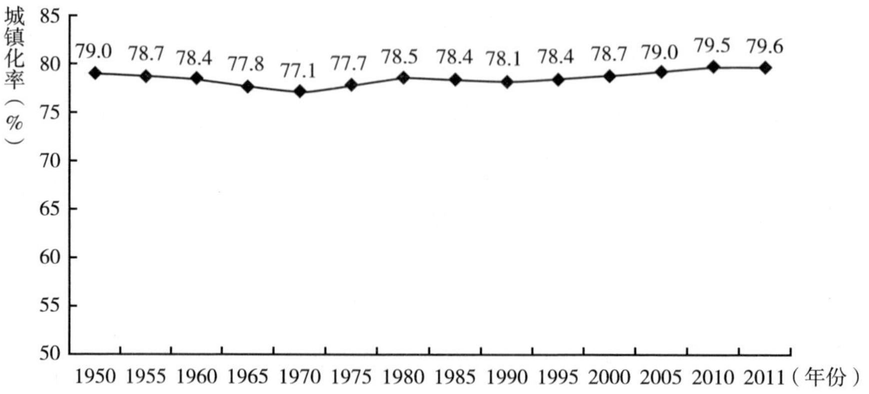

图 2　英国城镇化水平变化趋势

注：1950 ~ 2010 年数据来源于 United Nations：World Urbanization Prospects，the 2011 Revision，2014；2011 年数据来源于《国际统计年鉴（2013）》。

2. 美国城镇化发展

美国城镇化以科技进步为线索，也主要经历了三个阶段。

第一阶段：1803 ~ 1940 年。该阶段是以工业化为主推动的集中型阶段，城镇人口比重从 7.8% 跃升至 56.5%。

第二阶段：1940 ~ 1970 年。该时期是以改善交通运输为主推动的逆城镇化阶段。主要表现为大都市区化和郊区化并存，城镇人口比重从 56.5% 上升到 73.6%，郊区总人口增长 25.7%，但城镇总人口仅增长 5%。

第三阶段：1970 ~ 2011 年。该时期是以后工业化为主推动的疏散型阶段，城镇人口比重从 73.6% 增至 2011 年的 82.4%（见图 3）。

3. 欧美城镇化整体经验

（1）工业化和城镇化同步推进是核心

英国的工业化与城镇化具有高度一致性，因此，在英国，城镇化是其工业化最明显和最重要的成果。在美国，城镇化的产业布局形态从工场手工业、制造业到服务业进行调整，并推动着城市由东部向西部、南部依次发展。

（2）经济发展和科技进步是保障

经济发展、科技进步为英美城镇化发展提供了强有力的资金支持和技术保

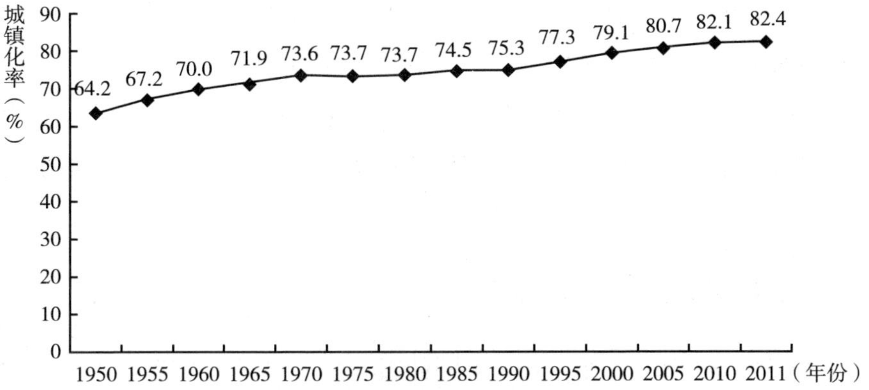

图3 美国城镇化水平变化趋势

注：1950～2010年数据来源于 United Nations：World Urbanization Prospects，the 2011 Revision，2014；2011年数据来源于《国际统计年鉴（2013）》。

障，尤其是高科技产业的快速发展带动了服务业的迅猛发展，从而不断提高城镇化水平。

（3）政府调控是有效辅助手段

英美政府对待城镇化的态度经历了一个由“自由放任”到“宏观调控”的转变过程，也就是说，英美的城镇化过程也没有完全采用市场化手段，政府也进行了必要的干预和调控。如英国通过颁布涉及城市规划的法律法规来抑制大城市过度膨胀的趋势，并采取措施促进郊区小城镇发展，以此避免城市布局不合理状况的出现。同时，英国政府还推行了福利国家制度，对最初自由放任方式所造成的社会不公平现象进行有效弥补。

美国政府为了舒缓大城市压力、促进“大郊区化”，在20世纪40至60年代出台了一系列政策，鼓励人们购买郊区住宅，如提供抵押贷款的优惠政策。20世纪90年代以来，情况发生逆转，中心城市逐步衰落。为了抑制过度郊区化，联邦政府又通过“精明增长”推出了城市复兴计划。

由此可见，城镇化发展不能完全由市场调节，必须由政府进行必要的宏观调控，以确保城镇化的稳步推进。

（4）民众的支持和参与及人口自由流动是基础

民众的广泛参与和支持是英国城镇化成功的基础。在英国政府层面，成立了皇家委员会对城镇化进行深入而且广泛的调查研究，制定相关法律法规，为公众参与城镇规划的编制和实施提供了行动的框架和依据。

在美国城镇化发展过程中，政府也特别注重民众参与，并鼓励人口在城乡与州际转移，尤其是国际移民对美国城镇化路径的选择具有不可忽视的促进作用。

（二）拉美城镇化的教训

从20世纪50年代开始，拉丁美洲的很多发展中国家现代化工业开始快速发展，由此带动了城镇化的高速发展。1995年拉丁美洲的城镇化率已高达73.1%，仅次于北美洲（77.3%）居世界第二位（见表1）。然而拉美国家的城镇化路径并不顺利，呈现明显的畸形特征。

表1　1950～2010年世界各大洲的城镇化率

单位：%

区　域	城镇化率						
	1950年	1970年	1990年	1995年	2010年	2030年	2050年
世　界	29.4	36.6	43.0	44.8	51.6	59.9	67.2
非　洲	14.4	23.5	32.0	33.9	39.2	47.7	57.7
拉丁美洲	41.4	57.1	70.3	73.1	78.8	83.4	86.6
亚　洲	17.5	23.7	32.3	34.8	44.4	55.5	64.4
欧　洲	51.3	62.8	69.8	70.3	72.7	77.4	82.2
北美洲	63.9	73.8	75.4	77.3	82.0	85.8	88.6
大洋洲	62.4	71.2	70.7	70.5	70.7	71.4	73.0

注：1950～2010年数据来源于 United Nations：World Urbanization Prospects，the 2011 Revision，2014。2030年、2050年为估计数。

1. 拉美城镇化的失败教训

（1）巴西城镇化

巴西是拉美地区较早步入现代化进程的国家。巴西城镇化发展主要经历了两个阶段。

第一阶段：1930～1970年，属于集中型发展阶段。城镇人口比重由1940

年的 31.0% 增至 1970 年的 55.9%，城镇人口主要集中在里约热内卢等沿海大城市。

第二阶段：1970～2011 年，属于分散型发展阶段。城镇人口比重由 1970 年的 55.9% 提高至 2011 年的 84.6%（见图 4）。在此阶段，城镇化人口向内陆地区和中西部地区转移。

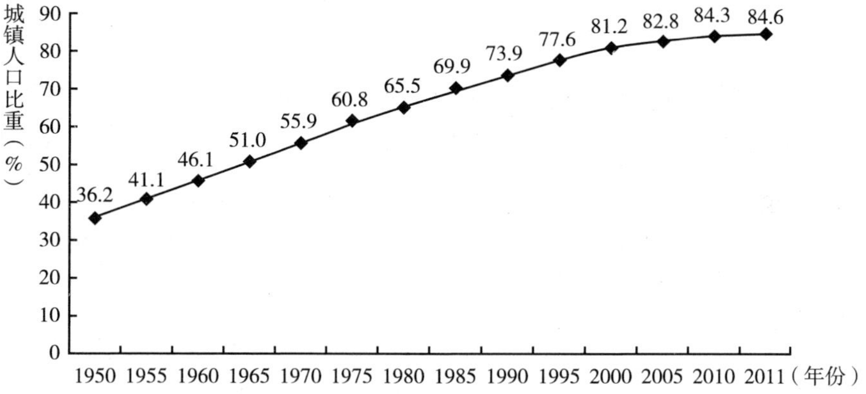

图 4　巴西城镇化水平变化趋势

注：1950～2010 年数据来源于 United Nations：World Urbanization Prospects，the 2011 Revision，2014；2011 年数据来源于《国际统计年鉴（2013）》。

从上面的数据可以看出，巴西的城镇化速度非常快，而经济增长并没有跟上，造成了城市压力非常大，失业、贫民窟、治安等城市问题突出。巴西的城镇化并不是工业增长的自然结果，而是大量的农民盲目涌入城市而造成的城市人口快速增加。另外，巴西的城镇化并没有实现农民的市民化，由于失业严重，城市的贫困化加剧。

总之，巴西城镇化以过度城镇化为基本特征，失业率居高不下，区域差异日趋明显，而且环境污染非常严重。

（2）墨西哥城镇化

墨西哥作为新兴工业化国家，其城镇化发展也非常具有代表意义，其发展主要经历了以下两个阶段。

第一阶段：1900～1960 年，属于集中型发展阶段。其城镇人口从 1900 年的 143 万增至 1910 年的 178 万，年均增长率为 2.2%。1910～1960 年城镇人口比重由 11.7% 上升到 50.8%。城镇人口主要集中在墨西哥城。

第二阶段：1960～2011 年，属于分散型发展阶段。其城镇人口比重由 1960 年的 50.8% 提升至 2011 年的 78.1%（见图 5），城镇人口流向中小城市，流向南部和北部地区。

墨西哥的城镇化发展步伐与工业化进程并不协调，超越发展阶段的过快城镇化，导致工业发展速度跟不上，工业部门无法吸纳更多的人就业，不能形成充分就业。而且在墨西哥还存在着“农业人口占总人口比重越低，农业产值占 GDP 比重越小，现代化程度就越高”的错误认识。为了解决就业问题，墨西哥又片面追求经济增长，忽略了分配的公平性，片面注重空间的扩张而忽略人的城市化，从而导致贫富差距进一步加大。

总体上看，墨西哥的城镇化也是走上了城镇化过度发展的畸形道路。

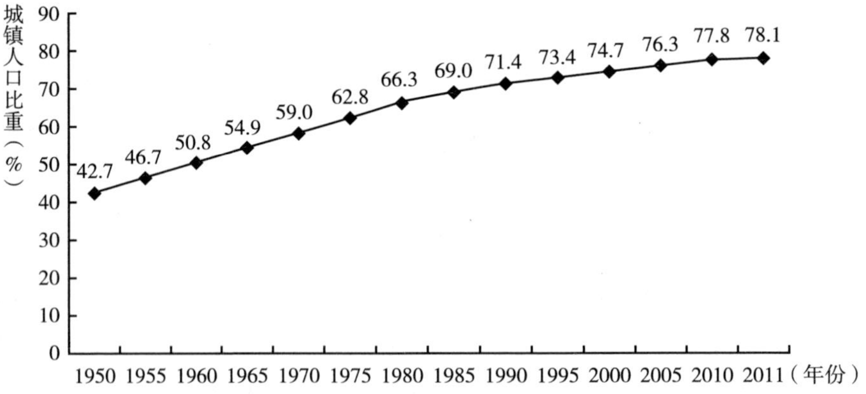

图 5　墨西哥城镇化水平变化趋势

注：1950～2010 年数据来源于 United Nations：World Urbanization Prospects，the 2011 Revision，2014；2011 年数据来源于《国际统计年鉴（2013）》。

2. 拉美城镇化的基本特征

（1）城乡区域布局严重失衡

为了发挥中心城区的带动作用，巴西采用不平衡的工业布局政策，在资源优势地区建立出口基地，以此对周边地区城镇化起拉动作用，然而这种不平衡经济发展战略的实施，也直接导致区域城镇化水平的差异（见表 2）。

表2　1940～1980年巴西超过2万人城镇人口的相对分布和增长率

单位：%

	城镇人口的区域分布					年均增长率			
	1940年	1950年	1960年	1970年	1980年	1940～1950年	1950～1960年	1960～1970年	1970～1980年
北　部	3	3	3	3	4	2.7	5.8	6.2	7.4
东北部	21	20	19	19	19	4.3	5.2	5.5	4.7
东南部	64	64	64	62	59	4.7	6.1	5.1	4.3
南　部	12	12	13	12	13	4.5	7.1	5.2	5.7
中西部	0	1	1	4	5	15.2	17.2	11.8	9.2
全　国	100	100	100	100	100	4.6	6.2	5.4	4.4

资料来源：Ana Cristina Femandes，Rovena Negreios，"Economics Developmentism and Change within the Brazilian Urban System"，Geoforum（32），2001，p.419；李瑞林、王春艳：《巴西城市化的问题及其对中国的启示——兼与中国城市化相比较》，《延边大学学报》（社会科学版）2006年第39（3）期，第59页。

（2）城镇化投入不足

以墨西哥为例，1990～2011年墨西哥城镇人口比重由71.4%增至78.1%，人均国民收入由2790美元增至9240美元（见表3），相当于只有963美元作用于1%的城镇化率；而同期韩国和美国分别投入1582美元和3548美元作用于1%的城镇化率，分别是墨西哥的1.64倍和3.68倍。

巴西和墨西哥是拉美国家的典型案例，现实的拉美城镇化发展普遍存在着城镇化过度、超前发展的基本特征，呈现出虚假繁荣，从而导致拉美在城镇化过程中，存在着一系列的社会和经济问题。

表3　墨西哥、韩国和美国城镇化与经济发展的关系对比情况

单位：美元，%

年份	墨西哥		韩国		美国	
	城镇人口比重	人均国民收入	城镇人口比重	人均国民收入	城镇人口比重	人均国民收入
1990	71.4	2790	73.8	6000	75.3	23260
2000	74.7	5010	79.6	9910	79.1	34890
2005	76.3	7820	81.4	16900	80.7	44670
2009	77.5	8670	82.6	19650	81.9	46080
2010	77.8	8930	82.9	19720	82.1	47350
2011	78.1	9240	83.2	20870	82.4	48450

注：资料来源于《国际统计年鉴（2013）》。

六　浦东模式转型路径分析

关于城镇化如何发展问题，国内有很多专家学者进行了非常深入的研究和探讨，一般认为，在城镇化过程中，需要解决以下三方面的问题。

（1）由于新型城镇化的核心是以人为本，是关于人的城镇化，这个观点已经成为共识，为此需要重点解决农村户籍人口的城市融入问题。

（2）过去国内外的经验已经证明过度城镇化的发展路径肯定是行不通（拉美失败就是明显的例证），为此又存在新型城镇化载体问题。

（3）在新型城镇化发展过程中，需要考虑资源配置问题，即如何对人口、土地、资金进行重新配置。

这些问题在浦东也同样存在，必须着手解决。由于原来的南汇区是传统的农业区县，在南汇区并入浦东新区以后，大的浦东新区城镇化率一下子被拉低，而且增速方面也明显放缓，由国内领先水平下滑到全国平均水平以下，二元结构矛盾依然存在，镇域经济发展没有太大起色，后继发展乏力。新老开发区都面临着可持续发展的困难。例如，2005 年以来临港地区的发展一直徘徊不前，当然上海在建立自贸区后，临港地区将迎来新的发展机遇，但关于如何利用自贸区的契机加快临港地区的城镇化显然还没有摆上议事议程；金桥、陆家嘴等传统产业园区面临着“二次开发”的难题，在某种程度上比新的开发区困难还要大。

为此，浦东新区需要大胆探索，以自贸区建立为契机，群策群力，深入推进浦东城镇化进程，以国家城镇化战略为核心，积极探索特大型城市近郊的新型城镇化路径，具体来说，可以采取如下方式。

（一）在城镇化的深度上做足文章

大力贯彻和落实新型城镇化战略，积极申请，争取尽快成为“国家新型城镇化率先试验区”，着力改革农村土地使用制度，加快解决试点城镇农村集体土地入市问题，并尽快实现试点农村宅基地抵押贷款等制度突破。在城镇化程度较高的北部地区（如金桥、外高桥、张江等产业园区）加快进行工业用地的“二次开发”，促进产业结构进一步转型升级，充分做到产城融合结合，在深度方面加快实现城镇化建设步伐。浦东新区的中部和南部区域的城镇化基础相对薄弱，为此应该加大基础设施建设和其他社会服务方面的投入力度，建立新型城镇化，争取实现新型城镇化和深度城镇化“双轮驱动”效应，真正做到“创新驱动，转型发展”。

（二）大力发展镇域经济，实现浦东区城镇化的均衡发展

首先要在符合整个浦东新区发展规划的前提下，制定科学合理的镇域规划。根据不同镇的区位条件、产业基础、交通设施状况等综合条件，把镇域划分为不同的类型，进行统一定位。建议划分为综合发展区、服务业发展区、现代农业发展区和国际旅游区等。

目前，浦东新区的南北发展不均衡，原南汇区的南部地区发展相对滞后，为此应该采取“北部园区城区化，南部镇域产业化”的策略，进一步加快产城相互融合进程。以农村土地使用权改革为突破口，启动新一轮农村综合配套改革。具体来说就是以农民经营性建设用地直接入市，积极探索土地信托、土地基金等多种土地金融创新方式，采取一系列创新手段解决城镇化的资金难题。采取措施吸引不同方式的资本投资浦东新区的农业，大力发展混合所有制经济，提升浦东新区的农业现代化。

（三）优化浦东新型城镇化的空间格局

沿“南北、东西两轴”重新塑造浦东新区新型城镇化空间布局。其中南北轴北起高桥，经曹路、合庆地区、川沙新镇、祝桥镇、惠南镇，直达临港地区，全长近 70 公里。该轴将川沙、惠南、临港等地区连接起来，构成浦东新区镇域经济实力最强、城镇类型最多、发展潜力最大的经济走廊，是浦东新区新的制造业重点发展基地，将成为浦东推进新型城镇化、促进镇域经济发展的主要区域。

其中的东西发展轴东起浦东国际机场，经上海铁路东站，[①] 沿周邓公路往

① 目前在规划中。

西经上海国际旅游度假区、上海国际医学园区至周康地区。该轴是下一轮发展中最具活力、外向度最高、城镇化发展潜力最大、服务经济集聚度最高的发展轴。上海国际旅游度假区的建设和迪士尼乐园的投入运营①必将引领该轴镇域经济的快速发展。

（四）探索产业转型发展和就业促进相互协调的城镇化新模式

在浦东新区新型城镇化发展过程中，要优先考虑镇域产业的发展，探索创新城市近郊的新型城镇化发展路径。随着物联网、大数据等信息通信技术在城镇化领域的不断应用，跨国公司的组织结构、经营模式也在不断发生变化，其表现就是公司总部、研发中心与制造厂区的地理位置分离已成为新的发展趋势。由于中心城区的交通、环境问题越来越突出，很多新型产业的空间分布由原来在中央商务区集聚不断向周边城镇分散。对于浦东新区来说，相信在不久的将来，陆家嘴、金桥以及张江等传统总部经济集聚区将会不断向郊区扩散。浦东新区新型城镇化，可以借跨国公司全球组织结构调整的机会，吸引跨国公司的总部或者研发中心入镇。

目前，周浦镇正在进行积极的尝试，并且取得了一定的成效。在发展过程中，一方面吸引高素质人才来此就业、居住，另一方面让跨国公司参与城镇规划与管理工作，促进跨国公司与城镇共同发展。通过努力，使镇域经济发展、产业结构调整和人口导入三者协调进行，形成三方联动发展的新格局。这两年，唐镇充分利用服务外包产业转移的契机，已经形成了信息技术服务外包产业基地，可以说是一个比较成功的案例。

（五）在人与物协调发展中实现城镇化模式转型

城镇化过程中，一定要以人为核心，实现城乡和谐相融发展，从而更有利于体现以人为本的发展理念。为此还需要做到以下几点。

1. 保障基本权利，促进社会公平发展

农民被征地和动迁之后，土地没有了，身份也由农民转变为市民，会使他

① 迪士尼乐园将于2015年年底投入运营。

们有较长时间的不适应，并且形成一定的落差，为此需要保障这批“新市民”的基本权利，尤其是就业权和社会保障权，让他们平等就业，并逐步实现城乡一体化的社会保障体系。

2. 公共资源向农村倾斜，实现城乡公共服务均等化

由于历史的原因，浦东新区形成了较严重的城乡二元结构。浦东新区经过20多年的发展，也形成了发展中的不平衡。为此，浦东要进一步将更多的公共发展资源投向农村地区，推进城乡公共服务均等化。[①]

经过几年的发展，浦东新区基本公共服务（基础教育、公共卫生医疗社会保障等）得到了很大的提升，但是非均等化问题仍然存在，并已成为影响社会公平、公正的焦点问题之一。为此，推进公共服务均等化是实现社会公平和城镇共同发展的重要途径，通过城镇公共服务均衡化真正实现城镇公民平等的发展，实现浦东新区和谐发展、稳定发展和可持续发展。

（六）突出社会治理创新，探索特大型城区的社会治理经验

浦东新区属于副省级地区，现已形成两级政府管理服务框架体系，呈现出“大区域、扁平化”的特征，为了进一步提高工作效率，浦东新区应该在社会治理模式方面进行大胆创新。

目前，浦东新区的“大镇体制”和“镇管社区”模式取得了一定的效果。随着浦东新区南部原南汇区域城镇化进程的不断加快，大量人口将快速向浦东新区南部区域转移，当前南部地区“镇改街道”的传统模式已经不能适应浦东新区未来城镇化发展的需要了。因此浦东的南部地区也必须加快实施“大镇体制”和“镇管社区”的管理机制创新。当前，浦东新区要在全区统一规划的基础上，继续完善原来的大镇体制，根据“大型居住社区”的规划建设，从“大型居住区”转化为“大型居住社区”[②]，增加“镇管社区”试点范围。

---

① 公共服务均等化是指政府要为社会公众提供基本的、在不同阶段具有不同标准的、最终大致均等的公共物品和公共服务。

② 目前，浦东新区已经建成了浦东曹路（北扩、南扩）、三林、周康航（周康航拓展、航头、周浦、康桥）、惠南民乐、川沙、沪通铁路惠南站和浦东南汇城等8个大型居住社区。原来的居住区主要是指城乡接合所在地，生活设施等不够完备，建成居住社区后，各种配套设施则非常完善，虽然“居住区”和“居住社区”仅有一字之差，但内涵却相差很大。

参考文献

［1］辜胜阻：《城镇化是未来中国经济高速增长的最大动力》，《农村工作通讯》2010年第1期。

［2］涂文学：《城市早期现代化的黄金时代》，中国社会科学出版社，2009。

［3］傅晨：《广东城镇化发展战略》，《科学发展观与广东现代化建设研究丛书》，广东人民出版社，2009。

［4］黄捷：《江津市城镇化道路及对策研究》，西南师范大学，2009。

［5］何邕健：《1990年以来天津城镇化格局演进研究》，天津大学。

［6］肖金成：《滨海新区与浦东新区比较分析》，《中国科技投资》2007年第9期。

［7］桂家友：《浦东城市化模式与转型路径》，《西北农林科技大学学报》2011年第6期。

［8］解栋栋：《浦东如何对接新型城镇化战略》，2013年5月7日第8版《东方早报》。

［9］赵建吉：《上海浦东新区区域发展轨迹与内涵探析》，《地理与地理信息科学》2013年第4期。

［10］曹扶生：《长三角联动发展背景下的上海郊区发展新视角》，《上海经济研究》2008年第7期。

［11］吴江：《重庆新型城镇化推进路径研究》，西南大学，2010。

［12］孙仲彝：《新型城镇化在浦东"二次创业"中战略地位的思考》，《上海农村经济》2013年第11期。

［13］新玉言：《国外城镇化比较研究与经验启示》，国家行政学院出版社，2013。

［14］王守智：《国内外城镇化发展路径及其启示》，《城市观察》2013年第6期。

B.17

基于新型城镇化的武汉城市圈城乡文化时空整合分析*

朱媛媛　曾菊新　郑文升**

摘　要：

本文借鉴文化地理学、文化社会学等学科的相关理论，在简析武汉城市圈城乡文化时空格局的基础上，基于新型城镇化背景下城乡文化发展的时空整合思维，围绕城乡文化时空整合中的时序性和空间性分析，构建城乡文化时空整合测度模型，从县（市）域尺度视角，探究城镇化快速发展时期（1980～2010年）武汉城市圈城乡文化时空整合的地域演化过程。研究表明，武汉城市圈城乡文化时空整合的空间结构在改革开放初期呈斑状式，全面改革开放时期呈波状式，改革开放全面突破时期呈廊道式，全面建设小康社会时期呈网络式。政府、企业、城乡社区、非政府组织之间的利益博弈推动城乡文化时空整合的结构重组和演变，基于政府提供城乡文化时空整合的保障体系、企业开发优质的城乡文化产品、城乡社区建立完善的公共文化服务系统、非政府组织督促城乡文化整合的科学运行等基本路径，提出优化城乡文化时空整合的四项对策，旨在有系统地推进城

* 本文受到教育部人文社会科学青年基金项目——“城乡文化整合的时空结构与发展模式研究——以武汉城市圈为例”（13YJCZH284），国家自然科学基金面上项目——“江汉平原农村公共服务可达性与空间均等化”（41371183），教育部人文社会科学重点研究基地重大项目——“城乡一体化过程中的空间结构与村镇布局问题研究”（05JJDZH232）的联合资助。

** 朱媛媛，女，博士，讲师，从事区域发展与城乡规划研究。曾菊新，男，博士，教授，博士生导师，从事城市与区域研究。郑文升，男，博士，副教授，从事区域发展研究。

乡文化时空整合的新型城镇化建设实践。

关键词：

新型城镇化　城乡文化　时空整合　武汉城市圈

一　引言

当今社会，不难发现物欲观念甚嚣尘上以及文化价值沉沦的现象。与此同时，城乡文化堕距渐趋加大、城乡文化冲突日益严峻以及城乡特色文化日益消失等现象无疑是中国城乡文化发展的新问题。中国快速城镇化进程中的城乡文化建设失衡问题已引起广泛关注，面对快速和规模化的中国城镇化，我们似乎缺乏文化准备：是否会丢掉传统文化或导致文化缺失？在加快城乡文化整合发展方面是否应该有更多的新构想？从城乡文化关系的角度讲，城乡文化关系与城镇化是一种相互影响的正向关系。当城市文化与乡村文化之间消除对抗，变文化对立关系为平衡、融合、协调的分工协作，共同发展时，城乡文化就能以较快的速度健康发展，并由此推动新型城镇化的进程。从社会发展导向看，应该将文化因素纳入可持续发展战略；从学科发展导向看，应该在人文－经济地理研究中凸显文化转向。无论是中国城乡文化发展的现实需求，还是与文化研究相关学科的发展需求，都越来越彰显出对城乡文化整合研究的重要性和紧迫性。

虽然文化整合曾是国际文化社会学和文化地理学等关注的问题域，由于不同国家发展阶段以及文化语境的差异性，现阶段有关城乡文化整合发展的研究不宜一概而论，国外的相关研究主要集中在以下几个方面：在城乡文化交互影响过程中，现代文化对传统文化构成挑战；城市化进程中要防止传统文化的流失；城乡文化发展中的共同性和差异性等。另外，社会整合理论的前沿研究态势也值得关注，如英国著名社会理论家吉登斯（Anthony Giddens）倡导的时空整合理论。21 世纪前后，国内个别学者开始研究城乡文化整合发展（曾菊新、祝影，2002）。近年来，仅有两篇论文分别从政治学和人文地理学的视角涉足城乡文化整合研究（兰勇、陈忠祥，2006；任成金、潘娜娜，2013）。总之，文化整合虽已成为文化社会学、文化地理学等学科共同关注的视阈，不过仍仅限于概念诠释和企业文化整合方面，鲜有基于时空维度的城乡文化整合分析。

城乡文化的时空整合，指城乡两种文化系统的诸要素在时空变迁过程中相互作用而趋于一体化的过程。城市圈是一个国家城市高度密集、人口规模巨大以及社会经济最活跃的区域，并呈现以大城市为核心，周边城市共同参与、分工合作的一体化空间现象。这种大城市地区发展到成熟阶段的最高空间组织形式，最适宜作为城乡文化空间结构的研究平台。本文以武汉城市圈城乡文化时空演替为分析样本，以近30多年快速城镇化发展为分析背景，围绕城乡文化时空整合中的时序性和空间性，从县（市）域尺度视角，探究城镇化快速发展时期（1980～2010年）武汉城市圈城乡文化时空整合的空间演变规律，为推进新型城镇化提供智力支持，也为中国城市群地区形成城乡文化时空整合发展新格局提供模式参考。

二 城乡文化的时空格局

文化是时间和空间的产物。从文化的时空性来看，可以发现武汉城市圈内的文化同源同脉，历史上深深地积淀了楚文化的底蕴，近代社会转型中又融入了具有“汉派”特色的都市文化形态，现代武汉城市圈又正在着力构建新型的城乡文化空间。

（一）具有水文化特质的楚文化底蕴

所谓楚文化，多数学者将其界定为商周以来长江中游地区的文化，或为长江中游地区的古文化。楚文化是南方文化的代表之一，是地域文化之一系，中国文化之一脉，其中水文化是楚文化的灵魂。在与水打交道的过程中，人类创造了与水有关的精神生产能力和产品，称其为水文化。自古以来，江汉平原地区地势低洼，河湖湿地众多，故楚文化的产生与发展始终都与水有缘，如开疆扩土、开垦垸田、伐木建房和建桥等。

在自然经济和农业文化社会，“围湖造田”的人地关系模式主导了楚文化的发展历程。江汉平原的全面开发是随着“垸田”的兴起而开始的，一部特有的垸田史就是江汉平原围垦河湖改变地理面貌的文化发展史。明清时期，荆楚大地的人口和垸田面积均不断增加，也就有了后人所说的“湖广熟，天下足”。20 世纪 50 ~ 70 年代，江汉平原发生了历史上最壮观、规模最大的围湖造田运动。大规模的围湖造田加快了江汉平原湖泊面积的消失。总之，武汉城市圈地域范围内的交通运输、农业经济、人居环境等各方面的发展，大多与“水”密切关联，甚至一些歌曲、文艺作品、方言、地名、风俗等都打下了具有水文化特质的楚文化烙印。

（二）具有“汉派”特色的现代城市文化

学界认为“汉派”文化的历史渊源可上溯到商周时期，但以清末民初近代工业化时期为大盛。“汉派”文化起源于江汉平原，与乡土生活情愫、地域文化传统、民间文艺形式有着千丝万缕的关系。这也是近年来武汉城市圈倾力打造的现代都市文化，旨在以特大城市武汉为龙头，以周边 100 公里内的 8 座中小城市为辅翼，重塑以“江汉汇通、楚风汉韵、兼容并包”为主要特征的“汉派”文化。

汉派文化属于当代城市特色文化，而且与京派文化、海派文化一样，均属于大都市特色文化派系。它反映了现代大都市武汉的“大集聚、大流动”两大特点，汉派文化中所具有的东西交流、南北融合以及浓厚商贸文化的特点，已超出地域楚文化的概念。概言之，汉派文化是一种特异的平民文化，是一种包容性、融合性以及更新性极强的文化。

（三）具有文化产业特点的新型城乡文化空间

近年来，在国家推进可持续的新型城镇化以及加快城乡文化一体化发展的新时期，武汉城市圈注重“1 + 8”城市地区的城乡文化空间布局，旨在通过配置重大文化产业项目，规划建设一批各具特色的文化产业空间（见图 1）。

重点建设的文化产业基地有华中国家数字出版基地、湖北广告创意产业园、楚天传媒与文化创意产业园、传奇文化产业园等重大项目以及江通动画产业园、武汉华侨城东湖欢乐谷等文化园区。由于城市圈各个城市区域的文化资源与环境的差异性，城乡文化空间的建设重点应有所区别。其中，武汉市是楚文化久负盛名的全国历史文化名城，又是武汉城市圈城乡文化空间的最大集散中心，在城乡文化时空整合的进程中将起到重要作用。今后若干年内，武汉市将以建设“文化五城”（读书之城、博物馆之城、艺术之城、设计创意之城、大学之城）为战略任务，创建“武汉·中国文谷”的十大文化产业集群（文化旅游、数字出版、文化艺术、动漫游戏、民间工艺、演艺娱乐、创意设计、古玩艺术、影视制作、国学文化产业），以此作为服务和推动武汉城市圈城乡文化建设的重大项目和战略举措。

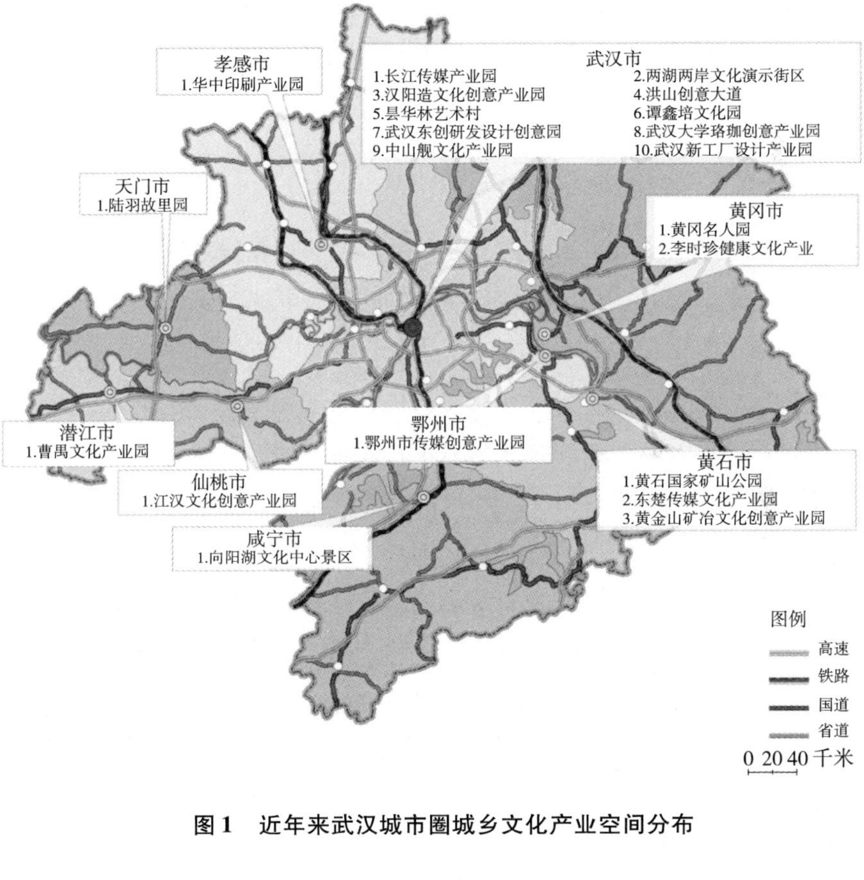

图1　近年来武汉城市圈城乡文化产业空间分布

三　城乡文化时空整合的动态演变

城乡文化时空整合是一个动态演变过程，在时空整合过程中必然会出现撞击、摩擦，但只要整合动力到位、整合机制得当，其结果将使城乡文化得以双向丰富和发扬。利用城乡文化时空整合的测度模型,① 参考湖北省和武汉市统计年鉴、武汉城市圈社会经济发展报告、《中国文化文物统计年鉴》以及中国第三、第四、第五、第六次人口普查数据等，从县（市）域层面上探究 1980 ~ 2010 年武汉城市圈城乡文化时空整合的空间结构演化规律，选取 1980 年、1990 年、2000 年、2010 年四个时间点分别代表改革开放初期、全面改革开放时期、改革开放突破进展时期、全面建设小康社会时期四个时期，并按照城乡文化时空整合度从高到低依次将其划分为协调型、磨合型、发韧型和拮抗型四种空间类型。根据县（市）域空间尺度上城乡文化时空整合的演变特征，深度解析城乡文化时空整合的分异机制。

（一）改革开放初期：斑块式发展模式

斑块式发展模式一般出现在前工业社会时期，城乡呈现离散状态，城乡文化结构相互独立，城乡之间、城乡与区域之间的关联少。文化从空间内的一个斑点萌生出来，然后扩散到相邻地区，形成斑块式文化发展模式。这种“斑点”是文化发展的核心区，也是文化圈的生长核心。

1. 空间结构特征：城乡文化斑块式离散发展

以武汉城市圈地区包含的 37 个县级行政单元为研究对象，城乡文化时空整合的结构呈现“斑状式”。城乡文化时空整合度的测度结果（见表 1）显示：城乡文化时空整合协调型的主要是武汉市及其所辖的几个郊县，包括武昌区、东西湖区、汉南区等 5 个地区；磨合型的主要是江汉平原的几个县市，包括鄂城区、汉阳县、汉川县、潜江市 4 个地区；发韧型的主要集中分布在北部低山丘陵地区，包括仙桃市、云梦县、嘉鱼县、天门市、咸宁市 5 个地区；城乡文化时空整合度较低的拮抗型主要集中在鄂东南幕阜山区和大别山区的少数几个县，包含应城市、安陆市、石灰窑区、下陆区等 23 个地区。

---

① $$I_{tr} = c \times k \times \frac{(\sqrt{P_i G_i} \times \sqrt{P_j G_j})}{D_{ij}^2 \times (1 + ae^{-bt})}$$

其中 I_{tr} 表示 t 时刻 r 地点的城乡文化时空整合度；t 是时间，c 是饱和值，a 和 b 是常数；P_i、P_j 为 i、j 地区的城乡文化易感者的数量（万人）；G_i、G_j 为 i、j 地区的文化信息流量；D_{ij} 为地区 i、j 间城乡文化最短传播路径（分钟）；k 为常数项，介于 0 ~ 1 之间。

表1 1980年武汉城市圈城乡文化时空整合度测算结果

分区分类	城乡文化时空整合度及区域	数量
协调型	武昌区(5851.00)、东西湖区(5850.88)、汉南区(5651.00)、孝感市(3331.74)、黄陂县(3060.38)	5
磨合型	鄂城区(2214.54)、汉阳县(1954.11)、汉川县(1126.50)、潜江市(1026.68)	4
发轫型	仙桃市(694.60)、云梦县(474.62)、嘉鱼县(444.29)、天门市(425.08)、咸宁县(392.98)	5
拮抗型	应城市(344.44)、安陆市(342.72)、石灰窑区(342.00)、下陆区(321.00)、罗田县(313.37)、铁山区(310.00)、麻城市(292.69)、大悟县(289.85)、黄石港区(256.00)、新洲县(234.00)、红安县(231.00)、蕲春县(204.67)、通城县(194.21)、大冶县(182.52)、蒲圻县(175.95)、崇阳县(163.46)、通山县(161.73)、浠水县(161.70)、英山县(151.95)、黄冈县(134.00)、武穴市(112.00)、阳新县(104.28)、黄梅县(103.56)	23

说明：数字为模型测度结果。

改革开放初期，武汉城市圈城乡文化整合协调区呈现“斑块状”分布在区域中心武汉市（见图2），这种城乡文化时空整合“斑块”具有“源”的特点，由于斑块上较高的城乡文化时空整合度，城乡文化流向外扩散。从整体上看，改革开放初期武汉城市圈城乡文化时空整合呈现“中部偏高且西高东低”的斑状式空间格局。

2. 社会发展表征：城乡文化关系拮抗

城乡文化关系拮抗时期，城乡文化时空整合度相对最低，城乡几乎是“分裂”的状态，城乡两种文化元素流动性很差。城乡文化元素接触机会较少，即使接触，也呈现碰撞、冲突的局势。改革开放初期，伴随人们对于文化服务需求的日趋增强，1987年国家文化部、国家工商行政管理局、公安部正式承认了营业性舞会等文化娱乐经营性场所的合法地位。在此指引下，武汉城市圈文化市场的建设实现了经济效应，特别是20世纪80年代中期以后，文化的社会效应正逐步增强。武汉城市圈的改革以“两通”（流通和交通）为突破口，敞开三镇大门，开放市场，着力搞活流通和交通，实行“城城通开、城乡通开”，促进了城乡文化的联系。然而，这一时期几乎是乡村文化统治的阶段，城市的发展依赖于

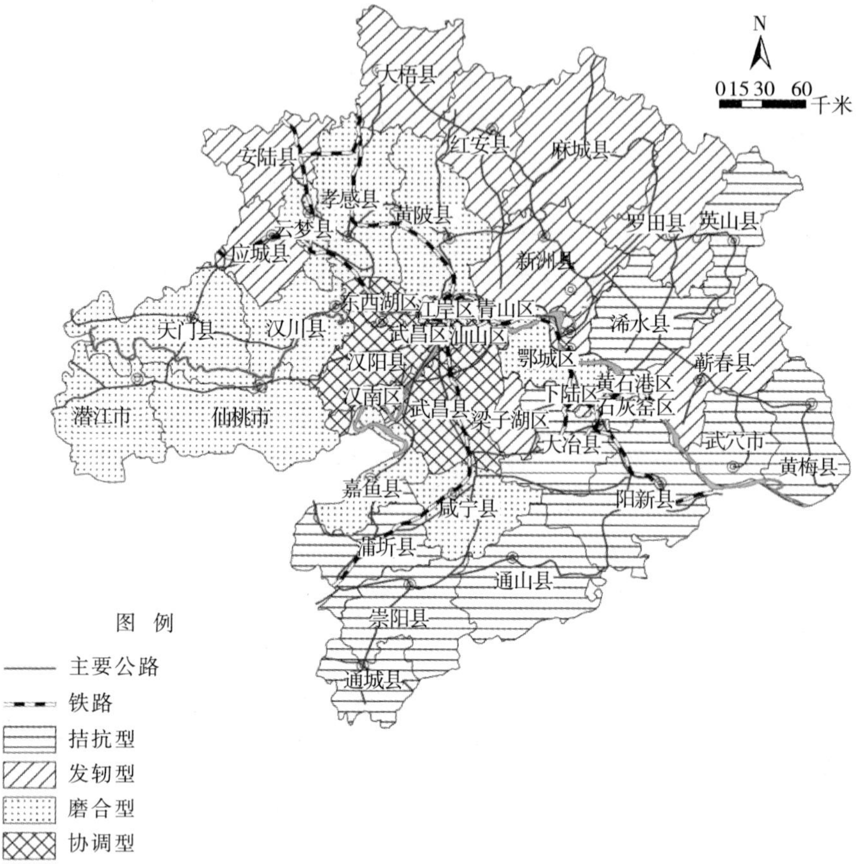

图 2　武汉城市圈斑块式空间结构

农业繁荣，城市对农业文化生产的依赖性较大，农业生产力水平左右着城市文化的兴衰荣枯，城市文化内容也与乡村生活关系密切。

（二）全面改革开放时期：波状式发展模式

工业化初期阶段，工业化兴起，工业迅速增长并成为主导产业，城乡呈现集聚形态，以城市为核心，向周围乡村地区扩散发展呈现波状式的城乡文化空间结构形态，城乡间的文化关联逐渐增多。

1. 空间结构特征：以斑块为核心的波式发展

以武汉城市圈地区包含的 45 个县级行政单元为研究对象，城乡文化的时空整合呈现“波状式”空间结构，从里向外依次是城乡文化时空整合协调型、磨合型、发轫型和拮抗型。城乡文化时空整合度的测度结果（见表2）显示：城乡文化时空整合协调型的包括武昌区、硚口区、汉阳县等9个地区，这些县（区）均位居圈层的核心；环抱时空整合协调型的是城乡文化时空整合磨合区，包括孝感市、黄冈县等5个地区；其外是城乡文化时空整合发轫区，包括鄂城区、梁子湖区、咸宁市等7个地区；最外围是城乡文化时空整合拮抗区，包括天门市、云梦县、潜江市等24个地区。

表2　1990年武汉城市圈城乡文化时空整合度测算结果

分区分类	城乡文化时空整合度及区域	数量
协调型	武昌区(28723.57)、硚口区(28700.19)、青山区(27889.89)、洪山区(27889.11)、江汉区(26778.11)、汉阳区(26777.11)、东西湖区(25453.84)、江岸区(21111.11)、汉阳县(19683.77)	9
磨合型	黄陂县(8183.53)、武昌县(8149.00)、孝感市(4900.37)、汉川县(4115.98)、黄冈县(3567.54)	5
发轫型	鄂城区(2214.54)、梁子湖区(2210.11)、咸宁市(1614.34)、仙桃市(1598.91)、汉南区(1481.18)、新洲县(1296.68)、应城市(1077.19)	7
拮抗型	天门市(870.91)、云梦县(855.43)、潜江市(800.58)、蒲圻县(768.84)、嘉鱼县(749.26)、大冶县(628.53)、麻城市(604.01)、安陆市(572.84)、黄石港区(530.35)、红安县(520.48)、铁山区(520.00)、下陆区(510.00)、石灰窑区(500.00)、浠水县(411.61)、阳新县(377.08)、大悟县(283.66)、罗田县(275.94)、蕲春县(267.55)、崇阳县(196.95)、黄梅县(182.92)、通山县(159.58)、通城县(146.25)、英山县(143.82)、武穴市(139.54)	24

说明：数字为模型测度结果。

相对于改革开放初期，城乡文化时空整合度整体呈上升趋势，时空整合协调型和磨合型的地域扩大，时空整合发轫型减少，时空整合拮抗型相对不变（见图3）。城乡文化时空整合格局呈现以武汉市为中心，沿主要交通路线向外波状式发散的状态。

2. 社会发展表征：城乡文化关系发轫

韦伯区位论认为，在市场经济的一般条件下，生产要素总是向能够获取最大效益的最优区位方向扩散，而其方向不是固定的。城乡文化扩散过程具

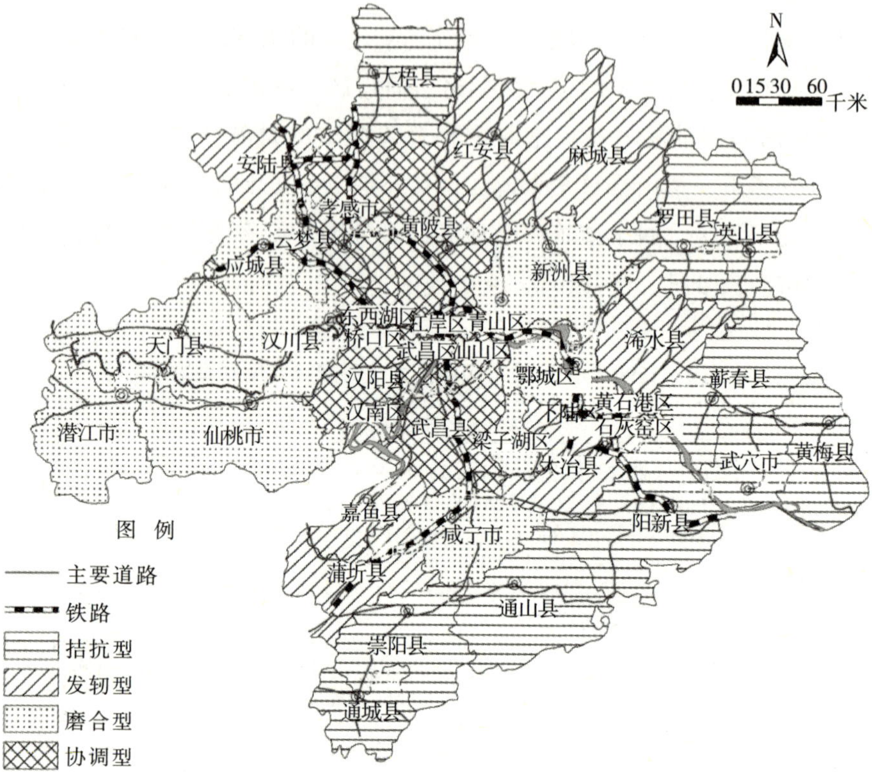

图 3　武汉城市圈波状式空间结构

有同样的特点，城乡文化要素沿交通路线由城乡文化时空整合度较高地区向城乡文化时空整合度较低地区扩散。全面改革开放时期，湖北省积极出台了发展中小城市和小城镇战略，并确立了武汉为全省的文化中心，使得城乡之间、城际人口流动迅速加快、规模迅速扩大，封闭式的城乡关系开始松动。城乡文化时空整合发展处于形成时期。城乡文化时空整合空间格局呈现以高级文化节点为中心，沿主要交通路线向外波状式发散的状态。在这个阶段，按照“优势扩散原则”，通过大众媒介城市文化向广大乡村地区波状式渗透。由于乡镇是城市文化向乡村地区波状式发散的直接感染者和下一步扩散的枢纽，同时又是乡村文化的集中表现者。因此，城市文化主要通过小城镇这个传播中介对广大乡村波状式发散。

（三）改革开放突破进展时期：廊道式发展模式

廊道是连通性结构，空间上它是各斑块、各圈层间建立联系的线状或带状区域，以及这些联系通道相互交织形成的网络；内容上它包括各通道上道路、景观等各种发挥连通关联作用的软、硬件。文化廊道与相邻两边文化景观不同的线性或带状区域，对于促进斑块间物质、能量、信息的流通，城乡文化的传播与交流，维持文化系统的发展具有重要作用。在工业化结构高度发展时期，廊道式城乡文化发展模式逐渐形成。

1. 空间结构特征：城乡文化廊道式发展

以武汉城市圈地区包含的48个县级行政单元为研究对象，城乡文化时空整合的空间结构呈现“廊道式”格局。城乡文化时空整合度的测度结果（见表3）显示：城乡文化时空整合协调型的包括江岸区、江汉区、汉阳区、洪山区4个地区，磨合型的包括武昌区、硚口区、黄陂区、东西湖区4个地区；这种类型的地区与城乡文化时空整合协调型的地区一起形成“H”型文化廊道，以支撑整个区域。发轫型的包括青山区、孝南区、汉川市3个地区，这几个县

表3　2000年武汉城市圈城乡文化时空整合度测算结果

分区分类	城乡文化时空整合度及区域	数量
协调型	江岸区(1085642.59)、江汉区(177829.69)、汉阳区(175834.35)、洪山区(126694.33)	4
磨合型	武昌区(95060.04)、硚口区(91708.43)、黄陂区(21293.25)、东西湖区(19976.44)	4
发轫型	青山区(7353.34)、孝南区(6805.02)、汉川市(4968.17)	3
	仙桃市(3471.86)、新洲区(3297.64)、鄂城区(3140.44)、江夏区(2148.44)、华容区(1874.65)、咸安区(1690.68)、麻城市(1644.85)、云梦县(1428.19)、应城市(1016.01)、大冶县(881.48)、潜江市(877.48)、黄州区(874.94)、安陆市(852.69)、天门市(835.77)、浠水县(772.35)、红安县(726.64)、赤壁县(678.02)、团风县(620.48)、孝昌县(538.96)、罗田县(473.78)、大悟县(462.14)、阳新县(428.18)、蔡甸区(416.44)、蕲春县(376.97)、通山县(369.03)、汉南区(281.30)、黄石港区(277.70)、崇阳县(266.03)、英山县(243.94)、嘉鱼县(233.26)、黄梅县(208.60)、武穴市(204.01)、通城县(197.69)、梁子湖区(174.77)、石灰窑区(171.82)、下陆区(75.63)、铁山区(28.96)	37

说明：数字为模型测度结果。

（市、区）紧紧围绕协调型和磨合型分布。城乡文化时空整合拮抗型的包括仙桃市、新洲区、鄂城区等37个地区。

相对于全面改革开始时期，这一时期武汉城市圈的城乡文化时空整合度整体呈上升态势（见图4）。湖北省政府充分发挥长江“黄金水道”、汉江“经济走廊”优势和京广、汉丹铁路大动脉的作用，该地区城乡文化流沿着交通线扩散，迅速地形成了城乡文化时空整合进程中的文化廊道。

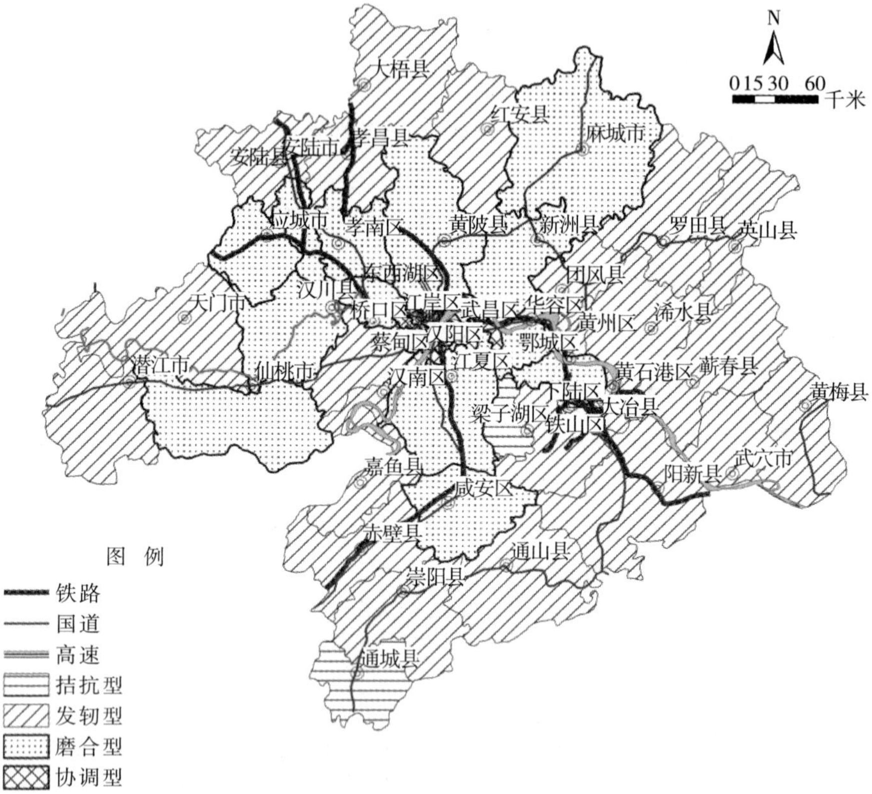

图4　武汉城市圈廊道式空间结构

2. 社会发展表征：城乡文化关系磨合

城镇化进程的加速为城市文化的发展注入了一股强大动力，城市文化从作为农村文化的依附者迅速转化为城乡文化系统的主导者。城市和农村地区日益频繁的人口流动、资源流动和信息流动，促使城乡之间的地理界限与功能界限逐渐模糊，人们越来越难以将城市和农村视为相互排斥的一对实体，城乡文化关系处于磨合期。20 世纪 90 年代，武汉城市圈搞活了交通，打破城乡封闭分割状态，开展联运联营、运贸结合。兴办了一批跨地区、跨部门联合经营的运输企业，如由武汉、重庆、南京 3 市地方交通部门联合发起、13 个城市参加组建长江联营联运总公司。另外，动员全社会力量办交通，鼓励“民车上路，民船下水”，发展一批个体运输、运销专业户；调整交通结构，挖掘运输潜力；大量的农村资本、劳动力等文化资源快速流向城市。

（四）全面建设小康社会时期：网络式发展模式

网络化发展阶段一般出现在后工业化社会，即信息化时期，信息化使传统的空间时间化，时间则信息化、知识化，也催动了网络社会的兴起，从而改变了城乡文化整合的发展模式。此时，城乡文化整合的发展模式呈现相对均衡的状态，所有潜在的文化易感知者都接受了新文化，城乡文化区域差异很小。核心文化节点呈现网络化发展，次级文化节点、乡村文化节点相对均衡，并且开始出现互相融合的现象，呈现城乡文化一体化状态。

1. 空间结构特征：城乡文化网络化发展

以武汉城市圈包含的 48 个县级行政单元为研究对象，城乡文化时空整合呈现“圈层扩散 + 轴向推进”网络式空间结构。城乡文化时空整合度的测度结果（见表 4）显示：城乡文化时空整合协调型的包括武昌区、洪山区、黄陂区等 8 个地区；城乡文化时空整合磨合型的包括麻城市、大冶市、咸安区等 9 个地区，与时空整合协调型的地区均沿京广铁路与长江经济带呈“巾”字形空间格局。城乡文化时空整合发轫型的包括阳新县、华容区、孝南区等 8 个地区；城乡文化时空整合拮抗型的包括红安县、安陆市、云梦县等 23 个地区，与时空整合发轫型相间分布在“巾”字空白区域。

表 4　2010 年武汉城市圈城乡文化时空整合度测算结果

分区分类	城乡文化时空整合度及区域	数量
协调型	武昌区(1683293.67)、洪山区(404714.13)、黄陂区(288566.79)、江夏区(281562.63)、青山区(218338.87)、新洲区(188080.92)、仙桃市(165069.52)、硚口区(163928.72)	8

续表

分区分类	城乡文化时空整合度及区域	数量
磨合型	麻城市(15027.84)、大冶市(10124.44)、咸安区(9351.70)、汉阳区(9157.16)、鄂城区(8990.95)、浠水县(8763.06)、蔡甸区(8161.28)、汉川市(7699.68)、黄州区(7023.03)	9
发轫型	阳新县(6499.09)、华容区(6359.29)、孝南区(6057.91)、东西湖区(6009.42)、蕲春县(5982.03)、江岸区(5847.44)、天门市(5174.59)、黄梅县(5116.06)	8
拮抗型	红安县(444.23)、安陆市(436.17)、云梦县(427.15)、潜江市(418.94)、孝昌县(416.01)、大悟县(393.65)、江汉区(359.46)、赤壁市(341.30)、武穴市(341.20)、嘉鱼县(315.17)、通山县(308.01)、罗田县(301.03)、黄石港区(276.31)、团风县(275.80)、应城市(261.31)、英山县(224.66)、通城县(196.33)、汉南区(187.97)、下陆区(176.93)、崇阳县(176.51)、西塞山区(159.46)、梁子湖区(124.61)、铁山区(74.81)	23

说明：数字为模型测度结果。

全面建设小康社会以来，圈域内城乡文化发展廊道逐渐增多，廊道之间也出现了相互联结的现象，形成城乡文化整合发展轴。种种迹象表明，武汉城市圈多个斑块和廊道交织并开始构成网络系统（见图5），总体上呈现出以武汉市为中心，向城乡文化整合磨合型和发轫型方向圈层扩散，沿京广铁路、长江经济带、武广高铁、福银高速和杭瑞高速，以及318、106、107和316国道等交通路线轴向推进，整个区域开始出现点、线、面有机结合的空间网络模型。

2. 社会发展表征：城乡文化关系协调

21世纪以来，从城市发展阶段来说，我国进入了普遍城镇化阶段，即所谓“城市世纪”。城镇化呈现广域推进的趋势，城市文化和乡村文化更多地呈现为一个整体系统，朝城乡文化融合方向发展。城乡文化时空整合度相对最高，城乡关联度高，城乡文化特质相对平等、自由交流，相互接近、彼此协调，进行文化整合。湖北省在城乡发展过程中采取空间线性推进方式，先后出台了“两圈一带”战略和武汉城市圈省级区域发展战略等。2007年12月，国务院批准武汉城市圈为全国“两型社会”建设综合配套改革试验区以来，根据“两型社会”建设总体方案和行动计划的要求，武汉城市圈关键领域改革有了新的突破，五个一体化建设有了新局面。另外，以武汉城市圈高速公路、城际铁路及港口建设为重点，圈域交通一体化水平进一步提高。当城镇化达到

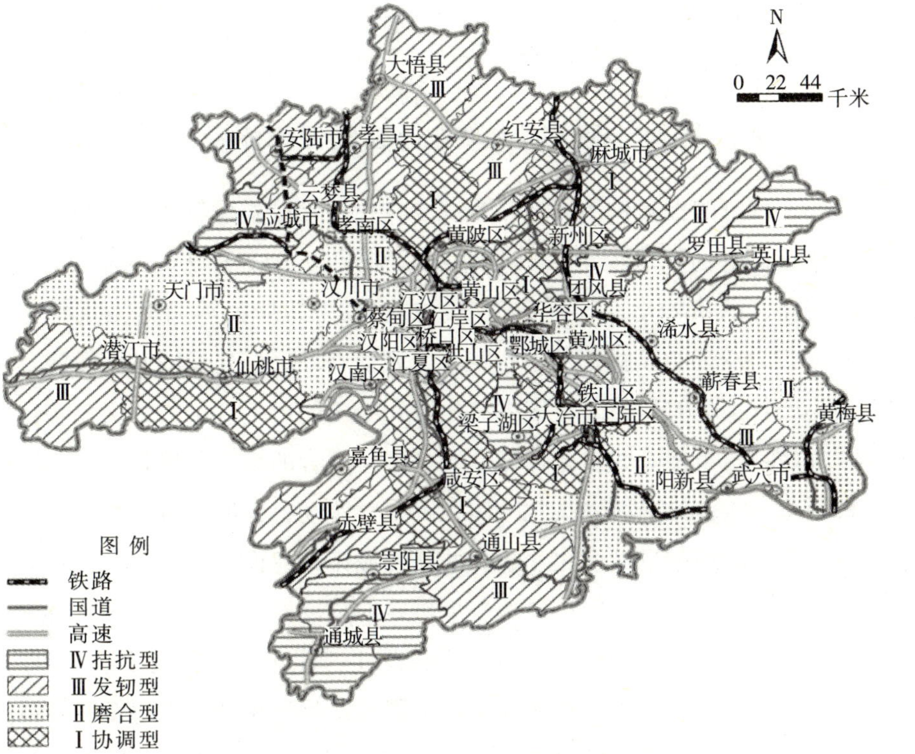

图5　武汉城市圈网络式空间结构

一定水平进入成熟期时，城乡文化要素流动已经不再是文化发展的主要现象，此时城乡文化关系进入融合阶段。城乡文化融合并不是说城乡两种文化完全没有了差异，或者农村变成了城市；农村和城市总是相对存在的，只有城乡之间的文化要素自由流动，城乡才能共同享有文化发展的成果。

四　城乡文化时空整合的优化路径

某一时间断面上城乡文化时空整合的格局是受不同的利益主体控制的。从理论上来说，在利益之手的操纵下城乡文化时空整合的合理结构形态会发生扭曲。因此，现实中的城乡文化时空整合的结构重组必须考虑空间秩序中的利益格局和权力结构。政府、企业、城乡社区、非政府组织是城乡文化时空整合的四大利益主体，他们之间的利益格局和权力职责共同推动城乡文化时空整合的结构重组。以下将分别从政府、企业、城乡社区、非政府组织四个角度诠释城乡文化时空整合的内外驱动力，为新型城镇化背景下优化城乡文化时空整合提供智力支撑。

（一）政府行为：提供城乡文化整合的保障体系

第一，政府的保障作用体现在对城乡文化网状设施建设的引导和保护。城乡间的道路、电力、电信等公共性基础设施一般由政府投资或通过“建设、经营、转让”的市场化模式进行建设，在建设中政府的导向尤为重要。政府可以通过公共投资的倾斜，带动特定区域城乡基础设施建设的共同发展，从源头上缩小城乡文化差异，防止城乡文化二元结构的产生。第二，深化文化领域的改革开放，政策保障和法律保障是城乡文化整合的重要前提条件，必须长效化、机制化。实施推进城乡文化一体化纲要，调动各方面力量参与文化事业的积极性，有系统地推进城乡文化整合的新型城镇化建设实践。第三，政策与制度是影响城乡文化系统空间布局的一个重要的长期性决定因素，是政府作用于城乡文化系统发展的主要方式。中央顶层设计“深化文化体制改革”，号召加快城乡一体化文化建设，统筹城乡文化发展。这是遏止城乡文化发展差距拉大趋势、扩大农村市场需求的根本出路，是解决“三农”文化问题和全面建设小康社会的重大战略举措。要打造中国文化的升级版、实现“中国梦”，就必须加快转变发展方式，推动包容性文化发展、平衡性文化发展、可持续性文化发展，实施推进城乡文化一体化政策。

（二）企业行为：开发优质的城乡文化产品

企业文化创新是城乡文化产品长期繁荣的有效途径。法国文化部前部长朗戈曾明确表明“文化是明天的经济”，企业通过开发优质的城乡文化产品促进城乡文化整合的健康发展。第一，产业主管部门对若干产业的管理体制进行调整和合理化改进，包括对不同文化产业的不同主管部门进行利益调整甚至合并重组，提高城乡文化产业的集约化程度，扩大经营规模，实现资源的有效配置、优势互补。第二，创新城乡文化产业协调发展投资机制，通过文化产业规划和政府政策引导搭建文化产业投融资平台，设立乡村文化产业发展专项基金，完善文化市场体系，组建文化产业投资公司，以拓宽文化产业发展的融资渠道。第三，做好城乡文化事业与文化产业协调发展的体制改革，既要抓好“文化下乡”公益性文化事业，又要做好经营性文化产业。另外，可以通过强化城乡文化人才队伍建设提升文化企业竞争力；改善文化创新氛围，以提高文化资源的整合能力。

（三）城乡社区：建立完善的公共文化服务系统

首先，城乡社区是城乡文化系统的重要构成单元，城乡社区中各项文化活动的协调运转是城乡文化系统健康发展的基础保障。在城乡社区中，开展文化活动对丰富城乡居民的日常生活和城乡社区自身的发展具有重要的促进作用。因此，要营造良好的城乡社区环境，鼓励和帮扶民间文化团体发展与完善，根据实际情况进行科学的、有效的激励，充分调动居民参与城乡社区公共文化服务的积极性。其次，城乡社区是城乡文化系统的“细胞”，更是构成社会的基础，一个国家、一个社会总是由若干个城乡社区组成。因此，要尽快完善社会监督制度，特别是保障人民的监督权，使城乡社区文化团体的发展大众化、透明化，满足人民群众多层次的参与需求，从而保证城乡社区文化活动的长期开展。最后，通过促进政府职能从“发展推进型”向“公共服务型”转变，加大城乡社区公共文化产品和服务供给力度，发展和完善城乡社区文化团体，调动居民参与文化活动的积极性，充分发挥非政府组织在农村社区的文化功能等措施，使文化管理模式有效地运行。

（四）非政府组织：督促城乡文化整合的科学运行

非政府组织是在国际、国家或地方层面上组建的非营利性的、自愿的公民组织，包括社会团体、行业协会、农业合作社等；民办非企业单位、民办学校、民办医院；基金会，如邵逸夫基金会、嫣然基金、红十字会等，主要监督城乡文化时空整合是否科学运行。第一，非政府组织在沟通政府与市场、政府与社会方面，在缓解贫困、解决就业、促进社会融合方面，在弘扬社会主义精神文明等方面发挥了积极的作用。因此，可以通过扩大税收优惠的辐射范围、出台具有针对性的公益（非营利）文化产品的优惠税收制度等，激发非政府组织积极参与城乡文化建设，调动非政府组织参与城乡文化建设的动力。第二，非政府组织有效监督城乡文化时空整合的科学发展。非政府组织参与城乡文化建设，有利于缓解文化建设人才匮乏和建设经费投入不足的现状，有利于城乡文化整合的健康发展，有利于城乡文化整合建设长效机制的建立。因此，可以通过增加财政支持力度引导非政府组织参与城乡文化建设，积极加入我国的城乡文化建设；同时，建立城乡文化整合机制，避免“山寨型”城市文化与“破落型”乡村文化现象，确保城乡文化整合科学特色发展。

五　结论

第一，武汉城市圈城乡文化的时空格局是同源同脉的。武汉城市圈内的文化历史深深地积淀了楚文化的底蕴，近代社会转型中又加入了具有“汉派”特色的都市文化形态，现代武汉城市圈又正在着力构建新型的城乡文化空间。

第二，武汉城市圈城乡文化时空整合的结构演化映射了不同形态的社会问题。分析表明，武汉城市圈城乡文化时空整合的空间结构在改革开放初期呈斑状式，全面改革开放时期呈波状式，改革开放突破进展时期呈廊道式，全面建设小康社会时期呈网络式，映射城乡文化时空整合与城镇化进程、社会经济政策、人口流动政策、经济发展水平以及交通系统完善程度的高度耦合。

第三，现阶段优化武汉城市圈城乡文化时空整合的基本路径，主要是政府提供城乡文化时空整合的保障体系，企业开发优质的城乡文化产品，城乡社区建立完善的公共文化服务系统，非政府组织督促城乡文化整合的科学运行，从而有系统地推进城乡文化时空整合的新型城镇化建设实践。这既是优化城乡文化时空整合的重要路径，又为构建合理的城乡文化生态系统提供科学依据。

参考文献

［1］蔡云辉：《城乡关系与近代中国的城市化问题》，《西南师范大学学报》（人文社会科学版）2003 年第 5 期。

［2］曾菊新、祝影：《论城乡关联发展与文化整合》，《人文地理》2002 年第 4 期。

［3］兰勇、陈忠祥：《论我国城市化过程中的城乡文化整合》，《人文地理》2006 年第 6 期。

［4］任成金、潘娜娜：《城乡文化整合的功能定位与路径选择》，《深圳大学学报》（人文社会科学版）2013 年第 10 期。

［5］戴耀昌：《从古代治水析水文化的内涵》，《北京水利》1996 年第 3 期。

[6] 黄进良：《近500年江汉平原湖区土地开发的历史反思》，《华中师范大学学报》（自然科学版）2001年第12期。
[7] 吴永平：《试论“汉派”文化》，《湖北社会科学》2005年第11期。
[8] 湖北省社会科学院课题组：《振兴汉派文化的战略思考》，《江汉大学学报》（人文科学版）2005年第5期。
[9] 朱媛媛、曾菊新、刘承良：《武汉城市圈城乡文化的空间整合与优化对策研究》，《经济地理》2013年第10期。
[10] 司马云杰：《文化社会学》，华夏出版社，2011，第156页。
[11] 周尚意、孔翔、朱竑：《文化地理学》，高等教育出版社，2004，第245页。
[12] 张晓虹：《文化区域的分异与整合——陕西历史文化地理研究》，上海书店出版社，2004，第131页。
[13] 王恩涌：《人文地理学》，高等教育出版社，2000，第9页。
[14] 黄坤明：《城乡一体化路径演进研究：民本自发与政府自觉》，科学出版社，2009，第21页。
[15] 戴维·哈维：《后现代的状况：对文化变迁之缘起的探究》，商务印书馆，2003，第56页。
[16] 齐格蒙特·鲍曼：《全球化：人类的后果》，商务印书馆，2001，第73页。
[17] 曼纽尔·卡斯特尔：《网络社会的崛起》，社会科学文献出版社，2001，第136页。
[18] 詹姆逊：《文化转向：后现代论文选》，中国社会科学出版社，2000，第172页。
[19] Petkovi c J.，“Traditional Values and Modernization Challenges in Forming Urban and Rural Culture”，*Series Philosophy*，*Sociology*，*Psychology and History* 28（1），2007，pp. 31 – 39.
[20] Rudmin，F. W.，“Critical History of the Acculturation Psychology of Assimilation，Separation，Integration，and Marginalization”，*Review of General Psychology* 31（7），2003，pp. 3 – 37.
[21] Wuritu，S.，“New Village Construction Program and Rural-urban Integration Policy in China”，*Journal of Rural Planning Association* 25（3），2006，pp. 31 – 39.
[22] Castle，E. N.，JunJie，W.，Weber，B. A.，“Place Orientation and Rural – Urban Interdependence”，*Applied Economic Perspectives and Policy* 39（2），2011，pp. 56 – 59.
[23] Sayer，A.，“Cultural Studies and the Economy Stupid”，*Environment and Planning D：Society and Space* 32（12），1994，pp. 635 – 637.
[24] May，J.，Thrift，N.，*Time Space：Geographies of Temporality*（London：Route ledge，2001），p. 75.
[25] Giddens，A.，*The Constitution of Society*，*Outline of the Theory of Structuration*（University of California Press，1984），pp. 373 – 380.
[26] Anderson，K.，Domosh，M.，Plie，S. & N. Thrift，*Handbook of Cultural Geography*（London：Sage Publications，2003），p. 300.

实 践 篇

Practical Reports

B.18

深圳深度城市化过程中土地二次开发模式分析

张 宇 钟凯文 蔡玉军*

摘 要：

受制度驱动和良好的经济发展环境影响，以深圳为代表的珠三角地区在全国范围内率先进入半城市化，逐步实现完全城市化，并向深度城市化推进。在此过程中，有效处理不同产权条件下的土地利益分配调整、公共基础设施建设用地供应等问题是决定深度城市化成败的关键。本文通过研究深圳原特区外部分区域深度城市化过程中的几种比较典型的土地二次开发推进案例，

* 张宇，南京农业大学土地资源管理专业博士研究生，助理研究员；工作单位：深圳市宝安区土地整备中心；主要从事土地利用管理及土地政策研究。钟凯文，北京大学法律硕士，北京德恒（深圳）律师事务所团队合伙人律师，主要执业领域为公司证券、私募融资、泛资产管理、土地房产及基础设施等不动产、不动产金融等。蔡玉军，武汉大学土地资源管理专业硕士，中级经济师、土地估价师、房地产估价师；工作单位：深圳市宝安区土地整备中心；主要从事土地房产政策研究。

分析几种模式的创新点、意义、不足及改进建议，为我国其他城市由半城市化向城市化推进，以及经济发达区域深度城市化发展提供经验借鉴。

关键词：

深圳　土地整备　城市更新　整村统筹　农地入市

一　实施背景

（一）深度城市化的时代要求与土地制度现实瓶颈存在矛盾

深度城市化是经济发达地区城市化发展的典型特征，是城市化发展的高级阶段。从深圳经济特区成立至1998年《土地管理法》确定省以下垂直管理、土地用途管制等重要管理体制的近20年时间里，深圳城市化进程表现出宏观制度和地缘优势下的自发性。深圳城市化是在经济快速发展、实操性制度跟进滞后背景下快速推进的，由此带来的后遗症是后续土地利用成本较高。如果继续延续既定的操作路径，在边际收益不断递减情况下，将面临更加高昂的实施成本。优化城市空间结构和管理格局、充分挖掘存量土地潜力是经济发达地区深度城市化发展的必由之路，创新土地管理模式是推动深度城市化的有效切入点。

（二）关于城镇化与土地制度创新的研究提供了充足的理论支持

城市化的实现方式包括土地城市化、人口城市化等。目前关于城市化的探索涵盖了土地、人口、就业、产业发展、生态保护等各个不同领域。以深圳为对象开展的高度城市化与土地管理有关问题探索主要包括建设用地布局、耕地保护、城中村改造、土地整备、城镇体系规划创新及规划编制思路调整、城市化深度推进、农村集体土地管理等方面。这些探索为推进城市化提供了多维的研究视角和思路，但较为细化的关于深度城市化土地开发模式的梳理分析仍有待进一步充实。

（三）宏观政策导向为土地制度创新提供了契机

十八大以来中央关于新型城镇化及建立城乡统一土地市场的政策导向日趋明显，为深度城市化的推进提供了创新方向。从地方层面看，深圳作为我国土地制度改革的先行者，率先步入高度城市化发展阶段，需要通过推进深度城市化解决城市发展建设问题。在此情况下，深圳较早进行了城市更新、土地整备等二次开发模式的实践，打开了深度城市化的突破口。2012 年，经国务院、广东省联合批准，深圳启动了新一轮土地使用制度改革，提供了实施深度城市化的契机，并逐步开展多元化、多渠道深度城市化实施模式的探索。

二　土地整备模式分析

（一）实施背景简介

深圳经过约 30 年的高速城市化发展，建设用地后备资源不足与大量粗放利用土地并存，如工业用地比例偏大、效益低，区位条件好，难以发挥极差优势，旧屋村、城中村普遍存在，违法建筑遍地开花等。为挖掘土地潜力、缓解土地供求矛盾、拓展土地利用空间，深圳市政府于 2011 年出台了《关于推进土地整备工作的若干意见》。土地整备作为城市空间二次开发的一种模式，是优化产业结构和空间布局、提高土地利用效率的重要途径。

（二）内涵及主要类型

一般认为，土地整备是政府为优化配置土地资源、拓展城市发展空间、增强政府对土地资源的控管能力，结合城市规划发展单元划定的片区范围，划定一定区域，综合运用规划、土地制度等公共政策，实施土地归并、收购、置换、入股等方式进行权属调整及分割，并对调整后的土地以规划为依据实施整体征地拆迁、储备、出让等后续使用管理的过程。[①] 土地整备的一个显著特点

① 张宇、欧名豪：《高度城市化区域土地整备运作机制研究——以深圳市为例》，《广东土地科学》2011 年第 8 期。

是不完全以项目为载体，其实施方式包括收回土地使用权、房屋征收、土地收购、征转地历史遗留问题处理、填海（填江）造地等。根据《关于推进土地整备工作的若干意见》，对现有土地用途、建筑物使用功能明显不符合社会经济发展要求，影响城市规划实施等七类地可纳入土地整备。

（三）典型案例

目前深圳土地整备项目来源主要有三类：一是以市、区大型重点项目为核心，并辐射一定区域的土地整备片区；二是为拓展土地储备来源而实施的土地整备；三是为解决土地历史遗留问题而实施的土地整备。

1. 项目型土地整备：深圳轨道11号线松岗车辆段土地整备

深圳轨道11号线起于福田中心区，止于宝安松岗街道，全长51.5公里，预计2016年通车。该线路宝安松岗车辆段征收房屋约46.2万平方米，占全线90%以上。为确保项目顺利建设，该线路房屋征收以土地整备形式纳入市2012、2013年土地整备年度计划。区政府作为土地整备责任主体负责具体实施，在全区选派干部，成立由分管副区长任总指挥的房屋征收指挥部，经过近4个月的强力推动，基本拆除完毕，并顺利移交建设，有效保障了项目落地。

一般情况下，轨道交通等线性工程对片区的作用局限于“点”和“线”，松岗车辆段作为土地整备项目推进，适当扩大征地范围，对城市空间的提升作用扩展到了“面”。同时，统筹考虑地铁建设和片区发展的交通需求，按照近、远期结合原则，对片区交通与市政配套进行综合研究，整合片区商业利益，制定实施计划，对片区城市空间利用、环境提升起到了重要作用。此外，为保障原集体利益，政府对涉及拆迁的碧头、沙埔、沙浦围3个社区按总征地面积的10%给予土地返还，适当提高容积率，在城市更新、产业升级、招商引资等方面为社区提供更多资源倾斜与政策支持，通过地铁建设开创多赢局面。

2. 扩大土地储备来源的土地整备：深圳西部沿江新城土地整备

西部沿江新城位于宝安福永沙井西海堤，是大空港新城核心启动区的重要组成部分。为积极拓展发展空间，促进可持续发展，深圳市政府从2011年起将该项目列入土地整备计划，整备面积3平方公里，现状为鱼鳃地，主要通过填埋造地方式形成陆域，所需填土通过轨道 11 号线及其他市区重大项目弃土等获得，实现了弃土、软基处理、场平工程三合一，该项目预计 2015 年年底完成。为确保项目有效推进并保障后续综合发展，在开展西部沿江新城土地整备的同时，政府主导启动了“大空港规划研究”和“现代化国际化滨海城区发展策略”等项目，确保土地规划具有战略性、科学性、可持续性、可操作性。待规划编制完成后，将根据各区域规划功能开展市政基础设施建设，为深圳未来发展提供后续资源。

3. 解决历史遗留问题的土地整备：福永桥头次中心区地块土地整备

福永街道桥头次中心区地块位于宝安福永街道，属于宝安区城市化土地遗留问题处理项目，总面积为 24.2 万平方米。该地块规划功能为 7.75 万平方米二类居住用地、8.08 万平方米政府社团用地和 8.4 万平方米道路及公共交通配套设施用地。自 2011 年起，深圳市政府将该地块纳入土地整备，采用货币补偿和土地返还方式处理遗留问题，目前仍在推进，并接近尾声。为保障集体经济发展，土地返还按土地整备地块面积 10% 的比例在该地块内安置，并按照保障性住房建设规划及用地审批程序办理。据测算，该项目土地整备成本约 5.44 亿元，整备后保守估计市场价值 20 亿元，政府预期可获得的土地出让收益远大于支出成本。该地块土地整备工作完成后，不仅能尽快解决片区土地历史遗留问题，而且能促进社区经济发展，缓解居住、政府社团用地供应压力，形成绿色、低碳、人文的人居环境，并实现可持续发展。

（四）实施效果及主要问题

深圳自实施土地整备工作以来，所整备用地以产业用地和公共配套、交通及市政设施用地为主，有效保障了一批重大产业项目、市政及公共服务设施项目的落实，推进了生态环境修复与保护，解决了一批土地历史遗留问题，对转变经济发展方式、引导重点地区建设起到了重要作用，但仍存在以下几方面问题。

1. 补偿标准偏低，所有权彻底国有化增加了实施难度

目前，安置补偿仍是土地整备工作的核心环节，也是影响土地整备推进效果和进度的关键。由于土地补偿标准仍主要按照 2004 年相关文件执行，标准偏低，许多项目不得不以个案方式处理，影响了项目实施效率，也有一定的操作风险。同时，随着土地价值的提升，深圳原村民更加认识到土地权益的重要性，试图将土地作为要素资本参与收益分配，形成相对稳定的土地利益分配格局。在此情况下，政府用传统的土地增值收益分配模式很难有效推进土地整备工作。

2. 存在征地拆迁传统模式的路径依赖问题

土地整备的初衷是挖掘土地潜力、拓展土地储备来源，统筹破解城市发展困局，确保可持续发展。在实践中，由于工作内容繁杂、链条长、程序复杂，各区在推进土地整备工作过程中，主要推进相对紧迫的项目型土地整备，除部分程序调整外，具体推进模式与传统的征地拆迁并无本质区别，工作局面相对被动，缺乏统筹规划。在大部分政府人员或市民看来，土地整备基本上等同于征地拆迁。

3. 政府主导的局限性

按照当初制度设计的预期，深圳土地整备以政府主导为主，与以市场主导的城市更新共同构成城市土地二次开发的核心模式，并相互补充。但实际情况是城市更新推进效率和实际效果均好于土地整备，这与土地整备补偿标准低、方式单一、操作程序复杂等不无关系，既给政府带来较大的财政压力，又难以提高土地整备的实施效率。

（五）有关建议

1. 建立利益共享机制，平衡土地增值收益分配

土地整备的出发点是解决重大项目、公共设施等用地供应不足问题，为落实规划扫除现状障碍，应统筹各方主体的发展要求，进一步从利益界定、利益实现和利益再调节等各环节完善土地整备收益分配机制。通过提供多样化、差别化的土地增值收益分配方案，建立政府与原土地权益人利益共享机制，确保顺利推进土地整备工作。

2. 探索建立差别化的土地整备模式

在实际推进过程中，采用哪种模式，应主要考察项目具体特点，像污水处理、大型广场、道路等重大公共基础设施土地整备项目主要由政府主导完成；像商品性用地的土地整备项目因其预期经济收益较大，可鼓励企业参与，并在其后续参与土地竞标时作为优先受让方；而保障性住房用地、轨道或高速公路建设土地整备等准公益性项目土地整备可参照 BOT 建设模式，通过政企合作方式进行。结合项目特点，可通过探索建立差别化的土地整备模式，降低完全由政府实施带来的财政压力，并提高土地整备实施效率。

三　城市更新模式分析

（一）实施背景

2009 年 8 月，广东省政府出台了《关于推进“三旧”改造促进节约集约用地的若干意见》，实现了“三旧”改造用地出让、完善历史用地手续等六大突破；2009 年 12 月 1 日，《深圳市城市更新办法》正式施行，成为国内首部系统规范城市更新工作的政府规章，明确了“政府引导、市场运作、规划统筹、节约集约、保障权益、公众参与”的原则。2012 年 1 月，深圳市政府出台了《〈深圳市城市更新办法〉实施细则》，进一步完善了相关操作体系。

（二）内涵及主要类型

根据《深圳市城市更新办法》有关规定，城市更新是指由符合规定的主体对特定城市建成区（包括旧工业区、旧商业区、旧住宅区、城中村及旧屋村等）内具有城市基础设施急需完善，环境恶劣或者存在重大安全隐患，现有土地用途或建筑物使用功能或者资源、能源利用明显不符合社会经济发展要求，影响城市规划实施等情形之一的区域，根据城市规划和规定程序进行综合整治、功能改变或者拆除重建的活动。城市更新主要有三类，即综合整治、功能改变或者拆除重建，其中，拆除重建为影响较大的主要推进类型。

（三）典型案例：罗湖蔡屋围片区城市更新项目

蔡屋围位于深圳罗湖区，地处深圳黄金地带，占地约 4.7 万平方米，改造前是拥有 700 年历史的老村，也是典型的握手楼林立、环境脏乱差的城中村。2003 年 5 月，《蔡屋围金融中心区改造规划方案》经深圳市政府审定，确定为市、区两级重点城市更新项目，京基集团获得开发权。根据规划，需拆除15万平方米旧屋，涉及村民2000余户。2006年8月，罗湖区政府成立了由副区长任组长的拆迁工作小组，抽调21名处级以上干部，明确分工，包户到人，进行拆迁安置谈判。2007年12月，老村正式完成拆迁并进入建设阶段。2011年4月，楼高441.8米的深圳第一、全球第八高建筑京基100大厦正式封顶，建筑面积约62.5万平方米。目前，京基100引进了国际500强企业及跨国金融机构在华总部，国际时尚精品购物中心京基KKMALL已开业，招租率达到95%。

蔡屋围城市更新模式具有政府引导、市场主导和政府、企业和村民多赢的特点。按照约定，蔡屋围村民房屋按1∶1的拆迁补偿比例置换京基100的商品住宅，集体股份公司获得6.25万平方米高档物业。蔡屋围区域城市更新后，片区物业价值大幅度提升，实现了村民、股份公司和政府利益的多赢。这种农村集体土地转化为农村集体股份公司并以股份参与城市化进程红利分享的模式，为全国旧城改造和城市更新提供了一个经典案例，创造了深圳城市更新的“蔡屋围模式”。①

（四）实施效果及主要问题

目前，深圳的城市更新政策在运作方式、规划计划管理、改造范围、土地出让、地价优惠、搭载责任等方面均有明确规定，运作流程也比较规范成熟。城市更新在优化土地利用结构、完善城市形象、完善和构建城市生态系统方面起到了重要作用，基本实现了“更新一片、成功一片、提升一片”，但也存在以下问题。

1. 更新主体的趋利性

深圳城市更新采用“自下而上”方式，以开发商为主导，但开发商普遍存在“挑肥拣瘦”现象，② 往往倾向于改造易于实施、容积率较低且具有较大商业价值的区域，一些亟待通过更新完善城市功能的老旧片区由于经济收益有

① 刘晓云：《蔡屋围故事》，《中国房地产报》2013年8月5日第D7版。

② 陶然等：《城中村改造中利益协调的珠三角经验》，人大国发院研究报告，2014，第15页。

限而难以推动，政府意愿和市场操作发生错位。此外，更新主体往往更注重短期经济效益，基本上偏向于商业、住宅开发，对基础设施和公益事业建设不足，对社会、环境、文化等方面的整体提升关注度不够。

2. 与产业发展矛盾，缺乏统一规划

城市更新由市场主导，在局部地段推动城市更新容易造成“见点不见面”的格局，力求“短平快”操作，部分改造对象规模较小，土地分割零散，难以整合利用和改造，无法达到在一定区域范围内最合理的土地用途。加上旧城改造的拆迁费用和安置补偿费逐年提高，企业为实现项目开发利润，必然倾向于实施高强度、高容积率的地产开发，即使个别旧工业区改造也侧重突出高新技术产业，结果是大型写字楼、宾馆和商业设施不断向旧城集中，使旧城承担了过多的交通、商业和居住功能，增加了城市功能布局优化和基础设施的压力。

3. 追求短期效果，改造标准未考虑长远需求

目前深圳城市更新主要侧重满足城市发展的物质需求和空间结构需求，较少考虑关系长远的、多元化的目标。如深圳近几年花很大精力进行的综合整治类更新，对全市 2/3 城中村建筑进行修缮改造和美化，虽短期内提升了城市形象，但这些建筑无论是造型还是使用价值，都不具有保留和修缮价值，作用有限，反而在一定程度上增加了后续拆旧建新的成本和压力。

（五）有关建议

1. 完善城市更新运行模式

进一步提高市场化运作水平，提高社会参与度，在完善规划管制的基础上，严格按照规范的市场化方式运行。改造目标和功能布局风格的确定应广泛征求各方面专家、专业人员及市民的意见，构建政府主导、业主参与、社区和居民充分表达意见、企业平等竞争、充分汇集专家智慧的“多位一体”的城市更新模式。

2. 处理好城市更新与产业、经济发展的关系

城市更新应重视产业提升并协调经济发展，通过城市更新促进产业升级，提升城市功能和辐射能力，尤其在城中村、旧工业区的改造中要重视协调产业升级和区域经济功能优化，既要使产业布局符合城市产业发展的趋势，又要避免在各更新项目中零散地建设产业园区，争夺资源，造成土地资源的二次浪费。

3. 建立城市更新目标体系

未来城市更新目标应该是多元的、系统的、满足多种需求的目标体系，既要满足经济等现实需求，又要包含关系城市长远发展的、社会的、文化的、生态的目标。因此，应建立系统、多元化的目标体系，确保城市更新方向和目标符合城市发展目标和需求。

四　整村统筹模式

（一）实施背景简介

坪山新区是深圳市土地管理制度改革的两大综合试验区之一，于 2012 年 5 月率先启动土地管理制度综合改革工作，并首先在金沙、南布社区探索土地整备、城市更新等一揽子推进的“整村统筹”模式，具有一定的示范意义。

（二）内涵及实施途径

“整村统筹”是按照“政府主导、社区主体、居民参与”的原则，通过“自上而下”和“自下而上”相结合的方式，以特区一体化社区转型发展为目标，以土地权属调查为基础，综合运用规划、土地、产权等相关政策，优化城市空间，一揽子解决土地历史遗留问题，整合各方资源，调动社区居民自主决策、共谋发展的积极性，促进社区转型发展。在整村统筹模式中，坪山新区以社区为单位，综合土地整备、城市更新、历史遗留问题处理等各项政策和措施，承接社区土地发展、经济转型、社会建设三个相互联系的工作目标。

（三）典型案例：坪山新区南布社区整村统筹

南布社区位于深圳坪山新区，紧邻深圳出口加工区和新区中心，辖区总面积约 244. 15 公顷，其中国有土地 220. 99 公顷，部分社区占用了国有土地，社区实际掌握土地为 29. 49 公顷。现状建成区面积约 129. 86 公顷，以三类居住用地和工业用地为主，配套设施匮乏，经济发展水平总体偏低，且存在土地历史遗留问题。社区希望借整村统筹解决历史遗留问题，促进社区转型发展。

在南布社区整村统筹中，政府主导通过两步博弈的方法处理原土地权利人之间的利益关系，即“大账小账分开算”：首先，坚持政府主导，和社区算好政策大账，综合考虑新区、社区与居民三方利益，通过“土地＋规划＋资金”三位一体的方式统筹解决政策应给予社区的留用地，使之符合未来发展的规划标准，并针对留用地以外的房屋给予一定资金补偿，一揽子解决社区土地确权及历史遗留问题；同时，收回片区内公共基础配套设施用地，避免因补偿标准逐年增高带来的巨额资金压力。其次，在政策大账的范围内，充分发挥社区能动性，由社区与土地房屋权利人算好细账，自行制定拆换补偿方案，完成社区内部土地房屋确权工作，并在留用地开发及拆迁补偿过程中解决政府拟收回土地的清理和移交工作。

（四）实施效果及主要问题

总体来看，整村统筹模式综合统筹，统一规划、开发，既盘活了旧有土地，实施成片开发，又可统筹安排居民安置、社区发展、高端产业以及公共配套，区域功能更加合理，投资环境得到改善，但在以下方面仍可进一步完善。

1. 规划调整等问题对现有土地管理造成一定的影响

“整村统筹”过程中往往涉及非农建设用地指标腾挪、规划调整等问题，这使得非农建设用地的管理更为复杂，而频繁地调整规划对土地利用规划、城市规划的稳定性和权威性造成影响，社区往往更倾向于安排较多的商业、居住、生活配套等用地在调整区域范围内，这显然有悖于区域产业布局，局部规划调整往往导致更高层面规划的失衡。

2. 实施周期漫长

整村统筹不仅需要经历城市更新和土地整备中持久的谈判、拆迁和建设过程，而且需要规划提升及反复的论证过程，涉及面广，情况更加复杂，实施周期漫长，并且更加考验管理者的智慧。事实表明，尽管作为一种相对典型、成功的深度城市化推进模式，但自实施以来，几个试点的整村统筹项目仍在推进，后续仍有较多不确定性因素，需要不断在推进过程中探索完善。

3. 以社区为单位实施整村统筹仍有一定局限性

相比传统的城市更新和土地整备，整村统筹的优势在于扩大了实施范围，将社区发展、基础设施建设、环境提升等统筹考虑，对区域范围内土地进行整体规划，并协调开发建设。但由于范围局限在社区，拆迁安置、社区自留土地落实、产业规划调整等未必能在社区范围内完全解决，难以达到较大区域内的最优。

（五）有关建议

1. 将近期利益和远期利益相结合

整村统筹实施过程中应坚持将个体利益与集体利益、政府的长远利益相结合，既要考虑时间成本和经济成本，又要考虑远期利益、是否符合可持续发展的原则，尽量把腾挪指标、修改规划的影响降低到最小，不给未来增添新的问题。

2. 充分发挥规划的引导约束作用

整村统筹要走出一条新型工业化和城市化齐头并进、产业园区和城区相互促进的发展道路，就要求必须完成高水平、前瞻性且相对稳定的规划，避免在实施整村统筹期间不断调整规划的现象。只有综合统筹，统一规划、开发，才既符合新区开发建设实际，又符合社区转型发展需要。

3. 扩大统筹范围，探索片区统筹

在科学规划基础上，探索更大区域内的片区统筹方案，片区划分可依据组团规划或通过协商确定，如将两个或多个村的产业用地规划集中连片。具体推进时可采用分期实施、滚动开发的模式，完善操作机制，充分发挥市场作用，这样更有利于从更高层面上解决产业发展布局、社区发展、城市面貌提升等多重目标，实现土地的规模效益和多方主体共赢的局面。

五　农村集体土地入市模式

（一）实施背景简介

2013 年 1 月 7 日，深圳市政府出台了《关于优化空间资源配置促进产业转型升级的意见》及7个配套文件，其中，《深圳市完善产业用地供应机制拓展产业用地空间办法（试行）》提出政府鼓励原农村集体经济组织掌控的、尚未进行开发建设且符合规划的工业用地进入市场。

（二）内涵及实施途径

根据现行规定，深圳原农村集体建设用地入市分以下两种情形推进。

（1）具有合法权属并由集体经济组织掌控的符合规划的未建工业用地（如非农建设用地、征地返还用地等）可由原农村集体经济组织提出申请，通过政府指定的公开交易平台，以挂牌方式公开出（转）让上述土地使用权，所得收益归原农村集体经济组织。

（2）因历史原因尚未完善征（转）地补偿手续且符合规划的工业用地，原农村集体经济组织先行理清经济关系，完成青苗、建筑物及附着物的清理，补偿和拆除后可提出申请，通过政府指定的公开交易平台，以挂牌方式公开出（转）让土地使用权。收益分配有两种方式：①所得收益50%纳入市国土基金，50%归原农村集体经济组织。②所得收益70%纳入市国土基金，30%归原农村集体经济组织。选择第二种方式的，原农村集体经济组织可在成交后继续持有不超过总建筑面积20%的物业。以上述方式进入市场的，相关征（转）地补偿协议应当在成交之前签订，政府不再支付任何补偿款。

（三）典型案例：宝安福永凤凰社区某工业用地入市

地块位于深圳市宝安区福永街道凤凰社区，紧邻107国道，面积14568.29平方米，规划为工业用地（新型产业用地），容积率为4.8，总建筑面积69900平方米，其中，研发用房共49600平方米、宿舍16300平方米、食堂4000平方米。挂牌起始价为1.16亿元，土地出让期为30年。根据出让公告，出让后70%的成交价款作为政府收益，30%的成交价款作为社区收益。此外，该项目总建筑面积的20%（即13980平方米的产业配套物业，其中食堂2000平方米、宿舍11980平方米）由竞得人建成后无偿移交凤凰股份合作公司（简称凤凰公司）。后经公开挂牌出让，深圳市方格精密器件有限公司（简称方格公司）以1.16亿元取得该宗地土地使用权。经双方协商，凤凰公司与方格公司深度合作，凤凰公司以增资扩股方式，成为该公司股东，持有方格公司约9.5%的股权，以分享公司发展的后续收益，推动村集体经济转型和健康发展。

（四）实施效果及主要问题

深圳试点探索原农村集体工业用地入市的初衷是解决农村城市化过程中存在“部分土地权益有争议，政府拿不回，集体用不了”的历史遗留问题，改变原农村集体经济组织继受单位将土地用于低端厂房建设、廉价出租的现状，以期盘活土地资源，实现社区股份公司、企业、政府等多方共赢。该地块入市为解决深圳原农村集体建设用地流转提供了范本，由于发生在党的十八届三中全会提出建立城乡统一建设用地市场之后，也引起了国内媒体的普遍关注。但纵观整个实施过程可以发现，深圳集体工业用地入市并不同于其他城市的集体土地流转。首先，该案例发生在城市化转地之后，根据转地相关文件，深圳已不存在集体所有土地。其次，根据文件规定，关于该地块的相关征（转）地补偿协议应当在成交之前签订，政府不再支付任何补偿款，且该地块出让成交后70%价款作为政府收益，免除按《深圳市原农村集体经济组织非农建设用地和征地返还用地土地使用权交易若干规定》中规定的工业类用地需缴纳的地价。该地块出让期满后，土地使用权将收归国有，与集体经济组织不再存在产权经济关系。

可以看出，该地块入市交易实际上仍延续了先征地、后出让的传统程序，将未完成征（转）地手续的用地收归国有，并挂牌出让。创新之处在于，该处理思路增加了农村集体在土地增值收益分配中的份额，提高了其盘活土地资产的积极性，探索了解决城市化转地历史遗留问题的双赢、折中方案，为国内其他城市在推进城市化过程中处理集体土地入市、盘活存量集体土地资产，保障村集体长期发展提供了可资借鉴的经验。

（五）有关建议

1. 赋予原集体经济组织较长时间的土地使用权，保障长期发展

鉴于深圳于2004年实施了城市化转地，实现了土地所有权国有化，为保

障社区长久发展，有效解决原集体用地“土地国有、社区控制”的尴尬局面，建议立法赋予集体经济组织长时期的土地使用权。在有效土地使用权期限内，集体经济组织可转让、抵押、出租土地使用权，或以土地使用权作价出资或入股。社区行使上述土地权益时，在不超过法律赋予的土地使用年期范围内，可通过协商确定弹性年期，该使用年期到期后，土地使用权仍归社区所有。

2. 逐渐扩大入市土地范围，建立普遍性土地收益共享机制

在符合规划条件下，建议将原集体经济组织控制的规划为经营性的用地纳入入市范围，发挥村集体经济组织和社会企业在城市发展中的积极作用。同时，考虑到经营性用地经济价值较高，且此类土地增值收益主要源于规划确定的用途及周边环境的提升，在收益分配比例上应提高政府一次性收益份额，或通过税收获取长期收益。

六　整体启示

由于深圳在初期城市化过程中，对制度体系不完善，违法建筑、社区发展、土地及房屋产权保障等缺乏及时有效的规范化管理，为后续发展和土地利用埋下了隐患，导致后续制度设计和实施成本均较高。对此，必须及时总结城市化推进中存在的经验、教训，从宏观制度设计上通过制度创新重点解决上述问题，在中观及微观制度设计上各个击破，提高制度操作性和针对性。

（一）规划先行，充分发挥规划引导控制作用

1. 完善规划体系

规划的作用主要是确定土地用途及使用指标，引导土地利用行为。结合深度城市化阶段的土地利用特点，应加快实现国民经济与社会发展规划、土地利用规划、城市规划“三规合一”，便于宏观规划层面的衔接，降低下一级规划的编制及实施成本。在此基础上，将深圳全域纳入规划编制范围，实现全覆盖，科学编制分区规划、法定图则等细部规划，并结合产业发展、城市建设、社区诉求等加快编制土地整备、城市更新等专项规划，以完善的规划体系指导深度城市化，在落实规划过程中推进深度城市化。

2. 创新规划编制思路，鼓励和发挥基层在规划编制中的积极性和诉求

类似深圳等高度城市化区域的农民对因规划调整导致的土地价值的变化更加关注，在传统自上而下编制且前期调研工作不深入的情况下，规划的编制只是实现形式上覆盖。实践表明，在城市更新和土地整备等二次开发中，就规划布局、用地强度指标等进行调整的并不少见，在监管不力的情况下，反而滋生了寻租空间。解决上述问题的有效途径是强化前期工作，在规划编制过程中更多体现基层诉求，反映基层语言，充实自下而上的规划编制力量。

3. 逐步改变规划技术指向特征，创建方案式规划

传统做法下，规划仍被视为确定土地利用布局和用途的空间管制技术，规划编制具有独立性，但规划的实施却是系统性工作，由此导致编制和实施的偏差。相比之下，发达国家和地区则从公共政策的角度和逻辑起点定位规划，使规划成为集成土地利用、提升区域发展、平衡利益诉求的综合性方案，以此提升规划实施质量。

（二）多措并举，综合运用多种手段推进深度城市化

目前在具体操作中，一般将土地整备和城市更新作为分别代表政府和市场两种不同力量、不同定位的二次开发模式。但运作结果表明，二者存在非均衡推进的问题。由于受制于城市空间拓展约束，深度城市化的推进是在既定城市化基础上，将过去自发、分散的城市化予以系统化集成处理，使城市开发统一在规划所确定的社会经济发展目标之下，解决既定城市化在深度发展过程中遇到的瓶颈问题。因此，深度城市化应围绕这一主题推进实施，只要不违背这个出发点，在推进路径的选择上可综合利用政府及市场手段，调动政府、企业、社区及农民等各种力量，实现经济、社会、环境等综合效益。

（三）社区发展，保障深度城市化中主要群体的权益

1. 制定针对不同区域弹性的实施方案

从深圳推进深度城市化的几种模式对比可以看出，补偿标准高、操作方式灵活、有利于社区发展和长期收益保障的模式，一般更易推进和实施。因此，在深度城市化推进过程中，应以土地为平台，以社区发展和农民福利不降低，

而且有长期保障为原则，尊重社区发展权，灵活运用规划用途调整、容积率奖励、返还地奖励以及土地置换、安置补偿等，针对不同区域制定弹性的实施方案。

2. 鼓励发挥社区和农民在城镇化中的积极作用

相对于初期城市化推进过程中以农民身份、土地所有权转移、土地用途调整等显性变化，深度城市化更注重城市空间结构重构、土地资产效益发挥、可持续发展等深层次问题，从表面上看是在已经自发、零星城市化基础上的城市质量的综合提升，以此改善城市面貌，挖掘紧约束条件下的土地利用潜力，但实质上则涉及土地权益重构和利益调整。能否有效推进深度城市化，取决于作为土地实际控制方的社区及原村民的配合程度。因此，从集体建设用地宏观制度设计到具体实施方案的制定，均应加强沟通，充分征求其意见，以提高后期可操作性及实施成本。

（四）矫正政府在推动深度城镇化过程中的作用

深度城市化的推进是一项具有较强正外部性的系统工程，相比初期城市化以外拓式发展攫取经济收益和折现级差地租的简单目标，该阶段城市经济发展已基本摆脱土地财政依赖，通过整合土地资源实现更高层次的发展，政府不应停留在“与民争利”的狭隘目标上，其投入成本更多的是通过税收、就业、环境改造、城市面貌和投资环境提升及其他非物质性回报得到弥补。因此，政府应回归公共管理的本位，通过经济、法律、行政等多种管制措施约束企业或个人行为边界，矫正各参与主体在深度城市化过程中的负外部性行为，避免公共利益损失。

七　结论

深度城市化是城市化发展的新阶段，是由低级城市化向高级城市化推进的必经阶段，也是新型城镇化要充分预测的问题。深圳在由半城市化向城市化，以及向深度城市化推进过程中遇到的问题也将不同程度地反映在其他地区。跟踪并分析深圳目前推进城市化过程中关于空间结构调整、土地权益结构调整等的处理思路，将为其他地区提供借鉴，以降低城市二次开发的制度设计及实施成本。

参考文献

[1] 张宇、欧名豪：《高度城市化区域土地整备运作机制研究——以深圳市为例》，《广东土地科学》2011 年第 8 期。
[2] 刘晓云：《蔡屋围故事》，《中国房地产报》2013 年 8 月 5 日第 D7 版。
[3] 陶然等：《城中村改造中利益协调的珠三角经验》，人大国发院研究报告，2014。

B.19

智慧乐从产业与小城镇发展情况分析

杨德海　周晓凤*

摘　要：

中国城镇化发展正由“城市为产业服务”向“产业为城市服务”转型。广东乐从的城镇发展正是中国城镇化进程的一个缩影。过去三十年，乐从镇积极发展钢铁、塑料、家具三大专业市场，在素以工业闻名的顺德区域发展中走出了一条独特的商贸经济发展之路。

然而传统的发展模式给乐从镇的基础设施、环境和治理带来了日益繁重的压力，难以为继。转型发展，建设智慧乐从成为政府、企业和百姓的共识。乐从镇政府通过积极引入物联网等新兴技术来推动产业高端化和新型城镇化发展，为全镇下阶段的产城融合发展创造了空间，为产业转型升级提供了利器，走出一条“城市提升产业、产业支撑城市”的智慧城镇创新发展新模式。

关键词：

智慧城市　物联网　产城融合　转型发展

一　乐从产业发展背景

（一）乐从镇概况

广东省乐从镇坐落在珠三角黄金腹地，位于佛山市中心城区南部、顺德区

---

* 杨德海，北京大学硕士。现任中国城市科学研究会数字城市工程研究中心规划处处长，负责住房城乡建设部国家智慧城市试点评审、过程管理等业务支撑工作。研究方向为智慧城市顶层设计、微城市规划等；周晓凤，哈尔滨工业大学硕士，专注智慧城市发展策略与评价指标体系研究。

的西北部，距广州仅30公里，距香港64海里，距澳门80公里，地理位置十分优越。全镇面积78平方公里，户籍人口10万人，常住人口约26万人。乐从虽然没有大片的土地可利用，但是交通条件优越，信息灵通，商业发达，历史上就是商家必争之地。

乐从镇经济发展在全国同级属于前列，2013年实现地区生产总值148.74亿元，增长7.25%。乐从经济特色鲜明，现代商贸和物流业发达，拥有举世闻名的“家具、钢材、塑料”三大专业市场。秉承着解放、求实的原则，乐从获得了“国家级电子商务试点镇”、“中国专业市场示范镇”、“中国钢铁专业市场示范区”、“中国塑料商贸之都”和“中国家具商贸之都”等诸多“国字号”桂冠。2013年1月，乐从镇成为首批国家级智慧城市试点。通过树立“智慧城镇”典型，推动智慧产业发展，乐从正在努力开创一条国内中小城镇转型升级的可持续发展的新道路。

（二）产业发展的瓶颈

乐从镇的发展是我国华南地区改革开放的缩影，乐从产业在推动经济蓬勃发展的同时，也推动乐从由过去的乡村形态不断向现代化城镇形态转变。在第三次工业革命的浪潮下，乐从面临着严峻考验与发展困境。

一是城镇定位制约可持续发展。乐从的定位是小城镇，其规划与建设都是按小城镇的规模与形态来推进，滞后的规划、有限的基础设施和供给不足的社会服务已经无法满足迅速膨胀的商贸经济带来的庞大人流、物流与信息流的需求。以居住环境来说，乐从的居住水平较为落后，以往对居住环境没有很好地进行规划，居民多住在自建房里，没有景观环境，也没有保安系统，一直停留在小城镇水平。

二是产业发展遭受外部环境挑战。在全球经济不断下探、区域竞争不断加剧、产能过剩矛盾越来越突出、生产成本逐步上升的宏观大背景下，在竞争力、发展力、品牌力三大方面，乐从的传统产业面临着严峻的挑战；加上乐从镇内土地资源日益紧张，可利用空间不足，土地的租金不断上涨，限制了优势产业的进一步扩张，不断缩窄第二、第三产业向上发展的空间，导致三大市场出现了产业集聚外部环境不景气和拥挤效应。

三是产业链过短削弱产品附加值。乐从传统产业链过短，市场的行为主要体现在简单的“买”和“卖”上，上下游产业能力薄弱。以乐从支柱产业家具业为例，与年销售额超过300亿元的家具成品商贸相比，乐从家具材料销售额约60亿元，显示了家具产业链上游十分薄弱；另外，家具设计、个性化订制和专业物流配送等是乐从家具业的短板，显示了家具产业链下游的物流业、加工业和服务业等不发达。

四是产业低端化竞争影响良性发展。乐从三大产业企业，特别是家具行业和塑料行业，在生产和销售环节，存在低端化竞争的情况，严重影响了乐从商贸之都的形象、信誉和健康发展。

五是政府服务方式未能与时俱进。随着中国经济快速发展，社会加速转型，公民权利意识高涨，政府传统的管理方式和维稳思维面临挑战。发展转型中的乐从政府不能再大包大揽统管一切，需要转变服务方式，厘清自身职责，勇于改革，实现自我解放和赋权于社会。

二　乐从产业转型思路

乐从镇政府从实际发展需求出发，结合智慧城市建设理念，通过对发展路径的重新认识与调整，提出依靠科技创新推动城市和产业转型升级，利用现代信息技术促进城市建设和维护、管理和服务模式的转变。

坚持以产业链为抓手，通过“增、拉、强、补、护”五链措施（见图1）在产业链各环节下苦功，开创“传统产业提升、新兴产业集聚与城市化进程统筹发展”的新局面。一是“增链”，通过推动物联网产业集群化发展，增加新的产业链；二是“拉链”，通过发展家具“私人订制”等创意经济、电子商务，鼓励电子交易平台自创品牌，支持三大行业龙头企业发展“全程全网”工程，拉长原有产业链；三是“强链”，通过淘汰落后产能，建设新的集约园区，提升产业链低端环节；四是“补链”，通过建设和发展家具物流基地，弥补产业链缺口；五是“护链”，理清政府与市场的关系，加强诚信建设，为产业发展营造良好的市场环境。

坚持以总部经济为核心，致力于发挥乐从钢铁贸易总部以及电子商务企

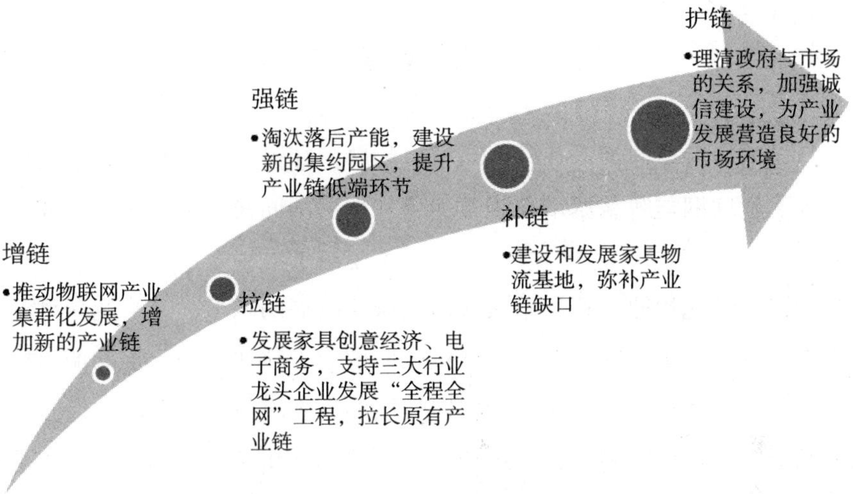

图1　乐从产业“五链”推进措施

业、物联网企业总部经济效应，推动产城双转型。

一是升级乐从钢铁世界，打造总部经济。通过“换巢升级”，将乐从钢铁世界项目建成中国规模最庞大，功能最齐全，技术最先进，管理最完善的钢铁贸易、加工、仓储、物流配送及信息交流平台，为全球钢铁生产加工企业、经销商与用户提供全方位“一站式”服务，加速乐从钢铁市场从全国最大的钢铁贸易集散中心走向总部集群，以打造中国钢铁专业市场示范航母、国际钢铁采购中心、世界钢铁第一市场。

二是加强政策引导，打造电商平台。鼓励协助企业打造电商平台，将信息技术融入传统产业，以智能化和网络化促使其向现代产业改造升级。2010 年乐从政府出台《乐从镇促进电子商务产业发展政策》和相关措施，计划每年拿出 1000 万元电子商务发展专项资金，用于电子商务产业发展和开展电子商务产学研项目研究和推广，促进科技创新和信息化发展。

三是深化政企联动，打造物联网产业应用基地。2011 年广东省物联网应用产业基地和广东省华南物联网应用研究院选址乐从。为实现物联网产业的健康快速发展，深入贯彻“政府引导、企业主导、政企联动”的模式，搭建物联天下产业园和高新企业孵化器两大平台，推动新兴信息产业发展与现代城市建设管理有机融合。

三　智慧乐从建设内容

乐从镇发展的重心由产业转向城市。物联网建设提供供给，智慧城市建设则是需求。物联网与智慧城市在相互促进和发展的同时，进一步改善和提升城市功能。

与中国城镇化规律一致，乐从既面临城镇发展的困境，又恰逢新型城镇化发展机遇。在这一历史转折期，乐从镇政府敏锐地抓住机遇，推动城镇由简单地依靠土地、人才、资金等传统资源向持续的创新增量资源发展。以智慧城市建设为契机，挖掘城镇需求，利用物联网等技术强化城镇功能升级，乐从镇不断拓宽产城融合的新路子。

（一）智慧管理

乐从镇通过物联网、空间地理信息等技术的广泛应用，对国土、水等自然资源，道路交通、地下管网等城镇基础设施，食品、钢材、家具等流动的物品进行实时的管控，对本地人口、外来人口、流动人口等进行实时的管理和服务，从而实现基础设施智能化、社会管理精细化。

乐从镇智能市场安监巡检和数据分析系统借助先进的3G移动网络、计算机技术、信息技术、物联网等，采用智能手机、掌上电脑（PDA）、笔记本电脑、物联网传感节点等工具手段，统筹工商、质监、市场安监、食品卫生等行政许可、行政确认、行政征收、行政裁决、行政处罚、行政强制等多个方面的市场监管职责，对两万家企业进行监管，实现安全监管工作的移动化、监管流程的规范化、监管企业与监管部门信息的一体化。

（二）智慧民生

智慧民生建设是智慧乐从三大重点建设领域之一。乐从镇从2012年陆续投入资源，以先易后难、重点突破、分步实施为原则，开展家具物联网云平台以及智能路灯、智能校园、智慧医疗等方面的建设。

乐从智慧医疗搭建卫生数据中心，通过统一标准规范，利用数据存储、数据交换等技术，实现乐从社区卫生服务中心和服务站的数据对接，达到医疗信息数据互联互通，并提供卫生综合管理平台、区域医疗服务监管、协同医疗服务平台、区域连续健康档案、连续医疗记录信息数据等一系列医疗业务系统信息资源服务。

乐从智慧校园采用高科技、信息化的手段提高管理效率，包括学生信息管理系统、访客登记系统、大屏幕显示系统、移动巡检系统、校车安全管理系统、短信服务系统、后台统计与综合分析信息系统、后台管理与稽核系统、手机 APP 软件系统等。

（三）产业经济

在产业经济领域，一方面，乐从镇通过信息化嫁接传统产业，推动传统产业的现代化升级，提高传统产业在价值链的层次，缓解城镇承载压力；另一方面，乐从镇通过搭建高端载体，横向促进新兴产业的大发展，尤其是物联网、云计算等新一代信息技术的发展和应用。

1. 信息化改造提升传统产业

（1）利用信息技术引导传统产业向价值链高端进发

乐从镇结合商贸之都的需求和信息技术的发展趋势，大力扶持电子商务的发展。乐从电子商务从一开始就是在传统专业市场的基础上发展起来的，深深植根于实体经济，形成了网络平台与现货市场捆绑互动、电子交易与传统交易双轨并进、虚拟市场与实体市场协同发展的独特模式。

钢铁市场方面，由本地龙头钢企欧浦公司于 2005 年建立的欧浦网，是全国首个钢铁电子交易平台。欧浦网拥有两大网络服务：钢材超市现货平台和钢铁资讯服务平台。欧浦网为众多行业制造商、贸易商和终端用户提供钢铁现货超市、电子合同交易、竞买竞卖和实时资讯等服务。欧浦网编制发布的欧浦价格指数，成为全国钢铁市场价格的重要“晴雨表”。欧浦网现拥有加盟商户逾千家，注册会员十万多个，网站日均点击量高达 20 万余次，平均每天网上钢铁成交量达 50 多万吨。

塑料市场方面，由本地塑料行业运营商易发公司建立的易发塑料网，是集塑料现货网上交易、仓单交易、信息资讯、仓储物流和中小企业融资等于一体的综合性塑料电子交易平台。成立以来，易发塑料网的网上交易商遍布 25 个省份，累计交易总量 70 多万吨，交易金额近 70 亿元。

家具市场方面，乐从拥有中国国际家具网等一批专业网站，目前正从以产品展示、信息交流、贸易撮合为主的信息服务向支持大规模个性化订制模式升级。

（2）发展物流基地，弥补产业链缺口

乐从镇的行业电子商务运营十分注重物流配套设施建设，通过网络信息技术整合物流资源和相关服务，打造统一、规范、高效的信息化物流链。乐从镇不仅建立了行业物流综合性基地，包括仓储物流区、加工中心，以及商务大厦、运输车队、公共保税仓等物流商务配套，而且在全国各地布建营运中心网络。其中，乐从通过搭建电子商务平台将物流资源“联网”，实时管理和统一调配，有效整合了仓储、加工、配送、保税和金融质押等多种服务，进而缩短流通环节，降低物流成本，提高竞争力，实现全国性商贸扩张。该模式既是对传统商贸经济模式的重大超越，又是对以往电子商务模式的新突破，是商贸专业市场转型升级的一种现实可行模式。

2. 产业调整，打造物联新城

在改造传统产业的同时，乐从立足自身的产业基础，结合顺德的产业调整，抢占战略性新兴产业的制高点，率先在镇一级布局物联网应用产业，搭建全国首个物联网应用城镇。2011 年成功申报广东省物联网应用产业基地和广东省华南物联网应用研究院后，乐从按照国内第四代园区的标准建设物联网产业园区，为物联网发展提供一流的载体。同时，制定物联网发展支持政策，以推动物联网产业集群化发展。为实现物联网产业的快速发展，通过搭建物联天下产业园和高新企业孵化器两大平台，推动信息产业与城镇管理建设互融，力争实现打造物联新城的目标。

物联天下产业园规划面积超过 1000 亩，分期开发。第一期为 28 亩的物联网产业示范园区，通过引入国内外知名物联网企业建设物联网应用示范项目，实现部分产业基地的服务功能。第二期为 1000 亩核心区，其中龙头配套企业承载物联网技术研发、应用、创业企业以及产业基地的服务功能。

高新企业孵化器是由顺德区天汇科技投资有限公司联合乐从镇政府和物联

天下产业园有限公司三方计划共建的面积约10000平方米的园区，目标是利用三年时间将园区孵化器打造成国家级孵化器，孵化多家企业。目前已有23家企业申请注册，预计入园企业总注册资金达11120万元。

乐从政府创新思维，将“政府在前、企业在后”的传统模式逐步转变成“政府引导、企业主导、政企联动”的模式，调动利用民间更有活力、自主能动性更强的力量去开拓市场，创造更大的经济效益。

四 智慧乐从建设问题、挑战与应对策略

（一）问题与挑战

智慧乐从的长期目标是实现乐从镇科学发展，在取得产业发展、城镇升级和政务管理服务提升等成绩的同时，仍面临不少问题与挑战。

1. 以人为本重视不足，体制机制亟待创新

我国城镇建设一直是由政府主导，这既是现实要求又是我国管理体制的原因。但是智慧乐从的建设不仅是为满足政府的需求，更多的是要满足政府服务对象的需求，也就是居民、企业的需求。这就需要政府转变思维，突破固化的体制牢笼，让居民、企业参与到城镇建设中。另外，智慧乐从的建设需要各方协调与合作的同时，也需要一个政策主体来统筹一些相对复杂的利益链条。

随着专业镇进入中等发达国家的经济水平，社会日益复杂化和分化，社会管理、政府服务逐渐不能满足日益提高的产业发展需要，制约了产业城市进一步发展升级。

2. 资金缺口成为瓶颈，商业模式尚不成熟

智慧城市建设需要大量的、稳定持续的资金投入。目前，乐从智慧城市建设的主要资金来源于镇政府投入，乐从镇计划连续8年，每年拿出财政收入的10%，即8年12亿元的资金用于智慧城市建设；另外，佛山市和顺德区政府可能会给予具体项目以资金扶持。[2]很显然，这是远远不能满足智慧城市建设资金需要的。

可见，建设智慧城市的巨额资金需求仅仅依靠政府投入是难以满足的，如

何吸引社会投资参与智慧城市建设考验着乐从镇领导者的智慧。这意味着要创新发展模式，寻求可行成熟的商业模式，才能保证智慧乐从的后续建设及运营。

3. 标准建设相对滞后，数据互联互通受阻

智慧乐从在实现信息共享、整合过程中一个最大的难点就是信息获取。目前，主要的城镇相关信息数据都集中在省级中心部门，有些数据的采集、使用权限没有下放到市镇级别，而镇级单位缺乏科学的信息提供标准；另外，政府采购类项目是由乐从镇各机关局办自行牵头进行项目建设，这样会出现后台标准不统一、前端采集标准混乱、重复建设等问题。这对智慧乐从建设要实现的数据互联互通、资源共享无疑是很大的障碍，也势必会造成大量时间、资金的浪费。

（二）应对策略

1. 创新城镇管理模式，推进社会体制改革

智慧城市建设是一项涵盖面广、要求高、持续时间长的系统工程。为了有效地推进乐从智慧城市建设，乐从镇政府通过职能外包方式，委托民办非营利组织机构（乐从智慧城镇发展中心）协助政府统筹推进智慧城市建设，广泛吸纳社会力量参与智慧乐从建设和运营，提高智慧乐从建设效率，加快社会管理方式转变，实践“小政府、大社会”。

首先，根据智慧乐从建设项目需要，发展中心组建了涵盖智慧城市建设各领域的专家委员会，通过专家评审会对项目建设、运营和管理等给予专业指导和考核。其次，发展中心组建了专业的项目管理团队，坚持“事权统一”的原则，完成智慧乐从建设总体架构，建设公共信息平台，优化顶层设计；同时，健全完善智慧乐从项目管理制度。最后，以保障公民权益、提升居民生活品质为最终目标，积极推进各项智慧民生、智慧产业、智慧政务的项目建设。

2. 充分利用市场机制，有效吸引社会投资

智慧乐从项目建设总投资预计 60 亿元，而很多建设内容都是公共服务的性质，没有盈利点，需要政府投资多，资金压力大。面对这种局面，乐从镇充分利用市场机制，有效吸引社会投资。

首先，政府通过科学规划引导智慧城镇建设的总体发展方向，重视良好的市场环境建设，运用市场机制配置资源，为企业提供公平竞争的环境，促进形成有利于社会投资的财税政策体系和投融资环境，形成多元投融资体系。这样充分发挥政府和市场的双重作用，共同推动乐从产业升级和城市升级。

其次，对各类建设项目进行分类，采取多种渠道、多种手段有效吸引社会投资。除传统的政府自建自营模式外，对于一些非核心的政府服务，提倡采取服务外包的模式，这既有质量保障又可节省开支。其中，对于一些投资额较大的项目，可以采用BT（建设－移交）模式，项目由企业先行投资、建设，项目建成后政府组织竣工验收，并通过分期付款完成回购，以控制风险，降低当期资金压力；对于一些公共服务类项目，可以采用特许经营模式，通过市场机制选择投资者，允许其在一定范围和期限内经营，使城市能够在短期内有效提升服务能力；对于那些可以长期运营获利的领域，政府应鼓励企业开展商业运营，并给予相应的扶持。[3]

3. 正确处理横纵关系，统筹进行资源利用

在国家或者省级层面，已有相关行业领域的数据标准、系统规范，而乐从镇行政级别属于镇一级，没有相关的标准规范。同时在乐从镇的横向机关局办存在着部门壁垒，阻碍数据互联互通。面临这种困局，乐从镇由智慧办统筹，围绕正确处理纵向与横向的关系，提出推进一个中心、两个平台的建设。

首先，由乐从智慧城市发展中心从行政层面进行全局沟通、统筹；一方面，中心积极与上级部门进行沟通交流，争取减少审批流程，获得数据支持；另一方面，中心以统一需求调研、统一规划设计和统一财政出口为工作的三大支撑点，横向统筹各机关局办。

其次，乐从提出推进“一个中心、两个平台”的建设。其中，城市数据运营中心通过整合智慧城市各个系统数据提升综合分析能力，实现科学决策功能；建设综合管理和服务平台一方面可以促进医疗教育等民生方面的系统升级，另一方面促进城管、土地、公安、交通等公共信息的共享和融通，进而逐步打破信息孤岛。

综上所述，在新型城镇化发展过程中，乐从镇在面临有限财政资源和产业升级、城镇管理服务提升需求相矛盾的同时，以智慧城市为契机，创新社会管理模式、深化社会体制改革、坚持事权统一思路，促进了传统产业升级、新型产业集聚和城市管理、服务水平的提升，促进城镇科学可持续发展。同时，乐从镇坚持以“产业支撑城市、城市提升产业”的产城融合理念，以产业链为抓手，促进企业转型；以总部经济为核心，助力产业智慧升级；以“三大改革”为契机，转变政府服务方式；以宜居环境为配套，体现以人为本的社会价值取向，致力于打造“发展更科学，管理更高效，社会更和谐，生活更美好”的智慧乐从，为促进中国广大小城镇的科学可持续发展进行了有益探索。

参考文献

[1]《“乐从模式”：智慧城市先行者》，《计算机光盘软件与应用》2013 年第 5 期。

[2] 仇保兴编《2013 年中国智慧城市发展研究报告》，中国建筑工业出版社，2013。

B.20

北京市房山区政企合作新型城镇化模式

王海平　吴碧波　吕文静*

摘　要：

在统筹城乡发展的战略下，房山区围绕新型城镇化建设进行了大量的探索，形成了政企合作新型城镇化模式，为探索我国城镇化模式创新的方向提供了实践经验。本文首先阐述新型城镇化政企合作的内涵、提出背景及意义，然后简要介绍房山区在城市开发中采用政企合作模式的背景（财政压力、融资困境等），进而详细分析了长阳、良乡、张坊等三个案例，最后剖析了房山区城市开发建设政企合作的经验和启示。

关键词：

房山区　政企合作　新型城镇化　经验启示

一　房山区政企合作新型城镇化模式的背景、内涵及意义

城镇化是我国现代化建设的历史任务，政府与企业合作是房山区新型城镇化建设最有影响力的组织模式，能够提高建设效率、推进经济发展，而且这一模式受到了党委政府的高度重视，学界也异常关注，因而探讨房山区新型城镇化的政企合作显得尤为重要。

（一）宏观背景

2012 年 11 月 8 日在人民大会堂召开的党的十八大，明确了市场要在资源

---

* 王海平，北京大学教授，经济学博士、博士后，中国区域科学协会理事，研究方向为区域经济；吴碧波，广西社科院博士生，助理研究员，研究方向为区域经济；吕文静，硕士，广西社科院助理研究员。

配置方面发挥更加重要的作用，政府要在基本公共服务、市场监管和社会性监管方面做到位。2013年11月12日十八届三中全会通过的《中共中央关于全面深化改革若干重大问题的决定》明确指出，经济体制改革是全面深化改革的重点，核心问题是处理好政府和市场的关系，使市场在资源配置中起决定性作用和更好地发挥政府作用。国务院2014年5月9日发布《国务院关于进一步促进资本市场健康发展的若干意见》，进一步明确了政企合作的关系，处理好市场与政府的关系。针对城镇化工作，中央自2009年以来已出台一系列政策，限制地方政府平台融资和过度负债，意在引入市场机制和社会企业参与带有经营行为的城镇化工作，市场引入将有效降低城市经营的金融风险，同时提高全社会资源配置效率。2013年7月31日的国务院常务会议，讨论加强城市基础设施建设时指出，利用特许经营、投资补助、政府购买服务等方式，吸引民间资本参与经营性项目建设与运营。9月初，国务院出台《关于加强城市基础设施建设的意见》，其中“政府向社会购买服务”，就是PPP的概念，这是新一届政府开始推PPP的信号。目前国务院财政部正在全国推行PPP试点，亚洲开发银行正在哈尔滨、洛阳等城市开展PPP试点工作，而黑龙江、河南、浙江、湖南、福建、上海等多个省份正在密集展开调研，着手筹备项目。

新型城镇化是我国经济增长最强大、最持久的内生动力。当前我国城镇化水平已经达到52.6%，但户籍人口城镇化只有35%左右。在2010年2月3日省部级主要领导干部会议上，李克强多次提到“城镇化是扩大内需最雄厚的潜力所在，也是经济结构调整的重要内容”。党的十八大提出了加快城镇化建设的步伐。2014年3月的全国两会期间，新型城镇化成为政协委员们热议的话题。房山区积极落实国家和北京市政策意见，积极探索新型城镇化模式。2011年1月9日房山区第六届人民代表大会第六次会议审议通过《房山区国民经济和社会发展第十二个五年规划纲要》，提出了“加快新型城市化进程，努力打造功能完备的现代城市新区”的战略任务。2014年1月7日房山区第七届人民代表大会第三次会议上区长祁红所做的《2014年房山区政府工作报告》，明确提出完善政企沟通机制，完善大项目带动小城镇发展模式，并加快推进统筹城乡新型城镇化良乡示范区项目建设等。新型城镇化建设模式和政企合作关系长期以来是学术界研究的重点，也是难点，学者们从不同的视角进行了充分的剖析，见仁见智。国外学者对政企合作的研究，多是以本国实践为研究对象，很少涉及发展中国家和欠发达地区。国内对政府和企业的关系研究较多，而对如何有效合作研究有限。另外，关于房山城镇化的研究不多，在中国知网对房山、城镇化两个关键词进行检索，只出现了《地铁新线加速房山新型城镇化》[①] 和《新型城镇化长阳样本》[②] 两篇文章，参考借鉴意义有限。基于此，本文以房山区为案例，尝试系统地、多维度地总结政企合作推动房山区新型城镇化建设的经验，并提出进一步完善房山区政企合作新型城镇化模式的对策。

（二）内涵和特征

政企合作或公私合作模式又称 PPP 模式，有广义和狭义范畴。广义 PPP 是指政府与社会资本为提供公共产品或服务而建立的合作关系，主要包括 BOT、BOO、PFI 等模式。狭义 PPP 则与 BOT 原理相似，都由“使用者付费”，但 PPP 比 BOT 更加强调公私部门的全程合作。目前展开的讨论主要是针对狭义 PPP 模式。狭义的 PPP 模式最早由英国政府于 1992 年提出，应用领域主要在公路、桥梁、铁路、电信等经济基础设施方面，以及体育场、医院、学校、供水、排水、监狱等社会基础设施方面，均为政府投资并提供的社会公共产品或者服务。政府和社会资本共同参与投资的模式，将增加项目的经济可行性。政府通过授予特许经营权、合理定价、财政补贴等方式引入社会资本，既有利于推动公共产品和服务的市场化配置，提高效率，又有利于减轻政府债务负担，防范化解财政风险。这种模式被认为能拓宽资金来源，吸引社会资本，同时可以减少政府的财政支出和债务负担，加快发展基础设施和其他设施，而不同于 BOT 模式的企业完全承担风险，项目风险将由政府和社会资本分担，有利于降低前期风险。PPP 具有三大特征：一是伙伴关系，二是利益共享，三是风险共担。目前英国、澳大利亚、加拿大等国的财政部门都专门设立了 PPP 管理机构，负责推动 PPP 模式发展，履行研究设计、项目储备、融资支持、招投标管理、争议协调等职责。尽管狭义的 PPP 模式与 BOT 模式一样都是由“使用者付费”，但 PPP 模式更强调公私部

① 方彬楠：《地铁新线加速房山新型城镇化》，《北京商报》2010 年 9 月 9 日 A3 版。

② 刘阳：《新型城镇化长阳样本》，《中国房地产报》2013 年 3 月 11 日。

门全过程合作，并建立更完善的激励约束机制。政府和社会资本组成的项目公司，针对特定项目或资产，与政府签订特许经营合同，并由项目公司负责项目设计、融资、建设、运营，等到特许经营期满后，项目公司终结并将项目移交给政府。推广使用PPP模式是支持新型城镇化建设的重要手段，原有城镇化建设主要依赖财政、土地的投融资体制的弊端已显现，难以持续，亟须建立规范、透明的城市建设投融资机制。此种形势下，无论是国内外形势，还是政府政策导向，都呼唤政企关系的重塑，并期待其在房山区新型城镇化建设中发挥更为重要的作用。

（三）意义和作用

一是政府职能需企业积极参与，企业目标实现需政府引导。服务型政府主要体现在宏观调控、市场监督和社会管理等方面，政府职能的发挥需要企业的积极参与。但企业自身发展及经济带动目标的实现，同样需要政府政策的合理引导，政府必须为企业发展创造良好的外部环境。国企在基础设施、公用事业、交通、能源、通信等产业中占有主导地位，这些产业的发展直接关系到民生的改善，更离不开政府的支持和引导。[①] 另外，政企模式抓住了有效解决城镇化融资需求这一关键环节，有利于吸引社会资本，拓宽企业融资渠道，形成多元化、可持续的资金投入机制。

二是政企合作优势明显，新型城镇建设应用前景广泛。政企共同参与城市基础社会建设和运营，并形成互利的强烈社会责任相结合的战略联盟，更好地提供公共产品和服务，其中企业资金获得、先进技术、管理效率及企业精神等具有很好的优势和前景。公共部门的目标是给社会带来最大的效益，私营部门的目标是寻求既能够还贷又有投资回报的项目，政企正是这两者的最佳结合形式。[②] 政府根据新型城镇化建设需要和项目情况，以项目发起人身份确认合作伙伴，并组建特定目的的项目公司，确定对项目的整个周期负责的权利义务关系，确定项目建设及运营风险方案。

三是促进投资主体的多元化，减轻财政负担。政企合作根据城镇化建设项

① 孙洁：《郑东新区建设需要新的投融资模式——PPP》，《河南金融管理干部学院学报》2005年第5期。

② 吴慰：《构建服务型政府与国有企业的新型关系》，吉林大学硕士学位论文，2011。

目的预期收益及政府扶持力度，以合作企业资产为保障，并利用民营资本弥补政府和企业建设资金的不足，增加了项目的资本金，降低了政府投资负担。同时有效转移公共部门投资风险，提高资源配置效率，纠正原有财政支出结构以及政府支出比重过高、城镇化建设的公共基础建设资金不足等弊病。政府和企业共同参与项目的可行性研究、项目融资及项目实施建设过程，有效对项目进度进行控制，消除项目完工风险和资金风险。促进廉租房建设，改善居民居住环境，缓解社会矛盾，同时有助于拉动投资，带动相关上、下游产业的发展。

四是有利于控制公共部门风险，提高公共资源配置效率。为缓解供求矛盾、合理配置社会有限资源，政企合作有利于消除资金风险和建设风险，而这种模式也是其他项目融资模式所不能比拟的。同时，有利于合理分担不同时期的风险，比如政府承担政策风险，建设者承担完工风险，经营者承担经营管理风险等。随着城市化进程的不断加快，农村剩余劳动力加速转移，住房保障问题提上了议事日程，而城镇棚户区的改造又产生了大量拆迁户，这些低收入者没有能力购买市场上的商品住房，在一定程度上增加了廉租住房的刚性需求。在保障住房建设等方面，政企合作模式的推广有着重要的价值和意义。

二　房山区传统融资渠道的反思及政企合作模式的基础

（一）房山区传统城镇化融资渠道的反思

一是财政收入不足、开支相对较大。财政融资是房山区政府财政支持的主要形式，包括税收资金和非税收资金。2012 年，全区财政收入达到 74.8 亿元，同比下降 36.3%，各项税收实现 172.9 亿元，同比下降 7.6%。其中与城市基础设施建设直接关联的城市维护建设税规模偏小，2012 年只有 4.25 亿元。非税收资金发展较快，规模逐步壮大，但征收主体分散且资金专项使用，政府很难控制这部分资金。二是债券融资存在较大的局限性。国家规定政府不得发行城市政府债券，不能发行市政债券进行融资。但有些地方政府由下属部门发行企业债券，为城市基础设施建设融资，并通过项目产生的收益进行偿债。[①] 有些设立

① 万冬君等：《基础设施 PPP 融资模式及其在小城镇的应用研究》，《土木工程学报》2006 年第 6 期。

了专门为城市基础设施建设融资的城投公司，通过公司发行企业债券。市政债券是趋势，但当前我国利用债券融资存在很大的局限性。房山区政府出台了一系列的偿债资金管理办法，偿债机制已初步成型但仍然有待细化和加强，融资平台自身造血功能和资金平衡能力有待提升。虽然政府将部分财政资金通过注入、补贴等方式给融资平台集中管理与使用，但这部分资金实行财政收支两条线管理，导致该项资金不能及时、足额归集到城投公司。三是银行贷款融资问题难解决。国有商业银行中小企业信贷覆盖率仍然较低，信贷产品创新使用不够，部分创新产品在推进过程中遇到不少难题，金融服务的质量和效率不高。金融生态环境建设有待进一步深化，信息沟通不畅，信息不对称，造成银企之间了解合作不够，金融服务经济效能未得到有效发挥。另外，银行市场化之后，基础设施建设资金运用与商业银行的要求之间有一定的差距，商业银行贷款不可能成为融资的主要来源。为弥补新型城镇化建设所需资金缺口，解决资金瓶颈问题，必须扩宽融资渠道，寻求更多的合作者，政企合作就成为新型城镇化建设比较理想的合作方式。

（二）房山区政企合作模式推行的基础

一是城镇化压力大，外来人口逐步增多。房山区城镇人口增速明显，2013年，房山城镇化率达到69.7%，距全市86.2%的平均水平仍有16.5个百分点的差距。2013年，房山101万常住人口中，0~14岁人口为11.1万，占常住人口的11%；15~64岁人口为79.7万，占78.9%；65岁及以上人口为10.2万，占10.1%，常住人口呈两头尖中间宽的菱形分布。2013年房山常住外来人口为24.6万人，占全区常住人口的24.4%，比2012年增加1.8万人，增长7.9%，外来人口增长份额占常住人口增长份额的75%。

二是经济总量不高，财政收入有限。2012年，房山区经济总量达到449.29亿元，经济总量占全市总量的2.51%，同比下降了0.06个百分点。房山区2013年财政收入完成192.3亿元，比上年增加117.5亿元，在北京市16个区县中，房山区财政收入总量排名第6位。增值税呈下行态势，共实现公共财政收入2亿元，同比下降36.2%。在北京市16个区县中，房山区公共财政预算收入总量排名第10位，增速排名第9位；房山区全社会固定资产投资总量排名第7位，增速排名第16位。

三是新兴产业规模小、实力弱，难以支撑城镇化建设需要。传统资源型产业全部关闭退出，而新兴产业还只是刚刚起步，发展规模小、带动能力弱，全区社会经济发展受到较大影响，短时间内难以支撑新型城镇化建设需要。房山基础设施建设及民生改善等项目需要投入大量的资金，当前房山区财政有限，单单依靠市区两级政府的配套资金、项目支持资金等财政拨付，与城镇化建设所需要的资金数量相比，缺口仍然较大。

四是融资体系逐步形成，投资价值优势明显。一是国有银行和地方法人金融机构信贷规模快速增长，金融机构新增贷款连年突破。二是保险业得到迅速发展。保险机构数量和规模大幅增加，保险产品覆盖率不断提高，保障服务和资金融通功能日益强化。三是资本市场融资作用不断增强，开发性金融贡献突出。国家开发银行在房山大力实施开发性金融，表内贷款和表外受托业务量大幅度增加，彰显出国家开发银行在中长期融资服务和金融创新领域的突出优势。

五是地铁新线等交通路网，加速新型城镇化。地铁作为城市快速运输工具，对城市经济发展具有重要影响，使房山区承接中心城的功能辐射和功能转移，激活已有的土地资源、生态资源，新型城镇化建设所需要的产业发展人才、社会发展人才的获取变得更加便捷。同时地铁将投资商拉进房山，以被房山区定位为CSD（中央休闲购物区）重点打造功能区的长阳镇为例，吸引了北京建工集团、万科集团、中粮地产、中国铁建、首开集团纷纷进驻。

三　房山区在城市开发中采用政企合作模式的案例

北京新型城镇化建设及住宅成交热门区域从五环向六环蔓延，随着城市加快发展和需求的不断增加，北京用地将越发稀少，而房山凭借区域经济不断发展，“一区一城”建设进一步优化“两轴三带五园区”发展格局，首都高端制造业新区强势崛起及现代生态休闲新城闪耀京南，面临着难得的发展机遇。

（一）三个政企合作模式案例的形成与发展

目前房山区的城镇化水平已经处于加速发展阶段的后期，2005～2012年城镇化率年均增长 1.67%，比全市年均增速 0.37% 高出 1.3 个百分点。在城市发展新区 2012 年数据比较中，房山区的城镇化率处于中游水平，排名第三位，比排名前两位的昌平的 80.1%、大兴的 69.1% 只低了 11.9% 和 0.9%。房山先后推出了“中央休闲购物区”、“良乡大学城”和“燕房新城”以及重点小城镇等多项城市综合建设工程，城镇体系框架逐步形成。作为 CSD 定位的中心区，长阳可以说是房山最火热的版块，不仅万科、首创、首开、绿地等大型房企驻扎，而且也吸引了奥特莱斯等商业的入驻。在加快保障性住房建设方面，2014 年房山区将建设、筹集 9800 套，竣工 6000 套，解决轮候家庭住房 4000 户，同时将推进北部山区救灾永久安置房项目和南部乡镇避险安置房项目。现阶段房山土地储备充足，供应总量逐年攀升。全区建设用地约 110 平方公里，可开发利用建设用地约 76 平方公里。

近年来，国内知名房地产开发企业先后落地房山，高端房地产项目已形成规模，包括中粮万科长阳半岛、北京城建徜徉集、北京首开熙悦山、上海绿地新都会等。实践表明，成功的城镇化建设应当是企业的市场把控能力与良好的政府公共政策相结合的结果。近年来，房山区政府授权长阳兴业公司进行长阳镇的开发和建设，近两年又明确与中海地产、华夏幸福基业分别在良乡和张坊的城市建设中展开合作，其中房山区所形成的“长阳模式”系统化管理最值得借鉴。房山政府和企业合作的深度和广度都在不断提高，各地模式将在实践中进一步发展完善。

（二）长阳模式：与兴业公司合作，着力新城建设

2005 年长阳镇摘掉了泄洪区的帽子，释放了大量城市建设空间，迎来了城镇化的第一次重大发展机遇。长阳镇党委、镇政府借助专业公司力量，创造性地提出了投融资规划的理论和方法，建设系统化解决方案，推动了镇域经济持续快速的增长，更铸就了国内知名的“长阳模式”。近年“长阳模式”在过去非常良好的城市硬件基础上提出了一个“二次飞跃”的计划，即“生根行动计划”，也就是长阳新型城镇化下的内生发展之路。

“长阳模式”最初源于荣邦瑞明投资管理公司董事长李伟，他以长阳为实践样本，为城市摆脱建设管理困境设计了一套科学化的城镇发展和投融资规划方案。“长阳模式”是将系统工程方法应用到城市开发与建设实践中的一次创

新尝试。具体而言，是在城市规划和城市建设之间加入了投融资规划环节，从投融资的角度入手，对政府和市场的职责范围进行界定；从提升城市开发价值角度，重点分析了土地一级开发环节地方政府应该统筹的城市建设项目，并对该类项目的投资额及回收可行性进行了分析。长阳镇政府授权长阳兴业投资发展有限公司（以下简称“兴业公司”）完成开发范围内的土地一级开发。兴业公司与长阳镇政府、土储中心共同签订《土地一级开发监管委托协议》，镇政府作为实施主体办理项目建设相关手续，兴业公司作为建设主体负责具体实施。兴业公司出资实施土地一级开发，并获得8%的土地一级开发收益，长阳镇负责拆迁，并收取2%的服务费。政府和长阳兴业公司结合各自优势资源，快速推进项目建设，努力实现双方互惠共赢。

（三）良乡政企合作：与中海地产合作，着力产城互动

党的十八大报告提出了“健全城乡发展一体化体制机制”的指导思想和目标，北京市也提出了统筹城乡，实施“农村新三起来”（土地流转起来、资产经营起来、农民组织起来）工程的具体任务。为全面贯彻城乡一体化的发展理念，以人为核心，实现城乡发展规划一体化，产业发展一体化、基础设施一体化、公共服务一体化、管理体制一体化、市场机制一体化，多位一体统筹城乡发展，房山区政府在良乡镇规划建设“房山区统筹城乡新型城镇化良乡示范区项目”（以下简称“良乡示范区项目”）。经过反复调研、专家论证考察，房山区政府确定与中国海外发展有限公司合作开发该项目。双方于2013年5月就相关事宜签署战略合作协议。目前项目已经正式启动。

良乡示范区项目占地26平方公里，项目总体设计分为国际智慧产业新城、国际风情宜居新城、国际养老度假公园、国际现代化农业基地、国际生态农民新村五大板块。项目整体建设周期为8~10年，预计总投资为900亿元。该项目建成后，将在全国树立一个城乡一体化的典型案例，在北京打造一个新型城镇化的示范新城，在房山建设一个独具特色的“都市庄园”，对于促进新农村建设、带动周边地区发展、提升产城互动有着十分重要的意义。

房山区政府和中海的合作内容包括以下几方面：一是产业引进与扶持。中海以投资收购、参股合作等方式，引进养老养生、休闲娱乐、现代农业、园林

果木、种植养殖、加工流通等行业内的龙头企业落户项目。二是土地一级开发及基础设施建设。从中心区入手，统筹规划、分步实施。三是宜居小镇建设。中海以合法合规方式取得项目范围内经营性国有建设用地的土地使用权，进行二级开发建设。四是农民新村建设。以南刘庄村、后石羊村为试点，以高起点、高标准建设农民居住区，节约出来的集体建设用地用来开发养老养生产业，或建设主题公园等休闲旅游产业。五是民生及惠农工程，改善当地民生，让农民真正得到实惠，利益真正得到保证。项目将兼顾农民、政府、企业三者的利益，采取“统一筹划、共同确认、整体规划、模块开发、全镇安排、分步实施”的开发模式。

在基础设施建设方面，区政府已与中海达成合作协议，委托中海新城置业公司投资建设良乡镇中心区道路及市政基础设施。良乡镇政府作为实施主体办理项目建设相关手续，中海作为建设主体负责具体实施，并获得一定的投资收益。

（四）张坊政企合作：与华夏幸福基业合作，着力招商引资

2014 年，房山区政府与华夏幸福基业公司就张坊镇域发展前景进行前瞻性规划，初步提出战略规划设想，并深入研究了未来的合作模式和框架协议。双方有意向在土地整理、基础设施建设、招商引资、园区运营和综合服务等方面展开全面合作，以全新开发模式打造具有一流创新力和竞争力的产业发展集聚区。华夏幸福基业依托其独特的商业模式、优异的业绩表现、稳健的财务指标以及在资本市场上的良好表现，能够为产业新城的健康发展提供有力的保障。

张坊的政企合作，在产业促进上形成了“转移、整合、孵化”三种思路，通过土地开发和产业促进，有效承接北京市区产业转移；基于已有的成长起来的企业，依靠龙头企业聚集大批的大中小型企业，推进产业集群，促进产业整合；在某些产业环境当中更关注孵化和创新，并挖掘在整个区域产业结构中更多自生或者内生性内容。

四　房山区城市开发建设政企合作的经验和启示

房山新型城镇化建设政企合作模式取得了巨大的成就，促进了房山社会经济

的全面发展，提高了外来人口就业比重，促进了城乡统筹一体化发展，其完善地方政策体系、推进行政体制改革、健全利益均衡机制、做大做强地方融资平台、细化合作内容协议、创新融资手段和工具等做法和经验，可以为其他地区提供借鉴。

（一）建立健全法律法规，完善地方政策体系

在维护国家经济安全、部门利益和产业利益的同时，有一套较完善的规范来约束和指导企业及员工行为。我们应该科学合理地制定城镇化项目建设的法律体系，选择合理的立法模式和途径，尽量避免用制定地方性法规和部门规章替代法律法规。当前我国经济立法层次较低，大多是管理部门或地方制定的规章制度，而且彼此缺乏协调。一是完善针对政企合作模式的相关法律法规。《房山区十二五时期住房保障发展规划》、《房山区十二五时期建筑业房地产业发展规划》和《房山区开展“物业服务质量年”活动实施方案》等对政企合作相关法律法规有所涉及。二是建立行业协会，制定科学合理的战略举措。公共部门和私人部门应协商并委托咨询机构协作制定项目的标准合同文本，明确项目各参与方的权利和义务以及项目的风险分担机制。① 2007 年 7 月，北京市房山区房地产行业协会正式成立，协会以企业发展和政府职能的需要为出发点，其宗旨是维护会员和行业的利益，通过行业代表、行业自律、行业管理、行业协调、行业服务为会员单位、政府和社会提供服务。

（二）推进行政体制改革，确定合理的补偿标准

一是完善服务型政府。着力于宏观调控与市场监管，关注宏观调控长短期发展政策的相互协调，强化政府的社会管理和公共服务职能，通过加强规范和引导来实施管理。2014 年房山区政府工作报告明确指出，完善政企沟通机制，进一步深化与大型央企、民企的合作，完善大项目带动小城镇发展模式。二是构建新型合作途径。政府不再以行政命令指挥企业，政府职能重点转移到公共部门如总体规划、政策设计、项目监管等，它对企业的监督体现在对产权的管理上，从而从具体操作领域退出。政府通过清晰的管理架构与构建新型合作途

① 王伟：《基于 PPP 模式的廉租住房项目融资研究》，西安建筑科技大学硕士学位论文，2009。

径，对企业的战略定位、发展目标及重大事项通过股东会或董事会进行表达。[①] 三是确定合理的补偿标准。我国土地实行公有制，规定不能买卖，公司征地补偿综合考虑土地类型、土地产值、土地区位、当地人均耕地量、当地社会经济发展和城乡居民收入水平等影响因素，适当提高了补偿标准，安置补助费以保障被征收者原有生活水平不降低为标准，创造被征收者的再就业培训和就业机会，提高失地农民的自我发展能力。

（三）科学进行顶层设计，细化合作内容协议

切实履行政府的社会责任，需要明确权利义务、强化组织领导、掌握管理经验，建立适合本地城镇化建设的新规范。一是区政府是房山区政企合作的最高决策协调机构，统领全区城镇化建设项目，负责制定相关政策和总体规划、配套措施、有效分配土地、资金等资源；区下属各乡镇负责本辖区内项目的立项审批、项目规划、建设运营、配租监管等。监督部门严格把关对企业的准入，保证业绩优秀、社会信誉度良好的机构参与建设项目；建立科学的评价制度和体系，设立具有吸引力的奖励制度。二是细化合作内容协议。合作过程主要通过建立协商机制来解决，出现分歧难以协商解决时借助经济手段和法律手段，为避免不必要的纠纷，必须进一步规划合作内容，对项目政企模式的风险进行初步的识别与分析；确定市场准入方式以及公共部门的角色定位，进行政企模式经济效益与社会效益评价；项目各参与方就项目进行谈判，拟定合同条款，确定各方权利和义务；对项目建设、项目运行、项目建设及运行的监管、合同管理与执行总结经验，提出改进措施。

（四）强化协同合作机制，健全利益均衡机制

政企合作背景下的协调可有效沟通信息、化解矛盾、优势互补、实现多赢，整合不同管理模式和多样化动力机制，强化政府与企业的协同合作利益均衡机制的建立。一是建立充分的信任，树立共同目标，坚持信息共享。要求利益主体坚持民主、共赢等共同的价值理念，使政府和企业充分发挥各自的优势，实现公共

① 吴慰：《构建服务型政府与国有企业的新型关系》，吉林大学硕士学位论文，2011。

服务的有效供给，同时共同分享项目建设信息，有效防止机会主义行为和道德风险的发生。二是建立利益沟通机制。政府是以强制性手段谋求公益，而企业则是以自愿性手段谋求私利。[①] 建立科学规范的利益协调机制，包括主体利益的引导、调解和补偿等，才能使存在差异的利益状况、利益要求、利益愿望通过正常合理、畅达有效的渠道得以充分显现。[②] 三是建立利益规制机制。政企合作需要明确政府的主导地位，合理采用行政、法律、经济、道德规范和政策杠杆等手段来对企业和项目建设进行规制和管理，也要充分激发企业和公众积极监督政府行为，建立约束项目相关各种利益主体的管理体制和约束机制。

（五）做强地方融资平台，健全风险防控机制

一是充实地方融资平台。进一步充实优质资产，扩充公司净资产规模，引导融资平台向"战略控股"和"金融控股"发展。集中区域优势资源，选择优质资产注入城市投资公司，调整资产结构，提高资产质量，壮大平台的投融资实力；培育搭建新平台，利用现有优良国企资源，参与国有资产经营和资本运作。二是健全负债预警监控和应急预案系统。通过公共项目信息管理和外部监督系统，协助外部信评机构和金融企业实时跟踪政府投融资平台及各投融资主体的资信状况。完善公共项目投融资过程中各环节的法律制约机制，争取创设金融特别法庭，以案例法方式推进投融资体制改革。三是依据工商系统企业基础数据库、公安系统人口数据库、人民银行征信系统三大信用数据库，建立信息共享平台，建立守信激励和失信惩戒机制。建立区域内统一的金融账户管理系统，实现区域内各级金融监管部门对支付结算管理体系明确的职责划分，制定统一标准，培育支付清算市场健康的竞争环境。

（六）健全项目调价机制，创新资本多元化

一是企业参与城镇化基础设施建设，属于私人商业利益与公共服务的结合，在执行过程中通常需要进行内部整合、外部协调，同时为了确保项目的品

---

① 席恒：《公与私：公共事业运行机制研究》，商务印书馆，2003，第28～29页。

② 吴春梅等：《公共服务项目中政企合作主体间的利益关系整合——基于武汉柏泉农场的个案分析》，《安徽农业科学》2011年第11期。

质和有效推进，政府部门必须从政策制定、项目执行以及后续监管等方面形成完整的推动体制。考虑在发改或建设部门设立专门负责 PPP 项目的部门，财政部、交通部、建设部、农业局等涉及城镇化项目审批与执行的部门应联合成立推动小组，负责辖区内的项目及前期研究和监管。二是健全项目定价和调价机制。政企合作除了政府和企业外，还有公众的参与和监督，在三方目标体系中所关注的重点有着很大的不同，政府主要目的是吸引社会资金解决地方财政问题，充分履行社会责任，减少给企业过度的税收优惠；企业的目的是通过政府资金和优惠政策，从项目建设中获得经济利润；公众的关注点是希望政府和企业提供更为便捷、廉价的公共社会服务。三是缓解土地制约，创新资本参与多元化。在城乡一体化战略指导下，可以利用国家“占补平衡”机制，做活土地与产业、人口转移结合。通过土地招、拍、挂，引导企业进行土地整理，增加当地政府的占补平衡指标，根据区域实际情况，不断创新社会资本参与城镇建设的多元化市场方式。

参考文献

[1] 方彬楠:《地铁新线加速房山新型城镇化》,《北京商报》2010 年 9 月 9 日 A3 版。

[2] 刘阳:《新型城镇化长阳样本》,《中国房地产报》2013 年 3 月 11 日。

[3] 孙洁:《郑东新区建设需要新的投融资模式——PPP》,《河南金融管理干部学院学报》2005 年第 5 期。

[4] 吴慰:《构建服务型政府与国有企业的新型关系》，吉林大学硕士学位论文，2011。

[5] 万冬君等:《基础设施 PPP 融资模式及其在小城镇的应用研究》,《土木工程学报》2006 年第 6 期。

[6] 王伟:《基于 PPP 模式的廉租住房项目融资研究》，西安建筑科技大学硕士学位论文，2009。

[7] 吴慰:《构建服务型政府与国有企业的新型关系》，吉林大学硕士学位论文，2011。

[8] 席恒:《公与私：公共事业运行机制研究》，商务印书馆，2003，第 28 ~29 页。

[9] 吴春梅等:《公共服务项目中政企合作主体间的利益关系整合——基于武汉柏泉农场的个案分析》,《安徽农业科学》2011 年第 11 期。

Abstract

The Eighteenth National Congress of the CPC regards urbanization as a major initiative to solve the structural problems that constraint sustained and healthy development of China's economy, and stresses the road of new urbanization with Chinese characteristics, which requires us to accurately grasp the law of urbanization and establish scientific action framework to promote new urbanization. As the starting point, this book re – examines urban management and investment from the perspective of urban consumers to serve the government decision – making and enterprise investment; and summarizes and refines those innovative practices and ideas in the process of new urbanization, so as to provide reference information for the policy development and top – level design of new urbanization. The book contains general reports, special reports, regional reports and practical reports.

The general reports include two articles. The first is *Urban Consumer: New Perspective for Urbanization*, which, on the basis of concluding practices of different places, creatively puts forward the concept of urban consumer through interpreting the relationship between human being and urban development; further, the article systematically clarifies the meaning and both theoretical and practical foundations of urban consumer, pointing out that the concept of urban consumer will conduce to reshaping the philosophy of urban management and investment, which provides a new perspective and starting point for understanding and implementation of urbanization for human being. The second article is *Evaluation of Urban Development on the Perspective of Urban Consumers*, which conducts a statistical study about urban consumer on both in quantity and quality to measure the impact and radiation ability of city, as well as the contribution of urban consumer. In addition, by constructing an evaluation index system for urban development, this article tries to provide reference points for city management and investment of governments and enterprises.

The special reports contain twelve articles. These articles summarize the policy environment, development status and existing problems of many fields, including collective construction land, real estate, investment and financing, industrial transformation and smart city etc. ; and then propose targeted solution methods that meet the requirement of new urbanization. T his section has many bright spots, for example, *An Analysis of China' s Urbanization*, *Land and Housing Problems*expounds the urban land supply patterns and operation mechanisms of land finance through analyzing the impact of local governance structure and tax distribution system on urban land finance and local financing platforms, which has some enlightenment on the reform of urban planning, land policy, real estate taxes and other areas. For another example, *Changes in Urban Investment and Financing Brought by New Urbanization* points out that during the future city financing, governments would turn out to be independent credit subject, platform enterprises will be more market - oriented, and social companies will transform into the comprehensive operators of the city, providing important referent value for both government and enterprises.

Regional reports focus on area study and include three reports which are *A Study of Development Strategies of Beijing - Tianjin - Hebei Region based on the Comparison of Three Major Urban agglomerations of China*, *Urbanization Development Report of Pudong New Area* and *On Urban - rural Culture Spatiotemporal Integration based on the New Type of Urbanization—A Case Study of Wuhan City circle*. These three articles respectively analyze the development of each area from different aspects and thus advocate some recommendations.

Practical reports select several demonstration cases in different areas' process of new urbanization. There are three reports in this part, respectively concluding the experience and actions of land secondary development, public - private - partnership and smart city, to provide lessons and inspirations for other cities.

Contents

Ⓑ I General Reports

Abstract: The idea of "putting people first" is an essential concept that the *National New Urbanization Planning (2014 - 2020)* emphasizes. Through summarizing the urbanizing practice in different regions, this article combines human's economic attribute with urban development to propose the concept of Urban Consumer based on the idea of city marketing and evolution of tax structure and systematically clarify its connotation and meaning on the new-type urbanization. By this, the article further creates Core Urban Consumer Recognition Model to recognize and analyze these consumers, so as to provide a new perspective for city governance and private investment.

Keywords: New Urbanization; Urban Consumer; People Oriented; City Marketing

Abstract: Urban consumers, referring to the whole consumers a city severed directly and indirectly, is a new concept of city marketing. This article tries to conduct a statistical study about urban consumer on both quantity and quality and construct an evaluation index system for urban development, so that the concept of urban consumer would guide the practice better. Through providing a new perspective for urban development evaluation under the background of new-type urbanization, this article has significant value for city management and investment of governments and enterprises.

Keywords: Urban Consumer; Urban Development; Consumption-oriented City

B Ⅱ Special Reports

Abstract: This paper reviews China's urbanization process and its distortions over the last three decades, links the process with the urban economic growth model under which cities compete for FDI and outside investments, analyzes how local governance structure and tax sharing system shape the behavior of urban governments in land concessions and local borrowing, explains how the urban land supply mechanism and other macro-economic factors affect the high prices and demand of urban housing. On this basis, the paper explores the prospects of urban reforms in the areas of urban planning, land policy, property taxation, and financial sector.

Keywords: Land Finance; Local Debt; Housing Price; Property Taxation; Financial Sector Reform

Abstract: As an important part of the national construction land, the Collective-hold Land runs into a serious problems such as ill-allocation, extensive use, and damage on the equity as well because of the long-term dual-system of the urban and rural construction lands. Although some probes to reform on the rural Collective-hold Land are conducted in various regions and the corresponding innovative experience is achieved, the problems still exist, and so that the principles and objectives must be further specified and innovative designed on the reform on the Collective-hold Land Systems must be carried out so as to put forward the New Urbanization efficiently.

Keywords: Collective-hold Land-use System; Reform Probe; Innovation Design

Abstract: Collective construction land management problems in Shenzhen were studied relatively systematically; It analyzed system evolution of Shenzhen collective construction land management, and further analyzed its dilemma from new dualities, illegal construction, the conflict between Industrial layout and collective economy develops and so on. At last, we think it should insist on general requirements of the Party's eighteen plenary session, and adhere to the basic view of respecting the history, development oriented, further strengthening land management institutional reform of the collective construction land, and optimizing allocation of resources, improving the land governance structure, strengthening the construction of the land management system for constructing scientific and reasonable collective construction land management system.

Keywords: Collective Construction Land; Interest Reconstruction; System Innovation

B. 6 New Urbanization Model and the Reform of Housing Provision System

Chen Jie / 112

Abstract: This chapter examines the transformations of housing provision system in China since the establishment of P. R. C. Special focus is given to how the changes of housing provision system affects the formation of industrialization and urbanization in China since the late 1980s. The advantages and perils of this model are discussed. Further, we analyze how the current housing provision system should be reformed to meet the challenge of new urbanization model. Particularly, a three-in-one housing provision model is proposed, which includes: public housing, social housing and market housing.

Keywords: Urbanization; New Urbanization Model; Housing Supply System; Institutional Renovation

B. 7 Real Estate Trends Under the New Urbanization

Zhao Xiuchi / 130

Abstract: This report analyzes the relationship between the new urbanization and real estate, based on the analysis of the role of the real estate industry in the national economy. It is a new urbanization which has brought new opportunities for the real estate industry, real estate industry is an important force to promote the new urbanization. Then, the current development situation of the real estate industry made a judgment that the real estate market as a whole showed a stable development trend; level of real estate development around large differences; diverse innovations of real estate continue to emerge. Finally, we puts forward some suggestions of the healthy development of the real estate industry. They must be adapted to local conditions around real estate development; production from the integration of the city, urban operations perspective, to provide appropriate support for the industry and urbanization; to make efforts by housing, help urban residents to achieve the "Housing"; serves for three 100000000 people, for balanced regional development.

Keywords: The Real Estate; New Urbanization; Real Estate Trends

Abstract: In the process of urbanization in China, it's not sustainable for local governments to rely on "land finance" or "land fiscal" to finance the urbanization. In addition to speeding up the reform of fiscal and tax system, this paper suggests the model of urbanization investment and financing should shift from the administrative control system to a rule-based integrated control system, namely, the central government sets ratios like the maximum debt ratio to control the local governments' debt levels, and uses other means as a supplement, such as encouraging innovative financing patterns, deepening the role of development financing organizations or bond banks.

Keywords: Investment and Financing in Urbanization; Investment and Financing Platform of Local Government, Market-based Financing Mechanisms

Abstract: After rapid urbanization for more than 2 decades, the national urbanization ratio has enhanced significantly. According to the data of 2012, the urbanization ratio had been more than 50% . However, during the urbanization appeared many problems, especially the outstanding government debt, which could be the biggest burden in the way of urbanization and the most unstable factor to economic development. Now the whole society pays close attend to it. This article puts forward the required main characters in the phase of future new urbanization in the basis of the analysis and summary of local governments financing framework traits in the past, and also combines the innovation path put forward by Third Plenary

Session of the 18th CPC Central Committee and the general thought of *New Urbanization Development Planning*, therefore sums up the remaining problems in the past, and then raises several main changes in urban financing development.

Keywords: Local Government Debt; Urban Investment and Financing; Risk Control; Public-Private Partnership

B. 10 Research on the "Urbanization" by the Capital Market

Abstract: Under the background of the Party Central Committee comprehensively promoting the construction of the "New-type Urbanization", a new financing model, which may support and propel the process of urbanization, is emerging. Through case analysis of the bank loan financing, the bond market financing, the non-standardized debt-financing instrument, and other financing methods, we put forward some reflections on creating the financing model that could promote the "New-type Urbanization" construction with practice value. And in this article, we also suggest that the "New-type Urbanization" should not only aim at the traditional quote of "land development as the driving force, construction of infrastructure as the goal", but also be supplemented with the relevant system construction, and form a sustainable financing model through the "debt to replace".

Keywords: Urbanization Construction; Financing Method; Finance Innovation

B. 11 Construction of China's Modern Urban Ethics System

Abstract: Urban Ethics refers to a series of ethical principles and ethics that directly regulate and standardize people's city life and work activities. Ethical system construction of China's modern town is the fundamental requirement of the new urbanization with Chinese characteristics. We should explore the construction of contemporary Chinese urban ethics innovation along the two dimensions of time and space. This paper puts forward six measures to promote China's modern urban ethical system construction. As an analyzing case, Changyang town has made positive efforts, and received good results in many aspects such as environmental ethics, ethical organization and activities, and ethical education.

Keywords: Urban Ethics; Ethical Paradigm and Process; The World City Ethics; China's Modern Ethical System in Cities and Towns; New Urbanization

Abstract: Urbanization is the trend of human history, an important symbol of the modernization of a country and an important way to solve the problems of agriculture, rural and farmer. This paper analyzes the dual structure changes and difference effects of central China first of all, then explores difficulties and reasons of population urbanization, at last, the author proposed corresponding countermeasures, where is breaking down the obstacles of split institutional, improving the interaction mechanisms of urban-rural industries, simultaneous development of citizenship and starting an undertaking in hometown of migrant workers, development urban agglomerations.

Keywords: Urban-rural Development; Central China; Population Urbanization; Path Exploration

Abstract: Industrial upgrading, labor migration and urbanization are three aspects of the social and economic development in the mutual connection, mutual influence, and the essence of urbanization is the process of the transfer of rural labor to non-agricultural industries and towns agglomeration. In recent years, new urbanization in China is accelerating, but there are still problems, such as the urbanization level is low, the proportion of output and employment is not coordinated, the integration of urban and rural construction is lag. On the basis of the above research, the author proposes much policies and measures, which is changing the mode of economic development, building a new urban spatial form, improving residents' entrepreneurial platform, accelerating household registration reform .

Keyword: Industrial Upgrading; Labor Mobility; New Urbanization; Path Exploration

Abstract: New urbanization brings the type of smart city construction. This report proposes three construction principles as systemic, technical and scale. As the example of mid-scale smart city construction, the characteristics, problems and solutions of smart famous scenic are discuss in detail, by researching the smart Summer Palace project's construction process, including requirements analysis, system design and implementation. In the end, two technology opportunities, E-government and national geographic monitoring, are introduced.

Keyword: Smart City; Smart Famous Scenic; Summer Palace

B Ⅲ Regional Reports

Abstract: Urban agglomeration has become an important carrier of China's economic development and urbanization. Recently, integration strategy of Beijing-Tianjin-Hebei has become a hot topic in research circles. Reasearch on the issue of

the paper is to creatively build a measure model of spatiotemporal integration of urban and rural culture, after analyzing the pattern of urban and rural culture in time and space in Wuhan city circle, based on the idea of urban and rural cultural development under the background of the new urbanization, centering on the analysis of time sequence and spatiality of the integration of urban and rural cultures. From the county (city) scale, the regional evolution of spatiotemporal cultural integration will be explored during the period of the rapid urbanization (from 1980 to2010) in Wuhan city circle. The result shows that the spatial structure of urban-rural culture temporal integration presents the patchiness in the early years of the opening-up and reform, style of wave during the comprehensive period of it, corridor type during the comprehensive breakthrough of it and network style during the period of building a moderately prosperous society. Government, enterprises, urban and rural communities as well as non-governmental organizations are the four interest stakeholders in the process of the spatiotemporal integration of urban and rural culture, the game between which promotes the reconstruction and the evolution of the integration of urban and rural culture in space and time. The paper proposes four countermeasures to optimize urban-rural culture spatiotemporal integration based on the paths of government to provide security system for integration, companies to develop high-quality products of it, communities in urban and rural areas to establish a sound system of public cultural services for it, NGOs to supervise and urge the scientific operation of it, the purpose of which is to systematically promote the development of building the new urbanization within the integration.

Keywords: New Urbanization; Culture of Urban and Rural Area; Spatiotemporal Integration; Wuhan City Circle

B Ⅳ Practical Reports

Abstract: Because of the system driving and good economic development environment influence, Shenzhen in the nationwide took the lead to enter the half urbanization stage, and gradually realized the whole urbanization, and is entering the deep level urbanization. Effective treating land interest distribution under different land property rights and public infrastructure construction is the key factor which decides success or failure in the process of the deep level urbanization. This paper studied several typical cases in Shenzhen, and analyzed innovation, significance, problems and suggestions for improvement of several models to provide experiences for other city.

Keywords: Shenzhen; Land Readjustment; Urban Renewal; Rural Construction Land Marketing; The Whole Village Planning

Abstract: The urbanization development of China is becoming the focus on "industry services for the city" from the traditional model of "city services for the industry". The urban development of Lecong in Guangdong Province is a miniature of urbanization in China. Over the past thirty years, the town of Lecong which is in the Shunde district has created a unique trade and economic road through developing the three professional market of furniture, steel, plastic.

However, the traditional model of development has brought increasingly heavy pressure to the city's infrastructure, environment and governance, this is unsustainable. Transformational development is becoming a consensus on the smart city among the government the enterprises and the people. Lecong government brings new technology such as the Internet of things to promote industrial development and new urbanization, creating space for the city further development, promoting city industry transformation and upgrade, and creating a new model of regional transformation "city upgrades the industry, industry supports the city".

Keywords: Smart City; Internet of Things; Industry-city Integration; Transformational Development

B. 20 The Development of Public-private Partnerships Model of New Urbanization in Fangshan District

Wang Haiping, Wu Bibo and Lyu Wenjing / 369

Abstract: In the urban and rural development strategy, Fangshan district has done a lot of research on new urbanization construction, and has been formed the cooperation mode between government and enterprises in new town, such as the "Changyang mode", which provides experience to explore the mode innovation of our town's direction. This paper first expounds the meaning. the background and significance of government enterprise cooperation, then introduces briefly the background (financial pressure, financial predicament etc.), analyses the cases of Changyang, Liangxiang and Zhangfang on the basis of the above research, and finally analyses the experience and enlightenment.

Keywords: Fangshan District; Public-private Partnerships; New Urbanization; Experience and Enlightenment

法律声明